DEMOCRACIA FAKE

A metamorfose da tirania no século XXI

Sergei Guriev & **Daniel Treisman**

DEMOCRACIA FAKE

A metamorfose da tirania no século XXI

TRADUÇÃO Rodrigo Seabra

VESTÍGIO

Copyright © 2022 Princeton University Press
Copyright desta edição © 2024 Editora Vestígio

Título original: *Spin Dictators: The Changing Face of Tyranny in the 21st Century*

Todos os direitos reservados pela Editora Vestígio. Nenhuma parte desta publicação poderá ser reproduzida, seja por meios mecânicos, eletrônicos, seja via cópia xerográfica, sem a autorização prévia da Editora.

DIREÇÃO EDITORIAL
Arnaud Vin

EDITOR RESPONSÁVEL
Eduardo Soares

EDITOR ASSISTENTE
Alex Gruba

PREPARAÇÃO
Eduardo Soares

REVISÃO
Lorrany Silva

CAPA
Diogo Droschi
(sobre imagem de Sébastien Thibault)

DIAGRAMAÇÃO
Guilherme Fagundes

Dados Internacionais de Catalogação na Publicação (CIP)
Câmara Brasileira do Livro, SP, Brasil

Guriev, Sergei
  Democracia fake : a metamorfose da tirania no século XXI / Sergei Guriev, Daniel Treisman ; tradução Rodrigo Seabra. -- 1. ed. -- São Paulo : Vestígio, 2024.

  Título original: Spin Dictators: The Changing Face of Tyranny in the 21st Century
  ISBN 978-65-6002-016-0

  1. Autoritarismo 2. Ciência política 3. Democracia 4. Ditadura 5. Fascismo 6. Ideologia 7. Mídia de massas e negócios 8. Totalitarismo - História - Século 20 I. Treisman, Daniel. II. Título.

23-168835   CDD-320

Índices para catálogo sistemático:
1. Ciência política : 320

Tábata Alves da Silva - Bibliotecária - CRB-8/9253

A **VESTÍGIO** É UMA EDITORA DO **GRUPO AUTÊNTICA**

São Paulo
Av. Paulista, 2.073 . Conjunto Nacional
Horsa I . Sala 309 . Bela Vista
01311-940 . São Paulo . SP
Tel.: (55 11) 3034 4468

Belo Horizonte
Rua Carlos Turner, 420
Silveira . 31140-520
Belo Horizonte . MG
Tel.: (55 31) 3465 4500

www.editoravestigio.com.br
SAC: atendimentoleitor@grupoautentica.com.br

(De Sergei Guriev) Para Katia, Sasha e Andrei.

(De Daniel Treisman) Para Susi, Alex e Lara.

APRESENTAÇÃO
A esfinge e a decifração:
a tragédia da hermenêutica
9   *João Cezar de Castro Rocha*

15   **PREFÁCIO**

19   **INTRODUÇÃO**

21   Capítulo 1: O medo e o *spin*

65   **PARTE I: COMO A COISA É FEITA**

67   Capítulo 2: Disciplinando, mas sem punir
107   Capítulo 3: Propaganda pós-moderna
143   Capítulo 4: Censura sensata
185   Capítulo 5: Democracia para os ditadores
219   Capítulo 6: Pilhagem global

269   **PARTE II: POR QUE ISSO ESTÁ ACONTECENDO E O QUE FAZER A RESPEITO**

271   Capítulo 7: O coquetel da modernização
308   Capítulo 8: O futuro do *spin*

347   **REFERÊNCIAS**

APRESENTAÇÃO

A esfinge e a decifração: a tragédia da hermenêutica

João Cezar de Castro Rocha[1]

A ESFINGE DECIFRADA

A história é bem conhecida: a cidade de Tebas encontrava-se literalmente sitiada pela Esfinge. Todo viajante que se aproximasse conheceria os rigores inesperados da hermenêutica. Confrontado com um enigma proposto pela Esfinge, o peregrino deveria necessariamente acertar a resposta, ou pagaria com a vida – excesso que levou ao colapso da atividade crítica.

Desorientado, Édipo abandonou a cidade de Corinto. Entende-se bem sua inquietação: o oráculo de Delfos produziu receio justificado: Édipo estava destinado a matar seu pai e a desposar a própria mãe. Sem saber que havia sido adotado, Édipo cometeu o erro decisivo ao tentar opor-se ao oráculo, na tentativa impossível de driblar o destino. Pólibo e Mérope, rei e rainha de Corinto, não eram seus pais biológicos; portanto, se nada tivesse feito, isto é, se tivesse aceitado a superioridade ontológica da divindade, nada teria ocorrido! É a ação

---

[1] Professor Titular de Literatura Comparada da Universidade do Estado do Rio de Janeiro (UERJ).

de Édipo que, paradoxalmente, colocou a profecia em movimento irreversível, pois, em sua fuga do destino, terminou por assassinar Laio e desposar Jocasta.

Contudo, no meio do caminho havia uma Esfinge, com seu enigma-ameaça. Édipo encontrou a solução: o animal a que se referia a Esfinge era a espécie humana. A ironia corta fundo. Os viajantes que perderam a vida não souberam identificar nas palavras do arcano um espelho da condição humana, isto é, de si mesmos. Édipo não hesitou e destruiu a Esfinge com a resposta exata na ponta da língua: agradecidos, os cidadãos de Tebas ofereceram ao viajante (Ulisses involuntário, que retornava à casa sem sabê-lo) o trono da cidade e, sobretudo, o leito da viúva do rei Laio, recentemente assassinado.

(A ironia: quando Tirésias oferece-se como espelho para que Édipo reconheça seus crimes, o rei de Tebas é incapaz de ver-se a si mesmo nas palavras do outro.)

Em aparência, a decifração do enigma da Esfinge assegurava a Tebas o retorno da prosperidade.
No entanto...

A ESFINGE DO SÉCULO XXI?

Democracia fake enfrenta, com brilho argumentativo, erudição histórica e argúcia analítica, a Esfinge contemporânea, ou seja, o avanço transnacional da extrema direita nas décadas iniciais do século XXI. Avanço ainda mais perturbador porque, entre tantos, políticos como Viktor Orbán, Donald J. Trump, Jair Messias Bolsonaro e Javier Milei chegaram ao poder por meio de eleições livres e democráticas. Em outras palavras, a extrema direita aprendeu a conquistar corações e mentes, especialmente das gerações mais jovens.

Como entender esse fenômeno? Como entender a autêntica servidão voluntária que parece dominar o eleitorado de políticos cujo projeto autoritário mal se disfarça?

Sergei Guriev e Daniel Treisman assumem a tarefa de Édipo no mundo globalizado das redes sociais onipresentes no dia a dia planetário.

Neste instigante livro, oferecem uma chave de leitura muito importante para o entendimento do fenômeno político decisivo do século XXI.

Dois eixos e uma perspectiva histórico-comparativa estruturam o ensaio.

Comecemos pela abordagem.

Guriev e Treisman realizam um estudo comparativo de fôlego, a fim de fundamentar a hipótese que estrutura esta obra. Contextos históricos, os séculos XX e XXI, formas de exercício autoritário de poder, truques retóricos e estratégias discursivas; em suma, o trabalho dos autores ilumina um amplo horizonte comparativo, que descortina um cenário inédito. As descobertas daí derivadas são projetadas num fundo histórico que captura o leitor num fluxo narrativo admirável: os casos envolvendo ditadores, suas excentricidades e seus caprichos, seus receios e seus excessos, por vezes, evocam as melhores tramas de um Gabriel García Márquez.

MEDO OU MANIPULAÇÃO?

O olhar histórico-comparativo favoreceu a hipótese original que atravessa o ensaio.

Eis: o século XX testemunhou o fortalecimento das *ditaduras do medo*, enquanto o século XXI inovou na forma das *ditaduras do spin*, ou seja, da manipulação. Identificar as diferenças entre essas modalidades é a bússola que guia os autores em meio a uma miríade de dados estatísticos e uma multidão de fatos históricos. O cruzamento desse material autorizou a caracterização dos tipos ideais: *democracia do medo* e *democracia do spin*. Claro que há gradações e mesmo hibridismos entre as duas formas de exercício autoritário do poder. Apesar dessa necessária cautela, o argumento de Guriev e Treisman é muito convincente.

As *ditaduras do medo*, típicas dos autoritarismos de século XX, sempre flertando perigosamente com o totalitarismo, seguiram à risca um manual draconiano para a preservação do *status quo*: repressão violenta e, sobretudo, ostensiva; dar publicidade à truculência dos órgãos de repressão aterrorizava o cidadão médio, dissuadindo atos de oposição antes mesmo que fossem sequer planejados! A censura, de igual modo, obedecia ao padrão desinibido de ostentação do poder e, acima de tudo, da determinação política de empregá-la sem reservas morais e muito menos quaisquer considerações relativas aos direitos humanos. O contato com o exterior simplesmente era cortado ou reduzido ao máximo. A vigilância interna idealmente envolvia os próprios cidadãos, numa ampliação imprudente do sistema panóptico de Bentham: espiões uns dos outros, vizinhos observando vizinhos, filhos denunciando pais, irmãos, aqui sim, guardiães de seus irmãos.

Podemos condensar esse panorama sombrio em uma pergunta: qual o propósito dessa parafernália autoritária?

Ora, leitores intuitivos de Søren Kierkegaard, os ditadores do medo se esmeravam para produzir um cotidiano de *tremor* para manter seus povos em estado de permanente *terror*.

As *ditaduras do spin*, ao contrário, têm como finalidade a criação de uma atmosfera muito diversa. A repressão abandona os métodos brutais e, sobretudo, quando ainda assim são aplicados, tudo se faz para evitar sua divulgação. Em lugar da perseguição política, adota-se um ardil: os adversários são levados ao tribunal não por "crimes" políticos, mas por infrações que sugerem corrupção ou prática de crimes previstos no Código Penal. Desse modo, busca-se destruir a reputação do opositor, tornando sua imagem um sinônimo de criminoso comum. Palavra-chave nas ditaduras da manipulação: *imagem*! O oponente nunca deve ser visto como um mártir político; daí o assédio jurídico substituir a repressão violenta. No mesmo diapasão, a censura franca e orgulhosa de si mesma tende a ser deslocada em favor de uma estratégia cínica e em geral muito efetiva: cooptar grande parte da mídia, por exemplo, com propaganda oficial do governo. A malícia leva longe: as ditaduras de manipulação não somente permitem como favorecem a existência de veículos jornalísticos independentes e até críticos – *ma non troppo*, claro está. E, se por acaso, algum jornalista desentender o país em que vive e imaginar que pode investigar a sério os donos do poder, o preço a ser pago será alto: assédio jurídico será o seu destino.

Percebe-se com facilidade que, no modelo da *ditadura do spin*, não se trata de atualizar o par tremor e terror. Pelo contrário, aqui, tudo depende de um novo elemento, qual seja, a *popularidade* do ditador. A equação é quase matemática de tão rigorosa: quanto mais popular, menos ditatorial será o exercício de poder do líder autocrático.

Como o ditador se transforma em líder popular? Através de um tipo novo de assédio: a manipulação da informação, elevada a sua máxima potência, graças à onipresença cotidiana do universo digital e das redes sociais, abriu caminho para uma modalidade inédita: o *assédio cognitivo* passa a governar nossas ações. Tornado respiração artificial, esse assédio, favorecido pela lógica do algoritmo, engendra uma percepção muito peculiar da realidade – no limite, estamos a um passo da dissonância cognitiva coletiva que leva a um patamar inesperado a célebre distinção freudiana entre *erro* e *ilusão*. Ilusão abraçada por, digamos, 58 milhões de pessoas pode muito bem transformar-se em realidade política palpável, concreta.

Pode mesmo chegar ao poder e, lançando mão das estratégias das *ditaduras do spin*, nele permanecer por décadas.

ALTERNATIVAS?

O precursor desse autêntico pesadelo kafkiano foi o político de Singapura, Lee Kuan Yew, cujo movimento, corporificado no Partido de Ação do Povo, chegou ao poder em 1959 e, qual a surpresa?, continua firme e forte nas rédeas do governo. O líder máximo ocupou o cargo de primeiro-ministro de 1959 a 1990. Mesmo depois de deixar o posto, foi nomeado, com modéstia comovente, Ministro Sênior. E, para que não houvesse dúvidas, posteriormente, durante o governo de seu filho, Lee Hsien Loong – isso mesmo que você leu: seu filho, primeiro-ministro de 2004 até hoje – passou a ser chamado de Ministro Mentor.

Nesse panorama desencorajador, como evitar que o modelo da *ditadura do spin* se torne hegemônico? Como evitar a sedução inesperada produzida pela manipulação sofisticada de dados, fatos e, sobretudo, versões. Versões essas tanto mais convincentes quanto menos apegadas ao rigor do real.

Chegamos a um ponto fundamental da análise de Guriev e Treisman, qual seja, num autêntico baixo contínuo da reflexão, a menção constante a uma figura: *os bem-informados*.

Quem são? E como podem oferecer um antídoto contra as *ditaduras do spin*?

Os bem-informados, em geral, possuem formação universitária, embora essa não seja uma condição obrigatória. O fator decisivo é o exercício do pensamento crítico, de modo a identificar o grau de manipulação da realidade, eixo definidor das *ditaduras do spin*. O tema é delicado – delicadíssimo, diria José Dias, o cientista político de convicções flexíveis –, pois a popularidade do líder depende diretamente de sua capacidade de manter a maior parte da sociedade em estado permanente de ilusão – em casos extremos, de autoilusão. O questionamento pertinente das versões oficiais e a análise detalhada do regime ameaçariam o pilar do modelo ideado por Lee Kuan Yew: a popularidade do político à frente do governo.

Não basta, contudo, a capacidade crítica. Os bem-informados precisam criar redes tanto em seu país quanto internacionalmente, a fim de denunciar os métodos autoritários de seu líder, ainda que em aparência estejam preservadas as regras elementares do convívio demográfico.

(Aqui vale o provérbio: água mole em pedra dura...)

A categoria dos bem-informados e, sobretudo, seu potencial de desconstrução da dinâmica dos *ditadores do spin*, esclarece a obsessão da extrema direita com a educação pública, materializada nos ataques sistemáticos à universidade. Ora, trata-se de impedir de todas as maneiras o exercício da crítica; deseja-se desfavorecer toda e qualquer atitude de decifração dos artifícios que sustentam as *ditaduras do spin*.

NO ENTANTO...

Falamos em *decifração*: portanto, voltamos a Édipo e à Esfinge.

O rei de Tebas resolveu o enigma e assim chegou ao poder. E, no entanto, não foi suficiente tê-lo decifrado, pois a peste voltou a sitiar a cidade, levando ao trágico destino de Édipo.

Pois bem: Sergei Guriev e Daniel Treisman realizaram uma anatomia brilhante das *ditaduras do spin*, revelando suas entranhas.

O primeiro passo foi dado, mas não há garantia alguma de êxito na tarefa (infinita) de fortalecer as instituições democráticas.

Por isso mesmo, *Democracia Fake* é um ensaio urgente.

Não perca mais tempo: comece agora mesmo a leitura.

PREFÁCIO

No início do século XXI, a política global atingiu um marco importante. Pela primeira vez, o número de democracias no mundo ultrapassou a contagem de Estados autoritários. Quando essa "terceira onda" sísmica atingiu seu ápice, especialistas identificaram 98 países com governos livres, em comparação aos 80 ainda controlados por ditadores.[1] O otimismo era contagiante. As novas tecnologias de informação, a globalização e o desenvolvimento econômico pareciam anunciar o fim do domínio dos "homens-fortes". Com a modernização dos países, a tirania estava se tornando obsoleta.

As celebrações não duraram muito tempo. Na verdade, elas mal começaram. Dentro de poucos anos, o avanço da liberdade foi se reduzindo, produzindo o que alguns rapidamente denominaram "recessão democrática". Uma dramática crise financeira, originada nos Estados Unidos, levou a economia global ao colapso, minando a fé na governança ocidental. Em 2019, o número de democracias havia caído para 87, enquanto o de ditaduras voltou a subir para 92. No Ocidente, o liberalismo estava se revelando um páreo fraco para o populismo, enquanto no Oriente todos os olhares estavam voltados para a ascensão

---

[1] Baseado nos dados do Varieties of Democracy (V-Dem), versão 10. Contamos tanto as democracias "eleitorais" quanto as "liberais", usando a variável "regimes do mundo". O número delas atingiu 98 em 2010.

meteórica da China. A exuberância da virada do milênio deu lugar a uma sensação de desânimo.

O pessimismo político atual é um pouco exagerado. Afinal, pela maioria das medições, a democracia em termos globais permanece não muito abaixo de seu nível mais alto de todos os tempos. Mas o humor sombrio de hoje aponta para um verdadeiro enigma. Mesmo que as ditaduras não estejam dominando o cenário político, a questão é como elas ainda conseguem sobreviver – e mesmo prosperar – em nosso mundo ultramoderno. Afinal, por que, depois de todos os desvarios brutais do século XX – do fascismo ao comunismo – terem sido desacreditados, ainda vemos novas autocracias surgindo das cinzas? E o que dizer dos tiranos que estão adotando ferramentas da modernidade e usando tecnologias ocidentais para desafiar os modos de vida ocidentais?

Com sua população incomparável e seu crescimento explosivo, a China tem sido apontada como o contra-argumento à democracia liberal. Seu sucesso econômico – pouco prejudicado pela crise de 2008-2009 ou mesmo pela crise da covid de 2020 – parece contradizer a equação que prega o desenvolvimento sob o domínio da vontade popular. No entanto, à parte as metrópoles Pequim e Xangai e os reluzentes entrepostos de Hong Kong e Macau, a maior parte do país permanece um tanto pobre, com sua população ainda susceptível a ser controlada por métodos da era industrial e até mesmo pré-industrial. O maior enigma é a sobrevivência de governos não livres em sociedades afluentes como Singapura e Rússia, onde diplomas universitários são mais comuns do que na maioria das democracias ocidentais. Será que tais casos oferecem um vislumbre de um futuro autoritário?

Este livro é uma tentativa de explicar a natureza das ditaduras atuais. Ele nasceu de um misto de pesquisa e experiência pessoal. Ambos passamos anos acompanhando a ascensão do sistema de Putin na Rússia, por meio da análise acadêmica e da observação em primeira mão. Seu regime veio a nos parecer não exatamente único, mas um exemplo de tendências que vieram remodelando Estados autoritários em todo o mundo – da Venezuela de Hugo Chávez e da Hungria de Viktor Orbán à Malásia de Mahathir Mohamad e ao Cazaquistão de Nursultan Nazarbayev. Observadores têm dificuldades para classificar esses líderes. Alguns se dobram à pantomima de democracia que eles oferecem; outros tentam fazer analogias estranhas com tiranos históricos, rotulando Putin como "czar" ou Erdoğan como "sultão". Vemos todos esses governantes como que convergindo rumo a uma abordagem inovadora – embora não sem precedentes – que pode preservar o modelo autocrático por mais algum tempo, mesmo em um cenário moderno e globalizado. A chave para isso é a enganação: a maioria dos ditadores de hoje esconde sua verdadeira natureza. Portanto, o primeiro passo é entender como eles operam. Nos capítulos que se seguem, exploramos por que esses regimes surgiram, como eles funcionam, que ameaças representam e como o Ocidente pode melhor resistir a eles.

O livro é baseado em pesquisas teóricas e empíricas que publicamos em revistas de economia e de ciência política. Nossa esperança aqui é tornar as ideias-chave mais acessíveis. Onde foi possível, apoiamos nossas afirmações com referências a estudos publicados (incluindo nossos próprios) e dados. Uma variedade de tabelas e gráficos aparece em um suplemento online, acessível via https://press.princeton.edu/books/spin-dictators. Nós nos referimos a esse material adicional nas seções de fechamento de cada respectivo capítulo, intituladas "Checando as evidências".

Ao longo dos anos, muitos colegas e amigos compartilharam suas visões sobre as ideias que apresentamos aqui. Somos gratos a Alberto Alesina, Maxim Ananyev, Marina Azzimonti, Timothy Besley, Bruce Bueno de Mesquita, Bret Carter, Chao-yo Cheng, George Derpanopoulos, Tiberiu Dragu, Georgy Egorov, Cherian George, Lisa George, Francesco Giavazzi, Gilat Levy, Andrew Little, Elias Papaioannou, Torsten Persson, Richard Portes, Andrea Prat, Eugenio Proto, Gerard Roland, Arturas Rozenas, Miklos Sarvary, Paul Seabright, Daniel Seidmann, David Skarbek, Konstantin Sonin, Francesco Squintani, Eoghan Stafford, David Stromberg, Guido Tabellini, Gergely Ujhelyi, Qian Wang, Feng Yang e Fabrizio Ziliboti.

Outros ainda – Cevat Aksoy, Anders Aslund, Jonathan Aves, Danny Bahar, Carles Boix, Maxim Boycko, Javier Corrales, Tim Frye, Barbara Geddes, Scott Gehlbach, Susan Landesmann, Lee Morgenbesser, Peter Pomerantsev, Molly Roberts, Dani Rodrik, Michael Ross, Andrei Shleifer, Andrei Soldatov, Art Stein, Milan Svolik, Adam Szeidl, Ferenc Szucs, Michel Treisman, Josh Tucker, David Yang e

Ekaterina Zhuravskaya – leram a íntegra ou parte do manuscrito e ofereceram comentários inestimáveis, como fizeram dois leitores anônimos. Agradecemos a Andrei Shleifer em particular por nos encorajar a desenvolver nossos argumentos em um livro. Naturalmente, somos os únicos responsáveis por quaisquer erros que possam ter permanecido. Kevin Gatter, Nikita Melnikov e Ekaterina Nemova forneceram uma excelente assistência de pesquisa. Na Princeton University Press, nos beneficiamos da orientação especializada e do incentivo de Bridget Flannery-McCoy, Sarah Caro (agora na Basic Books), Eric Crahan e Alena Chekanov.

INTRODUÇÃO

1
O MEDO E O *SPIN*

OS DITADORES VÊM MUDANDO. Os tiranos clássicos do século XX – Adolf Hitler, Josef Stálin, Mao Zedong – eram figuras colossais responsáveis pela morte de milhões de pessoas. Propuseram-se a construir novas civilizações dentro de suas fronteiras fortemente protegidas – e às vezes em expansão. Isso significava controlar não apenas o comportamento das pessoas em público, mas também suas vidas privadas. Para conseguir isso, cada um deles criou um partido disciplinado e uma polícia secreta brutal. Nem todo ditador da velha guarda era um assassino genocida ou o profeta de algum credo utópico. Mas mesmo os menos sedentos por sangue eram especialistas em projetar medo. O terror era sua ferramenta universal.

Entretanto, no final daquele século, algo mudou. Tiranos em todo o mundo começaram a aparecer em reuniões vestindo ternos conservadores em vez de uniformes militares. A maioria parou de executar seus oponentes diante de estádios de futebol lotados. Muitos compareceram à conferência anual de negócios no resort suíço de Davos para bater papo com a elite global. Esses novos ditadores contrataram pesquisas de opinião e consultorias políticas, organizaram programas de participação popular e enviaram seus filhos para estudar em boas universidades no Ocidente. Não relaxaram o controle sobre sua população – longe disso, trabalharam no sentido de projetar instrumentos de controle mais efetivos. Mas fizeram isso enquanto desempenhavam o papel de líderes democráticos.

Nem todos os autocratas deram esse salto. Kim Jong-Un, da Coreia do Norte, e Bashar al-Assad, da Síria, entrariam facilmente em um álbum de figurinhas dos déspotas do século XX. Na China e na Arábia Saudita, governantes digitalizaram o velho modelo baseado no medo em vez de substituí-lo. Mas o equilíbrio global mudou. Entre os líderes das não democracias de hoje, a figura mais representativa não é mais a de um tirano totalitário como Josef Stálin, um carniceiro sádico como Idi Amin ou mesmo um general reacionário como Augusto Pinochet. Ele é um manipulador sutil como o húngaro Viktor Orbán ou o singapuriano Lee Hsien Loong – um governante que finge ser um humilde servo do povo.[1]

Esse novo modelo é baseado em um *insight* brilhante. O objetivo central continua sendo o mesmo: monopolizar o poder político. Mas os tiranos de hoje percebem que, nas condições atuais, nem sempre

---

[1] Sobre como o Partido de Ação Popular domina em Singapura, veja, por exemplo, Freedom House, *Freedom in the World 2021*: "O sistema político parlamentar de Singapura tem sido dominado pelo Partido de Ação Popular (PAP) e pela família do atual primeiro-ministro Lee Hsien Loong desde 1959. A estrutura eleitoral e legal que o PAP construiu permite algum pluralismo político, mas restringe o crescimento de partidos de oposição críveis e limita as liberdades de expressão, reunião e associação". Em setembro de 2020, o primeiro-ministro Lee Hsien Loong parecia lançar dúvidas sobre a possibilidade de outro partido governar o país com sucesso: "Será realmente verdade que, algum dia, se houver uma mudança de governo, um novo partido poderá governar Singapura tão bem quanto este...? É como dizer que qualquer pessoa pode ser o maestro da Orquestra Filarmônica de Nova York" (Loong, "PM Lee Hsien Loong at the Debate"). Para outras caracterizações do sistema como bem pouco democrático, ver Morgenbesser, *Behind the Façade*, 146-47; e George, *Singapore, Incomplete*, 115-22. Sobre o desmantelamento da democracia por Orbán, ver Ash, "Europe Must Stop This Disgrace"; Beauchamp, "It Happened There"; e *Economist*, "How Viktor Orbán Hollowed Out Hungary's Democracy". Entre os classificadores de regimes políticos, o Varieties of Democracy V-Dem) classifica Singapura e Hungria como não democracias nos últimos anos, e o Freedom House classifica ambos como apenas "parcialmente livres". O Polity classifica Singapura como não democracia, mas a Hungria (em 2018) como ainda uma democracia.

a violência é necessária ou mesmo útil. Em vez de aterrorizar os cidadãos, um governante habilidoso pode controlá-los reformulando suas crenças acerca do mundo. Pode enganar as pessoas de modo a que se conformem e até mesmo para que aprovem seu regime com entusiasmo. Em lugar de uma repressão dura, os novos ditadores manipulam a informação. Tal como *spin doctors*[2] em uma democracia, eles torcem as notícias de forma que elas lhes deem sustentação. São *spin dictators*, os ditadores do *spin*, que se mantêm no poder por meio de manipulação de informação e opinião pública.[3]

O ENIGMA CHAMADO PUTIN

Chegamos a esse assunto geral por meio de um caso particular. Em março de 2000, os russos elegeram um ex-tenente-coronel da KGB (a antiga agência de espionagem da União Soviética) com pouca experiência política como seu presidente. Vladimir Putin alegou aceitar os princípios da democracia, apesar de seus instintos

---

[2] [Nota do tradutor] A expressão "*spin doctor*" não possui um equivalente satisfatório em português. Esse termo é utilizado para se referir a um lobista, assessor ou relações públicas contratado por uma entidade (empresa ou pessoa) com o intuito de manipular e distorcer informações desvantajosas para aquela entidade (o verbo em inglês para "girar" as informações é "*spin*") que de alguma maneira ficaram disponíveis na mídia. Por meio dessa manipulação e de formas, digamos, "criativas" de enxergar a realidade – em geral se valendo de enganação – esse especialista (o "*doctor*" da expressão) faz com que essas informações acabem se tornando sem efeito ou até mesmo benéficas para a entidade em questão. Ou seja, um "*spin doctor*" tenta transformar uma má notícia em uma boa notícia aos olhos do público. Pode ser entendido como um "mestre em manipulação", um "dourador de pílula", um ilusionista que trabalha com informações. Uma boa referência para o leitor pode ser encontrada no personagem principal do filme *Obrigado por fumar*, de 2005.

[3] Em trabalhos anteriores (Guriev e Treisman, "Informational Autocrats", "A Theory of Informational Autocracy" e "The Popularity of Authoritarian Leaders"), usamos o termo "autocracia informacional" para esse modelo de governo. Vamos nos referir aqui a esse mesmo modelo como "*spin dictatorship*" (ditadura do *spin*, ou seja, ditadura conduzida por meio de manipulação de informações e opinião pública). Para uma excelente compilação de alguns casos recentes, ver Dobson, *The Dictator's Learning Curve*.

claramente o carregarem a uma direção diferente. Por algum tempo, não ficou assim tão óbvio – talvez até para ele mesmo – para onde ele levaria seu país. À medida que a economia era bem-sucedida, sua aprovação aumentava.

Putin preservou as aparências democráticas enquanto enfatizava a necessidade de construir um Estado moderno e coeso. No começo, centralizar mais o controle parecia razoável em relação à turbulência dos anos 1990. Mas ele não parou por aí, e, depois de algum tempo, as medidas que vinha tomando para fortalecer o poder executivo – ou seja, o seu próprio – passaram a minar visivelmente o sistema de freios e contrapesos próprio de uma democracia. As possibilidades de contestação política se reduziram.

O martelo que finalmente quebrou as restrições propostas pela democracia foi a própria popularidade de Putin. Ele a usou para conseguir que seus apoiadores fossem eleitos para o Parlamento e para intimidar os rebeldes governadores regionais do país. Com uma combinação de aplicação da lei e bom desempenho do ponto de vista comercial, ele conseguiu domar a mídia, que era anteriormente dominada pelos magnatas, mas ainda competitiva. Mesmo mantendo a forma das eleições nacionais, ele e seus assessores iam dando cada vez menos chances ao acaso. Putin e seu partido Rússia Unida quase sempre poderiam ter vencido em eleições livres e justas. Mas ainda assim usavam pressão e artifícios para inflar suas vitórias acachapantes.

As democracias nunca são perfeitas. Durante um tempo, as falhas na política da Rússia se pareceram muito com as de outros países de renda média e relativa liberdade, como Argentina, México e Romênia. Quase todos esses países sofrem com corrupção, eleições fraudadas e liberdade de imprensa precária. Os líderes políticos costumam abusar de sua autoridade sobre a polícia e os juízes. Ainda assim, essas falhas normalmente coexistem com algum reconhecimento popular.

Mas, quando Putin retornou à presidência em 2012, depois de quatro anos como primeiro-ministro, ele já estava claramente operando com um manual de instruções diferente. No final de 2011, uma onda de manifestações havia varrido Moscou e outras cidades, acusando fraudes nas eleições parlamentares daquele ano. A visão de quase cem mil pessoas nas ruas alarmou Putin e seus assessores. Eles reagiram, prendendo manifestantes pacíficos, forçando políticos desleais a saírem do Parlamento e assediando a mídia independente que restava.

Nós dois acompanhamos de perto o desenrolar desse processo. Sergei era o reitor de uma universidade de Moscou especializada em economia e aconselhava o governo russo. Daniel era professor no Ocidente, estudando a política da Rússia pós-comunista. Na primavera de 2013, Sergei recebeu a visita de alguns dos agentes de segurança de Putin, que confiscaram seus e-mails e copiaram o disco rígido de seu computador. Ele havia ajudado a escrever uma análise crítica do último veredito judicial contra Mikhail Khodorkovsky, um bilionário que tinha sido preso sob uma acusação duvidosa. Aparentemente, o Kremlin não gostou daquela análise. Logo depois disso, Sergei se mudou para a França.[4]

O sistema que Putin estabeleceu na Rússia é distintamente autoritário. Mas era um autoritarismo de um tipo desconhecido. Ao contrário de Stálin, Putin não assassinou milhões e aprisionou outros milhões. Até mesmo Leonid Brezhnev, que liderou a União Soviética em fase posterior e mais amena, de 1964 a 1982, trancafiou milhares de dissidentes em campos de trabalho e hospitais psiquiátricos, proibiu todos os partidos da oposição e realizou eleições que nem sequer tiveram qualquer arremedo de disputa. Comícios organizados pela oposição estavam fora de questão. Todos os meios de comunicação transmitiam um discurso ideológico entorpecedor. Estações de rádio estrangeiras foram bloqueadas, e a maioria dos cidadãos foram impedidos de viajar para o exterior por uma cortina de ferro que já se mostrava enferrujada.

Mas o regime de Putin – hoje com mais de vinte anos de existência – é diferente. Não funciona com base na censura ao estilo soviético. É possível publicar jornais ou livros que chamem o homem-forte do Kremlin de ditador.[5] A questão é que a maioria das pessoas não

---

[4] Para mais detalhes, ver Barry, "Economist Who Fled".

[5] Dizer isso pode parecer estranho vindo de alguém que enfrentou o escrutínio do serviço de segurança russo por algo que ele ajudou a escrever. Mas o que chamou a atenção do Kremlin no caso de Sergei não foram as críticas às autoridades russas na imprensa – tais críticas continuam sendo bastante comuns –, e sim o fato de que, aos olhos deles, ele interferiu em um caso judicial politicamente sensível.

quer lê-los. Além disso, o sistema não opera principalmente através do medo, embora isso possa estar mudando atualmente. Ocorreram atos ocasionais de violência política, geralmente em circunstâncias obscuras. Mas o Kremlin sempre negou responsabilidade.[6] E, embora os opositores políticos de Putin fiquem cada vez mais ansiosos, a maioria dos russos não parece assustada.[7] Muitos aceitaram prontamente uma visão distorcida da realidade que a mídia de Putin ajudou a moldar. As autoridades que atuavam sob o regime comunista, com seus desfiles em maio e suas eleições rituais, tentaram criar uma ilusão

---

[6] Em fevereiro de 2015, Boris Nemtsov, um líder da oposição anti-Putin, foi assassinado fora do Kremlin. Um ex-agente de segurança checheno foi condenado à prisão pelo assassinato, juntamente com quatro cúmplices. Mas nunca se descobriu quem ordenou o assassinato (ver Nechepurenko, "Five Who Killed"). O político da oposição e ativista Vladimir Kara-Murza foi envenenado duas vezes enquanto estava na Rússia e quase morreu nas duas ocasiões (Eckel e Schreck, "FBI Silent on Lab Results in Kremlin Foe's Suspected Poisoning"). Então, em 2020, o líder da oposição Aleksei Navalny foi também envenenado com uma variação da rara neurotoxina Novichok (Bennhold e Schwirtz, "Navalny, Awake and Alert"). Em todos esses casos, o Kremlin negou qualquer responsabilidade.

[7] Ataques como esses contra Nemtsov, Kara-Murza e Navalny enviam uma mensagem clara aos ativistas anti-Kremlin. Mas será que as pessoas comuns ficam com medo? É claro que não há como ter certeza. Ainda assim, várias evidências sugerem que não, pelo menos até recentemente. Uma pesquisa conduzida em 2019 pelo independente e respeitado Levada Center perguntou qual sentimento, dentre uma lista, os entrevistados tinham experimentado com mais intensidade recentemente. Apenas 7% incluíram "medo". Perguntados a respeito de quais sentimentos eles pensavam que outras pessoas ao seu redor tinham experimentado no ano anterior – talvez uma pergunta menos sensível –, apenas 13% disseram "medo". A resposta mais popular, escolhida por 36%, foi "cansaço, indiferença". Questionados repetidamente entre 2003 e 2017 sobre se temiam um "retorno à repressão em massa", no máximo 30% disseram que sim (em 2013), menos do que os que confessaram naquele ano o medo de uma guerra mundial, de ataques criminosos, de desastres naturais, do desemprego e da aids. Entretanto, a porcentagem que temia a repressão em massa aumentou desde 2017, chegando a 52% em 2021 – o que possivelmente indica o fim da experiência de Putin com a manipulação da mídia (ver Levada Center, "Kharakter i struktura massovoy trevozhnosti v Rossii"). No capítulo 4, fornecemos evidências de que, em geral, nas ditaduras do *spin*, a maioria do público não tem medo de expressar pontos de vista críticos quando perguntados.

de consentimento generalizado. Sob Putin, muitos russos consentiram com ilusões.[8]

Ao examinarmos o sistema que estava surgindo, percebemos que o estilo de governo de Putin não era único. De Hugo Chávez, na Venezuela, a Viktor Orbán, na Hungria, líderes não democráticos estavam usando um conjunto de técnicas em comum.[9] Muitos se inspiraram no pioneiro dessa nova modalidade, Lee Kuan Yew. A partir da década de 1960, o líder de longa data de Singapura havia moldado seu país

---

[8] Em 2020-2021, enquanto escrevíamos este livro, cresceu o uso de medidas duras contra a oposição anti-Putin – e até mesmo contra alguns que apenas expressaram opiniões contrárias. O número de presos políticos aumentou de 45 no final de 2014 para 81 em agosto de 2021, de acordo com a organização de direitos humanos Memorial, e outros foram aparentemente presos por suas crenças religiosas (Memorial, *Relatório Anual, 2013-14*, 20; Memorial, *Spisok lits, preznannykh politicheskimi zaklyuchennymi*). Os protestos foram reprimidos, e milhares foram detidos. Como discutiremos no capítulo 8, as ditaduras do *spin* como a de Putin em seus primeiros anos podem degenerar para regimes de repressão violenta quando uma grave crise econômica ou modernização social fazem com que a manipulação não seja mais viável. É improvável que tais táticas funcionem por muito tempo, mas elas ainda podem ser a melhor aposta de um governante em dado período.

Pode ser que isso esteja acontecendo agora na Rússia. No entanto, embora maior do que antes, o número de presos políticos permanece nas dezenas e não chegou aos milhares. Assassinatos políticos ocorrem muito mais raramente do que sob a maioria dos ditadores que se utilizam do medo, que discutiremos ao longo do livro, e o envolvimento do Estado é ocultado – embora às vezes de maneira inepta. O Kremlin continua a fingir que as eleições que realiza são livres e justas e que manifestações pacíficas são permitidas. O YouTube permanece em grande parte sem censura. Apesar de cada vez mais na defensiva, a mídia independente, como a *Novaya Gazeta* e os institutos de pesquisa de opinião, como o Levada Center, continuam a publicar. Aqueles punidos por crimes políticos são acusados de extremismo, terrorismo ou ofensas não políticas. Navalny foi finalmente preso, em 2021, por supostamente fraudar uma empresa de cosméticos. Em abril de 2021, as autoridades rotularam sua rede de contatos políticos como sendo "ligada a extremistas", obrigando-a a se desmantelar (Sauer, "'End of an Era'"; Roth, "Russian State Watchdog Adds Navalny"). Enxergamos a Rússia a partir do início de 2021 como um Estado na fronteira entre a manipulação ("*spin*") e o medo, e avançando na direção deste último.

[9] Como discutiremos mais adiante neste capítulo, há algumas semelhanças com políticos populistas em democracias, como Silvio Berlusconi e Donald Trump.

em um modelo formidável de controle político. Isso pode parecer surpreendente, afinal Singapura afirma ser uma democracia, e é muitas vezes considerada como tal. É um país que realiza eleições regulares. Mas uma inovação-chave introduzida por esses novos autocratas é precisamente a reivindicação de que eles são, na verdade, democráticos. "Você tem o direito de me chamar como quiser", respondeu Lee certa vez a um jornalista crítico, "mas... será que preciso mesmo ser um ditador quando posso vencer tão facilmente?".[10] Ele apenas deixou de mencionar que vencer sempre, e "tão facilmente", é o verdadeiro cartão de visitas do ditador moderno.

TIRANOS DO SÉCULO XX

O que, exatamente, constitui uma ditadura? Na República Romana, onde o termo teve origem, significava uma concessão temporária de poder absoluto a um líder para lidar com alguma emergência. Atualmente, a palavra é usada para se referir a qualquer governo não democrático. Tornou-se sinônimo de autoritarismo e autocracia. Neste livro, seguimos essa definição. Uma democracia, por sua vez, é um Estado cujos líderes políticos são escolhidos em eleições livres e justas, nas quais todos – ou quase todos – os cidadãos adultos têm o direito de votar. Já uma democracia *liberal* combina eleições livres com o Estado de direito, liberdades civis constitucionalmente protegidas e um sistema de freios e contrapesos institucionais.

Antes do século XX, nenhum Estado era totalmente democrático. Mesmo aqueles que realizavam eleições livres e justas negavam o voto à maioria das mulheres.[11] Apenas cinco países tinham o sufrágio universal

---

[10] Safire, "Essay; The Dictator Speaks".

[11] A Ilha de Man, as Ilhas Cook e a Nova Zelândia permitiam que as mulheres votassem nas eleições nacionais antes de 1900, mas todas eram colônias, protetorados ou dependências da Grã-Bretanha, e não Estados independentes (Teele, *Forging the Franchise*, 1-3). Em alguns outros lugares, as mulheres proprietárias de terras podiam votar, geralmente em eleições locais. Todas as mulheres tinham direito a voto em alguns estados estadunidenses (por exemplo, Wyoming, Colorado, Utah e Idaho).

masculino em 1900 – e os Estados Unidos não estavam entre eles, pois os afro-americanos eram privados do direito de voto no sul sob as leis de segregação racial conhecidas como Jim Crow.[12] Para além de um punhado de repúblicas com sufrágio restrito, como era o caso dos Estados Unidos, a maioria dos sistemas políticos recaía em três categorias: as *monarquias*, nas quais um rei ou rainha governava, às vezes limitados por uma constituição e um Parlamento parcialmente representativo; as *oligarquias*, nas quais facções dos mais ricos governavam; e as *colônias*, administradas por uma potência estrangeira.

Isso mudou no século XX, quando a democracia se espalhou em três grandes ondas.[13] A primeira onda teve seu pico por volta de 1920, quando novos Estados nacionais se separaram dos impérios europeus destruídos pela Primeira Guerra Mundial, e os governos ocidentais então liberalizaram suas regras de votação. A segunda onda ocorreu entre o final dos anos 1940 e o início dos anos 1960, quando os vencedores da Segunda Guerra Mundial impuseram a democracia aos perdedores, e ex-colônias na Ásia e na África realizaram eleições. A terceira onda – que foi um verdadeiro *tsunami* – começou com a Revolução dos Cravos de Portugal, em 1974, ganhou velocidade com o colapso do comunismo, por volta de 1990, e atingiu seu ápice em meados dos anos 2000. Em 2015, mais da metade dos países do mundo – contendo 53% da população mundial – eram democracias eleitorais, e cerca de um em cada quatro era uma democracia liberal.[14]

No entanto, mesmo com a expansão da democracia, a ditadura nunca desapareceu; as duas primeiras ondas democráticas foram seguidas por reviravoltas. Em dois períodos degradantes, o governo livre pareceu desmoronar. Primeiro veio a década de 1930 – uma "década

---

[12] Esses países eram França, Bélgica, Suíça, Grécia e Canadá (usamos o Índice Lexical de Democracia Eleitoral; ver Skaaning, Gerring e Bartusevicius, "A Lexical Index").

[13] Huntington, *The Third Wave*; Markoff, *Waves of Democracy*.

[14] Essa informação se baseia no banco de dados Varieties of Democracy (V-Dem), V.10, usando o índice "Regimes do Mundo", que classificou 23,5% dos países como democracias liberais em 2015. Ver Coppedge *et al.*, "V-Dem Codebook V.10". Na verdade, a proporção de democracias é ainda maior, pois o V-Dem não inclui um número de pequenas democracias caribenhas e insulares asiáticas.

baixa e desonesta", para usarmos a frase de W. H. Auden –, quando o autoritarismo varreu o continente europeu. A ditadura não apenas se recuperou: ela sofreu uma mutação. Algumas monarquias se mantiveram em países como a Iugoslávia e a Romênia. No entanto, ao lado delas, surgiram novas formas de tirania que se adaptaram melhor às políticas de massa que a própria democracia havia trazido. Durante e após a Primeira Guerra Mundial, milhões de trabalhadores politicamente inexperientes e veteranos votaram pela primeira vez. Fizeram isso na esteira de um derramamento de sangue de proporções globais que havia desacreditado a crença liberal no progresso sempre contínuo.

Dois novos tipos de regime – o comunista e o fascista – se propuseram a mobilizar as classes mais baixas. Ambos prometiam uma completa transformação da sociedade. Os bolcheviques de Vladimir Lênin visavam construir o comunismo sobre as ruínas do Império Russo. Os nazistas, sob Adolf Hitler, planejavam criar um império ariano. Ao tomar o poder, ambos forçavam o público a adotar uma ideologia destilada a partir de escritos de seus respectivos líderes. Raymond Aron chamou essas ideologias de "religiões seculares". Como as religiões tradicionais, elas declaravam verdades a permanecerem inquestionadas, redirecionavam a atenção das dificuldades de então para futuros utópicos e definiam rituais para separar os verdadeiros crentes dos hereges.[15] Tanto Lênin quanto Hitler inspiraram imitadores na Europa e além.

Um terceiro novo modelo – o corporativismo – visava não a mobilizar as massas rumo à política, mas a desmobilizá-las rumo à vida privada. Conservadores, como o português António Salazar e o espanhol Francisco Franco, queriam restaurar a deferência social e a hierarquia católica.[16] No lugar de parlamentos barulhentos, eles criaram câmaras consultivas, em que porta-vozes selecionados de alguns grupos sociais podiam aconselhar o líder. Como as outras duas novas formas, o corporativismo nasceu de uma insatisfação com o presente. Mas, ao passo que fascistas e comunistas procuravam escapar

---

[15] Ver Aron, "The Future of Secular Religions".

[16] Pinto, "Fascism, Corporatism and the Crafting of Authoritarian Institutions".

para um futuro imaginado, os corporativistas esperavam retornar a um passado imaginado.

O fascismo morreu nas chamas da Segunda Guerra Mundial, enquanto o comunismo sobreviveu e se espalhou. O corporativismo resistiu na Espanha e em Portugal, com ecos distantes em regimes como o de Juan Perón na Argentina.[17] A segunda onda autoritária começou nos anos 1960, quando a democratização do pós-guerra perdeu fôlego. As frágeis repúblicas pós-coloniais caíram em poder de homens-fortes impiedosos, enquanto as juntas militares tomaram o poder na economicamente volátil América Latina. Nessa nova safra de ditadores, alguns visavam, tal como os comunistas e os fascistas, a mobilizar as pessoas a apoiá-los ativamente. Outros procuraram apaziguá-las, como fizeram os corporativistas. Revolucionários socialistas, como Nasser, no Egito (mobilizacional), dividiram o palco mundial com reacionários do mercado livre, como Pinochet, no Chile (desmobilizacional) e com cleptocratas, como Mobutu, no Zaire (desmobilizacional). Regimes comunistas já envelhecidos muitas vezes progrediram da mobilização para a desmobilização, ainda se apegando às mesmas doutrinas revolucionárias, que apenas iam se tornando cada vez mais ritualizadas.

Como essa breve revisão sugere, as ditaduras do século XX eram diversificadas. Ainda assim, a maioria delas compartilhava certas características. Para começar, a grande maioria se utilizou da *repressão violenta*. Usaram-na para remodelar a sociedade, para extrair recursos da população e para deter e derrotar a oposição. A escala de cada massacre variava. Stálin e Mao são culpados por dezenas de milhões de mortes. Outros se saíram com "apenas" milhares (por exemplo, Ferdinand Marcos, nas Filipinas) ou centenas (por exemplo, Chadli Bendjedid, na Argélia).[18] Durante o tempo em que quaisquer desses líderes ocupou o cargo, a intensidade da violência podia flutuar. Alguns, como o general Franco, já chegaram com um estrondo; outros, como Bashar

---

[17] Ver, por exemplo, Wiarda, *Corporatism and Comparative Politics*.

[18] Sobre Ferdinand Marcos, ver Hutchcroft, "Reflections on a Reverse Image". Sobre Bendjedid, ver Stone, *The Agony of Algeria*, 64-65.

al-Assad, intensificaram a matança mais tarde. De qualquer forma, a maioria deixou um rastro de sangue.[19]

E a maioria deles assumia pública e deliberadamente sua violência. Transformaram a matança em uma forma de teatro horripilante. Alguns executavam adversários políticos em frente a grandes ajuntamentos de público. Mobutu, no Zaire, por exemplo, enforcou quatro ex-ministros do governo diante de uma multidão de cinquenta mil pessoas.[20] Ou então exibiam os corpos de rivais para aterrorizar os seguidores destes. O ditador haitiano François "Papa Doc" Duvalier escorou um cadáver sem cabeça em uma esquina de uma rua de Porto Príncipe por três dias com uma placa dizendo "renegado".[21] Quase todos adotaram uma retórica ameaçadora para espalhar ansiedade e desencorajar quem desafiasse sua autoridade. O iraquiano Saddam Hussein falou em "cortar pescoços" e "malfeitores... que enfiaram sua adaga envenenada nas nossas costas".[22] O espanhol Franco advertiu sobre "subversão interna" por um inimigo que "está à espera de oportunidades para penetrar".[23]

Ao mesmo tempo, a maioria dos ditadores do século XX buscava um *controle abrangente sobre as comunicações públicas*. Alguns proibiram ou nacionalizaram todos os meios de comunicação privados. Outros censuraram a imprensa e intimidaram os jornalistas. Para os cidadãos, observar as regras que regiam a fala e a escrita em público se tornou um teste de lealdade, parte do mecanismo pelo qual os líderes mantinham a ordem. Criticar o regime era geralmente tabu.

---

[19] Houve algumas exceções com relativamente pouca repressão brutal, como o líder da independência do Quênia, Jomo Kenyatta, e vários emires do Golfo Pérsico. Mas, em comparação com as últimas décadas, estratégias com emprego de baixa violência foram raras, como documentamos no capítulo 2. Mesmo aqueles como o populista argentino Juan Péron, cujo governo assistiu a poucos assassinatos políticos, muitas vezes prenderam milhares de dissidentes (ver, por exemplo, Blankstein, *Péron's Argentina*, 204).

[20] French, "Anatomy of an Autocracy".

[21] Natanson, "Duvalier, Terror Rule Haiti, Island of Fear".

[22] Relatório diário do FBIS, "Saddam Speech Marks Revolution's 22nd Anniversary".

[23] Franco, "Discurso de fim de ano ao povo espanhol".

Assim como acontecia com a violência, os ditadores eram transparentes sobre a censura que exerciam. Alguns, como Hitler e Mao, queimavam livros em enormes fogueiras. Outros, como Pinochet, enviavam soldados para "higienizar" as livrarias. A União Soviética criou uma agência de censura explícita, a Glavlit, para banir todas as transmissões e publicações de temas proibidos. As penalidades podiam ser brutais. Escritores críticos frequentemente desapareciam em campos de prisioneiros. A propaganda do Estado também era escancarada e muitas vezes feita com mão pesada. Era produzida em departamentos de propaganda e – em sua ubiquidade e em seu estilo autoritário – transmitia a força e a determinação do regime tanto quanto qualquer outra mensagem.

Muitos ditadores procuraram *isolar seus países*. A quarentena era geralmente parcial; a maioria dos Estados autoritários fazia trocas comerciais com seus vizinhos. Alguns, quando pensavam que poderiam se safar, os invadiam. Mas praticamente todos viam o mundo exterior com desconfiança. Visitantes pouco confiáveis, informações inconvenientes e outros elementos contaminantes eram barrados na fronteira. Os admitidos eram monitorados. Quando a tecnologia assim permitia, os ditadores interferiam nas emissões estrangeiras e frequentemente censuravam ou proibiam os jornais estrangeiros. Muitos mantinham os cidadãos confinados às suas fronteiras, esperando com isso limitar seu conhecimento do mundo e conservar a mão de obra.[24] Na maioria dos países comunistas, as viagens ao exterior exigiam uma aprovação do governo; em alguns, como a Albânia e a Romênia, tentar emigrar sem permissão era um crime punível com a pena de morte.

Por fim, embora os totalitários reivindicassem para si uma identificação mística com seu povo, os principais ditadores do século XX *desprezavam a democracia parlamentar conforme praticada no Ocidente*. Muitos afirmaram estar construindo novas e superiores ordens políticas. Os mais descarados se apropriaram da própria palavra "democracia" – como na "República Democrática Alemã" ou na "República

---

[24] Torpey, "Leaving: A Comparative View", 24.

Popular Democrática da Coreia" –, mas subverteram seu significado, eliminando qualquer indício de pluralismo ou vínculos liberais. Líderes pós-coloniais, como Kwame Nkrumah, de Gana, viam eleições pluripartidárias como um legado dos imperialistas. Instituições parlamentares, ele dizia, ofereciam apenas "caos, confusão, corrupção, nepotismo e miséria".[25] Mobutu, do Zaire, simplesmente declarou: "A democracia não é para a África".[26] As eleições, quando realizadas, eram apenas celebrações aos governantes, e não momentos de escolha.

Em resumo, a maioria dos ditadores mantinha seu poder ao reprimir qualquer oposição, controlar todas as comunicações, punir os críticos, (muitas vezes) impor uma ideologia, atacar o ideal da democracia pluralista e bloquear a maioria dos fluxos transfronteiriços de pessoas e informações. O princípio-chave por trás de todas essas práticas era simples: a intimidação. O típico autocrata do século XX era um ditador do medo.

NOVOS E MELHORADOS

E ainda assim, ao olharmos ao redor em plenos anos 2000, vimos algo diferente. Os homens que davam as cartas na maioria das não democracias pareciam ter saído de outro molde. Havia Hugo Chávez, um carismático ex-paraquedista que reinava nas transmissões de rádio e TV da Venezuela, romanceando a vida dos pobres de seu país. Chávez marginalizou a oposição, mas prendeu poucos de seus membros – e a maioria desses só depois de um golpe fracassado que quase o depôs.[27] Em Singapura, havia Lee Hsien Loong, um brilhante tecnocrata educado em Cambridge, que postava fotografias do nascer do sol no Facebook e serviu como patrono de uma ONG

---

[25] Davidson, *Black Star*.

[26] Daniszewski e Drogin, "Legacy of Guile, Greed, and Graft". Uma exceção aqui foram algumas das juntas militares latino-americanas, que prometeram restaurar a democracia depois de livrar o país de subversivos. Os líderes do Partido Revolucionário Institucional (PRI) também reivindicaram, como mais tarde fariam os ditadores do *spin*, estar governando democraticamente.

[27] Ver Chacon e Carey, "Counting Political Prisoners in Venezuela".

que promovia a gentileza.²⁸ O Partido da Ação Popular de Lee havia conquistado mais de 89% das cadeiras em todas as treze eleições parlamentares desde a independência do país, quase rivalizando com o Partido Comunista Soviético.²⁹ No entanto, em 2015, Singapura tinha apenas um único "prisioneiro de consciência", de acordo com a Anistia Internacional: um blogueiro de 16 anos preso por postar uma charge obscena.³⁰ Na Rússia, Vladimir Putin negava que houvesse qualquer coisa de antidemocrático em seu regime. Seus capangas se especializaram em assédios com baixa visibilidade, perseguindo seus alvos com processos judiciais forjados. Todos esses três líderes possibilitavam abertura internacional, realizavam eleições frequentes e obtinham altos índices de aprovação. Na aparência, tinham pouco em comum – um caudilho latino-americano, um estudioso brilhante, um ex-espião de personalidade enigmática. Mas isso só tornava os paralelos ainda mais intrigantes.

Será que esses disciplinadores vestidos em ternos bem alinhavados eram tão diferentes de seus predecessores quanto pareciam? E, em caso afirmativo, o que explicava essa mudança?

Passamos vários anos quebrando a cabeça com essas perguntas. Para começar, mergulhamos na literatura sobre autocracias, do passado e do presente, imersos em históricos, trabalhos de ciência política, relatos de jornalistas e uma série de outras fontes. Começando de forma indutiva, procuramos padrões de como os governantes dominavam suas sociedades. Essa leitura nos convenceu de que Chávez, Lee, Putin e vários outros de fato compartilhavam um *modus operandi* distinto dos anteriores, focado mais na modelagem da opinião pública do que na repressão violenta. Cada um deles era único em alguns aspectos. No entanto, os elementos comuns definiam ali uma escola de governo autoritário que era bem diferente da abordagem principal observada no século XX.

---

[28] Rachman, "Lunch with the FT".
[29] Morgenbesser, *Behind the Façade*, 138; Fernandez, "GE2020".
[30] Anistia Internacional, *Singapore*. O adolescente em questão, Amos Yee, foi sentenciado a quatro semanas de prisão.

Mas como ter certeza disso? Primeiro verificamos a lógica, formulando nosso entendimento da estratégia como um modelo matemático. Em seguida, procuramos medir o quanto essa nova abordagem já havia se difundido. Percorrendo bancos de dados preexistentes, reunimos informações sobre governos autoritários e coletamos novos dados de lavra própria. E tudo isso confirmou que, de fato, houve uma mudança marcante da ditadura do medo para uma da manipulação. Fazemos referência a essas estatísticas em capítulos posteriores (nas seções intituladas "Checando as evidências"). Para os mais interessados, nossos artigos publicados em revistas especializadas explicitam os detalhes, e gráficos e tabelas adicionais podem ser encontrados em um suplemento online.[31] Aqui, nos concentraremos em casos característicos, exemplos ilustrativos e histórias anedóticas. Este livro se baseia em pesquisas e dados, mas não é uma monografia acadêmica. Nosso objetivo é traçar a história da evolução autoritária e sugerir uma interpretação. Documentamos o alastramento dos *spin dictators*, os ditadores do *spin*, e descrevemos os métodos que eles utilizam para permanecer no poder.

Ao longo do caminho, fomos influenciados por uma série de trabalhos recentes em ciências políticas e economia.[32] Alguns deles já são bem conhecidos; outros merecem encontrar um público mais amplo.

Muitos estudiosos, por exemplo, têm procurado explicar a estabilidade de autocracias clássicas e violentas – ou seja, os regimes que aqui chamamos de ditaduras do medo. Como esses governantes evitam ser derrubados por revoluções? Uma maneira de prevenir isso, como nossos colegas já demonstraram, é intimidar os cidadãos com uma propaganda que transmita o poder e a determinação do ditador.[33] Outra é impedir que rebeldes em potencial consigam coordenar um plano

---

[31] Ver Guriev e Treisman, "Informational Autocrats", "A Theory of Informational Autocracy" e "The Popularity of Authoritarian Leaders". O suplemento online pode ser acessado em: https://press.princeton.edu/books/spin-dictators.

[32] Dois dos muitos trabalhos importantes são os de Geddes, Wright e Frantz, *How Dictatorships Work*, e de Svolik, *The Politics of Authoritarian Rule*. Para uma visão geral dos modelos formais de política autoritária, ver Gehlbach, Sonin e Svolik, "Formal Models of Nondemocratic Politics".

[33] Huang, "Propaganda as Signaling".

para tentar tomar o poder.³⁴ Se agirem juntos, os cidadãos conseguirão alcançar número suficiente para se sentirem à vontade para se rebelar. Os ditadores devem, portanto, mantê-los divididos – e aterrorizados.³⁵

Esses argumentos esclarecem como alguns ditadores do medo do século XX sobreviveram por tanto tempo – e também por que, no fim, seus regimes muitas vezes desmoronaram sem aviso prévio. Mas eles carregam menos informações sobre os casos daquele novo estilo de autocrata. A maioria presume que os cidadãos odeiam o ditador: só o medo os impede de se revoltarem. Mas e se os cidadãos na verdade *gostarem* de seu governante e não quiserem se rebelar? Na Rússia de Putin, na Singapura de Lee e na Hungria de Orbán, certamente já existiram revolucionários. Mas eles sempre constituíram uma minoria. Em todos esses casos, o líder do país – até onde qualquer pessoa poderia dizer – tem sido genuinamente popular.³⁶ Os ditadores do *spin* sobrevivem não por destruir a rebelião, mas por remover o próprio desejo de rebelião.

Outros trabalhos recentes descreveram algumas características das ditaduras do tipo *spin*. Quase todas as autocracias hoje em dia realizam eleições, e nem todas são rituais vazios. Como Andreas Schedler observou, vivemos em uma era de autoritarismo eleitoral. Em um livro

---

[34] Um trabalho fundamental nesse sentido é o de Kuran, "Now out of Never". Outros artigos que focam a prevenção da coordenação pública incluem Kricheli, Livne e Magaloni, "Taking to the Streets"; King, Pan e Roberts, "How Censorship in China Allows Government Criticism but Silences Collective Expression"; Edmond, "Information Manipulation, Coordination, and Regime Change"; e Chen e Xu, "Information Manipulation and Reform".

[35] Outros trabalhos importantes exploram como os ditadores evitam o outro perigo principal além da revolução: ser derrubado em um golpe (Svolik, *The Politics of Authoritarian Rule*; Myerson, "The Autocrat's Credibility Problem"; Boix e Svolik, "The Foundations of Limited Authoritarian Government"; Egorov e Sonin, "Dictators and Their Viziers"). Ou ainda como cooptam pessoas infiltradas oferecendo vantagens de quem está próximo ao poder. Nesse último caso, a questão-chave é o número de infiltrados a se cooptar (Bueno de Mesquita *et al.*, *The Logic of Political Survival*). Temos pouco a acrescentar aqui sobre essas questões.

[36] No capítulo 4, voltaremos à questão de como se poderia avaliar os verdadeiros sentimentos das pessoas em uma sociedade autoritária.

influente, Steven Levitsky e Lucan Way apontaram que muitas eleições realizadas por ditadores não são completamente desleais, ainda que sejam injustas. Os partidos de oposição concorrem e até têm alguma chance de vencer.[37] Cientistas políticos exploraram os estratagemas, os jogos fraudulentos e os abusos burocráticos que os autocratas em todo o mundo vêm usando para garantir suas vitórias.[38] Alguns estudam como os ditadores controlam a mídia. Outros consideram como as novas tecnologias de vigilância e informação estão sendo usadas para turbinar a repressão.[39]

Usamos essas ideias como nossa sustentação. Nosso objetivo é sintetizá-las e integrá-las, sugerindo uma lógica mais abrangente. (Em alguns lugares, também discordaremos das interpretações de nossos colegas.) Nossa principal conclusão é a de que esses ditadores manipuladores

---

[37] Levitsky e Way, *Competitive Authoritarianism*. Veja também Gandhi e Lust-Okar, "Elections under Authoritarianism", e Kendall-Taylor e Frantz, "Mimicking Democracy to Prolong Autocracies". Na prática, nossa distinção entre ditaduras do tipo *spin* e as baseadas em medo corresponde apenas fracamente à de Levitsky e Way entre regimes "autoritários competitivos" e "totalmente autoritários" (ver o suplemento online, Tabela OS1.5). Apenas 34% dos anos-países que classificamos como ditaduras do *spin* são classificados por Levitsky e Way como "autoritários competitivos". Da mesma forma, apenas 33% dos anos "autoritários competitivos" de Levitsky e Way foram classificados como ditaduras do *spin*. Muitos regimes autoritários competitivos usam uma repressão violenta significativa para espalhar o medo e, portanto, não podem ser considerados ditaduras baseadas em *spin* (por exemplo, Zimbábue sob Robert Mugabe, Quênia sob Daniel arap Moi). E muitas ditaduras do tipo *spin* realizam eleições que não são nada competitivas e, portanto, não podem ser consideradas regimes autoritários competitivos (por exemplo, Singapura sob Lee Kuan Yew e seus sucessores, Cazaquistão sob Nazarbayev).

[38] Sobre os Estados pós-soviéticos, ver Wilson, *Virtual Politics*; sobre o Sudeste Asiático, Morgenbesser, *Behind the Façade*, "The Menu of Autocratic Innovation", e *The Rise of Sophisticated Authoritarianism in Southeast Asia*; George, *Singapore, Incomplete*; e Rajah, *Authoritarian Rule of Law*. Sobre o Egito, veja Blaydes, *Elections and Distributive Politics in Mubarak's Egypt*; sobre a América Latina, ver, entre outros, Schedler, "The Menu of Manipulation"; sobre a África, ver, entre outros, Cheeseman e Klaas, *How to Rig an Election*, e Cheeseman e Fisher, *Authoritarian Africa*.

[39] Por exemplo, Kendall-Taylor, Frantz e Wright, "The Digital Dictators"; Dragu e Lupu, "Digital Authoritarianism".

não são apenas tiranos violentos à moda antiga que aprenderam alguns truques novos. Eles forjaram uma abordagem distinta e internamente consistente. Os elementos-chave – manipulação da mídia, construção de popularidade, falsificação da democracia, limitação da violência pública e abertura ao mundo – se complementam para produzir um modelo de governança não livre que está se espalhando. Compreender isso não é apenas um desafio intelectual: é algo crucial para que o Ocidente possa elaborar respostas eficazes.

AS REGRAS DA MANIPULAÇÃO

Embora a ditadura do tipo *spin* tenha se tornado mais marcante em tempos recentes, ela não é inteiramente nova. Na verdade, alguns *insights* em que ela se baseia têm centenas de anos. Desde os antigos gregos, a maioria dos escritores que abordam a tirania tem se concentrado na ditadura do medo. Governantes tirânicos matam, torturam, prendem e ameaçam seus súditos para garantir sua obediência. Espionam os cidadãos e semeiam desconfiança entre eles. Aristóteles chamava essas técnicas de "artes persas e bárbaras".[40] Montesquieu fez alusão ao "braço sempre erguido do príncipe", no sentido de estar sempre pronto a atacar.[41] Ele escreveu que o medo "deve minar a coragem de todos e extinguir até mesmo o menor sentimento de ambição".[42] Teóricos mais recentes, como Franz Neumann e Hannah Arendt, situaram o terror – juntamente com a ideologia – no âmago da ditadura moderna.[43]

No entanto, desde o início, alguns pensadores também vislumbraram outra possibilidade. Além do "velho método tradicional", Aristóteles descreveu uma segunda abordagem. Esse segundo tipo de governante alegava ser não um usurpador violento, mas "um mordomo e um rei", governando para o benefício de todos. Despendia dinheiro para "adornar e melhorar sua cidade" e cultivava uma imagem de

---

[40] Aristóteles, *Política*, 145-47 (livro 5, cap. 11).

[41] Montesquieu, *O Espírito das Leis*, 22 (livro 3, cap. 3).

[42] *Ibid.*, 28 (livro 3, cap. 9).

[43] Ver Boesche, *Theories of Tyranny from Plato to Arendt*, cap. 10.

moderação e piedade. Embora ainda fosse um tirano, governando com base em seus próprios interesses, ele tentava parecer "não duro, mas digno".[44] Ele inspirava reverência em vez de medo. Embora escravizados, seus súditos não se davam conta disso.

Mais tarde, em uma linha semelhante, Maquiavel aconselharia os príncipes a usar "simulação e dissimulação".[45] Uma vez que a maioria das pessoas é influenciada pelas aparências e não pela realidade, um governante ambicioso deveria criar ilusões. Ele "não precisa ter todas as boas qualidades... mas deve parecer tê-las".[46] O modo de enganar o público depende do contexto: "O príncipe pode ganhar a simpatia popular de muitas maneiras". Mas a obtenção do apoio do público é crucial. "Só direi em conclusão que um príncipe deve ter o povo ao seu lado."[47]

Ditadores do *spin* ouvem o conselho de Maquiavel e copiam o segundo tipo de tirano de Aristóteles. Em vez de intimidar os cidadãos à submissão, eles se utilizam da enganação para conquistar o povo. Governar dessa maneira implica seguir algumas regras que serão destacadas a seguir.

A primeira é *ser popular*. Ao contrário dos déspotas clássicos, os ditadores "suaves" devem se preocupar com seus índices de aprovação. Como Maquiavel observou, eles podem ganhar a simpatia popular de várias maneiras. O bom desempenho econômico ajuda. Em qualquer regime, a prosperidade tende a impulsionar o apelo do governante

---

[44] Aristóteles, *Política*, 147-50 (livro 5, cap. 11). Aristóteles define seis tipos principais de governo, distintos com base em quem governa e no interesse de quem. Um único governante que governa segundo o interesse comum é um rei, enquanto aquele que governa segundo seu próprio interesse é um tirano. (Os outros tipos são: a aristocracia: governo por poucos no interesse comum; a oligarquia: governo por poucos no seu próprio interesse; a *politeia* ou governo constitucional: o governo por muitos no interesse comum; e a democracia: o governo de muitos no interesse deles próprios. Ver *ibid.*, livro 3, cap. 7.)

[45] Maquiavel, *O Príncipe*, 74.

[46] *Ibid.* Ver também Maquiavel, *Discursos*, 175, 310.

[47] Maquiavel, *O Príncipe*, 49. Para Maquiavel, a enganação nunca pode substituir completamente a violência. Um príncipe deve ser um leão, assim como uma raposa (74). Em uma era democrática, porém, a violência é difícil de combinar com a imagem de benevolência que os ditadores do *spin* cultivam.

estabelecido.[48] Isso é extremamente importante e não deve ser esquecido, mesmo quando nos concentramos em outros caminhos complementares rumo à popularidade. Os cidadãos inferem, a partir do crescimento econômico, que o governante deve ser um gerente competente. Líderes de todos os tipos – tanto democratas quanto autoritários –, sempre que podem, levam o crédito por mercados em crescimento.

Mas nenhuma economia floresce o tempo todo. Portanto, cada categoria de autocrata investe em uma rede de segurança. Os ditadores do medo usam a repressão para conter o descontentamento quando a economia afunda. Garantem que os cidadãos estejam amedrontados demais para protestar. Já os ditadores do *spin* podem até acabar se utilizando da repressão como último recurso, revertendo para a abordagem da velha guarda que usava o extremismo. Mas isso significaria desistir da ampla popularidade. Em vez disso, sua primeira linha de defesa, quando a verdade está contra eles, é distorcê-la. Eles manipulam a informação.

Fazer isso de forma eficaz demanda ter visão. Quando estão nos bons tempos, eles se preparam para os momentos ruins. Clamando para si os créditos pelos sucessos – mesmo aqueles causados por puro acaso –, eles constroem uma reputação de profissionalismo. E, tal como o segundo tirano de Aristóteles, eles fingem governar para o benefício de todos. Ao mesmo tempo, eles consolidam o controle sobre a mídia, muitas vezes discretamente, de modo a preservar sua credibilidade, calmamente mantendo na palma da mão os proprietários da mídia e incentivando a autocensura. Isso permite a eles que, em momentos mais difíceis, possam desviar a atenção dos resultados decepcionantes e reorientar a culpa para outros. Assim, apesar dos fracassos, os ditadores do *spin* podem permanecer populares por algum tempo.

Naturalmente, eles não são os primeiros a manipular informações. Alguns totalitaristas do século XX eram propagandistas inovadores. O que difere é como os ditadores do tipo *spin* enviesam as notícias. Os ditadores clássicos do medo impunham ideologias elaboradas e rituais de lealdade. Seu controle era abrangente, e sua propaganda intimidadora. Alguns eram acusados de fazer lavagem cerebral em

---

[48] Guriev e Treisman, "The Popularity of Authoritarian Leaders".

seus cidadãos. Os ditadores do *spin* se utilizam de métodos mais sutis – menos propaganda política mobilizadora ao estilo maoísta e mais publicidade do tipo comercial tradicional. E o conteúdo é diferente. Enquanto os homens-fortes do século XX apreciavam um imaginário violento – podemos nos lembrar da "adaga envenenada" de Saddam –, os ditadores de hoje adotam uma retórica mais suave de competência e especialização, às vezes com um leve verniz socialista ou nacionalista.

Quando o factual está bom, eles assumem o crédito; quando está ruim, eles fazem com que a mídia o obscureça tanto quanto possível e fornecem desculpas quando não conseguem alcançar isso. Um mau desempenho será sempre culpa de condições externas ou de inimigos. E resultados decepcionantes são divulgados como ainda melhores do que outros poderiam alcançar. Os ditadores contrastam sua própria liderança com alguma pseudoalternativa profundamente decepcionante, escolhida especialmente para fazê-los parecer melhores. Jornalistas leais ao sistema caluniam qualquer rival genuíno. Ao longo de todo o processo, o ditador molda as questões e direciona a agenda pública em seu favor.

Quando isso funciona, esses ditadores do *spin* são amados, em vez de temidos. Durante vinte anos, a aprovação de Putin nunca caiu abaixo de 60%. Mesmo os oponentes de Chávez reconheciam sua popularidade. Mas eles não são amados por todos. Em qualquer sociedade moderna, seja autoritária ou democrática, as pessoas podem ser divididas em dois grupos. Para começar, existem os cidadãos bem-informados – o estrato de cidadãos com formação universitária, com acesso à mídia e com conexões internacionais. Seus membros são habilidosos em obter e comunicar informações políticas. Podem até ser cooptados por aqueles que estão no poder, mas geralmente são difíceis de enganar. Nas ditaduras, os bem-informados conseguem enxergar através das mentiras do líder, reconhecendo-o pelo que ele de fato é, muito menos competente do que o retratado pelas transmissões estatais. Essas pessoas gostariam de substituí-lo por uma alternativa melhor. Mas elas são bem poucas e, portanto, fracas demais para fazê-lo. Precisam da ajuda do resto da sociedade – *do público em geral*.[49]

---

[49] Geddes e Zaller ("Sources of Popular Support for Authoritarian Regimes") também argumentam que, nas sociedades autoritárias, os mais bem-instruídos e

O principal desafio do ditador do tipo *spin* é impedir que esses bem-informados danifiquem sua popularidade e mobilizem o público contra ele. Mas como fazer isso? Quando os cofres do Estado estão cheios, ele pode cooptar seus críticos. Pode comprar seu silêncio ou mesmo contratá-los para produzir propaganda de seu governo. Na Rússia de Putin e no Cazaquistão de Nazarbayev, as redes de televisão pró-regime recrutaram os mais talentosos universitários do país. Outros líderes – do peruano Alberto Fujimori até o húngaro Viktor Orbán – subornaram os barões da mídia privada com propinas, furos de reportagem e publicidade governamental. Quando falta dinheiro, os ditadores censuram os mais informados e sua mídia. Como as taxas de crescimento e a receita estatal caíram na Rússia e no Cazaquistão recentemente, as restrições à imprensa se tornaram mais rígidas. Na verdade, a maioria dos ditadores faz um pouco das duas coisas: alguns críticos são mais baratos de censurar, outros de subornar.

Um *insight* que é chave nessa questão é que não é necessário censurar tudo. De fato, em uma ditadura do tipo *spin*, as restrições à imprensa que são flagrantes demais podem ter efeito contrário. Os governantes querem que os cidadãos pensem que a mídia é relativamente livre. Portanto, quando censuram, eles também censuram o fato de que estão censurando. Ao passo que os ditadores do medo queimam livros e proíbem jornais privados, os ditadores do tipo *spin*, em sua maioria, apenas empurram as críticas para os cantos, mantendo a TV nacional focada neles mesmos.[50] Eles não se importam com o que as

---

politicamente conscientes seriam menos suscetíveis à propaganda governamental. Perceba que os mais bem-informados, embora ricos em capital humano, não precisam ter grande riqueza ou alta renda. Esse segmento geralmente se identifica com a classe média – muitas vezes vista como um motor da democratização, mais recentemente por Fukuyama (*Political Order and Political Decay*, 436-51) –, mas não é equivalente a ela. Também não estamos sustentando aqui qualquer argumento moral de que o segmento dos bem-informados deva ou não dominar. Apenas fazemos a afirmação factual de que eles desempenham um papel importante na política pós-industrial.

[50] Mesmo em ditaduras à moda antiga, na prática a censura raramente acontecia em 100% do tempo. Publicações obscuras da oposição às vezes continuavam a existir, mas geralmente porque as autoridades não tinham capacidade de eliminar todas elas.

camadas mais tagarelas da população digam sobre eles em âmbito privado – ou mesmo em público, se diante de uma pequena audiência. Aos intelectuais dissidentes, são permitidos seus periódicos, programas de TV a cabo e jornais estrangeiros, desde que a demanda por tudo isso permaneça baixa. O que importa é o *apoio da massa*. Para separar o grande público dos bem-informados, os governantes insultam esses últimos, questionam suas motivações, os rotulam de antipatrióticos ou elitistas e inflamam ressentimentos culturais contra eles.

Tendo ganhado apelo junto à massa, o líder *usa sua popularidade para consolidar seu poder*. Essa é a segunda regra da ditadura do *spin*. A popularidade é um bem fluido que tanto pode cair quanto pode subir. Portanto, faz sentido investir parte dela em outros mecanismos de controle. Para explorar bem seus bons índices, um ditador do *spin* convoca eleições e referendos e, ao vencer por enormes margens, reivindica para si um mandato que o libera para ajustar instituições políticas e jurídicas conforme considere necessário. Ele então promulga mudanças constitucionais, aparelha tribunais e órgãos reguladores com apoiadores e delimita distritos de votação de forma a construir uma base confortável de apoio institucional.

A terceira regra é *fingir ser democrático*. Hoje, as grandes maiorias em quase todos os países – independentemente de suas histórias e sistemas políticos – preferem a democracia.[51] Uma rede mundial de Estados liberais e organizações internacionais promove o governo de cunho popular. Aqueles autocratas que continuam a governar pelo medo desafiam essa opinião global. Já os ditadores do *spin*, ao contrário, fingem abraçar a voga da liberdade. É claro que muitos no exterior

---

Isso foi verdadeiro, por exemplo, em algumas ditaduras latino-americanas e africanas. Nas ditaduras do *spin*, permitir alguma imprensa da oposição – de modo a fazer o regime parecer democrático e fornecer um canal de comunicação confiável quando necessário – é parte deliberada da estratégia.

[51] Nos 83 países pesquisados na última rodada da Pesquisa Mundial de Valores (2017-2020), a proporção de entrevistados dizendo que ter uma democracia era "bom" ou "muito bom" variava de 58% no Iraque a 98% na Islândia. A média transnacional foi de 84% (Pesquisa Mundial de Valores, análise online). Veja o nosso suplemento online, Tabela OS1.1.

enxergam a hipocrisia nessa ação. Mas, internamente – e mesmo no exterior –, muitos outros não enxergam.

Os ditadores do medo do século XX muitas vezes fechavam suas fronteiras, limitando as viagens e a transmissão de informações. Os ditadores do tipo *spin*, ao contrário, *se abrem para o mundo* – e essa é a quarta regra. Ocasionalmente, restringem a mídia estrangeira. Mas, em sua maioria, eles acolhem fluxos de pessoas, de capital e de dados e encontram maneiras de lucrar com tudo isso. Eles se tornam membros de instituições internacionais e atrapalham quaisquer missões que possam se tornar obstáculos a eles. Usam propaganda para aliciar grupos na internet que sejam potencialmente amigáveis no Ocidente e *hackeiam* ou assediam oponentes declarados. E empregam a infraestrutura oculta de empresas e bancos em outros territórios para salvaguardar seu dinheiro e cooptar elites ocidentais.

A regra final – e a mais importante – é *evitar a repressão violenta*, ou pelo menos ocultá-la ou camuflá-la quando ela precisar ser usada. Nas sociedades modernas, atos de brutalidade tendem a desacreditar o líder. Para um ditador do *spin*, qualquer violência visível contra a população é um sinal de fracasso. Quando o modelo funciona e o governante é popular, aterrorizar os cidadãos comuns não é apenas desnecessário, mas contraproducente. Isso diminuiria a imagem desejada de uma liderança esclarecida e responsável.

Isso não significa que os ditadores do *spin* sejam pacifistas. Ao travar guerras civis ou lutar contra insurgências étnicas, eles podem ser brutais. (Na verdade, mesmo as democracias são também frequentemente impiedosas quando enfrentam conflitos armados – considere, por exemplo, a Índia na questão da Caxemira.)[52] No Peru, Fujimori reprimiu ferozmente os guerrilheiros maoístas do Sendero Luminoso. A segunda guerra da Rússia na Chechênia, iniciada por Putin em 1999, causou dezenas de milhares de mortes.[53] Nos locais onde a história predispôs o público contra minorias étnicas – especialmente aquelas que podem ser culpadas de terrorismo –, os ditadores do *spin* podem

---

[52] Ver, por exemplo, Iqbal, Hossain e Mathur, "Reconciliation and Truth in Kashmir".

[53] Anistia Internacional, *Russian Federation*, I.

lucrar ao elegê-las como seu alvo. Eles às vezes também reprimem jornalistas no intuito de censurar suas reportagens. Ainda assim, quando o fazem, tentam esconder seu envolvimento ou disfarçar seu propósito. Em vez de prender os críticos por seus escritos, eles fabricam acusações de evasão fiscal, fraude, ou – melhor ainda – ofensas mais embaraçosas que provavelmente alienarão os seguidores daquele comunicador. O Cazaquistão, por exemplo, processou um famoso jornalista pelo suposto estupro de um menor, em um caso que a Human Rights Watch sugeriu ser "politicamente motivado".[54]

Recapitulando, os ditadores do *spin* manipulam informações para alavancar sua popularidade junto ao público em geral e usam essa popularidade para consolidar o controle político, tudo enquanto fingem ser democráticos, evitando ou pelo menos camuflando a repressão violenta, e integrando seus países ao mundo exterior.

É importante fazer duas ressalvas aqui. Às vezes nos referimos à ditadura do tipo *spin* como um "novo" modelo, contrastando-a às "velhas" práticas dos ditadores do medo. Mas, como observado, ela não é algo completamente novo. Em quase todas as épocas, pelo menos alguns autocratas escolheram a enganação em lugar da violência. Como vimos, Aristóteles primeiro descreveu essa abordagem, provavelmente tendo em mente o tirano ateniense Pisístrato.[55] Na França do século XIX, Napoleão III antecipou algumas técnicas de ditadores do *spin* que reapareceriam bem depois.[56] O que se viu de novo no final do século XX foi uma mudança dramática no equilíbrio entre os tipos de ditadura. Afinal, a ditadura do tipo *spin* cresceu tremendamente, de uma variedade antes minoritária para a forma mais comum.

---

[54] Central Asia Report, "Oppositionists Claim Government behind Rape Charge".

[55] Aristóteles, *Política*, 219-222.

[56] Wolf, *France, 1814-1919*, 243. Napoleão usou sua popularidade pessoal para consolidar o poder por meio de plebiscitos e preservou uma fachada democrática. Entretanto, ele combinou isso com uma repressão considerável, por exemplo, ao exilar 15 mil opositores ao regime para países estrangeiros e colônias como a Argélia e a Guiana Francesa após seu golpe. Sua censura à imprensa também foi rigorosa e explícita.

A segunda advertência diz respeito à nossa aparente divisão das ditaduras em dois grupos que parecem ser muito bem organizados. Lembramos, mais uma vez, que isso apenas torna a discussão mais simples. Mas a maioria dos fenômenos do mundo real varia ao longo de um espectro – e isso certamente é verdadeiro para os regimes políticos. A democracia perfeita é um "tipo ideal" de governo que existe apenas nos livros didáticos, não na vida real. Os governos de verdade podem ser mais ou menos democráticos. O mesmo se aplica aos líderes não democráticos. Eles podem estar mais próximos da ditadura do medo ou da ditadura do *spin*, mas poucos serão inteiramente uma coisa ou a outra. A maioria dos governantes se afasta do projeto ideal em algum aspecto. Mas eles se aproximam.

Quem seriam, então, alguns desses ditadores do tipo *spin* mais recentes? Em Singapura, Lee Kuan Yew ajudou a desenvolver o modelo entre aproximadamente 1970 e 1990. Seus sucessores, Goh Chok Tong (1990-2004) e Lee Hsien Loong (2004-presente), abraçaram o estilo de governo de Lee. Outros casos incluem Mahathir Mohamad, na Malásia (1981-2003), e seus sucessores, Abdullah Ahmad Badawi (2003-2009) e Najib Razak (2009-2018); Nursultan Nazarbayev, no Cazaquistão (1992-2019); Hugo Chávez, na Venezuela (1999-2013); Vladimir Putin, na Rússia (2000-presente); Recep Tayyip Erdoğan, na Turquia (de 2003 até pelo menos 2016, quando detenções em massa após um golpe fracassado sugeriram um possível recuo à ditadura do medo); Rafael Correa, no Equador (2007-2017); e Viktor Orbán, na Hungria (2010-presente).[57]

---

[57] Na verdade, a data final para Nazarbayev não está clara. Embora tenha renunciado à presidência em 2019, ele continuou a dominar os bastidores (ver, por exemplo, *Economist*, "The People of Kazakhstan Wonder"). Ao construir nosso conjunto de dados sobre técnicas de controle autoritário, usamos as codificações do projeto Polity IV para distinguir as não democracias das democracias. No entanto, como os ditadores do *spin* imitam a democracia, alguns casos – não surpreendentemente – são mais problemáticos. A Polity coloca a Hungria sob Orbán após 2010 como uma democracia perfeita (Polity2 = 10). Entretanto, concordamos com Timothy Garton Ash ("Europe Must Stop This Disgrace") que a consolidação de Orbán no controle da mídia, dos tribunais e da administração eleitoral transformou o país muito rapidamente em uma não

Também incluímos o peruano Alberto Fujimori como um caso fronteiriço, especialmente no final dos anos 1990, embora os assassinatos encomendados pelo Estado fossem relativamente frequentes no início dos anos 1990, quando o exército combateu o Sendero Luminoso.[58] Alguns desses líderes herdaram sistemas mais ou menos democráticos e os converteram em ditaduras do tipo *spin*. Outros nem precisaram fazê-lo. Retornaremos a esses casos mais algumas vezes nos capítulos adiante.

Como essa lista sugere, o modelo vem em diversos "sabores" diferentes. Alguns praticantes, como Chávez, estão à esquerda; outros, como Orbán, à direita. Alguns procuram mobilizar suas populações, enquanto outros visam a acalmá-las. Alguns, como Chávez e Correa, são "populistas", atacando as "elites entrincheiradas" ou "o estado profundo"[59] em nome do "povo". Outros, como Lee Kuan Yew e Putin, são apoiadores entusiastas do Estado, seja ele "profundo" ou não. (Erdoğan ataca o "estado profundo" enquanto lota de aliados o Estado comumente constituído.) Alguns, como Orbán, adotam o conservadorismo cultural e os sentimentos étnicos anti-imigração. Outros, como Nazarbayev, enfatizam a

---

democracia. A Polity também classifica a Turquia como uma democracia até 2014. Acreditamos que Erdoğan já tinha transformado o país em uma ditadura do *spin* alguns anos antes disso. Em classificações e números estatísticos, como na Figura 1.1, ainda seguimos os códigos da Polity para evitar mudanças *ad hoc* e colocar a Hungria e a Turquia entre as democracias nos anos relevantes. Portanto, nossa contagem de ditaduras do *spin* é, acima de tudo, conservadora.

[58] A Comissão de Verdade e Reconciliação do Peru estimou que os agentes do Estado foram responsáveis por mais de 400 mortes e desaparecimentos a cada ano, entre 1990 e 1992; o número caiu para 17 em 1999 e 5 em 2000 (Lerner, *Informe Final de la Comisión de la Verdad y Reconciliación*, 84).

[59] [Nota do tradutor] "Estado profundo", do inglês "*deep state*", é o nome que teóricos da conspiração dão a um conjunto de pessoas que não fazem parte diretamente do governo, mas que controlariam e manipulariam políticas governamentais por meio de sua influência e de alocações de dinheiro de forma a atender interesses particulares que são diferentes do interesse público-governamental. Podem compor esse conjunto membros de agências, celebridades e figuras públicas, representantes de grandes indústrias e empresas e demais indivíduos com grande poder de influência.

harmonia étnica e religiosa.[60] As ditaduras do *spin* também variam em sua forma institucional. Muitas são personalistas, focadas em um único indivíduo, mas também podem ser regimes de partidos dominantes (como na Malásia e em Singapura), regimes militares (na Argélia de Bouteflika) ou mesmo monarquias (no Kuwait do sheikh Sabah al-Ahmad Al-Sabah). Ainda assim, os ditadores do *spin* compartilham certas características comuns que os distinguem dos ditadores do medo. Resumimos as diferenças na Tabela 1.1.[61]

Ditaduras do medo	Ditaduras do *spin*
Governo por meio do medo	*Governo por meio da enganação*
A repressão violenta é intensa; muitos assassinatos e prisioneiros políticos	A repressão violenta é pouca; poucos assassinatos e prisioneiros políticos
A violência é publicizada no intuito de intimidar outros	A violência é escondida no intuito de preservar a imagem de "líder esclarecido"

---

[60] Por exemplo, ao passo que Orbán antagonizou os muçulmanos e posou como defensor de uma "Europa Cristã", Nazarbayev sediou regularmente um "Congresso de Líderes de Religiões Mundiais e Tradicionais" de forma a encorajar o diálogo interconfessional e a tolerância (Tharoor, "Hungary's Leader Says He's Defending Christian Europe"; Stevens, "Kazakhstan").

[61] Nossos ditadores do *spin* ficam próximos ao que Joel Simon, diretor-executivo do Comitê de Proteção aos Jornalistas, chama de "democratitadores". A principal diferença é que Simon inclui ditadores extremamente violentos, como Paul Kagame, de Ruanda, enquanto nós consideramos uma estratégia baseada na violência aberta e no medo como inconsistente com o objetivo de projetar uma imagem de liderança democrática e competente. Ver Simon, *The New Censorship*, 32-34. Alguns aspectos da ditadura do *spin* também são destacados em Morgenbesser, "The Menu of Autocratic Innovation" e *The Rise of Sophisticated Authoritarianism*.

Censura generalizada	Alguns meios de oposição são permitidos
A censura é publicamente conhecida; queimas de livros, banimentos oficiais	A censura é disfarçada; a mídia privada é cooptada sempre que possível
A ideologia oficial é muitas vezes imposta	Não há ideologia oficial
Propaganda feita de maneira intensa e declarada, combinada a rituais de lealdade	Propaganda mais sutil, de modo a propalar a imagem de competência do líder
A democracia liberal é ridicularizada	Fachada de democracia
O fluxo internacional de indivíduos e informações é geralmente restrito	O fluxo internacional de indivíduos e informações é geralmente aberto

Tabela 1.1 – Dois modelos de ditaduras

Como mudou o equilíbrio entre as ditaduras do medo e as ditaduras do *spin*? Os capítulos que se seguirão explicarão os detalhes, mas, por enquanto, aqui vai uma rápida visão geral. Para distinguir os tipos empiricamente, usamos duas regras simples. Como no caso de qualquer regra, essas aqui também pecam por ignorar nuances e podem, inclusive, estar erradas em um caso ou outro, mas elas ajudam a identificar as tendências gerais. Como foi observado, os ditadores do *spin* realizam eleições, evitam violência explícita contra adversários políticos e permitem pelo menos alguns meios de comunicação críticos ao seu governo. Nossa regra de ouro se concentra nesses aspectos. Classificamos um líder como um ditador do *spin* se, sob seu governo, tudo o que se segue é verdade:

(a) o país é uma não democracia, *e*
(b) são realizadas eleições nacionais nas quais pelo menos um partido da oposição pode concorrer, *e*

(c) pelo menos alguns meios de comunicação criticam o governo a cada ano, *e*

(d) menos de 10 assassinatos políticos a mando estatal ocorrem a cada ano em média, *e*

(e) menos de 1.000 presos políticos são mantidos em dado ano.[62]

Os ditadores do medo empregam a repressão violenta e visam a um controle completo sobre as comunicações públicas. Classificamos um líder como um ditador do medo se sob seu mandato:

(a) o país é uma não democracia, *e*

(b) em pelo menos um ano, poucos ou nenhum meio de comunicação criticou o governo, *e*

(c) 10 ou mais assassinatos políticos a mando estatal ocorrem em média a cada ano, *e/ou*

(d) 1.000 ou mais presos políticos são mantidos em pelo menos um ano.[63]

Os demais ditadores – 29% do total entre 1946 e 2015 – são de um tipo híbrido.

---

[62] O item (a) é baseado na classificação Polity IV: uma não democracia é um país com uma pontuação Polity2 inferior a 6 na escala de 21 pontos Polity2, na qual -10 representa uma ditadura pura e +10 uma democracia pura. Os itens (b) e (c) vêm do banco de dados Varieties of Democracy (V-Dem), versão 10; (b) é cumprida quando a variável *v2elmulpar_ord* ≥ 2 em pelo menos um ano de mandato do líder; (c) é cumprida quando a *v2mecrit* ≥ 1 em todos os anos de seu mandato. Os itens (d) e (e) vêm de nosso próprio Banco de Dados de Técnicas de Controle Autoritário (ACT), que apresentamos com mais detalhes no cap. 2.

[63] O item (a) é atendido quando o Polity2 < 6. O item (b) é da V-Dem; é cumprido quando *v2mecrit* ≤ 1 em pelo menos um ano de mandato do ditador. Os itens (c) e (d) são, novamente, de nosso Banco de Dados ACT. Não incluímos uma condição sobre a existência de partidos de oposição na definição de ditaduras do medo, uma vez que até mesmo alguns regimes que aterrorizam os cidadãos permitem uma oposição simbólica.

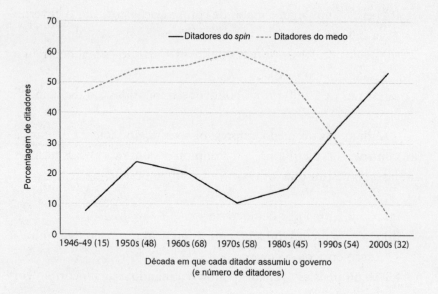

Figura 1.1 – Proporção entre ditadores do medo e ditadores do *spin* em sucessivos grupos de líderes

Fonte: Guriev e Treisman, Banco de Dados de Técnicas de Controle Autoritário; V-Dem, V. 10; Polity IV.
Nota: o número de ditadores em cada período é dado entre parênteses. "Ditadores" aqui são definidos como aqueles líderes que permaneceram no poder por pelo menos 5 anos e cujo país teve um índice Polity2 menor que 6 em todos esses 5 anos. Ditadores do medo e ditadores do tipo *spin* são definidos conforme está no texto antecedente.

A Figura 1.1 mostra a mudança ao longo do tempo. Comparamos as proporções entre ditadores do *spin* e ditadores do medo em sucessivos grupos de líderes.[64] A repressão violenta muitas vezes varia durante o

---

[64] Os indicadores de censura e de eleições pluripartidárias estão disponíveis em forma anual, portanto, no suplemento online, também mostramos uma estimativa anual da proporção de ditadores do *spin* e do medo (Figura OS1.1). Em cada ano, isso representa a proporção de ditadores que cumprem os critérios de censura e de eleições naquele ano e os critérios de repressão violenta (em seu mandato como um todo). O padrão é semelhante ao de contingentes dos líderes, mas há uma ligeira discrepância, já que as características de cada novo contingente se misturam com as que restam dos contingentes mais antigos. A proporção de ditadores do medo atinge um pico por volta de 1980 e depois cai drasticamente. A proporção

mandato de um líder. Alguns já colocam a população em condições de submissão por meio de algum choque precocemente, com matanças ou massacres brutais, e depois não veem a necessidade de mais mortes durante algum tempo.[65] Outros começam suavemente, mas mais tarde aumentam a brutalidade. Para considerar também esses casos, calculamos a média do número de assassinatos políticos do Estado durante o total de anos no poder de cada ditador, e comparamos o número de presos políticos mantidos sob cada ditador em seu auge. Uma vez que as estimativas conterão ruído em excesso se tomadas por um período muito curto, nos concentramos apenas naqueles líderes que permaneceram no poder por pelo menos cinco anos.[66] Como pode ser visto, ditaduras do medo caíram de 60% do total no contingente dos anos 1970 para menos de um décimo no contingente dos anos 2000. A proporção de ditaduras do *spin* sobe de 13% para 53%.[67]

OUTRAS EXPLICAÇÕES

Argumentamos que ditadores estão substituindo o medo pelo *spin*. Mas outra possibilidade é a de que eles apenas tenham se tornado mais eficientes no que tange à repressão. Talvez tenham encontrado

---

de ditadores do *spin* sobe de um ponto baixo por volta de 1980, superando os ditadores do medo por volta de 2000.

[65] No Zimbábue, por exemplo, Robert Mugabe intercalou explosões de violência brutal com períodos de pausa, durante os quais a violência anterior continuava a intimidar. É como se diz: depois de queimar a casa de um oponente, pode-se assegurar obediência por um tempo "apenas sacudindo a caixa de fósforos". Naturalmente, ainda é preciso refrescar a memória da população periodicamente com novas brutalidades (Cheeseman e Klaas, *How to Rig an Election*, 116-17). O Zimbábue de Mugabe foi definitivamente uma ditadura do medo, não uma ditadura do *spin*.

[66] No suplemento online do cap. 2, discutimos se a omissão de ditadores de curto mandato poderia distorcer os padrões de violência. Aparentemente, não é o caso.

[67] Veja o suplemento online para saber mais sobre como a categorização de ditaduras do medo/*spin* corresponde a outras classificações de regimes, incluindo a de Geddes, Wright e Frantz, *How Dictatorships Work* (Tabela OS1.4) e Levitsky e Way, *Competitive Authoritarianism* (Tabela OS1.5).

maneiras de manter as pessoas aterrorizadas usando menos violência real. As novas tecnologias da informação facilitam o monitoramento e a localização de dissidentes. Para tirar proveito disso, ditadores de todos os tipos têm implantado todo tipo de aparato, desde câmeras de rua e tecnologia de reconhecimento facial até rastreadores GPS. Será que é só isso que está acontecendo?

Nós achamos que não. É verdade que uma vigilância mais intensa poderia, em princípio, reduzir a necessidade de violência. A dissuasão funciona ao se ameaçarem os infratores com punições. A força de tais ameaças depende tanto do erro cometido quanto das chances de ser pego. Se as probabilidades de detecção aumentam, um ditador pode suavizar as punições mantendo forte a dissuasão.[68] Conforme a capacidade de monitoramento cresce, os governantes podem substituir a "coação de alta intensidade" por uma de "baixa intensidade".[69]

Ainda assim, o fato de que algo *possa* acontecer não significa que acontecerá. Orwell não pensou que a vigilância de alta tecnologia reduziria a disseminação do terror estatal. Na verdade, ao contrário, o monitoramento mais abrangente e a punição brutal se fundiam em seu "Grande Irmão". Pesquisas recentes sugerem que os ditadores do medo que restam hoje estão usando novas ferramentas digitais juntamente com técnicas mais violentas, e não em lugar delas.[70] E isso faz sentido. Se a repressão se tornou mais viável de um ponto de vista do custo-benefício, então a lógica econômica sugere que devemos ver mais dela acontecendo, e não menos.

Além disso, mesmo que as novas tecnologias de vigilância explicassem a queda da violência, isso ainda nos deixaria com o enigma de outras mudanças recentes nas táticas dos ditadores. Se a repressão de baixa intensidade é tão eficaz, por que então esconder seu uso e assim enfraquecer seu potencial de dissuasão? Por que fingir abraçar

---

[68] Levitsky e Way, *Competitive Authoritarianism*, 58.

[69] Dragu e Lupu, "Does Technology Undermine Authoritarian Governments?"; Dragu e Przeworski, "Preventive Repression"; Dimitrov e Sassoon, "State Security, Information, and Repression", 3.

[70] Frantz, Kendall-Taylor e Wright, *Digital Repression in Autocracies*.

a democracia e respeitar a liberdade de opinião, em vez de reforçar os métodos baseados no medo? Por que trabalhar tanto para ser popular, se um governante pode controlar seus cidadãos por meio de seus *smartphones*? Concordamos que alguns ditadores do medo apenas digitalizaram suas técnicas coercitivas – vem à mente o príncipe herdeiro saudita Mohammed bin Salman (chamado de "MBS"). Mas esses líderes não desistiram da violência. Enquanto isso, outros adotaram um modelo totalmente novo.

Esse modelo, por si só, já se beneficiou das novas ferramentas de informação. Na verdade, os avanços tecnológicos aumentam a eficiência tanto da tática do medo quanto das táticas de *spin*.[71] A internet permite uma censura seletiva e de baixo custo que filtra o fluxo de informações em diferentes grupos. As redes sociais podem ser sequestradas de modo a disseminar propaganda sofisticada, com ofertas de informação adaptadas a públicos específicos e sua fonte ocultada de forma a aumentar sua credibilidade. Os ditadores do *spin* podem mobilizar *trolls* e *hackers* para manipular eleições. Portanto, mesmo que as novas tecnologias da informação facilitem a ditadura do medo, elas podem facilitar ditaduras do *spin* ainda mais.

Outros céticos sugerem que não são os ditadores que estão se tornando menos violentos, mas sim que as sociedades é que estão se tornando menos rebeldes. À medida que as pessoas ficam mais ricas, elas se tornam mais avessas a se arriscar. Com mais a perder, cidadãos perdem o gosto pela revolução. Um ditador pode precisar de menos brutalidade explícita e menos ameaças declaradas para manter tal população na linha.

Isso soa plausível. Mas, embora possa ser verdade em alguns casos, não parece um argumento que se sustenta de modo geral. Na verdade, os ricos muitas vezes podem parecer uma maior ameaça aos ditadores do que os pobres. Os abastados podem, de fato, ter mais a perder. Mas

---

[71] Bradshaw e Howard ("The Global Organization of Social Media Disinformation Campaigns") abordam campanhas de manipulação de mídia social formalmente organizadas em 29 países ao redor do mundo e encontraram evidências de uso extensivo da mídia social pelos governos, tanto em ditaduras do *spin* como em ditaduras do medo.

eles também têm maior capacidade de resistência – maior habilidade organizacional, mais recursos, maiores redes de contatos – e têm uma demanda mais forte por liberdade política. Eles são mais difíceis de comprar com vantagens materiais do que os pobres.

Algumas evidências apoiam esse pensamento. De 2017 a 2020, a Pesquisa Mundial de Valores (WVS) sondou cidadãos de dezenove Estados autoritários. Os pesquisadores dividiram os respondentes em três categorias de renda – "alta", "média" e "baixa" – com base em suas próprias avaliações de sua renda relativa. Uma pergunta questionava se a violência política seria alguma vez justificável. Embora a maioria tenha dito que não, em 9 dos 19 países os respondentes considerados "ricos" foram mais propensos a justificar a violência política do que os considerados "pobres".[72] Em Hong Kong, por exemplo, 27% dos respondentes de alta renda responderam com 6 ou mais em uma escala de 10 pontos que variava de "nunca justificável" (1) a "sempre justificável" (10), comparado a apenas 8% dos respondentes de baixa renda. Mesmo na China continental, um maior número dos respondentes ricos escolheu números mais elevados do que os pobres. A tolerância à violência política também foi maior entre os ricos do que entre os pobres no Azerbaijão, Belarus, Etiópia, Jordânia, Macau, Rússia e Ucrânia.

É claro que os ricos podem se expressar como revolucionários, mas se furtariam a se revoltar de fato. No entanto as respostas de suas pesquisas, pelo menos, sugerem o contrário. A WVS não perguntou claramente a respeito de revoluções, e sim sobre ações menos extremas no sentido de oposição. Em vinte não democracias, ela perguntou se os respondentes já haviam participado de manifestações pacíficas. Em quatorze delas, mais ricos do que pobres responderam que sim.[73]

---

[72] Dados acessados online em 20 de setembro de 2021. http://www.worldvaluessurvey.org/WVSOnline.jsp. Isso se baseia em comparar os meios de cada país. Veja o suplemento online, Tabela OS1.6.

[73] Dados acessados online em 20 de setembro de 2021. http://www.worldvaluessurvey.org/WVSOnline.jsp. Os resultados para a Turquia estavam disponíveis para essa pergunta, mas não para a pergunta anterior. Veja o suplemento online, Tabelas OS1.7 e OS1.8.

Em Hong Kong, novamente, 31% dos entrevistados de alta renda – mas apenas 12% dos de baixa renda – responderam que sim. E em quinze dos vinte países, mais ricos do que pobres disseram ter participado de alguma greve não oficial.

A afluência pode reduzir o impulso de rebelião em alguns casos, como o de Singapura. Mas, em outras autocracias relativamente ricas – dos Estados do Golfo à Rússia, Malásia, Turquia e Cazaquistão –, os líderes parecem bem menos indiferentes à agitação política. E muitas vezes parecem mais preocupados com os protestos dos ricos do que com a agitação entre os pobres, os quais, na Rússia e na Turquia, por exemplo, constituem a base de apoio do ditador. Se esses governantes se utilizam de menos violência que seus antecessores, isso não se deve ao fato de que o enriquecimento da sociedade os tenha deixado mais tranquilos.

LINHAS DIVISÓRIAS

É fácil classificar a maioria dos autocratas desde 1945 como ditadores do medo ou ditadores do *spin*. Mas cerca de um quarto deles são casos híbridos. Em alguns países – como Qatar, Emirados Árabes Unidos e Laos, por exemplo – os líderes barraram os partidos de oposição e as críticas públicas ao governo, mas sem muita repressão violenta. Em outros – como, por exemplo, Sri Lanka, Bangladesh e Argélia –, os governantes usaram de violência considerável e ainda assim toleraram – ou pelo menos não suprimiram – a mídia de oposição.

A China parece, a princípio, difícil de classificar. Quando falamos com especialistas naquele país, muitos ficam impressionados com a quantidade de características das ditaduras do *spin* que se encaixam perfeitamente no regime de Pequim. Em comparação com a selvageria de Mao, a violência definitivamente declinou. Na maioria dos lugares da China atual, é menos provável que os dissidentes sejam levados a campos de trabalho, e eles na verdade são convidados por um policial secreto a "tomar chá", o eufemismo local para uma "conversa de aviso". Embora esnobem os sistemas ocidentais – a democracia "não nos serviria e poderia até levar a consequências catastróficas", disse Xi em 2014 –, os líderes chineses muitas vezes descrevem seu governo como um tipo diferente de democracia.[74] Certas mídias privadas são toleradas, e os censores online às vezes apenas diminuem a velocidade de tráfego de informações em vez de banir sites de imediato.[75]

No entanto, os *experts* em assuntos alheios à China enxergam aquele país como um caso flagrante de governo pelo medo. Nas regiões mais rebeldes, a repressão tem sido impiedosa. Mais de um milhão de uigures, cazaques e outros foram levados para campos de reeducação em Xinjiang, e os que ainda estão livres vivem aterrorizados.[76] Cada movimento deles é rastreado por equipamentos de vigilância intrusivos. Xi claramente espera que suas ações duras naqueles locais intimidem os defensores da democracia em Hong Kong. Separatistas em qualquer lugar da China, disse ele em 2019, "serão feitos em pedaços".[77] Tentativas de dividir a China "terminariam em corpos esmagados e ossos despedaçados".[78] Entre junho de 2019 e janeiro de 2021, mais de 10.200 manifestantes de Hong Kong foram presos.[79] E grande parte dessa repressão é feita abertamente. Embora a princípio Pequim tenha tentado bloquear as notícias sobre Xinjiang, os líderes rapidamente mudaram seu discurso para a defesa dos campos.[80] Mesmo em regiões não minoritárias, os dissidentes são forçados a fazer confissões televisivas arrepiantes, cujo objetivo só pode ser o de espalhar o medo.[81]

Por um tempo, a China parecia estar caminhando para uma ditadura do tipo *spin*. Os líderes do partido Jiang Zemin (1989-2002) e Hu Jintao (2002-2012) permitiram alguma discussão pública

---

[74] Coonan, "Democracy Not for China".

[75] Roberts, *Censored*. Abordamos esse assunto novamente no cap. 4.

[76] Anistia Internacional, "Changing the Soup"; deHahn, "More than 1 Million Muslims".

[77] Davies, "President Xi Jinping Vows".

[78] Saunders, "Xi Jinping's Threats".

[79] Isso de acordo com as listas de ativistas. Ver Hong Kong Watch, *Banco de Dados de Prisioneiros Políticos*.

[80] Blanchard e Miles, "China Tries to Spin".

[81] Myers, "How China Uses Forced Confessions"; Singer e Brooking, *Like War*, 99.

sobre ideias liberais.[82] Em meio à comercialização parcial da mídia chinesa, surgiram algumas reportagens investigativas.[83] O principal noticiário noturno da China, o *Xinwen Lianbo*, permaneceu tão rijo e propagandístico que, conforme provocou um observador, qualquer pessoa que o assistisse para acompanhar as notícias "teria de estar mentindo ou... ser mentalmente deficiente".[84] No entanto, outros canais apresentam vídeos "explicativos", infográficos e documentários patrióticos animados e tecnologicamente sofisticados.[85] No entanto, Xi, que assumiu o controle em 2012, reverteu essa trajetória. Além de intensificar a repressão em Xinjiang, no Tibete e em Hong Kong, também reprimiu a imprensa, demitiu equipes de investigação e prendeu mais jornalistas.[86] O tom pró-regime do jornal impresso *People's Daily*, controlado pelo Estado, é hoje mais efusivo do que em qualquer outro momento desde a Revolução Cultural.[87] Mesmo os jornais comerciais – que dedicam menos espaço à política de alto nível – se tornaram igualmente mais positivos em relação ao regime.[88]

Como a Arábia Saudita sob Mohammed bin Salman, a China de Xi é uma estranha mistura de repressão impiedosa, ideologia antiquada, pantomima moderna e tecnologia de informação de última geração. Ambos os Estados usam *hackers* e *trolls* para dominar as redes sociais, enquanto rastreiam dissidentes online.[89] Ambos os líderes são

---

[82] Zhao, "Xi Jinping's Maoist Revival".

[83] Tong, "The Taming of Critical Journalism", 80; Lorentzen, "China's Strategic Censorship". Instruções aos censores que foram vazadas sugerem a adoção de uma abordagem mais seletiva entre 2008-2012 (Tai, "China's Media Censorship").

[84] Man, "Who Wants to Watch CCTV's Xinwen Lianbo Program?".

[85] Ma e Thomas, "In Xi We Trust".

[86] Tong, "The Taming of Critical Journalism", 88; Committee to Protect Journalists (Comitê de Proteção aos Jornalistas), "Journalists Attacked in China since 1992".

[87] Carter e Carter, "Propaganda in Autocracies", 141.

[88] *Ibid.*, 150-51.

[89] MBS, da Arábia, também rejeita a democracia, mas ainda assim corteja os investidores e governos ocidentais. Em suas palavras: "Há uma vantagem na rapidez da tomada de decisões, o tipo de decisão rápida que um monarca absoluto pode

mais experientes em lidar com a mídia e confortáveis com a abertura internacional do que os tiranos clássicos do século XX. No entanto, ambos continuam fortemente comprometidos com o governo pelo medo. No exterior, os sauditas negam a responsabilidade por atos violentos, como o assassinato do jornalista Jamal Khashoggi, em 2018.[90] Mas, dentro de suas fronteiras, a repressão é divulgada com o fim de intimidar. As autoridades mantiveram encarcerados cerca de trinta mil prisioneiros políticos em 2018, de acordo com a Comissão Islâmica de Direitos Humanos, e as flagelações públicas, as decapitações e a exibição de cadáveres continuam.[91] Como relata o jornalista Ben Hubbard, "O medo é tão disseminado que... muitos sauditas evitam falar ao telefone ou então colocam seus celulares dentro da geladeira quando se encontram".[92] Embora atualizando o conceito de ditadura do medo, Pequim e Riade continuam comprometidas com seu princípio central.

Algumas pessoas, ao ouvir nossa argumentação, sugeriram paralelos entre os ditadores do *spin* e certos políticos em países ostensivamente democráticos. Na Itália, o domínio de Silvio Berlusconi sobre a mídia do país moldou seu estilo de governo. Líderes populistas, como Néstor e Cristina Kirchner, na Argentina, e Andrés Manuel López Obrador, no México, usaram os truques dos ditadores do *spin* para cooptar a mídia e marginalizar os críticos.[93] Nos Estados Unidos, Donald Trump tentou usar sua conta no Twitter para mobilizar apoio aos seus projetos antidemocráticos.

---

tomar com apenas um passo que levaria 10 passos em uma democracia tradicional" (Hubbard, *MBS*).

[90] O governo saudita mais tarde reconheceu sua responsabilidade, culpando o que chamou de uma "operação rebelde". Ver BBC, "Jamal Khashoggi"; e Rappeport, "Saudi Crown Prince Calls Khashoggi's Death 'Heinous'".

[91] Comissão Islâmica de Direitos Humanos, "IHRC's UPR Report on Saudi Arabia"; Human Rights Watch, "Saudi Arabia"; *Guardian*, "Saudi Blogger Receives First 50 Lashes of Sentence for 'Insulting Islam'".

[92] Hubbard, *MBS*.

[93] Waisbord, "All-Out Media War"; *Economist*, "AMLO's War against the Intelligentsia".

Não é surpresa alguma que ditadores do *spin* se assemelhem a políticos em democracias de baixa qualidade, ou até mesmo em algumas de qualidade mais alta. Afinal de contas, esses ditadores *realmente estão tentando se parecer com políticos democráticos*. E as ditaduras do *spin* muitas vezes emergem quando democracias fracas são sequestradas por líderes inescrupulosos. Em seus primeiros tempos, a Hungria de Orbán, a Turquia de Erdoğan e a Rússia de Putin pareciam para muitos – inclusive para nós – não ser autocracias, mas democracias falhas. Hoje, definitivamente situamos esses governos no lado autoritário. Uma vez que os regimes variam ao longo de um espectro, devemos esperar que a fronteira entre democracias mais frágeis e ditaduras mais brandas seja mesmo um pouco confusa.

Também é fácil confundir ditaduras do *spin* com democracias iliberais – ou seja, com democracias nas quais governos livremente eleitos não protegem os direitos civis e discriminam as minorias.[94] Orbán, por exemplo, se gaba abertamente de seu iliberalismo. Mas, na verdade, ditadores do *spin* não são, de forma alguma, democratas. Eles não atacam apenas os direitos civis das minorias; na verdade, manipulam as eleições por meio das quais as maiorias poderiam retirá-los do poder.

E por que mais democracias não derivam para ditaduras do *spin*? Não é por falta de esforço de políticos inescrupulosos. No entanto, em democracias estáveis, alguma coisa detém essas intenções. A tradição em ciência política é dizer que essa "alguma coisa" se chama "instituições democráticas". As eleições pluripartidárias, o sistema de freios e contrapesos constitucionais, os procedimentos legais e um Judiciário independente têm o poder de impedir aspirantes a ditadores. Tais regras e procedimentos são obviamente importantes. E ainda assim, como mostramos ao longo deste livro, as instituições formais não agem por conta própria. Com frequência, elas falham em colocar amarras nos líderes.[95] A essência da ditadura

---

[94] Ver Zakaria, *The Future of Freedom*, e Mukand e Rodrik, "The Political Economy of Liberal Democracy".

[95] Meng, *Constraining Dictatorship*.

do *spin* é esconder a autocracia dentro de instituições formalmente democráticas. Os autoritários modernos manipulam eleições, desabilitam o sistema de freios e contrapesos, reescrevem constituições e aparelham os tribunais com seus aliados.[96]

A verdadeira questão não é se um Estado tem as instituições formais certas, mas o que impede os líderes de subvertê-las. Argumentamos que a proteção para isso reside na resistência ativa dos bem-informados.[97] Assim como nas ditaduras, esse subconjunto da população – aqueles com educação superior, habilidades de comunicação e conexões internacionais – desempenha um papel crucial. Nas democracias modernas, os altamente educados tendem a trabalhar em empregos que são ricos em informação, os quais possibilitam que eles desenvolvam talento organizacional e um conhecimento detalhado de como o sistema funciona. Quando esses bem-informados são numerosos e bem dotados de recursos, eles podem documentar os abusos cometidos pelos titulares do poder, comunicá-los ao público, organizar movimentos sociais e políticos, realizar campanhas eleitorais e protestos eficazes, levar os abusadores aos tribunais e coordenar ações com agências internacionais e governos estrangeiros. Podem se opor a tentativas de usurpar o poder, tal como aconteceu nos Estados Unidos entre 2016 e 2021, quando milhões de advogados, juízes, funcionários, ativistas, jornalistas e outros se opuseram às iniciativas de um niilista na Casa Branca. Sem as ações dessas pessoas, uma constituição bem redigida não pode ajudar muito.[98] A forte resistência

---

[96] Levitsky e Way, *Competitive Authoritarianism*.

[97] Por "bem-informados" nos referimos àqueles que entendem a natureza do regime e têm as habilidades e os recursos para organizar a sociedade contra ele. Os membros podem ou não ter altos rendimentos e riqueza. Para uma argumentação semelhante, ver Acemoglu, "We Are the Last Defense against Trump".

[98] De fato, vários países no mundo têm constituições semelhantes às dos Estados Unidos e, no entanto, sofreram com a instabilidade política e a política antidemocrática. De acordo com Law e Versteeg ("The Declining Influence of the US Constitution"), os cinco países com constituições mais similares à Constituição dos Estados Unidos são Libéria, Tonga, Filipinas, Kiribati e Uganda.

dos cidadãos informados é o que assegura as instituições do governo livre e as faz funcionar.[99]

O QUE VEM A SEGUIR?

Nos próximos capítulos, vamos desmembrar os elementos das ditaduras do tipo *spin*. Veremos como seus praticantes evitam e disfarçam a violência política (capítulo 2), conquistam os cidadãos com propaganda sofisticada (capítulo 3), manipulam a mídia sem o uso de censura grosseira (capítulo 4), simulam a democracia (capítulo 5) e se envolvem com o mundo exterior (capítulo 6). Em cada caso, destacaremos casos marcantes, focalizando os líderes individuais cujas primeiras experiências ajudaram a desenvolver o modelo. Contrastaremos as práticas de ditadores recentes com as de seus predecessores do século XX, mais evidentes. Sempre que possível, apoiaremos nossas ilustrações com referências a dados mais bem sistematizados (nas seções "Checando as evidências" e no suplemento online do livro).[100] Depois de descritos os dois modelos, sugerimos uma interpretação para a mudança histórica das ditaduras do medo para aquelas de *spin* no capítulo 7. Argumentamos que o que desencadeou isso foi um coquetel de forças associado à modernização e à globalização. Na verdade, essas são as mesmas forças que alimentaram a explosiva "terceira onda" de

---

[99] E é claro que, em longo prazo, esse segmento pode crescer para incluir a maior parte da população, tornando a democracia ainda mais segura.

[100] Além de nosso próprio Banco de Dados de Técnicas de Controle Autoritário, utilizamos dados políticos do Centro para a Paz Sistêmica (Polity IV, Major Episodes of Political Violence), Correlates of War (Militarized Interstate Dispute Database), V-Dem, Archigos (ver Chiozza e Goemans, "International Conflict and the Tenure of Leaders"), Banco de Dados de Assassinatos em Massa (ver Ulfelder e Valentino, *Assessing Risks of State-Sponsored Mass Killing*), Comitê de Proteção aos Jornalistas (sobre assassinatos de jornalistas), NELDA (Hyde e Marinov, "Which Elections Can Be Lost?") e Freedom House (Freedom of the Press, Freedom on the Net). Utilizamos dados da pesquisa de opinião pública da Pesquisa Mundial de Valores e da pesquisa mundial Gallup e dados econômicos do Banco Mundial, FMI e Fouquin e Hugot, "Two Centuries of Bilateral Trade and Gravity Data".

democracia depois de 1974. A modernização e a globalização criam pressões para a abertura política. A ditadura do tipo *spin* é, então, a forma como alguns governantes autoritários resistem. Eles evitam a verdadeira democracia simulando-a. E, ainda assim, se a modernização e a globalização persistem, as pressões se intensificam. Na ausência de grandes riquezas petrolíferas, essas forças acabam empurrando os países rumo à democracia.

Os ditadores do *spin* adiam esse processo o máximo que podem. Para fazer isso, eles precisam silenciar os bem-informados, cooptando-os ou censurando-os. No entanto, o desenvolvimento econômico aumenta o tamanho desse grupo, tornando cada vez mais caro neutralizá-lo. Assim, em ambientes modernos, a manipulação oferece apenas um patamar temporário aos ditadores, embora possa durar anos sob um governante mais habilidoso. Embora a modernização geralmente crie condições para a democracia, a eficácia dessa estratégia é uma das razões pelas quais a transição pode chegar com um atraso. Encerramos, no capítulo 8, com nosso melhor palpite sobre o que vem a seguir para as ditaduras do tipo *spin*, juntamente com algumas reflexões sobre como o Ocidente deve responder a elas. Mas passemos agora à experiência do pioneiro do modelo, quando ele se deparou pela primeira vez com os custos políticos da repressão declarada.

PARTE I
───────

COMO A COISA É FEITA

2
DISCIPLINANDO, MAS SEM PUNIR

EM SETEMBRO DE 1956, os estudantes falantes de chinês em Singapura invadiram e tomaram suas escolas de ensino médio. As autoridades coloniais haviam dissolvido a agremiação estudantil e prendido seus líderes, dizendo que a organização havia sido infiltrada pelos comunistas.[1] Em protesto, milhares de adolescentes invadiram suas escolas, fizeram barricadas lá dentro e armaram barracas, enquanto pais simpatizantes contrabandeavam comida para o interior.

O novo ministro-chefe da colônia, Lim Yew Hock, contra-atacou usando de força e enviando a polícia com gás lacrimogêneo para despejar os estudantes. Como se fosse uma deixa que outros cidadãos estavam esperando, tumultos irromperam por toda a cidade. Multidões se aglomeraram, viraram veículos e atearam fogo em prédios. Na confusão, treze pessoas foram mortas e mais de cem ficaram feridas.[2] Com a ajuda das tropas britânicas, helicópteros, carros blindados e bloqueios de estradas, Lim esmagou a revolta. Mas então, naquele momento, ele se viu em completo descrédito junto

---

[1] *Straits Times*, "The Clean-Up: Act Two"; Wong, "Subversion or Protest", 191.
[2] Lee, *The Singapore Story*, 249; Mauzy e Milne, *Singapore Politics*, 15.

à comunidade chinesa, que constituía três quartos da população de Singapura.[3]

Para um jovem advogado ambicioso e organizador político chamado Lee Kuan Yew, a reação desajeitada de Lim ofereceu uma lição duradoura. Lee tinha crescido em Singapura durante a ocupação japonesa em tempo de guerra. Para conseguir pagar as contas, ele encontrara trabalho traduzindo notícias no departamento de propaganda da administração japonesa.[4] Depois da guerra, ele estudou direito na Universidade de Cambridge, antes de voltar a mergulhar na política de Singapura, enquanto a colônia se encaminhava para a independência do Reino Unido.

Lee não discordava do impulso inicial na abordagem de Lim. Também ele, quando mais tarde se tornou primeiro-ministro, usaria a ameaça de conspirações revolucionárias para reprimir a dissidência. No início dos anos 1960, ele enviou a polícia para prender seus rivais mais radicais.[5] Mesmo depois que os britânicos se foram, Lee manteve vigente a Lei de Segurança Interna, legislação que permitia a detenção indefinida de suspeitos, presente nos livros de direito durante décadas, muito depois de qualquer ameaça comunista séria ter desaparecido.

Lee também não se sentia nada incomodado em usar a força. Perguntado sobre sua oposição política, ele gostava de adotar o tom de um gângster. Rosnava que colocaria na mão um soco-inglês ou pegaria uma machadinha e encontraria seus adversários em um beco escuro.[6] Durante a guerra, o jovem Lee ficou impressionado com a impiedosa eficácia dos invasores japoneses. "Eu ainda não havia lido a máxima de Mao de que 'O poder político cresce do cano de uma arma'", escreveu ele mais tarde, "mas eu sabia que a brutalidade japonesa, as armas japonesas, as baionetas e as espadas japonesas e o terror e a tortura dos japoneses resolviam muito bem a questão de quem estava no comando".[7]

---

[3] Lee, *The Singapore Story*, 251; Barr, *Singapore*, 112.

[4] Lee, *The Singapore Story*, 63.

[5] *Ibid.*, 472-73; Jones, "Creating Malaysia".

[6] Mydans, "Lee Kuan Yew"; Ibrahim e Ong, "Remembering Lee Kuan Yew".

[7] Lee, *The Singapore Story*, 77.

Os anos 1950 foram uma época tensa. Em 1949, os insurgentes de Mao haviam tomado o poder em Pequim, enviando uma boa dose de orgulho e de radicalismo ao coração da diáspora chinesa em Singapura. Logo depois, irrompeu a guerra da Coreia. A Grã-Bretanha, com seus domínios espalhados por todo o globo, que já se tornavam difíceis de gerenciar, estava abandonando suas colônias asiáticas uma a uma. Em 1950, agentes comunistas haviam tentado, sem sucesso, assassinar o governador britânico de Singapura, Franklin Gimson.[8] Havia razões muito boas para levar a sério aquela rebelião estudantil.

Mas o que impressionou Lee na resposta de Lim não foi sua violência, e sim sua inépcia. Conforme viria a escrever posteriormente, aquilo o ensinou a "não ser um valentão desajeitado".[9] Em vez de persuadir ou enganar os adolescentes para que voltassem para casa, Lim havia ordenado a entrada de tropas de choque em meio a uma chuva de latas de gás lacrimogêneo. Já Lee acreditava que a verdadeira batalha era travada pelos corações e pelas mentes. E Lim havia perdido ambos. Saiu do poder em 1959, derrotado nas eleições que levaram Lee e seu partido ao poder – para toda a vida.

"Resolvi", escreveu Lee, "que... eu nunca cometeria aqueles mesmos erros. Eu pensaria em uma maneira de obrigar os próprios pais a pegar seus filhos nas escolas e levá-los para casa. A Polícia Especial poderia pegar os líderes depois que os alunos tivessem se dispersado."[10]

Décadas depois, Lee – já então, por muito tempo, o líder de Singapura – assistiu horrorizado aos tanques na China passando por cima dos estudantes que protestavam na Praça Tiananmen (também conhecida como Praça da Paz Celestial). Embora sentisse simpatia pelas vítimas, a principal reação de Lee foi – tal como havia sido com Lim em 1956 – a de sentir desespero ao ver a resposta inepta e brutal dos líderes chineses. "Para que usar de tal força, eu me perguntei", lembrou ele. "E não eram pessoas burras. Elas sabiam exatamente o que o mundo iria pensar."[11]

---

[8] *Straits Times*, "Midnight Bomb Attack on Gimson".

[9] Lee, *The Singapore Story*, 251.

[10] *Ibid.*, 250.

[11] Gardels, "The Sage of Singapore".

Lee havia forjado um vínculo de respeito mútuo com o líder chinês Deng Xiaoping. Visitando Singapura em 1978, Deng se surpreendeu com o que Lee tinha feito do outrora empobrecido entreposto colonial. Nos onze anos entre uma coisa e outra, Lee havia se proposto a orientar Deng e sua equipe, aconselhando-os acerca de política econômica.[12] Era doloroso, então, ver seus amigos cometerem um erro tão colossal. No ano seguinte, Li Peng, que, na posição de primeiro-ministro da China, havia ordenado a entrada das tropas na Praça Tiananmen, visitou Singapura. Lee o repreendeu por encenar tal "show" perante a mídia mundial. De acordo com Lee, Li Peng respondeu com humildade: "Somos completamente inexperientes em lidar com esses assuntos".[13]

Àquela altura, Lee havia construído um novo modelo de controle político rigoroso em Singapura, baseado em minimizar qualquer repressão visível. O cientista político Cherian George chamou sua abordagem de "coerção calibrada".[14] Isso permitia a Lee dominar a vida pública tão completamente quanto a maioria dos ditadores mais óbvios. Em eleição após eleição, seu Partido de Ação Popular conquistava quase todas as cadeiras no Parlamento. Uma mídia nacional um tanto tímida evitava cuidadosamente irritar o governo.[15] Os protestos políticos eram extremamente raros.[16]

No entanto, Lee conseguira isso de uma forma que, pelo que todos podiam afirmar, ainda o tornava genuinamente popular entre muitos singapurianos comuns.[17] Nos anos 1980, havia muito poucos presos políticos nas prisões do país e – embora as medidas contra crimes comuns fossem bastante rígidas, com punição de aprisionamento inclusive para vandalismo e abuso de drogas – havia pouca repressão política explícita.

---

[12] Lee, *From Third World to First*, 676, 681-82.

[13] Elliott, Abdoolcarim e Elegant, "Lee Kuan Yew Reflects".

[14] George, "Consolidating Authoritarian Rule".

[15] George, *Singapore, Incomplete*, 119.

[16] Morgenbesser, "The Autocratic Mandate"; George, *Singapore, Incomplete*, 108-9.

[17] Até mesmo os críticos admitiam que Lee tinha "apoio popular genuíno" (George, *Singapore, Incomplete*, 44).

TERRAS SANGRENTAS

Hoje, essa abordagem já se tornou familiar. Mas, em 1959, quando Lee tomou posse, governos autoritários ainda eram identificados com a violência. Este capítulo explora a notável evolução que se seguiu. Traçamos como Lee e outros inovadores gradualmente conceberam métodos mais sofisticados e encobertos de coerção. E, com novos dados sobre assassinatos patrocinados pelo Estado e sobre prisioneiros políticos, bem como outras fontes, documentamos a tendência de se transformar a dissuasão severa em repressão de baixa intensidade.

Para compreender essa mudança, é importante lembrar o ponto de partida. Nos anos 1950, o mundo ainda estava lutando para digerir os horrores das matanças generalizadas de Stálin e do Holocausto de Hitler. Em todo o mundo, regimes brutais continuavam a matar seus cidadãos aos milhares.

Nos Estados comunistas, a contagem de corpos era espantosa. Apoiados por Moscou, os regimes estalinistas haviam tomado o poder em toda a Europa Oriental, esmagando a resistência e purgando a população. Apenas em seus primeiros quatro anos, os líderes da Romênia executaram cerca de 75 mil "inimigos do povo". Outros 100 mil pereceram na prisão Râmnicu Sărat.[18] Na China, cerca de 35 milhões de pessoas morreram na grande fome causada pelo plano Grande Salto para Frente, de Mao, entre 1958 e 1960.[19] Suas mortes resultaram da teimosia do ditador e do excesso de rigor das autoridades locais, em vez de assassinatos políticos deliberados.[20] Mas a Revolução Cultural de Mao e outras campanhas políticas acabariam com mais 2,5 milhões

---

[18] Hodos, *Show Trials*, 96; Thompson, *Nordic, Central, and Southeastern Europe*, 525. Sobre o esmagamento implacável da dissidência na Europa Oriental do pós-guerra, ver Applebaum, *Iron Curtain*, especialmente o cap. 12.

[19] Johnson, "Who Killed More". Aqui e nos parágrafos seguintes, podemos oferecer apenas números vagamente aproximados. Afinal, a maioria dos assassinos em massa não deixa uma contagem completamente confiável das vítimas. Ainda assim, as estimativas indicam a escala da violência cometida.

[20] Meng, Qian e Yared, "The Institutional Causes of Famine in China, 1959-61"; Kung e Chen, "The Tragedy of the Nomenklatura".

de vidas. Com o avanço da revolução, os cadáveres continuaram a se acumular. Dezenas de milhares – talvez muitos mais – foram executados na Coreia do Norte e no Vietnã do Norte. Mengistu Haile Mariam, o ditador marxista da Etiópia, massacrou 60 mil no "terror vermelho" de seu país, nos anos 1970. Milhões de cambojanos – quase um quarto da população, por estimativas amplamente aceitas – morreram nos "campos de matança" de Pol Pot.[21]

Mas não eram apenas os totalitários idealistas que estavam derramando sangue. Anticomunistas também assassinaram em escala industrial. Os homens da Syngman Rhee, na Coreia do Sul, mataram cerca de 100 mil civis antes da Guerra da Coreia e centenas de milhares mais durante e depois dela.[22] Quando o general Suharto tomou o poder na Indonésia, em 1965, os massacres causaram entre 500 mil e um milhão de mortes.[23] Também na América Latina, o anticomunismo serviu de pretexto para a carnificina. Os generais argentinos mataram ou "desapareceram" com 15 mil a 30 mil pessoas entre 1976 e 1983, enquanto os soldados do general Pinochet assassinaram de 3 mil a 5 mil chilenos.[24] Outros ditadores precisaram de pouca fundamentação ideológica ou geopolítica para fazê-lo. A África pós-colonial vomitou uma verdadeira galeria de homens-fortes sedentos de sangue. Macias Nguema, da Guiné Equatorial, massacrou cerca de 50 mil, e Hissène Habré, do Chade, cerca de 40 mil.[25]

Os dissidentes não assassinados eram frequentemente presos. Em todo o mundo não livre, ditadores enfiaram inimigos, reais ou supostos, em prisões, colônias de trabalhadores, campos de concentração e hospitais psiquiátricos. A rede global de perseguição se estendia desde o "Arquipélago Gulag" da União Soviética até as "ilhas penais" da América Latina. Em quase todos os lugares, os presos políticos eram torturados.

---

[21] Mydans, "Death of Pol Pot".

[22] Kim, "Forgotten War, Forgotten Massacres", 532-35.

[23] Rosenbaum e Kossy, "Indonesia's Political Prisoners", 36; Anistia Internacional, *Indonésia*, 12.

[24] Fagen, "Repression and State Security", 54; Pereira, *Political (In)justice*, 21.

[25] Heilbrunn, "Equatorial Guinea and Togo", 236.

Nem todos os ditadores foram igualmente impiedosos. Como veremos em dados adiante, pelo menos alguns em cada período conseguiram se safar com poucas mortes. No entanto, mesmo aqueles que deram pouco trabalho para os carrascos ainda aprisionaram dissidentes aos milhares. O egípcio Nasser executou apenas um número limitado de membros da Irmandade Muçulmana. Mas sua polícia secreta podia contar 20 mil presos políticos a cada dado momento.[26] Na Argentina, o populista Juan Perón matou poucos, mas encarcerou mais de 14 mil oponentes.[27] Alguns ditadores europeus do pré-guerra são considerados relativamente brandos. O marechal polonês Józef Pilsudski e o almirante húngaro Miklós Horthy mantiveram pelo menos partes de uma fachada democrática e – pelo menos em comparação com o que viria depois – demonstraram algum comedimento. Ainda assim, Pilsudski prendeu 5 mil de seus críticos em 1930 e criou "um dos primeiros campos de concentração modernos para prisioneiros políticos".[28] O Terror Branco de 1919, em meio ao qual Horthy tomou o poder, trouxe "vários milhares de execuções e dezenas de milhares de prisões". O ex-guarda-costas principal de Horthy colecionava orelhas dos comunistas assassinados.[29]

A repressão violenta foi a ferramenta-chave dos ditadores do século XX – mas não a *única* ferramenta. Alguns ganharam popularidade com vitórias anticoloniais ou militares. Outros, tais como os líderes do Partido Revolucionário Institucional (PRI) do México, conquistaram apoio com desenvolvimento econômico e patrocínio. Na África, os chamados "grandes homens" cooptaram montes de seguidores, muitas vezes dentro de seu grupo étnico, desembolsando benefícios de forma seletiva.[30] Ainda assim, mesmo nesses casos, o medo e a violência muitas vezes ficavam à espreita nos bastidores. O regime do México massacrou estudantes, camponeses e sindicalistas

---

[26] Metz, *Egypt*, 341.

[27] Derfler, *Political Resurrection in the Twentieth Century*, 93.

[28] Kershaw, *To Hell and Back*; Blanke, *Orphans of Versailles*, 96.

[29] Fayet, "1919"; Bodó, "Paramilitary Violence in Hungary".

[30] Cheeseman e Fisher, *Authoritarian Africa*.

em muitas ocasiões.[31] Os chefões podiam distribuir pão, mas também carregavam baionetas.

Quase tão marcante quanto a violência era o modo como os governantes se comportavam com relação a ela. Na maioria das vezes, a matança, a tortura e a prisão eram deliberadamente divulgadas. Os ditadores do século XX se orgulhavam de suas façanhas sangrentas e faziam com que os cidadãos tomassem pleno conhecimento delas. Nesse sentido, eles pareciam estar voltando a um modelo de punição que havia se tornado obsoleto no Ocidente até 1900. A Europa medieval, e mesmo no começo da era moderna, era conhecida pelas punições horrorosas impostas contra toda e qualquer coisa, desde crimes menores até o regicídio. Os suspeitos podiam ser quebrados na roda ou no cavalete; queimados na fogueira; enforcados, afogados e esquartejados; ou todos os itens anteriores. As execuções e torturas eram espetáculos públicos, com os cidadãos sendo encorajados a assistir e aplaudir. O pelourinho, por seu próprio projeto, convidava à participação popular. Aqueles que sobreviviam à punição eram deliberadamente marcados de modo a propagandear seus crimes; alguns eram marcados na testa; outros tinham seu nariz ou orelhas cortados.

No entanto, como bem descreveu Michel Foucault, o Ocidente passou por uma revolução na filosofia penal e nas práticas penais entre 1760 e 1840. A imposição deliberada de dor deu lugar a punições mais "humanas" e invisíveis, às vezes combinadas com tentativas de reabilitação.[32] As execuções públicas desapareceram, a tortura ficou fora de moda e o aprisionamento foi reconcebido como um programa voltado à reabilitação e à punição ao mesmo tempo. O motivo pelo qual essas mudanças aconteceram não fica totalmente claro, embora muitos suponham que os valores iluministas tenham aí desempenhado um papel fundamental.[33] Foucault

---

[31] Ver, por exemplo, Trevizo, *Rural Protest*, 171; Green, *A History of Political Murder*, 256; Calderón e Cedillo, *Challenging Authoritarianism in Mexico*.

[32] Foucault, *Discipline and Punish*.

[33] Ver Pinker, *The Better Angels of Our Nature*, para um relato detalhado da tendência em direção a punições menos violentas.

também sustentou, já de forma mais controversa, que a substituição do castigo corporal por formas menos visíveis de disciplina facilitou a disseminação de determinados mecanismos de poder em uma ampla gama de ambientes sociais.

Os ditadores do século XX reverteram essa tendência. Rejeitaram os escrúpulos dos liberais modernos e abraçaram a violência sem qualquer remorso. Combinaram novas tecnologias de produção em massa, transporte, armas e comunicações com os objetivos tradicionais de infligir dor e espalhar o medo. E restauraram a própria face pública da repressão política, juntamente com a expectativa de que cidadãos leais fossem tomar parte desse pensamento.

Muitos autocratas transformaram a matança em evento público. Kim Jong-Il mandou um pelotão de fuzilamento executar um diretor de uma fábrica diante de um estádio lotado com 150 mil espectadores.[34] Macias Nguema, da Guiné Equatorial, supostamente executou 150 de seus inimigos na arena de futebol da capital, enquanto alto-falantes tocavam a música pop "Those Were the Days". O presidente do Sudão, Gaafar Nimeiry, enforcou um importante adversário político na frente de mil observadores.[35]

Ao contrário de evitar a publicidade desses atos, alguns claramente a apreciavam. O general Franco, da Espanha, inventou até uma frase especial para aqueles cuja morte ele queria anunciar amplamente: *garrote y prensa* (ou seja, "estrangulamento por garrote com cobertura da imprensa").[36] Para manter os espectadores animados, ele montou barracas de café e churros em torno de um de seus campos de matança.[37] Muitos outros se vangloriaram de sua brutalidade. "Eles me consideram um bárbaro inculto", Hitler bradou após o incêndio no Reichstag. "Sim, nós somos bárbaros! Queremos ser bárbaros."[38] O presidente Hastings Banda, do Malawi, se recordou publicamente de

---

[34] Johnson e Zimring, *The Next Frontier*, 362.

[35] Miller, "Sudan Publicly Hangs an Old Opposition Leader".

[36] Preston, *Franco*, 42.

[37] Preston, *The Spanish Holocaust*.

[38] Rauschning, *The Voice of Destruction*, 80-81.

como seus inimigos haviam servido de "comida para crocodilos".[39] Ele se gabou ao Parlamento da nova prisão que havia construído em Dzeleka para abrigar seus oponentes: "Eu os manterei lá, e lá eles apodrecerão".[40] O general Muammar Gaddafi, da Líbia, ridicularizou governantes que procuravam esconder sua responsabilidade nas mortes, fazendo inimigos serem discretamente atropelados por carros ou silenciosamente envenenados. Quando executava alguém, Gaddafi dizia, ele o fazia "na televisão".[41]

Quando o público não estava presente para assistir a uma matança, os ditadores usavam os cadáveres dos inimigos para comunicar suas mensagens. Rafael Trujillo, da República Dominicana, providenciou para que o corpo de um rebelde morto fosse amarrado a uma cadeira e conduzido de carro pelas ruas de sua província natal. Camponeses foram forçados a dançar em torno do cadáver.[42] O rei Ahmad bin Yahya, do Iêmen, ordenou que as cabeças cortadas dos "traidores" executados fossem "penduradas nos galhos das árvores como um aviso".[43] Muitos outros autocratas – de Papa Doc Duvalier a Ferdinand Marcos – exibiram de forma proeminente os corpos mutilados de opositores do regime. Mengistu publicava fotos de suas vítimas de tortura.

Entre os homens-fortes da América Latina, a exibição de cadáveres se tornou uma tradição macabra. Em Cuba, sob o regime de Batista, "centenas de corpos mutilados foram deixados pendurados em postes de iluminação ou jogados nas ruas".[44] Na Guatemala, o jornal *Prensa Libre* publicava regularmente "relatórios de cadáveres" no início dos anos 1980 para aqueles que poderiam ter perdido as exposições dos corpos em si, detalhando as cicatrizes. Os leitores aprenderam, então, a identificar mutilações distintas feitas pela polícia, pelo exército e pela

---

[39] Carver, *Where Silence Rules*, 47.

[40] *Ibid.*, 41.

[41] Anistia Internacional, *Relatório Anual 1988*, 247-48.

[42] Almoina, *Una Satrapía en el Caribe*, 113.

[43] Roucek, "Yemen in Geopolitics", 312-13.

[44] Shapiro, *Invisible Latin America*, 77.

guarda presidencial.[45] Alguns ditadores transformaram mesmo a tortura em espetáculo. Sob o regime do general Zia, do Paquistão, os presos políticos eram "golpeados publicamente... por lutadores seminus", com alto-falantes instalados para transmitir os gritos das vítimas.[46]

O próprio processo de detenção às vezes podia se apresentar como espetáculo. Embora a junta militar argentina muitas vezes substituísse as mortes por "desaparecimentos", as detenções podiam ser bastante públicas. Até cinquenta soldados ou paramilitares poderiam invadir a casa de uma vítima à noite, brandindo revólveres e granadas, gritando em alto-falantes e projetando holofotes, enquanto helicópteros circulavam por cima. Muitas vezes, eles paravam o trânsito e às vezes até cortavam a eletricidade de um quarteirão inteiro da cidade.[47] Na República Dominicana, os capangas de Trujillo patrulhavam as ruas em característicos Fuscas pretos.

Para enfatizar sua severidade, alguns ditadores adotaram títulos militares como generalíssimo (Franco, Trujillo, Stálin) e marechal (Josip Broz Tito).[48] Aqueles que eram ex-soldados continuavam a usar uniformes. Mas muitos sem formação militar também vestiam trajes marciais. Stálin tinha um uniforme especial feito no austero estilo imperial, com calças listradas, uma túnica cinzenta e dragonas nos ombros.[49] Mussolini vestia o traje da milícia fascista, acrescentando uma insígnia.[50] Fidel Castro raramente tirava seus trajes de cor cáqui.[51] Como detalhamos no próximo capítulo, ditadores de todas as ideologias adotaram um vocabulário típico do campo de batalha. Mussolini chamou seu partido fascista de "um verdadeiro

---

[45] Torres, "Bloody Deeds/Hechos Sangrientos".

[46] Talbot, *Pakistan*, 250; International Commission of Jurists, *Pakistan*, 84.

[47] National Commission on the Disappearance of Persons, *Nunca Más* (Never Again).

[48] Service, *Stalin*, 548. Franco e Trujillo tinham sido oficiais militares de alto escalão antes de tomar o poder. Stálin e Tito não tinham títulos militares, embora Tito tivesse sido um bem-sucedido comandante partidário.

[49] Fedorova, "Dressing Like a Dictator".

[50] Willson, "The Nation in Uniform?", 242-43.

[51] Pfaff, *The Bullet's Song*.

exército".⁵² Sob seu comando, os italianos lutaram uma "Batalha pelos Grãos", uma "Batalha pela Terra" e até mesmo uma "Guerra contra as Moscas".⁵³ Comunistas se engajavam em "'lutas' e 'combates' em 'frontes' para alcançar 'avanços' na produção e 'vitórias' culturais".⁵⁴

Alguns deram um passo além, militarizando a própria sociedade. No final da década de 1930, todas as crianças italianas a partir dos seis anos deveriam vestir uniformes fascistas e marchar com rifles de brinquedo.⁵⁵ Até crianças menores posavam para fotografias com camisas pretas.⁵⁶ Nas escolas primárias chinesas sob o regime de Mao, os alunos aprendiam a disparar rifles de ar comprimido atirando em cartazes de Chiang Kai-shek e "imperialistas estadunidenses".⁵⁷ As ementas das faculdades incluíam exercícios de arremesso de granadas e práticas de tiro com munição real. As escolas secundárias soviéticas ensinavam "treinamento militar básico" para meninos e meninas.⁵⁸ Os adolescentes iraquianos praticavam habilidades militares como membros do Ashbal Saddam (algo como "Filhotes de Saddam").⁵⁹

Em resumo, essas sociedades se viam totalmente imersas em violência e em imagens marciais, de tal maneira que é difícil de conceber dentro das democracias modernas – ou mesmo dentro do tipo de "fortaleza" disciplinada que Lee Kuan Yew havia criado em Singapura.

O CÁLCULO DA MATANÇA

O que os ditadores do século XX esperavam conseguir com todo aquele derramamento de sangue? E por que eles eram tão explícitos a respeito de sua violência?

---

⁵² Willson, "The Nation in Uniform?", 242.
⁵³ Dikötter, *How to Be a Dictator*, 21.
⁵⁴ Pfaff, *The Bullet's Song*, 40.
⁵⁵ Germino, *The Italian Fascist Party in Power*, 72.
⁵⁶ Falasca-Zamponi, *Fascist Spectacle*, 102; Dikötter, *How to Be a Dictator*.
⁵⁷ Dikötter, *How to Be a Dictator*, 112.
⁵⁸ Egorov, "Why Soviet Children Were Prepared for War".
⁵⁹ Sassoon, *Saddam Hussein's Ba'th Party*, 181.

Para alguns, a única explicação possível era a doença mental. De fato, é difícil ver aqueles que ordenam assassinatos em massa como completamente normais. Os psicólogos que apreciaram biografias de Hitler, Saddam Hussein e Kim Jong-Il encontraram sinais de paranoia, narcisismo, sadismo e tendências esquizofrênicas.[60] Ainda assim, a psicopatologia parece inadequada como uma explicação geral. Muitos ditadores demonstraram habilidades cognitivas avançadas e pensamento estratégico. Saddam Hussein, Pol Pot e Macias Nguema pareceram completamente loucos a alguns que os conheceram, mas outros não.[61] Em vez de serem movidos por vozes interiores, muitos autocratas consideraram a violência útil.

Mas com que finalidade? Um dos usos da força se dá com a intenção de esmagar a resistência burocrática. Foi isso o que claramente motivou Lênin no início e Mao durante a Revolução Cultural. Lênin ameaçou subordinados de prisão por criarem burocracia e inclusive escreveu a um deles: "Você merece uma surra".[62] Ainda assim, isso não explica a violência contra o público em geral. A repressão era muitas vezes imposta por uma burocracia leal, e não por uma desleal.

Alguns ditadores usaram a violência para remodelar a sociedade de forma revolucionária. Os comunistas tentaram liquidar classes ou grupos sociais inteiros.[63] Mesmo antes de Stálin coletivizar a agricultura, Lênin declarou "guerra implacável contra os *kulaks*", os camponeses ricos,[64] que ele caracterizava como "barbeiros", "aranhas", "sanguessugas" e "vampiros". Ele também era favorável à execução de prostitutas e sifilíticos.[65] Os fascistas de Franco visavam a eliminar a esquerda; Hitler

---

[60] Coolidge e Segal, "Is Kim Jong-Il Like Saddam Hussein and Adolf Hitler?".

[61] Para esses e outros casos, ver Ludwig, *King of the Mountain*, 249-51.

[62] Witte, "Violence in Lenin's Thought and Practice", 146, 174.

[63] Holquist, "State Violence as Technique".

[64] [Nota do tradutor] Às vezes lidos em português como "cúlaques" ou "culaques", *kulaks* eram donos de terra que constituíam uma burguesia rural, tornada rica, ou pelo menos mais abastada que a população em geral, pela exploração da mão de obra assalariada na lida com o campo. Essa classe dava apoio ao regime czarista antes da revolução.

[65] Witte, "Violence in Lenin's Thought and Practice", 150, 159.

tinha como alvo judeus, ciganos, homossexuais e deficientes físicos. Nessas e em muitas outras autocracias, a matança em massa existiria com o intuito de "purificar" a população.

Além de reestruturar a sociedade, alguns visavam a reconstruir os indivíduos. Para Mussolini, a violência era uma força criativa. Ela transformaria italianos afetados em "romanos heroicos". Segundo ele acreditava, seus compatriotas eram "um bando de... 'bandolinistas' faladores" despreparados para a "luta darwiniana entre nações". Certa vez, disse ao seu ministro das Relações Exteriores que "a raça italiana é uma raça de ovelhas. É preciso mantê-los em fila e fardados desde a manhã até a noite. E eles precisam estar o tempo todo sob a vara, sob a vara, sob a vara".[66] Dezenas de milhares de pessoas que resistiram desapareceram em "campos de concentração, prisões políticas, casas de trabalho, colônias de confinamento e locais de internação".[67]

Outro uso da violência foi para disciplinar os trabalhadores e espremer os recursos da população. Stálin e Mao podem não ter desejado conscientemente matar de fome milhões de camponeses, mas sua determinação em extrair excedentes para financiar a rápida industrialização teve esse efeito. Ambos lideraram cruzadas contra "especuladores de grãos", "parasitas", "desorganizadores" e "sabotadores". Como muitos camponeses resistiram à coletivização, fica difícil imaginar essa política sem o uso da força. O *gulag* de Stálin forneceu mão de obra gratuita para projetos de construção, como o Sistema Metropolitano de Trens de Moscou. Dos cerca de 170 mil prisioneiros que cavaram o Canal de Belomor, carregando terra e pedras com pás de madeira e carrinhos de mão, mais de 25 mil morreram no processo.[68] Em uma escala menor, as juntas "burocrático-autoritárias" da América Latina nas décadas de 1960 e 1970 se propuseram a reprimir os sindicatos de trabalhadores e baixar os salários a fim de estimular o crescimento.

No entanto, de longe o motivo mais comum para a violência era a defesa do regime. A repressão severa protegia os ditadores de várias

---

[66] Citações retiradas de Ebner, *Ordinary Violence*, 8-14.
[67] *Ibid.*, 2.
[68] Applebaum, *Gulag*, 63-65.

maneiras. Mais obviamente, ela eliminava ou enfraquecia inimigos políticos. A lista de vítimas era longa. Além dos *kulaks*, Lênin também tinha como alvo os contrarrevolucionários, os Guardas Brancos e o povo cossaco. Stálin acrescentou a esses grupos os provocadores, os trotskistas, os agentes do fascismo e do imperialismo estadunidense, demolidores e traidores.[69] Além de usar de violência para "purificar" o povo alemão, Hitler ordenou aos seus seguidores que destruíssem as forças antinazistas tais como os comunistas, os social-democratas e quaisquer opositores do nazismo nas igrejas alemãs. Os homens-fortes da América Latina enviaram esquadrões da morte para assassinar qualquer um que se acreditasse ser hostil ao seu governo, de camponeses e líderes trabalhistas até estudantes e professores universitários.[70]

Naturalmente, muitas das vítimas eram bodes expiatórios inocentes. Mas, do ponto de vista do ditador, tanto melhor. Mesmo uma violência mal orientada poderia deter oponentes potenciais e reforçar a docilidade do público. A chave era demonstrar a impiedade. Como disse o general Zia, do Paquistão: "A Lei Marcial deve ser baseada no medo".[71] O presidente Mao perguntou: "Por que devemos temer um pouco de choque? Queremos mesmo chocar".[72] Stálin, em 1939, estabeleceu uma conexão direta entre a violência estatal e a lealdade pública:

> Em 1937, Tukhachevsky, Yakir, Uborevich e outros demônios foram condenados ao fuzilamento. Depois disso, foram realizadas as eleições para o Soviete Supremo da URSS. Nessas eleições, 98,6% do total de votos foram contados em favor do governo soviético. No início de 1938, Rosengolts, Rykov, Bukharin e outros monstros foram sentenciados ao fuzilamento. Depois disso, foram realizadas as eleições para os sovietes supremos das repúblicas da união. Nessas eleições, 99,4% do total de votos foram contados em favor do governo soviético.[73]

---

[69] Overy, *The Dictators*, 177, 178.

[70] Green, *A History of Political Murder*, 19.

[71] Conforme citado em Noman, "Pakistan and General Zia", 33.

[72] Mao, "Remarks at the Small Group Meeting".

[73] Conforme citado em Heller e Nekrich, *Utopia in Power*, 308.

Naturalmente, não se pode confiar nas contagens de votos de Stálin. Mas a execução de "demônios" e "monstros" certamente teria "lembrado" alguns cidadãos a votar da forma "correta".

A violência também ajudou com a propaganda. Stálin insistia em extrair confissões de seus rivais políticos antes de mandar fuzilá-los. Eles tinham de admitir coisas que o escritor Arthur Koestler chamou de "mentiras absurdas e de arrepiar os cabelos".[74] Stálin supervisionava pessoalmente alguns interrogatórios, inserindo ou apagando frases nas ditas "confissões".[75] Após uma estadia na notória "Dacha da Tortura" perto de Vidnoe, ao sul de Moscou, o grande diretor de teatro Vsevolod Meyerhold confessou ter espionado para a Grã-Bretanha e para o Japão e ainda apontou o dedo para outros artistas importantes.[76] O bolchevique de alto escalão Nikolai Bukharin admitiu ter "organizado revoltas de *kulaks*" e "preparado atos terroristas", mas não aceitou acrescentar os assassinatos do chefe do partido Sergei Kirov e do escritor Maxim Gorky em Leningrado.[77]

Mas por que essa ênfase na obtenção de ridículas "confissões" que tanto o torturador quanto a vítima sabiam que não eram verdadeiras? No *1984* de Orwell, o líder do partido, O'Brien, enxerga que forçar os dissidentes a se arrependerem seria um fim em si mesmo, como parte do exercício do poder: "O poder está em rasgar as mentes humanas em pedaços e juntá-las novamente em novas formas à sua própria escolha".[78] Mas Koestler, contemporâneo de Orwell, que tinha conhecido os bolcheviques que Stálin executou, viu isso como uma questão de transmitir uma mensagem ao público. Em sua obra-prima *Eclipse do Sol*, o interrogador de sangue frio criado por Koestler, Gletkin, diz ao bolchevique preso Rubashov: "A única maneira que você tem de ainda servir ao Partido é como um aviso exemplar – demonstrando às massas, por sua própria pessoa, as consequências às quais a oposição à

---

[74] Koestler, *The Invisible Writing*, 395.
[75] Heller e Nekrich, *Utopia in Power*, 305.
[76] Loushnikova, "Comrade Stalin's Secret Prison".
[77] Slezkine, *The House of Government*, 852.
[78] Orwell, *1984*, 266.

política do Partido inevitavelmente conduz".⁷⁹ Os bodes expiatórios ajudavam a convencer os cidadãos da necessidade de obediência, vigilância e esforço contínuo.

E, por mais absurdas que fossem as confissões, muitos dentro e fora da União Soviética acreditavam nelas. Às vezes, a verdade parecia grotesca demais para ser aceita. Depois de assistir ao julgamento de Radek e seus "coconspiradores", o embaixador dos Estados Unidos em Moscou, Joseph Davies, relatou que qualquer tribunal teria considerado os réus culpados. Para encenar tal espetáculo, Davies escreveu, teria sido necessário "o gênio de Shakespeare".⁸⁰ Os agentes da KGB compilavam relatórios secretos sobre como o público estava respondendo. Entre os trabalhadores, alguns acharam suspeito que todos os camaradas de Lênin tivessem sido espiões fascistas. Mas outros discordaram. Alguns desejavam apenas que mais líderes bolcheviques tivessem sido fuzilados.⁸¹ Para aqueles que conseguiam enxergar através da grotesca pantomima de Stálin, os julgamentos mostravam o perigo que existia em cair sob suspeita. Para aqueles que não o conseguiam, as execuções conjuravam um mundo aterrorizante de traição e sangue.

As confissões públicas também desempenharam um papel no Irã sob o xá. A rádio transmitia "entrevistas" com esquerdistas que, após uma passagem pela prisão Evin, haviam renunciado às suas opiniões anteriores e agora elogiavam o regime.⁸² Falsos arrependimentos semelhantes continuaram sob o regime de Khomeini – o próprio aiatolá às vezes via os vídeos antecipadamente.⁸³ Os prisioneiros admitiam ter cometido traição, espionagem, subversão estrangeira, terrorismo ou ofensas religiosas, como o ecletismo, desvio religioso e contaminação ideológica.⁸⁴ Mais uma vez, o objetivo parece ter sido o de

---

[79] Koestler, *Darkness at Noon*, 198.

[80] Davies, *Mission to Moscow*. Ver também Hollander, *From Benito Mussolini to Hugo Chávez*, 128.

[81] Davies, *Popular Opinion in Stalin's Russia*, 131-32, 118-19.

[82] Abrahamian, *Tortured Confessions*, 114-16.

[83] *Ibid.*, 4, 13.

[84] *Ibid.*, 143.

fazer propaganda do governo. Para os cidadãos comuns, as confissões apresentavam um mundo de males ocultos e traidores à espreita, contra os quais as autoridades eram sua única proteção. Ao mesmo tempo, elas desmoralizavam os opositores do regime. Até mesmo aqueles que enxergavam a natureza forçada daqueles "arrependimentos" ficavam deprimidos ao ver seus heróis rastejarem sob pressão.[85]

A repressão dissuade a oposição, ameaçando-a com punição. Mas mecanismos menos conscientes também podem ajudar. Pesquisas psicológicas sugerem que os perigos percebidos – mesmo aqueles não relacionados à política – podem tornar as pessoas mais pessimistas, avessas ao risco e apoiadoras de políticas e líderes autoritários.[86] A cientista política Lauren Young descobriu que, no Zimbábue sob Robert Mugabe, levar as pessoas a pensar em cobras, feitiçaria ou simplesmente caminhar no escuro reduzia drasticamente suas intenções de participarem de reuniões da oposição ou mesmo de brincarem com o nome do presidente.[87]

Por fim, a repressão violenta pode vincular os cidadãos ao regime ao torná-los cúmplices. Aqueles que participam de atos brutais – ou levam a eles, dedurando seus semelhantes – sentem necessidade de justificar isso para si mesmos. E a maneira mais fácil de diminuir sua culpa é acreditar que a vítima era mesmo culpada. Entendendo como isso funciona, ditadores procuraram envolver os cidadãos em sua violência. A coletivização de Stálin permitia que os camponeses pobres estuprassem, assassinassem e expropriassem seus vizinhos mais ricos. Bukharin ficou chocado com "a profunda mudança psicológica" nos comunistas que participaram: "Em vez de ficarem loucos, eles aceitaram o terror como um método administrativo normal".[88] A Revolução Cultural de Mao foi uma orgia de carnificina descentralizada. Os militares argentinos nos anos 1970 rotacionavam os oficiais que participavam dos esquadrões da morte e dos centros de detenção para garantir que

---

[85] *Ibid.*, 154.

[86] Por exemplo, ver Feldman e Stenner, "Perceived Threat and Authoritarianism".

[87] Young, "The Psychology of State Repression".

[88] Nicolaevsky, *Power and the Soviet Elite*, 18-19.

as mãos de ninguém permanecessem limpas. Como disse um oficial: "A ideia era comprometer a todos".[89] A mesma lógica estava por trás da prática de forçar os cidadãos a assistir às execuções. Tais execuções eram menos angustiantes se as pessoas conseguissem se convencer de sua necessidade.

Quase todos esses motivos exigem que a repressão seja bem aberta e visível a todos. Para dissuadir, as ameaças devem ser comunicadas por mensagens claras. Para incutir ansiedade, os perigos devem estar à espreita por toda parte. Instigar o terror nos cidadãos ou "revigorar" italianos "afetados" é algo difícil de se fazer em segredo. Uma exceção é a extração de confissões por meio da tortura: tais confissões são mais convincentes se não parecerem ter sido fruto de coação, de forma que os carcereiros de Stálin se utilizavam da privação de sono em vez de espancamentos em réus que participariam de julgamentos de fachada. Isso pode parecer inconsistente com a prática de divulgar o uso da força, mas as sentenças de morte que se seguiam aos julgamentos eram publicadas de forma proeminente nos jornais.

Naturalmente, dizer que a repressão violenta era muitas vezes pública não significa dizer que a maioria dos cidadãos conhecia – ou discutia – as verdadeiras dimensões do terror disseminado em meio a eles. Mesmo muitos no círculo mais íntimo dos ditadores não dispunham de todas as informações. Mas uma imagem parcial já é suficiente para gerar medo. E, em todas as autocracias, os cidadãos se protegem agarrando-se à negação, desviando os olhos e construindo justificativas. A vida é mais fácil quando "se conhece o que não se deve saber". Os crimes do Estado tornam-se, na frase do antropólogo Michael Taussig, um "segredo público" – geralmente reconhecido, mas nunca verbalizado.[90]

O TOQUE MAIS SUAVE DE LEE

Em um cenário como esse, a abordagem menos feroz de Lee Kuan Yew se destacou. No final dos anos 1970, ele havia libertado a

---

[89] Osiel, *Mass Atrocity*, 86.
[90] Taussig, *Defacement*, 2-5.

maioria de seus prisioneiros políticos. Vinha encontrando maneiras cada vez menos visíveis de neutralizar sua oposição. Em vez de esmagar os protestos estudantis, ele simplesmente fechou a principal universidade de língua chinesa, a Nanyang, sob o pretexto de não haver matrículas suficientes, transformando-a na Universidade de Singapura. Seus funcionários regulamentaram fortemente as organizações estudantis e interrogavam quaisquer novos docentes para saber se eram confiáveis. "Até 1975", escreve Cherian George, "o governo ganhou suas batalhas com os estudantes por meio do uso da força; depois disso, ganhou sem lutar".[91]

Para limitar os críticos, Lee usava restrições em vez de proibições definitivas, permitindo-lhe, assim, afirmar que a política era livre. Os jornais ofensivos ao regime eram autorizados, mas sua circulação era limitada. Muitos enfrentaram processos por difamação. Protestos eram permitidos, mas somente com uma licença e poucos participantes. Em 2000, os sucessores de Lee criaram um "Recanto dos Oradores" ("Speakers' Corner") no Parque Hong Lim para demonstrar o respeito do regime pela liberdade de expressão.[92] Dentro dos limites daquele recanto, os oradores podiam falar abertamente sem serem presos. Mas, ainda assim, tinham de se registrar primeiro na polícia local e aguardar permissão. Um sinal advertia que seu discurso seria gravado e mantido em arquivo para possível uso em julgamentos contra eles. Não se autorizava o uso de alto-falantes, nem provocar "inimizade racial ou religiosa", nem insultar as autoridades ou fazer "gesticulação descontrolada".[93]

Os líderes da oposição não foram banidos do Parlamento. Mas decisões legais e multas poderiam mantê-los fora. Quando políticos o criticavam, Lee se atinha a acusações de alegações sem provas e processava por difamação ou calúnia. Pesadas penalidades sendo impostas

---

[91] George, *Singapore, Incomplete*, 118-19.

[92] Lee já havia renunciado ao cargo de primeiro-ministro naquele momento, mas permaneceu como "ministro sênior".

[93] Today Online, "The Evolution of Singapore's Speakers' Corner"; Kampfner, *Freedom for Sale*, 25.

repetidamente levavam os opositores à falência, desqualificando-os da candidatura a cargos.[94] Entre 1971 e 1993, onze políticos da oposição foram à falência após perderem processos para funcionários do governo, de acordo com o procurador-geral do país.[95] A lei também exigia que os falidos obtivessem permissão para viajar ao exterior, o que dava ao governo uma maneira de evitar problemas em outros países.[96] O próprio Lee admitiu o uso político da falência. Em 2003, discutindo sobre certos ativistas da oposição, ele disse ao *Straits Times*: "Se os tivéssemos considerado figuras políticas sérias, não os teríamos mantido politicamente vivos por tanto tempo. Poderíamos tê-los levado à falência mais cedo".[97]

Durante todo esse processo, o objetivo de Lee era sustentar o apoio público e marginalizar a oposição. Ele podia ridicularizar os políticos que se preocupavam apenas com as pesquisas de opinião, mas sabia que sua autoridade, naquele novo sistema, dependia de manter altos seus índices de aprovação. Líderes que perdiam o respeito do público, disse ele, podiam "continuar aos trancos e barrancos no dia a dia e fingir que estava tudo indo bem, mas ninguém levaria, de fato, o governo a sério".[98] Um líder que permanecesse popular não precisava de repressão violenta – na verdade, a violência seria um tiro pela culatra. E a popularidade, por sua vez, tornava mais fácil monopolizar o poder.

O sistema furtivo de controle de Singapura inspirou outros. Em toda a Eurásia, os autoritários saudaram Lee como um pioneiro.

---

[94] Lee, *From Third World to First*, 151-52; Andrews, "'Soft' Repression".

[95] Isso foi anunciado durante os procedimentos judiciais pelo procurador-geral de Singapura, Chan Sek Keong. Ver Emmerson, "Singapore and the 'Asian Values' Debate", 98.

[96] Human Rights Watch, "Singapore".

[97] Ibrahim e Lim, "Lee Kuan Yew". Líderes governamentais negaram fortemente o uso de processos por difamação e calúnia para fins políticos. Mas a Anistia Internacional acusou o governo de Singapura de "recorrer a processos por difamação como uma tática politicamente motivada para silenciar pontos de vista críticos e refrear a atividade da oposição" (Anistia Internacional, *Singapore J B Jeyaretnam*).

[98] Ng, "Lee Kuan Yew".

O presidente Putin concedeu-lhe a prestigiosa Ordem de Honra da Rússia. O presidente do Cazaquistão, Nazarbayev, acrescentou a isso a Ordem da Amizade de seu país.[99] "Nós nos encontramos com frequência", disse o líder cazaque. "Considerei-o um bom amigo, e adotei sua experiência."[100] Autoridades cazaques fizeram frequentes viagens de estudos a Singapura.[101] Thaksin Shinawatra, da Tailândia, discutiu com Lee "o que os líderes e governos modernos precisam fazer para serem eficazes".[102] Admiradores de Lee imitaram suas inovações. Do Camboja, da Indonésia, da Malásia, de Mianmar até a Rússia, passando pela Turquia e pelo Equador de Rafael Correa, os governantes levaram adiante o assédio de jornalistas e políticos da oposição com processos de difamação e calúnia.[103] Inclusive, depois que Singapura criou seu próprio "Recanto dos Oradores", em 2000, outros "recantos" semelhantes surgiram em dois parques de Moscou.[104]

Os líderes chineses flertaram repetidamente com Singapura e seu modelo. Deng Xiaoping enviou centenas de delegações para sondar os sucessos da ilha. Sob Jiang, nos anos 1990, e Hu, nos anos 2000, os potentados de Pequim muitas vezes pareciam estar se dirigindo para alguma versão do sistema de Lee. Mas, embora tenham melhorado suas relações públicas, os líderes chineses nunca pareceram dispostos a renunciar à repressão violenta. Seu regime permaneceu uma mistura do antigo com o novo.

---

[99] Bolat, "Distinguished Fellow Lee Kuan Yew Awarded by President of the Republic of Kazakhstan".

[100] Urazova, "Nazarbayev about Lee Kuan Yew".

[101] Gabuev, "Lee Kuan Yew and Russia".

[102] BBC Summary of World Broadcasts, "Thailand's Thaksin".

[103] Morgenbesser, *The Rise of Sophisticated Authoritarianism*; Varol, "Stealth Authoritarianism", 1696; Champion, "Call the Prime Minister a Turkey, Get Sued".

[104] Zamyatina, "Speakers' Corners in Moscow". Entretanto, o recanto do Parque Gorky foi fechado em 2015. O outro recebeu uso esporádico – inclusive para uma celebração do aniversário de Muammar Gaddafi e um evento para preparar cães de terapia para o trabalho em orfanatos –, mas não "pegou" entre os políticos de oposição (Bondarenko, "Stolichnie Gayd-Parky Umerli").

OS MÉTODOS DE MOSCOU

Lee foi o grande pioneiro. Mas, em outros lugares, outros também estavam vislumbrando a lógica da ditadura do tipo *spin*. No bloco soviético, as táticas estavam evoluindo. Quando Stálin morreu, em 1953, seus sucessores, gratos por terem sobrevivido, libertaram milhões dos campos de prisioneiros. Mas Khrushchev, o campeão da desestalinização, já estava fora do poder em meados da década de 1960, substituído por grupos ansiosos por restaurar a disciplina. Começaram a fazer isso com julgamentos de alguns dissidentes literários.[105]

Isso se provou um tiro pela culatra espetacular. Os alvos acabaram não sendo apenas "pobres vítimas", mas sim pensadores muito bem articulados que sapatearam sobre as cabeças dos juízes mal preparados. Suas declarações corajosas circularam através de novas redes de *samizdat* ("autopublicação"), às vezes alcançando até o Ocidente. A BBC, a Radio Liberty e a Deutsche Welle rapidamente os transmitiram de volta à Rússia para os milhões de ouvintes de rádio de ondas curtas. Os julgamentos de adversários do regime que foram usados como shows acabaram se mostrando julgamentos do próprio regime.

Primeiro, um poeta de 24 anos de Leningrado, chamado Joseph Brodsky, foi julgado e condenado ao exílio com trabalhos forçados. "Quem o nomeou poeta?", exigiu saber o juiz. "Quem me nomeou para a raça humana?", Brodsky respondeu. Os poetas ocidentais John Berryman, W. H. Auden e Stephen Spender assumiram sua causa.[106] Dois escritores que haviam publicado obras satíricas na França, Yuli Daniel e Andrei Sinyavsky, foram presos em 1965. Isso desencadeou o primeiro protesto público desde a guerra, juntamente com apelos de figuras culturais e cientistas importantes. A filha de Stálin, Svetlana Alliluyeva, desertou para os Estados Unidos logo depois, dizendo que a perseguição aos escritores a havia convencido de que o sistema jamais mudaria.[107] Quando um jornalista circulou uma reportagem *samizdat*

---

[105] Sharlet, "Dissent and Repression", 776.

[106] Scammell, "Pride and Poetry".

[107] Ver relatos em Soldatov e Borogan, *The Compatriots*, 87.

sobre o julgamento, também foi preso, provocando outra manifestação e mais detenções. No final de 1968, mais de 1.500 pessoas haviam assinado cartas denunciando as acusações.[108] O Kremlin parecia estar perdendo o controle.

Como responder a isso? Alguns membros do Politburo queriam cooptar a elite cultural. O improvável defensor de uma abordagem mais suave era o chefe da polícia de Brezhnev, o ministro do Interior, Nikolai Shchelokov. A melhor opção, disse ele a Brezhnev, era "não executar nossos inimigos publicamente, mas asfixiá-los com abraços".[109] Shchelokov havia conhecido o famoso violoncelista Mstislav Rostropovich e sua esposa, a cantora de ópera Galina Vishnevskaya. Por meio deles, ficara conhecendo seu hóspede, o escritor Alexander Solzhenitsyn. A repressão bruta lhe parecia contraproducente na sociedade mais educada que a URSS estava se tornando. Shchelokov procurou civilizar a polícia. Insistiu para que os agentes tratassem o público educadamente.[110] Ele abriu uma nova academia de polícia, sob o comando do compositor Aram Khachaturian, para polir as arestas ásperas de seus oficiais. Fez pressão por sentenças mais leves para mulheres e crianças. Tentou até projetar uma nova pistola de baixo calibre para tornar as abordagens da polícia menos letais.[111]

Na luta interna do Politburo, Shchelokov perdeu para um rival mais forte, o chefe da KGB Yuri Andropov. (Depois que Andropov se tornou secretário-geral, em 1982, uma incansável investigação de corrupção levou Shchelokov ao suicídio.) Andropov concordou que algo tinha de mudar. Mas, em vez de humanizar o regime, ele buscou apenas focalizar e esconder melhor a repressão. Ele fechou os julgamentos políticos ao público, mantendo-os em lugares remotos a que poucos correspondentes estrangeiros poderiam chegar. Também aumentou o confinamento de dissidentes em hospitais psiquiátricos, o que permitiu aos líderes soviéticos afirmar que não eram prisioneiros políticos, mas

---

[108] Rubenstein, "Introduction", 4.

[109] Andrew e Mitrokhin, *The Sword and the Shield*, 312.

[110] Mlechin, *Yuri Andropov*.

[111] Popov, "What Kind of Minister Was Shchelokov?".

doentes mentais. Isso também foi um tiro no pé; relatos horripilantes de escritores injetados com drogas psicotrópicas provocaram indignação no exterior. Mas, mais uma vez, o impulso foi o de ocultar a natureza política da perseguição.

De forma a reduzir a visibilidade, Andropov também suavizou as punições por pequenas transgressões. O número de panfletos, cartas e grafites antissoviéticos dobrou entre 1967 e 1981, de acordo com relatórios da KGB.[112] No entanto, apesar dessa tendência preocupante, os homens de Andropov acusaram um número menor de autores de crimes capturados – 10% em 1967, mas apenas 3% em 1981.[113] Em vez disso, a maioria das infrações menores foram tratadas com "métodos profiláticos". Os responsáveis foram convocados ao escritório da KGB, interrogados, advertidos e enviados de volta para casa.

A maior inovação do bloco comunista foi o refinamento do assédio de baixa visibilidade. Os dissidentes que ignoraram os avisos da KGB foram demovidos de seus cargos ou demitidos e despejados de seus apartamentos. Seus telefones foram desconectados, suas carteiras de motorista suspensas, as máquinas de escrever confiscadas.[114] Seus filhos não eram admitidos em faculdades. Aqueles que ainda tinham telefones recebiam ligações ameaçadoras e anônimas. Outros foram insultados ou ameaçados fisicamente por "cidadãos indignados" ou agentes à paisana.[115] Embora alguns ainda fossem condenados a campos de trabalho forçado, os homens de Andropov preferiam buscas e interrogatórios frequentes, detenções preventivas em curto prazo e prisão domiciliar.[116] O físico dissidente Andrei Sakharov, exilado na capital provincial Gorky (agora chamada Nizhny Novgorod), recebeu envelopes pelo correio cheios de baratas mortas ou fotografias de rostos

---

[112] De 11.856 em 1967 para 23.106 em 1981. Ver Dimitrov, "The Case of the Soviet Union", 335-36. Os relatórios da KGB citados por Dimitrov são dos Dmitriĭ Antonovich Volkogonov Papers na Biblioteca do Congresso Estadunidense.

[113] Dimitrov, "The Case of the Soviet Union", 335-36.

[114] Sharlet, "Dissent and Repression".

[115] Ibid., 783.

[116] Ibid., 782-83.

mutilados. As mudas que ele e sua esposa plantaram em seu jardim foram cortadas. Se deixassem seu rádio de ondas curtas em casa, os agentes da KGB o vandalizariam enquanto eles estivessem fora.[117]

O tratamento de Sakharov ainda foi conduzido de maneira bastante rude. Foram os alemães orientais, sob Erich Honecker, que aperfeiçoaram tal modalidade de assédio. Conhecido como *Zersetzung* – literalmente, a palavra alemã para "corrosão" –, o método visava perturbar a vida pessoal e a carreira da vítima, isolá-la dos amigos e da família e fazê-la questionar sua própria sanidade. Um pastor luterano ativo no movimento pela paz foi primeiro parado – erroneamente – por excesso de velocidade. A polícia, então, forjou um acidente e o processou por dirigir embriagado, embora ele tivesse estado sóbrio. Bilhetes abusivos apareceram em árvores perto de sua casa. Chegaram rumores à esposa do pastor de que ele estava dormindo com uma de suas paroquianas. Por fim, ameaçado com uma acusação criminal falsa, o pastor fugiu para a Alemanha Ocidental. E assim ele foi efetivamente neutralizado – tudo sem perceber o papel da Stasi em seu calvário.[118]

As manipulações mentais podiam ser sutis. Em um caso, agentes da Stasi entraram sorrateiramente no apartamento de uma mulher e reorganizaram a mobília. Na primeira vez, eles penduraram as fotos em ordem diferente. Em seguida, misturaram os frascos de temperos na cozinha. Em outra ocasião, substituíram o chá favorito da mulher por uma marca diferente. Moveram toalhas no banheiro e reposicionaram vasos de flores nos parapeitos das janelas. Quando a vítima reclamou com os amigos, ninguém acreditou nela. Confusas e desorientadas, as vítimas de tais intervenções acabavam perdendo a energia para continuar suas atividades políticas.[119]

A busca de métodos menos óbvios de repressão não transformou os países comunistas em ditaduras do *spin*. Embora de maneira menos flagrante do que sob Stálin, a ideologia e o medo permaneceram em segundo plano. As eleições ainda não fingiam oferecer nenhuma

---

[117] Rubenstein, "Introduction", 41-42.

[118] Pingel-Schliemann, *Zersetzen*, 288-94. Ver também Harding, *Mafia State*.

[119] Pingel-Schliemann, *Zersetzen*, 196.

escolha real. O falecido bloco soviético permaneceu longe da Singapura de Lee. Mas, mesmo por trás da Cortina de Ferro, os métodos estavam mudando.

O NOVO MANUAL DE REGRAS

No final dos anos 1990, muitos ditadores já haviam "recebido a cartilha" com as novas regras. Mas é claro que nem todos a obedeciam: bandidos da velha guarda como Saddam Hussein e Kim Jong-Il ainda aterrorizavam seus cidadãos. Mesmo os homens-fortes mais modernizados se tornavam brutais em meio a guerras civis ou insurgências étnicas. Mas muitos estavam convergindo rumo a um repertório de técnicas mais suaves. Alguns deles refinaram truques dos ditadores do medo que vieram antes. Mas outros já se originaram como "os novos mestres do *spin*".

Prender dissidentes por crimes não políticos. O momento "eureca" de Nicolae Ceaușescu veio no outono de 1967. "Com inventividade e criatividade", disse o líder romeno ao seu chefe de segurança, "podemos encontrar inúmeras maneiras de nos livrar dos criminosos políticos, sem dar à mídia ocidental qualquer motivo para reclamar de nós. Podemos prendê-los por desvio de fundos ou especulação, acusá-los de negligência de seus deveres profissionais ou o que mais se adequar a cada caso. Uma vez na prisão, um indivíduo está na sua mão."[120] E, na prisão, como em qualquer outro lugar, Ceaușescu observou, "acidentes podem acontecer".

Desde então, outros ditadores têm demonstrado grande "inventividade e criatividade". O presidente do Cazaquistão, Nazarbayev, processou jornalistas por lavagem de dinheiro e estupro de menores. Acusou um rival político de corrupção e posse de armas.[121] Na Rússia, os supostos crimes do líder da oposição Aleksei Navalny incluíram defraudar empresas comerciantes de madeira e de cosméticos e caça ilegal de alces.[122] Outro oposicionista foi preso por falar palavrão em

---

[120] Conforme citado por Pacepa, *Red Horizons*, 144-45.

[121] Lillis, *Dark Shadows*, 27-28, 58, 66.

[122] MacFarquhar e Nechepurenko, "Aleksei Navalny, Viable Putin Rival".

público.¹²³ Na Turquia, Erdoğan prendeu um importante político curdo por "usar um falso atestado médico para evitar o serviço militar".¹²⁴

Os governantes mais "inventivos e criativos" encontram crimes que não eram apenas apolíticos, mas destruidores de reputações. Delitos sexuais, por exemplo, funcionam bem, especialmente quando vêm antecedidos por boatos. Acusar um oponente de escapar do serviço militar, como fez Erdoğan, pinta a vítima como um covarde. Para aqueles que tinham reputação de honestidade, alegações de corrupção dão a aparência de hipocrisia.

O primeiro-ministro da Malásia, Mahathir Mohamad, pareceu seguir esse roteiro em 1998. Seu antigo vice, Anwar Ibrahim, havia desertado para a oposição. A polícia prendeu Anwar por corrupção. Mas também o acusou de sodomia, então ilegal na Malásia e culturalmente um tabu. Entretanto, como apontou Lee Kuan Yew para seu colega do outro lado do Estreito de Johor, Mahathir havia cometido dois erros-chave.¹²⁵ Primeiro, ele usou a Lei Draconiana de Segurança Interna em vez de um estatuto comum, expondo assim os fundamentos políticos do caso. Em segundo lugar, Anwar apareceu no tribunal dias depois com um dramático olho roxo. A imagem, amplamente divulgada, desencadeou protestos da oposição. Depois de primeiro afirmar que Anwar havia se ferido deliberadamente, o chefe da polícia teve de admitir que havia espancado pessoalmente o político em sua cela. O efeito – ao acentuar a brutalidade do regime em vez de obscurecê-la – foi o oposto do desejado. Anwar emergiu como politicamente vitorioso.¹²⁶

Pequenas detenções sucessivas. Em vez de condenar dissidentes a longas penas de prisão, os ditadores podem neutralizá-los – com menos publicidade negativa – usando detenções sucessivas e curtas. Em Cuba, Fidel Castro encarcerou alguns presos políticos por mais de dez anos. Seu irmão Raúl, no comando de 2008 a 2021, preferiu deter ativistas por apenas alguns dias – tempo suficiente para intimidar e perturbar,

---

¹²³ RBC, "Lidery oppozitsii".

¹²⁴ Gokoluk, "Turkey Arrests Pro-Kurdish Party Leader", 7.

¹²⁵ Yoong, "Singapore's Lee Has Anwar Opinion".

¹²⁶ Yee, "Malaysia's Ex-Police Chief Admits to Beating Anwar".

mas geralmente não para gerar campanhas internacionais para sua libertação.[127] Em 2019, Navalny, na Rússia, foi condenado a treze curtos períodos de prisão, a maioria com duração de dez a trinta dias.[128] A certa altura, as autoridades pareceram mudar de rumo: um juiz o condenou a cinco anos por desvio de fundos. No entanto, em uma inversão bizarra, o procurador-geral interveio para recorrer, e a sentença foi suspensa.

Ao se prender ativistas populares por longo prazo, corre-se o risco de se criarem mártires. As autoridades russas prenderam uma série de participantes obscuros em protestos e até o irmão menos atuante de Navalny, Oleg. Por fim, em 2021, as autoridades enviaram o próprio Navalny para uma colônia de trabalhos forçados por dois anos e meio, após uma aparente tentativa dos serviços de segurança de envenená-lo secretamente ter falhado. Mas seu encarceramento se mostrou um ato de desespero, e as autoridades continuaram a apresentá-lo como um criminoso comum – um fraudador de atividades comerciais que teve de ser preso por violar a liberdade condicional. Quando vítimas anteriormente desconhecidas conseguiram atrair a atenção da mídia e do público, suas sentenças foram reduzidas. Em 2019, um estudante e blogueiro, Yegor Zhukov, foi acusado de violar a lei de protestos e ameaçado com um período em um campo de trabalho. Mas, depois de proferir um corajoso e articulado discurso no tribunal, cuja tradução chegou ao site da revista *New Yorker*, sua sentença foi suspensa.

Levar a oposição à falência. Em Singapura, como mencionado, a falência torna os candidatos inelegíveis para o Parlamento, e as penalidades financeiras por difamação podem ser bem grandes. Como o político da oposição Joshua Jeyaretnam fez campanha para o cargo nos anos 1970 e 1980, acabou enfrentando repetidas ações judiciais. As penas acabaram totalizando mais de 900 mil dólares.[129] Não apenas isso o manteve fora do Parlamento como também o obrigou a passar grande parte da década seguinte levantando fundos para evitar a prisão. Outro candidato da oposição foi processado por 5,65 milhões de

---

[127] Anistia Internacional, *Relatório 2012*, 121-22.

[128] Seddon, "'Why Don't They Come and Sit in Jail with Me?'".

[129] *Economist*, "J. B. Jeyaretnam".

dólares depois de chamar de mentira a declaração que os líderes do governo haviam feito sobre ele ser um "perigoso chauvinista chinês".[130]

Como tantas vezes acontece, Singapura abriu o caminho. Mas outros se seguiram. Quando Putin enfrentou uma onda de protestos em 2011-12, ele aumentou drasticamente as penalidades financeiras: a multa média por violação da lei de protesto quintuplicou entre 2012 e 2018.[131] Em 2019, o governo russo foi mais longe: os organizadores de manifestações de protesto (incluindo Navalny e alguns colegas) foram processados em milhões de dólares para supostamente pagar pelo conserto de gramados pisoteados, obstrução do transporte público e até mesmo as horas extras de trabalho policial.[132] Dezenas de ativistas russos se depararam com suas contas bancárias pessoais congeladas quando o governo começou uma investigação de lavagem de dinheiro de 15 milhões de dólares na fundação de Navalny.[133] No Equador, um jornal da oposição decretou falência depois que um tribunal declarou o veículo e seus jornalistas culpados de calúnia e os condenou a pagar 40 milhões de dólares ao presidente do país, Rafael Correa.[134] No final, Correa cedeu. A beleza de tais técnicas é que, para observadores desinformados, o ativista ou jornalista da oposição pode parecer genuinamente culpado.

Regulamentações e restrições. Em vez de proibir completamente alguma atividade, os ditadores podem permitir alternativas inferiores. Aos grupos de oposição que querem se reunir no centro da cidade, eles podem oferecer um campo de lama na periferia, longe do transporte público. Podem direcionar aqueles que querem falar livremente para um local designado – relembramos aqui os "Recantos dos Oradores" de Singapura e da Rússia.[135] Enquanto permitem organizações da oposição,

---

[130] Rodan, *Singapore 'Exceptionalism'?*, 26; Rodan, "The Internet and Political Control in Singapore", 68; Rodan, "Singapore in 1997".

[131] *Moscow Times*, "Russian Protest Fines Surge".

[132] Klishin, "How Putin Is Bankrupting the Russian Opposition"; Rudnitsky e Arkhipov, "Russia Turns Trampled Grass into Weapon against Opponents".

[133] *Moscow Times*, "Russia Freezes Bank Accounts".

[134] *Economist*, "The Media and the Mouth".

[135] *Moscow Times*, "Opposition Meeting Point Likened to Concentration Camp".

eles podem exigir que se registrem, se declarem "agentes estrangeiros" e que compilem relatórios financeiros frequentes e demorados. Podem proibir os financiamentos estrangeiros e as contribuições anônimas e advertir as empresas nacionais para que não contribuam.

Acusar a oposição de violência. Ao reconhecer os custos da violência, os ditadores do *spin* limitam seu uso. Mas por que parar por aí? Um bom passo seguinte é acusar *a oposição* de violência a fim de desacreditá-la. Quando dezenas de milhares de pessoas se aglomeraram em manifestações em 2013, Erdoğan, o presidente da Turquia, os atacou como sendo "saqueadores", "anarquistas" e "terroristas".[136] Na Rússia, em 2019, a polícia acusou dezenas de pessoas de cometerem "violência contra agentes do Estado" em vários comícios antigovernamentais. Um tinha jogado um copo de papel vazio no ar; outro tinha jogado duas garrafas de plástico vazias.[137] Provocadores também podem ser enviados para atirar pedras e se envolver em violência verdadeira para que a polícia possa prender espectadores inocentes perto deles.[138] Em 2013, por exemplo, um agente russo disse aos jornalistas que tinha sido contratado por um agente do ministro do Interior do país para criar confusão em um comício anti-Putin.[139]

Privatizar os trabalhos sujos. Quando os líderes não conseguem resistir ao uso da força, eles podem delegar sua implementação a agentes apenas vagamente afiliados ao governo. Assim, autoridades podem negar o envolvimento ou mesmo o conhecimento. Ditadores do *spin* podem até mesmo, às vezes, convocar bandos de entusiastas das artes marciais

---

[136] *Guardian*, "Recep Tayyip Erdoğan Dismisses Turkey Protesters as Vandals". Ele enfrentaria, de fato, adversários genuinamente violentos em uma tentativa fracassada de golpe em 2016. Mas não eram os mesmos que estavam se manifestando para proteger o Parque Gezi de construtores em 2013.

[137] As acusações foram retiradas contra o primeiro participante após ele ter passado um mês em prisão preventiva. Ver Associated Press, "Russian Crackdown on Protesters Seen as Intimidation Tactic".

[138] Essa técnica existe pelo menos desde o século XIX. Mas ela é particularmente eficaz hoje em dia, dado o maior estigma que muitos apoiadores potenciais da oposição colocam sobre a violência.

[139] Kravtsova, "Former 'Provocateur' Blames Police".

ou *hooligans* de futebol para intimidar a oposição. Para combater os manifestantes pró-Europa em 2013-2014, o presidente ucraniano Viktor Yanukovich contava com um exército privado de 20 mil "bandidos uniformizados em Adidas" conhecidos como *titushki*, termo derivado do nome de Vadym Titushko, o primeiro desses homens a ser exposto pela mídia.[140] Da mesma forma, na Venezuela, Chávez e seu sucessor, Nicolás Maduro, contrataram gangues de bandidos, conhecidos como *colectivos*, para aterrorizar os ativistas antigovernamentais.[141]

Na verdade, essa técnica é antiga e era frequentemente utilizada por ditadores do medo do século XX. Vários autocratas latino-americanos apoiaram paramilitares semi-independentes e esquadrões da morte. Os homens-fortes africanos dependentes da ajuda de doadores democráticos com frequência fazem o mesmo.[142] Para os ditadores do *spin*, a prática é perigosa e geralmente empregada com parcimônia. Ela só funciona se as ligações dessas pessoas com o Estado puderem ser ocultadas com sucesso, o que fica mais difícil à medida que a sociedade e a mídia se tornam mais sofisticadas. Na Ucrânia, os jornalistas rapidamente rastrearam as conexões dos *titushki* com o governo, o que acelerou a queda do regime. Também é necessário evitar a violência em uma escala que provocaria forte indignação internacional e exigências de investigações policiais.

Zersetzung 2.0. A internet oferece oportunidades sem precedentes de caluniar ativistas e semear a desconfiança dentro de suas redes. Postagens anônimas podem acusá-los inclusive de serem agentes do Estado. De fato, a maioria das antigas técnicas da KGB e da Stasi podem ser usadas online. Antigamente, eram usados telefonemas anônimos para assediar dissidentes. Agora, *trolls* não identificados os insultam e ameaçam nas redes sociais, bombardeiam-nos com e-mails hostis e fazem ataques do tipo "dox"[143] – ou seja, incitam as pessoas online a

---

[140] Salem e Stack, "Streetfighting Men".

[141] Corrales, "Authoritarian Survival".

[142] Roessler, "Donor-Induced Democratization".

[143] [Nota do tradutor] Um ataque do tipo "dox" significa revelar ao grande público informações pessoais de alguém, como nome verdadeiro, endereço, local de trabalho, telefones conhecidos, dados financeiros e afins. A palavra vem de uma

atacá-los mais pessoalmente, com detalhes de sua localização. Como demonstraram Sergey Sanovich, Denis Stukal e Joshua Tucker, o governo russo usa um kit de ferramentas sofisticadas e em constante evolução de táticas online contra a oposição, combinando tanto restrições na internet quanto "engajamento online" de *trolls*, *bots* e operações de *hackeamento* e assédio.[144]

No Equador, em 2014, a conta de e-mail da jornalista da oposição Martha Roldós foi invadida, e suas mensagens privadas, publicadas no jornal estadual *El Telégrafo*. Uma onda de *trolls* da internet passou então a zombar de sua aparência física, ameaçá-la de estupro e assassinato e a acusar de ser uma agente da CIA. Um ano depois, um apoiador do presidente Correa desmascarou o blogueiro satírico conhecido como "Crudo Equador", publicando seu endereço, número de telefone, nomes dos pais e fotografias dele aparentemente tiradas por um perseguidor (*stalker*). Ao ser confrontado com ameaças de morte, o blogueiro fechou todas as suas contas nas mídias sociais.[145]

Os agentes do ditador – ou contratados do setor privado – também podem invadir os arquivos privados dos ativistas da oposição e divulgar qualquer material embaraçoso que encontrem. Novamente, há algo análogo a isso na era pré-internet: o vazamento de registros feitos por serviços de segurança das ligações telefônicas dos membros da oposição e a filmagem secreta dessas pessoas em situações comprometedoras. A vergonha pública – e sua exploração por ditadores – é algo anterior à World Wide Web.

CHECANDO AS EVIDÊNCIAS

Todos esses exemplos pintam um quadro consistente. Mas como podemos saber se eles se somam para compor uma tendência mais

---

abreviação de "revelar documentos" ("*dropping docs*"). Essa atividade pode ser realizada por governos ou *hackers*, ou mesmo por qualquer pessoa que tenha um desafeto e queira amealhar outras pessoas para assediá-lo.

[144] Sanovich, Stukal e Tucker, "Turning the Virtual Tables".

[145] Nyst e Monaco, *State-Sponsored Trolling*, 29-31.

ampla? Afinal de contas, os jornais ainda transbordam com relatos macabros de massacres de muçulmanos da etnia rohingya em Mianmar, com a tortura de ativistas na Síria e a perseguição aos uigures chineses. Seriam essas – como afirmamos aqui – realmente exceções à regra atual? E será que as últimas décadas não teriam sido tão sangrentas quanto as anteriores, o que no momento contestamos?

Para verificar isso mais sistematicamente, coletamos dados sobre violência política cometida por todos os governos autoritários desde 1946.[146] (Já vimos esses dados no capítulo 1, em que foram usados para calcular as frequências de ditaduras do *spin* e ditaduras do medo; ver Figura 1.1.) É claro que contar as vítimas de autocratas do passado é incrivelmente difícil. Mesmo aqueles que não escondiam deliberadamente sua matança raramente mantiveram contagens precisas. Nossas estimativas dependem da pesquisa cuidadosa dos ativistas de direitos humanos, historiadores, jornalistas, órgãos governamentais, organizações internacionais e outros investigadores. Algumas vezes, depois que uma ditadura desmoronou, o novo líder criou uma "comissão da verdade" para registrar evidências dos crimes cometidos; examinamos também relatórios desse tipo. No total, acabamos consultando quase mil fontes.

Uma decisão-chave foi comparar não os países ou os regimes políticos, mas os líderes individuais. Dentro de um único regime, os níveis de violência podem variar drasticamente. O comunismo soviético viu tanto os extremos genocidas de Stálin quanto a relativa contenção de Gorbachev. De fato, como já observado, essa intensidade pode variar até sob um mesmo ditador. Para levar isso em conta, comparamos o nível médio de repressão sob cada líder, calculado ao longo de todos os seus anos no poder. Como as médias baseadas em períodos muito curtos apresentariam ruído demais, incluímos apenas governantes que permaneceram no topo de uma não democracia por pelo menos cinco anos.

Para cada um deles, registramos nossa melhor estimativa do número de assassinatos políticos a mando estatal. Nesse sentido, referimo-nos a

---

[146] Como visto no cap. 1, classificamos os governos como autoritários se sua pontuação Polity2 for inferior a 6.

todas as mortes de indivíduos não violentos por agentes do Estado por razões políticas. Isso inclui assassinatos e execuções de presos políticos, assim como todas as outras mortes de presos políticos e detentos que estavam sob custódia policial. (O ditador pode culpar causas naturais, mas estas muitas vezes resultam de maus-tratos ou pelo menos de cuidados médicos inadequados.) Também incluímos assassinatos indiscriminados de manifestantes e outros civis desarmados pela polícia, pelas forças armadas ou pelo pessoal de segurança; esse tipo de violência frequentemente serve ao objetivo político de espalhar o terror.[147] Interpretamos "razões políticas" de forma ampla, contando membros de seitas perseguidas que foram mortos pelo Estado por causa de sua religião e aqueles mortos enquanto protestavam pacificamente por razões econômicas. Não incluímos os assassinatos advindos de violência bilateral ou mortes decorrentes de fome causada pelo Estado.

Também fizemos o melhor que pudemos para contabilizar o número de prisioneiros e detentos políticos. Rapidamente, ficou claro que não teríamos como obter números confiáveis para cada ano. Assim, em vez disso, nos concentramos no ano de governo de cada ditador no qual o número relatado foi maior. Tal ano também será provavelmente aquele com a mais completa cobertura em relatórios sobre direitos humanos e outras fontes. Entre os presos e detentos políticos, incluímos quaisquer pessoas detidas por mais de algumas horas por razões políticas, e não por crimes comuns. Eles podem ou não ter sido condenados por algum delito. Não contamos aqueles presos por terrorismo ou outros atos violentos (a menos que organizações de direitos humanos, como a Anistia Internacional, tenham sustentado que o detido era inocente). Finalmente, registramos se alguma fonte alegou o uso de tortura contra prisioneiros políticos. Como no capítulo 1, classificamos os líderes em contingentes com base na década em que eles tomaram o poder. Chamamos a compilação resultante de Banco de Dados de Técnicas de Controle Autoritário.[148]

---

[147] É claro que esses subtipos de assassinatos políticos são diferentes. Mas procuramos uma medida agregada de toda a repressão violenta utilizada pelos ditadores para manter seu poder.

[148] A última versão está disponível em https://press.princeton.edu/books/spin-dictators.

Não é necessário dizer que não se pode esperar completude e precisão em uma tarefa como essa. Comparações mais refinadas podem não ser confiáveis – e por isso nós as evitamos. Ainda assim, tais dados são úteis para desvendar grandes diferenças e identificar padrões e tendências gerais. Com eles, é possível distinguir carniceiros como Idi Amin, de Uganda, que matou dezenas de milhares de vítimas políticas por ano, de homens-fortes, como o general argentino Jorge Videla, com milhares por ano, ou de Islam Karimov, do Uzbequistão, com centenas por ano, e de Hugo Chávez, com menos de dez por ano.

Os padrões que encontramos – após meses de leituras lúgubres e de investigação de mais fontes – confirmaram nosso palpite. Desde os anos 1980, a extensão da violência em sucessivos contingentes de líderes não democráticos caiu drasticamente. No contingente que tomou o poder nos anos 1980 – um grupo que inclui o zimbabuense Robert Mugabe, o general Noriega, do Panamá, e o rei Fahd, da Arábia Saudita – quase dois terços tiveram mais de 10 assassinatos políticos por ano. A proporção desses com muitos assassinatos caiu para 44% no contingente dos anos 1990. No dos anos 2000, que inclui Lee Hsien Loong de Singapura, Rafael Correa do Equador e Vladimir Putin da Rússia, a proporção caiu para 28%. A proporção de ditadores com mais de 100 assassinatos por ano diminuiu desde os anos 1960. No da década de 1960 – que inclui Muammar Gaddafi da Líbia, Ferdinand Marcos das Filipinas e Leonid Brezhnev da URSS – cerca de um quarto teve mais de 100 assassinatos por ano. No contingente dos anos 2000, isso caiu para cerca de 9%.[149] A Figura 2.1 mostra o padrão.

---

[149] Ver Guriev e Treisman, "Informational Autocrats". Todos os números apresentados nesta seção se referem a contingentes daqueles que permaneceram no poder por pelo menos cinco anos consecutivos em uma não democracia (ou seja, um país com pontuação abaixo de 6 no Polity2). Pode parecer que deveríamos nos concentrar no número de assassinatos *per capita*, e não no número absoluto. De fato, uma vez que as populações dispararam nas últimas décadas, fazê-lo produziria uma queda ainda mais marcante no nível de violência política do que aquela que mostramos. Entretanto, comparar as taxas de assassinatos políticos *per capita* dos países pressupõe implicitamente que, por exemplo, um massacre de 1.000 dissidentes na China tem o mesmo efeito que o assassinato de 1 dissidente em Trinidad e Tobago. Acreditamos que os assassinatos políticos se tornem mais difíceis de ocultar à medida que seu número

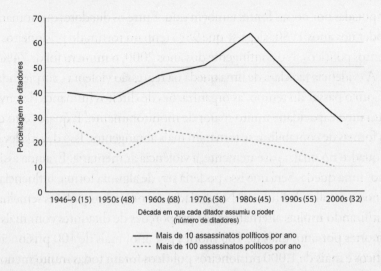

Figura 2.1 – Assassinatos políticos a mando estatal

Fonte: Guriev e Treisman, Banco de Dados de Técnicas de Controle Autoritário.
Nota: "Ditadores" aqui são definidos como aqueles líderes que permaneceram no poder por pelo menos 5 anos e cujo país teve um índice Polity2 menor que 6 em todos esses 5 anos.

Em cada contingente, alguns ditadores foram muito menos violentos. O rei Sobhuza II, da Suazilândia, reinou desde a independência do país em 1967 até 1982 sem relatos de assassinatos políticos, assim como vários emires do Kuwait. E alguns autocratas recentes têm um registro sangrento: Bashar al-Assad, da Síria, por exemplo, teve uma média de quase 1.500 mortes estimadas por ano (nos anos até 2015, quando nossos dados terminam). Mas o equilíbrio entre as duas coisas mudou.

Encontramos queda semelhante na proporção de ditadores que mantêm ou mantiveram um grande número de presos políticos. No contingente dos anos 1970, 59% dos ditadores mantinham mais de 1.000 prisioneiros políticos em seu ano de pico. Na década de 2000, esse contingente havia caído para apenas 16%. A participação daqueles com mais de 100 prisioneiros políticos caiu de 89% no contingente dos anos 1970 para 44% no dos anos 2000 (ver Figura 2.2). Quanto à tortura, embora esta continue a ser tristemente comum em Estados autoritários, a frequência de alegações

---

absoluto aumenta, independentemente do tamanho do país. Portanto, utilizamos o número absoluto, mas prestamos atenção apenas às grandes diferenças entre os países.

computadas por nossas fontes também caiu. Entre os ditadores que tomaram o poder nos anos 1980, alega-se que 95% tenham torturado prisioneiros ou detentos políticos. No contingente dos anos 2000, o número foi de 74%.[150]

A evidência tão clara de uma queda na repressão violenta é surpreendente. Com o passar do tempo, as organizações de direitos humanos desenvolveram uma capacidade muito maior de monitoramento. É quase certo que suas formas de contabilizar se tornaram mais abrangentes. Isso deveria levar a um quadro no qual, aparentemente, a violência aumentaria. E, ainda assim, vemos uma queda. Será que isso poderia ser, de alguma forma, influenciado por nossa escolha de limiares? Na verdade, encontramos padrões semelhantes utilizando muitas alternativas. As proporções de ditadores com mais de 10 mortes por ano, mais de 100 mortes por ano, mais de 100 prisioneiros políticos e mais de 1.000 prisioneiros políticos foram todas muito menores no contingente dos anos 2000 do que na dos anos 1980. E o mesmo seria válido para 1 assassinato por ano ou 10 presos políticos.[151]

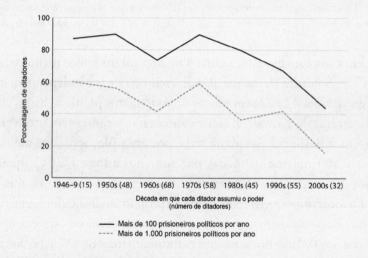

Figura 2.2 – Prisioneiros políticos

Fonte: Guriev e Treisman, Banco de Dados de Técnicas de Controle Autoritário.
Nota: "Ditadores" aqui são definidos como aqueles líderes que permaneceram no poder por pelo menos 5 anos e cujo país teve um índice Polity2 menor que 6 em todos esses 5 anos.

---

[150] Ver o suplemento online, Figura OS2.1.

[151] Ver *ibid.*, Figuras OS2.2, OS2.3.

E quanto a outros possíveis problemas com os dados? Será que o padrão poderia, de alguma forma, refletir a mudança na duração do governo dos ditadores? Aqueles do contingente dos anos 2000 não poderiam ter governado por tanto tempo quanto alguns ditadores anteriores, como Kim Il-Sung (46 anos no poder) ou o rei Hussein da Jordânia (47 anos). Se os ditadores tendem a se tornar mais violentos em seus últimos anos, isso poderia distorcer nossa comparação. Na verdade, encontramos uma queda semelhante em matanças e presos políticos se olharmos apenas para aqueles ditadores que estiveram no poder por 5-10 anos. Nesse conjunto, cada ditador tinha um período comparável de poder.[152]

Será que o padrão é direcionado por alguma parte do mundo em particular? No final dos anos 1980 e início dos anos 1990, assistimos ao colapso dos regimes comunistas na Europa Oriental. Se os ditadores em diferentes períodos estivessem concentrados em diferentes partes do mundo, isso poderia complicar as comparações. No entanto, acontece que a tendência de queda da violência é bastante uniforme em todas as regiões do mundo. Encontramos uma tendência descendente semelhante na participação de ditadores com mais de 10 assassinatos políticos por ano na ex-União Soviética e na Europa Oriental tomados separadamente, bem como na América Latina e no Caribe, na África Subsaariana, no Oriente Médio e Norte da África, e na Ásia. Todos experimentaram uma queda nos assassinatos entre os contingentes dos anos 1980 e 2000.[153] No geral, a mudança para uma repressão menos violenta parece robusta e de base ampla.

Alguns outros dados preenchem esse quadro. Jay Ulfelder e Benjamin Valentino compilaram uma medida de "assassinatos em massa" executados a mando do Estado. Eles os definiram como eventos nos quais agentes estatais causaram intencionalmente a morte de pelo menos 1.000 não combatentes de um determinado grupo.[154] Estes também

---

[152] *Ibid.*, Figura OS2.4. No suplemento online (cap. 2, seção II), discutimos se os dados poderiam ser distorcidos pela exclusão de líderes que serviram por menos de cinco anos e mostramos que é improvável que isso tenha mudado o padrão.

[153] *Ibid.*, Figura OS2.5.

[154] Ulfelder e Valentino, *Assessing Risks*.

se tornaram menos comuns em Estados autoritários. Em 1992, havia algum assassinato em massa em andamento em um terço de todas as não democracias. Em 2013, isso havia caído para cerca de 12%.[155] O projeto Varieties of Democracy (V-Dem) dá a *experts* a tarefa de classificar a frequência de assassinatos políticos em países em anos específicos. O projeto define esses eventos da seguinte forma: "Assassinatos pelo Estado ou seus agentes sem o devido processo legal com o objetivo de eliminar os opositores políticos".[156] Os especialistas não tentam realmente contar o número de tais assassinatos, como nós fizemos, mas dão uma avaliação subjetiva baseada em seu conhecimento da história dos países em questão. Eles também estimam a extensão da tortura por parte do Estado. A proporção de não democracias nas quais os *experts* julgaram os assassinatos políticos como "sistemáticos" ou "frequentes" caiu de um pico de 65% em 1974 para 38% em 2017. A proporção de não democracias nas quais se julgou que agentes do Estado se utilizaram de tortura "sistematicamente" ou "frequentemente" caiu de 77% em 1970 para 50% em 2017.[157]

Os padrões revelados pelos diferentes conjuntos de dados são bastante consistentes. Todos confirmam que os Estados não democráticos reduziram, em média, seus níveis de violência política nas últimas décadas. E o que levou a isso, conforme nós aqui argumentamos, foi a mudança da ditadura do medo para a ditadura do *spin*. Em vez de intimidar os cidadãos com repressão brutal e retórica violenta, os governantes vêm aprendendo a projetar uma imagem simpática, a tentar parecer – nas palavras de Aristóteles – "não duros, mas dignos". Houve vários inovadores-chave na arte da persuasão política. Mas, assim como aconteceu com o rebaixamento da repressão, aquele pioneiro de Singapura esteve na frente – e satisfeito em compartilhar sua visão.

---

[155] Suplemento online, Figura OS2.6.

[156] Coppedge, "V-Dem Codebook V.10", 162.

[157] Suplemento online, Figura OS2.7. Nossos cálculos foram feitos utilizando os dados do V-Dem V.10. Nós codificamos os Estados não democráticos com base em uma pontuação Polity2 inferior a 6.

3
PROPAGANDA PÓS-MODERNA

EM 19 DE SETEMBRO DE 1991, o avião de Lee Kuan Yew aterrissou em Almaty, no Cazaquistão. Era um momento estranho para uma visita. Exatamente um mês antes, uma conspiração de oficiais militares e de segurança havia tentado tomar o poder em toda a União Soviética. Agora, na esteira de seu golpe fracassado, o continente comunista estava se descosturando. No Cazaquistão, o aliado mais leal de Gorbachev, Nursultan Nazarbayev, ainda esperava manter a união – se não como uma única entidade política, então pelo menos como algum tipo de comunidade econômica.[1]

Mas, no fundo, Nazarbayev já devia saber que era tarde demais.[2] Em breve seu país seria independente, disputando com seus vizinhos a 165ª posição nas Nações Unidas. E ele precisava de conselhos. A impressionante transformação de Singapura, de um fim de mundo infestado de mosquitos a um centro de comércio e finanças mundial,

---

[1] Aitken, *Nazarbayev and the Making of Kazakhstan*, 106-8.

[2] Mais adiante, ele escreveria que, ao testemunhar as interações nos dias pós-golpe entre Gorbachev, Iéltsin e o líder ucraniano Leonid Kravchuk, "estava ficando cada vez mais claro para todos que não havia como esses três lados concordarem em nada" (citado em *ibid.*, 108).

havia chamado sua atenção. Lee, o arquiteto daquele milagre, havia se aposentado como primeiro-ministro no ano anterior, adotando o título de "ministro sênior". Nazarbayev esperava aprender com ele como atrair investimentos para o Cazaquistão.

Lee era conhecido não apenas por sua gestão econômica, mas também pelo rígido controle político que tinha mantido, enquanto ainda preservava uma boa reputação no Ocidente. Durante sua visita de cinco dias, ele encorajou a liderança cazaque a romper com o passado.[3] O comunismo tinha acabado, ele disse ao Parlamento. Na "era da informação, com televisões, satélites, fax e aviões a jato", não se podia cortar o contato dos cidadãos com o mundo exterior. Não se podia coagir as pessoas como Stálin havia feito na década de 1930.[4]

E, ainda assim, o controle central forte permaneceu crucial. Lee criticou Gorbachev por ter dado início à *Glasnost*, a política de liberdade de expressão e mídia, em vez de utilizar o ainda poderoso Estado soviético para impulsionar reformas econômicas. Nazarbayev ouviu atentamente. Mais tarde, ele resumiu o que considerou ser o credo de Lee: "Na sociedade asiática, disciplina e ordem são mais importantes do que a democracia, que é algo que se tem de desenvolver ao longo do tempo". E acrescentou: "Eu nunca escondi o fato de que essa abordagem me agradava".[5]

Filho de pastores de ovelhas e gado, Nazarbayev havia se destacado rapidamente, avançando de operário siderúrgico a chefe do partido cazaque em apenas vinte e dois anos. Como ele poderia agora impor disciplina em uma "era da informação, com televisões, satélites, fax e aviões a jato" sem coagir as pessoas como na década de 1930? Quando, durante o golpe de agosto, Nazarbayev telefonou ao líder da KGB, Vladimir Kryuchkov, o velho chefe da segurança se gabou de estar "restabelecendo a lei e a ordem".[6] Só que aquela assim chamada

---

[3] Kay, "Kazakhstan President Lauds Lee Kuan Yew's Contribution".

[4] Lee, "Address by Mr. Lee Kuan Yew".

[5] Nazarbayev, *The Kazakhstan Way*, 26.

[6] Aitken, *Nazarbayev and the Making of Kazakhstan*, 101.

"ordem" se despedaçou alguns dias depois, acelerando a implosão da URSS. Nazarbayev preferia a abordagem de Lee.

Mas será que aquilo poderia funcionar no Cazaquistão? Em vez de uma cidade-Estado insular, Nazarbayev governava um extenso território da estepe euro-asiática, o nono maior país do mundo em área. Em vez de um porto lotado de rotas de comércio global, era um enclave sem litoral, localizado a milhares de quilômetros dos mercados mundiais. Singapura, nos anos 1950, havia se livrado do domínio colonial britânico; já o Cazaquistão estava emergindo de um regime de setenta anos de economia planificada. Lee tinha conseguido organizar sua população em torno de sacrifícios e em prol do crescimento, ao passo que foi reprimindo o que chamou de "um amplo desabafo da frustração". Como repetir aquela experiência em um cenário tão diferente?

Um ponto central, como Nazarbayev logo percebeu, era conquistar o público: se tornar e permanecer popular. No mundo inteiro, as pessoas queriam líderes que pudessem fazer a economia florescer. Queriam empregos, aumento da renda, bens de consumo. A melhor maneira de ganhar apoio era por meio de uma gestão econômica eficaz. Mas crises e recessões eram inevitáveis, então os líderes tinham de aprender como preservar a autoridade tanto nos maus momentos quanto nos bons. E a chave para isso era moldar bem o discurso político, administrando melhor as mensagens que os cidadãos recebiam.

A RETÓRICA DA REPRESSÃO

A propaganda sempre desempenhou um papel importante nas autocracias. Mas seu estilo característico mudou nas últimas décadas. Neste ponto, explicamos como isso aconteceu. Lee, Nazarbayev e outros adotaram uma nova retórica e uma abordagem mais sofisticada no sentido de moldar a opinião pública. Mais para o final deste capítulo, mostraremos como a tática do *spin* sobrepujou a tática do medo nos discursos públicos dos autocratas. Mas, antes, vejamos como os ditadores da velha guarda trabalhavam para controlar o discurso e o pensamento de seus governados.

A maioria procurou monopolizar a comunicação política. Alguns permitiam apenas a mídia estatal. Outros mantinham domada a imprensa privada. As notícias e qualquer discussão de assuntos públicos seguiam o roteiro imposto pelo ditador. Além dos controles internos, muitos aplicavam uma quarentena informativa; voltaremos a esse assunto no capítulo 6. Eles proibiram ou censuraram publicações estrangeiras, bloquearam transmissões externas e muitas vezes restringiram viagens para limitar o conhecimento do mundo exterior.

Um bom número de ditadores impôs uma ideologia oficial – ou seja, um conjunto sempre exigido de crenças e valores sociais. Todos os cidadãos tinham de adotar publicamente aquele modo de pensar. As ideologias de caráter mais elaborado haviam sido formuladas antes mesmo que o ditador e sua quadrilha tomassem o poder. Hitler elaborou o nacional-socialismo no *Mein Kampf*. Stálin e Mao reformularam e distorceram o marxismo-leninismo. Khomeini construiu seu discurso com base no Islã xiita, acrescentando seu próprio conceito teocrático da "tutela do jurista".[7]

Um segundo conjunto de ideologias, geralmente mais fraco, era construído por ditadores depois de já se estabelecerem no poder. "Quando se é líder, é necessário ter uma doutrina", disse o homem-forte Papa Doc Duvalier, do Haiti. Seu "duvalierismo" combinava vodu com a celebração de missas negras.[8] Mobutu criou o "mobutuísmo". Gaddafi, da Líbia, propôs uma "Terceira Teoria Internacional". O general Franco forjou uma versão do corporativismo católico para resistir à "conspiração maçônico-comunista".[9]

Se um líder consolidasse seu controle no topo da hierarquia política, essa ideologia muitas vezes evoluía para um culto da personalidade.[10] Isso nem sempre aconteceu; o governo por parte de um

---

[7] Shadmehr, "Ideology and the Iranian Revolution".

[8] Dikötter, *How to Be a Dictator*, 160-61. O duvalierismo, que se baseou na extensa pesquisa anterior de Papa Doc sobre vodu e *noirisme* (doutrina de aproximação do Haiti com suas raízes africanas), alcançou plena expressão com a publicação de suas *Obras Essenciais*, em 1966.

[9] Folch-Serra, "Propaganda in Franco's Time"; Hodges, *Franco*.

[10] Uma exceção foi Pol Pot, que evitou aparições públicas. Fidel Castro também procurou evitar um culto da personalidade. Para um fascinante exame dos cultos da personalidade do século XX, veja Dikötter, *How to Be a Dictator*.

coletivo sobreviveu em algumas juntas militares e regimes unipartidários. Mas quando um ditador conseguia subjugar seus colegas, a adesão a uma doutrina quase sempre evoluiu para o "culto ao líder". Os detalhes podiam variar, mas a maioria dos cultos compartilhava certas características.

Os subordinados competiam para bajular o chefe. A extravagância dos elogios ia aumentando conforme a severidade do terror. Stálin era um "gênio inigualável", um "brilhante teórico" e "o grande maquinista da locomotiva da história", sem mencionar um especialista em Aristóteles e Hegel.[11] Ceaușescu era o "Gigante dos Cárpatos", o "Grande Arquiteto" e a "Nova Estrela da Manhã".[12] Idi Amin era o "Senhor de Todas as Bestas da Terra e dos Peixes dos Mares".[13] Além de presidente da Síria, Hafez al-Assad era também seu "maior farmacêutico".[14]

Enormes estátuas do governante apareceram, muitas vezes no topo de montanhas. O perfil de Mussolini foi esculpido em uma encosta italiana. A cabeça de Ferdinand Marcos se erguia no cume de uma cordilheira nas Filipinas. Bustos de Stálin se postavam sobre trinta e oito picos da Ásia Central.[15] No Iraque de Saddam Hussein, réplicas dos antebraços do homem-forte irrompiam da terra em Bagdá, brandindo enormes espadas. A demanda por espalhafatos ditatoriais era tão grande que Kim Il-Sung enviou uma equipe de escultores coreanos para ganhar muito dinheiro de déspotas por toda a África.[16]

As imagens menores dos ditadores também se multiplicavam. O rosto de Mussolini "estava em retratos, em medalhas, em gravuras e até mesmo em barras de sabão. Seu nome adornava jornais, livros, paredes e cercas".[17] A imagem de Stálin podia ser vista em selos postais, xícaras

---

[11] *Ibid.*, 81-83; Lyons, *Stalin*, 216.

[12] Citado em Márquez, "A Model of Cults of Personality", 1.

[13] Cheeseman; Fisher, *Authoritarian Africa*.

[14] Wedeen, *Ambiguities of Domination*, 1, 12.

[15] Dikötter, *How to Be a Dictator*, 91.

[16] Winter, "Mansudae Art Studio, North Korea's Colossal Monument Factory".

[17] Dikötter, *How to Be a Dictator*.

de chá e cartões postais.[18] No Togo, os cidadãos podiam comprar um relógio de pulso no qual o retrato iluminado do presidente Eyadéma aparecia e se desvanecia a cada quinze segundos.[19] A demanda por broches com a figura de Mao era tão alta nos anos 1960 que a indústria aeronáutica chinesa ficou sem alumínio.[20] Acredita-se que cerca de 2,5 bilhões de broches tenham sido produzidos durante a Revolução Cultural – mais de três por habitante chinês.[21]

Quando não estavam admirando a imagem do líder, esperava-se que os cidadãos estivessem estudando suas palavras. Entre 1966 e 1969, estima-se que 1 bilhão de exemplares do "Livro vermelho" de ditos de Mao tenham sido impressos. As 4 mil toneladas de plástico necessárias a cada ano para as capas forçavam cortes na produção de brinquedos, chinelos e sapatos.[22] No caso de alguém ainda se sentir sem acesso aos livros, as citações de Mao foram impressas também em "toalhas, travesseiros, móveis de madeira, garrafas de vinho, embalagens de remédios, carteiras, brinquedos e papéis de bala".[23] Gaddafi tinha seu "livrinho verde"; Mussolini, seu *Breviario mussoliniano*.[24] A partir de 1935, um exemplar do *Mein Kampf* foi dado de presente a cada noiva e noivo alemães, e servia também como livro didático em todas as escolas.[25] As máximas de Saddam – um forte exemplo: "Lembre-se sempre de que você pode se arrepender de ser ou fazer algo em algumas situações, mas nunca se arrependerá de ser paciente" – eram estudadas nas universidades e impressas nas capas dos cadernos escolares.[26]

---

[18] Lyons, *Stalin*, 215.

[19] Lamb, *The Africans*, 48.

[20] Dikötter, *How to Be a Dictator*, 117.

[21] Leese, *Mao Cult*, 215.

[22] *Ibid.*, 108; Dikötter, *How to Be a Dictator*, 116.

[23] Leese, *Mao Cult*, 213.

[24] Koon, *Believe, Obey, Fight*, 11.

[25] Manning, *When Books Went to War*, 6.

[26] Sassoon, *Saddam Hussein's Ba'th Party*, 176-79.

E, é claro, a presença do ditador era transmitida para todos os cantos do país por estações de rádio controladas pelo Estado e posteriormente pela televisão. Na Itália de Mussolini e na Alemanha de Hitler, alto-falantes montados nas praças das cidades amplificavam anúncios e discursos.[27] Na China, Mao colocou alto-falantes nos "pátios, escolas, fábricas e escritórios do governo", bem como nas ruas. Eram deixados continuamente ligados, berrando pronunciamentos em alto volume.[28]

As transmissões deveriam maximizar a exposição. Mas elas também visavam a algo mais: a criação de uma experiência coletiva. Na Alemanha nazista, a "escuta comunitária" era fortemente encorajada.

> Quando um discurso de um líder nazista ou um anúncio importante deveria ser feito [...] os diretores de rádio instalavam alto-falantes em praças públicas, fábricas, escritórios, escolas, até mesmo restaurantes. As sirenes soavam e a vida profissional em toda a nação parava durante toda a "recepção comunitária". [...] Um importante propagandista de rádio nazista comparou a escuta comunitária com a experiência de adoração em uma igreja.[29]

Os alemães eram proibidos de deixar o lugar onde estavam antes do final da transmissão. Na Espanha, o Ministério da Informação de Franco criou "teleclubes" em áreas rurais para que as pessoas pudessem assistir juntas. Em 1972, esses clubes tinham mais de oitocentos mil membros.[30]

A principal mensagem de propaganda enviada era simples: "Seja obediente, ou então...". E o subtexto era: "Somos bastante rígidos!". O estilo era geralmente literal e direto. Havia pouco do humor, da ironia e do jogo de palavras que permeiam muito da propaganda política moderna. Cartazes e *slogans* tendiam a exortações autoritárias ("Apoie o programa de assistência para mães e filhos!"; "Destruam aqueles que seguem o caminho capitalista!"; "*Kolkhoznik*, se exercitem!") ou

---

[27] Dikötter, *How to Be a Dictator*, 16, 48.
[28] *Ibid.*, 116.
[29] Welch, *The Third Reich*, 42.
[30] Gunther, Montero e Wert, "The Media and Politics in Spain", 37.

declarações abstratas ("Uma revolução não é um jantar festivo"; "O *Duce* está sempre certo!"). A projeção de dureza do regime era às vezes combinada com mensagens nacionalistas de incentivo autocongratulatórias ("O futuro glorioso nos pertence!"), exortações ao trabalho ("Mais porcos, mais fertilizantes, maior produção de grãos!") ou afirmações dos valores-chave da ideologia ("Pátria, Religião, Monarquia").

Alguns ditadores – especialmente os mais antigos – procuraram mobilizar o público com apelos estimulantes. Os cidadãos deveriam ser socializados e fidelizados nos comícios de Nuremberg, nos grupos de "jovens pioneiros" e nos campos de reeducação. Hitler e Stálin esperavam implantar devoção em um nível subconsciente por meio da construção de hábitos e associações emocionais. Eles uniram as "respostas condicionadas" de Ivan Pavlov à "psicologia da multidão" de Gustave Le Bon. Seus cultos de personalidade claramente encapsulavam também um golpe emocional. Mesmo as vítimas perseguidas por Stálin derramaram lágrimas sinceras ao saberem de sua morte. Ainda assim, caso tais respostas inconscientes desaparecessem, lidava-se simultaneamente com o cérebro racional com uma boa dose de dissuasão.

Outros ditadores – ou, muitas vezes, aqueles mesmos, mas em fase posterior – visavam à desmobilização. Em vez de motivar as pessoas, eles procuravam envolvê-las em uma rotina. Dirigiam-se ao público se utilizando de linguagem burocrática túrgida, difícil de acompanhar e alienante. O regime deveria ser entendido como eterno e imutável, a ser "tomado como uma certeza".[31] Caso os indivíduos conseguissem enxergar através da névoa que cercava a política, o discurso ainda retinha muitos lembretes do poder repressivo do Estado. Mas a retórica violenta era redigida em formulações abstratas e familiares que podiam passar despercebidas pelos ouvintes habituais.

OS IDIOMAS DA INTIMIDAÇÃO

Se, como vimos sustentando, os velhos ditadores governavam por meio da repressão violenta, por que precisavam de propaganda,

---

[31] Yurchak, *Everything Was Forever*.

ideologia ou culto à personalidade? Por que se preocupar em controlar o que as pessoas diziam ou pensavam, se elas já estavam aterrorizadas o suficiente para obedecer? Nossa resposta é que todas essas medidas ajudavam a tornar a repressão mais eficaz. Para os ditadores do medo, a propaganda não era uma alternativa à violência: as duas coisas trabalhavam juntas.

Mais obviamente, a propaganda era como os governantes comunicavam as ameaças com a intenção de dissuadir a oposição. As execuções públicas – "na televisão", como se vangloriava Gaddafi – mostravam o destino que aguardava aqueles que confrontassem o ditador. Discursos repletos de um imaginário sangrento transmitiam a determinação do regime. Sob Hitler, o "uso de uma retórica violenta e exterminatória levou o público a se acostumar e aceitar a impiedade por parte do regime".[32] Mesmo quando os governantes não ameaçavam diretamente seus oponentes, sua propaganda alimentava a ansiedade. Como os psicólogos sociais demonstraram, pessoas que se sentem vulneráveis tendem a apoiar mais seu líder.[33] Quando lembradas da morte, elas se apegam mais à ideologia dominante, apoiam penas mais severas para os criminosos e mostram menos tolerância para com os forasteiros.[34] Os ditadores exploraram essas tendências, criando artificialmente uma sensação de perigo enquanto se lançavam como fonte de segurança.

A guerra era um tema comum. Como vimos no último capítulo, muitos governantes – mesmo aqueles que nunca tinham estado em um campo de batalha – se vestiam com calças cáqui, se davam títulos e medalhas militares, e empregavam um vocabulário marcial. Cartazes e filmes celebravam o conflito, mesmo em tempos de paz. Na Espanha, Franco defendeu o "cinema combativo" (*cine cruzada*), que glorificava sua rebelião. Histórias de martírio eram recontadas infinitamente. Os propagandistas de Stálin exploraram bastante o conto de Pavel Morozov, um camponês assassinado por aldeões indignados depois que

---

[32] Overy, *The Dictators*, 180.

[33] Landau *et al.*, "Deliver Us from Evil".

[34] Greenberg, Pyszczynski e Solomon, "Terror Management Theory"; Florian, Mikulincer e Hirschberger, "An Existentialist View on Mortality Salience Effects".

denunciou seu pai por acumular grãos. Goebbels promoveu o mito de Horst Wessel, um líder dos combatentes da *Sturmabteilung* que fora morto por comunistas em uma briga de rua em 1930.[35] Aquele discurso envolvendo inimigos, ameaças e sacrifícios mantinha a todos com os nervos à flor da pele. Para o linguista Victor Klemperer, que viveu os anos nazistas em Dresden, as falas de Hitler geravam uma espécie de suspense que lembrava o "cinema estadunidense e os *thrillers*".[36] Isso era deliberado. Goebbels tencionava mesmo criar uma constante atmosfera tensa de pressentimento, que ele chamou de "ar espesso" (*dicke luft*).[37]

Propaganda e violência se uniam nas massivas manifestações de apoio ao governo que muitos homens-fortes gostavam de realizar. Castro, Nasser e os generais de Myanmar, entre outros, organizaram enormes comícios.[38] Isso intimidava os rivais. Mesmo que muitos dos que estavam ali agitando bandeiras o fizessem por medo e não por convicção, esses eventos mostravam o poder de mobilização do ditador.[39] Multidões de apoiadores poderiam justificar as agressões cometidas pelo regime – como quando Castro convocou um milhão de cubanos para cercar seu palácio presidencial e exigir a execução de paramilitares pró-Batista.[40] Ou então multidões febris poderiam fornecer um bom e marcante pano de fundo para as poses do ditador no exercício de sua militância. Nasser usou um comício de 1,5 milhão de egípcios em 1962 para exibir dois novos mísseis de longo alcance.[41]

Se o desejo de espalhar o medo explica a mistura de violência com propaganda, o que dizer do recurso à ideologia? Por que exigir a adesão a um sistema de crenças obscuro? Uma visão simples disso é a de que os próprios ditadores eram crentes fervorosos daquilo que pregavam.

---

[35] Baird, "Goebbels, Horst Wessel, and the Myth of Resurrection and Return".

[36] Klemperer, *Language of the Third Reich*, 28.

[37] Fritzsche, *Hitler's First Hundred Days*.

[38] Skidmore e Wilson, *Dictatorship, Disorder and Decline in Myanmar*, 40.

[39] Hellmeier e Weidmann, "Pulling the Strings?".

[40] Guerra, *Visions of Power in Cuba*, 46-48.

[41] Podeh, *The Politics of National Celebrations*, 78.

Impuseram o marxismo, o maoísmo ou o ba'athismo a seu povo porque, em sua opinião, isso realmente resolvia o enigma da existência humana. Esse ponto de vista era definitivamente verdadeiro no caso de muitos ditadores. Em algum nível, todos os líderes soviéticos de Lênin em diante eram marxistas sinceros. Usavam categorias e conceitos marxistas mesmo em âmbito privado, e provavelmente acreditavam que seu sistema era menos injusto do que os do Ocidente capitalista. Hitler certamente acreditava nos princípios do nacional-socialismo. De fato, a intensidade apaixonada dos verdadeiros crentes pode tê-los ajudado a subir ao topo nas sociedades pré-modernas ou industriais. Ainda assim, mesmo naqueles regimes, a ideologia tinha também uma função mais prática.

Ela ajudava a organizar a repressão. Como se poderia disciplinar uma vasta população? O primeiro passo crucial é definir publicamente o que é "bom" e o que é "mau". A maioria dos governos usa leis e constituições para demarcar o permitido e o proibido. Mas as leis, especialmente se enraizadas em precedentes judiciais, podem ser rígidas e permitir que o poder vaze para juízes e advogados. Já uma ideologia, ao contrário, pode ser reinterpretada pelo governante à sua vontade.[42] Embora os ditadores tenham mantido os mecanismos legais mais convencionais para tratar de crimes comuns e contratos civis, eles se utilizaram de ideologias para definir como as pessoas deveriam agir politicamente. Suas doutrinas identificavam os inimigos do regime e justificavam a violência contra eles.

Mas não apenas isso. Além de distinguir "bom" de "mau" e justificar a violência, as ideologias descentralizaram a repressão aos cidadãos comuns. Elas inspiravam rituais de lealdade que todos poderiam ajudar a impor. Os cidadãos eram obrigados a marchar em desfiles, usar broches do partido dominante, cumprimentar uns aos outros com saudações estilizadas, comunicar-se por meio de frases pré-aprovadas, memorizar textos-chave, curvar-se diante de retratos do líder, fazer juramentos (às vezes assinados com sangue), votar no

---

[42] Sobre o porquê de líderes autoritários às vezes desejarem, ainda assim, promulgar constituições, ver Ginsburg e Simpser, introdução.

governante, celebrar, aplaudir, chorar, e ainda gritar abusos contra os "inimigos do povo" – chegando ao ponto de até mesmo, sob Mao, realizar uma "dança da lealdade" antes de embarcar nos trens.[43] Quanto mais complicado, abstruso e embaraçoso fosse o ritual, melhor, já que o objetivo era distinguir os verdadeiramente comprometidos daqueles que apenas obedeciam relutantemente.

Tais rituais, especialmente quando ensinados às crianças, poderiam doutrinar, acrescentando a força do hábito à da persuasão consciente. Mais importante que isso, eles alistavam os cidadãos a policiar uns aos outros. Os ditadores do século XX não tinham a tecnologia para observar cada indivíduo de perto. Mas, ao recompensar aqueles que denunciassem os desleais, eles conseguiram que pessoas comuns fizessem a vigilância por eles. Mao, por exemplo, aspirava a "transformar toda a população em uma 'polícia do pensamento', que monitoraria palavras a fim de detectar pensamentos 'incorretos'".[44]

A lealdade a uma ideologia pode proteger um partido. Mas, para proteger um líder individual, um culto à personalidade funciona melhor. É por isso que, quando um líder vinha a dominar, esse tipo de culto quase sempre tinha precedência. De fato, a devoção excessiva a uma ideologia poderia, em dado momento, revelar-se perigosa. Os verdadeiros crentes provavelmente se sentiriam desiludidos com as reinterpretações egoístas do "grande líder".[45] Afinal, sua lealdade se referia a ideias, não a uma pessoa. Muitos governantes, portanto, se livraram de seus camaradas mais ideologicamente carregados. Stálin massacrou seus antigos aliados na década de 1930. Hitler acabou com Ernst Röhm na Noite das Facas Longas, em junho de 1934. Mussolini expulsou milhares dos membros mais radicais de seu partido na década de 1920.[46]

---

[43] Na "dança da lealdade" (*zhongzi wu*), a pessoa pousava as mãos sobre o coração, estendia os braços para o céu e cerrava os punhos em homenagem à revolução. Nguyen-Okwo, "Hitler Had a Salute, Mao Had a Dance".

[44] Ji, *Linguistic Engineering*, 2.

[45] Bauer, Inkeles e Kluckhohn, *How the Soviet System Works*, 37.

[46] Dikötter, *How to Be a Dictator*. É claro, os ideólogos não foram as *únicas* vítimas de matanças de ditadores, mas eles eram vistos como particularmente perigosos.

Os rituais de lealdade podem parecer inúteis, uma vez que os dissidentes poderiam simplesmente mascarar com eles suas verdadeiras atitudes. Ou seja, podiam fazer a "dança da lealdade" ao mesmo tempo que amaldiçoavam o ditador à boca pequena. No entanto, mesmo que os dissidentes continuassem a discordar em segredo, o mecanismo de lealdade os impedia de se identificar uns aos outros e unir forças. Como escreve o historiador Frank Dikötter, o culto da personalidade transformou a "todos em mentirosos" – e, quando "todos mentiam, ninguém sabia quem estava mentindo".[47] Ou, para usar a expressão do dramaturgo dissidente tcheco e depois presidente Vaclav Havel, todos os cidadãos eram forçados a "viver dentro da mentira". Isso tornava a coordenação de uma oposição muito mais difícil.

Essa forma de ver as coisas dá sentido a algumas características da propaganda autoritária que de outra forma seriam intrigantes. Como estratégia de persuasão, a abordagem dos ditadores do medo parece perversa. Um especialista escreve que um bom propagandista "fará seu melhor para parecer simpático, bem-humorado e humano". Ele enfatizará "o que ele tem em comum com seu público".[48] No entanto, os propagandistas comunistas sob Brezhnev não tinham qualquer humor, eram distantes e frios. Conversavam em um jargão opaco, com longas filas de substantivos empilhados ao redor de cada verbo. Alguns ditadores estabeleceram mais afinidade. Mussolini cultivava a imagem de um "homem do povo, acessível a todos", respondendo pessoalmente a milhares de cartas de cidadãos.[49] Mas sua atuação era altamente estilizada. Ele era "acessível a todos" da maneira que Deus é – ambos apareciam em raras ocasiões e desceram de planos superiores para decidir o destino dos cidadãos. Não havia nada de "humano" nisso.

O mesmo especialista acrescenta que um influenciador inteligente tornará seus apelos "simples e memoráveis".[50] Os comunistas criaram um discurso aborrecido e arcano. Esperava-se que os cidadãos soviéticos

---

[47] Dikötter, *How to Be a Dictator*, xii.

[48] Taylor, *Brain Washing*, 346.

[49] Dikötter, *How to Be a Dictator*, 1-2.

[50] Taylor, *Brain Washing*, 345.

aplaudissem *slogans* como: "Cumpriremos as resoluções do XXVI Congresso do Partido Comunista da União Soviética!". A cobertura jornalística húngara era "ritualista, repetitiva, monótona e extremamente enfadonha".[51] A mídia estatal de Franco "efetivamente aborrecia a maioria dos espanhóis ao ponto da passividade e da aquiescência".[52] Ao longo do governo de Saddam, a imprensa ba'athista era "unidimensional, verborrágica e enfadonha".[53] Quando não estavam colocando os ouvintes para dormir, os propagandistas do regime passavam seu tempo bajulando o chefe e fazendo reivindicações manifestamente absurdas. Muitos líderes, por exemplo, foram descritos como tendo poderes de feitiçaria. Kim Jong-Il podia se teletransportar de um lugar para outro. Mussolini podia conjurar a chuva e impedir o fluxo de lava. Mao podia nadar quatro vezes mais que o recorde mundial.[54] (Ne Win, da Birmânia, não era um feiticeiro ele mesmo, mas consultou um.)[55]

Se o objetivo fosse persuadir, tudo isso pareceria estranho. Mas como ferramenta de repressão, faz todo o sentido. Um líder "simpático, bem-humorado e humano", com muito em comum com os cidadãos normais, não é a escolha ideal para aterrorizá-los até conseguir sua obediência. Já um líder propenso a violentos discursos se sairá melhor. Para afastar as pessoas da política, notícias chatas e dadas de maneira sem graça podem ser exatamente o necessário. Quanto mais arcanas as doutrinas, mais úteis elas serão para filtrar os apoiadores dos oportunistas. Somente os primeiros farão o esforço necessário para dominá-las. O próprio absurdo da propaganda sinaliza a força do regime para dissidentes em potencial.[56] Mostra sua capacidade de

---

[51] Sükösd, "Democratic Transformation and the Mass Media in Hungary", 132.

[52] Gunther, Montero e Wert, "The Media and Politics in Spain", 38-39.

[53] Bengio, *Saddam's Word*, 9.

[54] Crabtree, Kern e Siegel, "Cults of Personality, Preference Falsification, and the Dictator's Dilemma"; Pike, *Empires at War*, 347.

[55] Lamb, "Burmese Leader Ne Win".

[56] Huang, "Propaganda as Signaling". Little ("Propaganda and Credulity") discute como a propaganda absurda pode desencorajar o protesto, mesmo entre aqueles que não acreditam nela.

forçar as pessoas a repetir disparates. Exigir bajulação quase escravagista e aceitação sem rodeios de reivindicações ridículas elimina aqueles indivíduos com escrúpulos, ajudando o líder a selecionar os agentes mais inescrupulosos.[57] Recompensar "exibições nauseantes" de obsequiosidade também poderia aumentar a lealdade do bajulador, reduzindo seu apelo a outros potenciais detentores de poder.[58] E, de fato, as evidências disponíveis sugerem que a força do velho modelo não estava em seu poder de persuasão. Os ditadores do medo costumavam ser especialistas em lavagem cerebral, mas sua reputação foi abalada. Os nazistas de fato tiveram algum sucesso em doutrinar jovens. Como mostram os economistas Nico Voigtländer e Hans-Joachim Voth, os alemães em idade escolar sob Hitler permaneceram mais antissemitas ao longo de suas vidas do que os nascidos antes ou depois deles. Ainda assim, a diferença é pequena: apenas 10% da geração dos anos 1930 permaneceram "antissemitas convictos" em sua vida posterior, em comparação com cerca de 5% dos nascidos, digamos, nos anos 1950.[59]

Entre os adultos, a doutrinação por mensagens nazistas parece ter sido menos eficaz. Um estudo profundo descobriu que os discursos de Hitler, durante sua ascensão ao poder, tiveram um impacto "insignificante" em seu desempenho eleitoral.[60] Uma vez que ele chegou ao poder, as transmissões de rádio com conteúdo nazista tiveram alguma influência. Elas aumentaram as ações antissemíticas dos cidadãos – mas somente em lugares que já eram mais antissemitas anteriormente. Na verdade, as transmissões de rádio *reduziram* tais ações onde o preconceito tinha sido historicamente mais fraco. Relatórios internos da Gestapo sugerem uma apatia crescente em 1934-1935.[61] Como observa um historiador, "a receptividade do público à propaganda da imprensa atingiu o ponto de saturação logo após a chegada de Hitler ao poder, e

---

[57] Crabtree, Kern e Siegel, "Cults of Personality, Preference Falsification, and the Dictator's Dilemma".

[58] Shih, "'Nauseating' Displays of Loyalty"; Márquez, "Two Models", 274.

[59] Voigtländer e Voth, "Nazi Indoctrination and Anti-Semitic Beliefs in Germany".

[60] Selb e Munzert, "Examining a Most Likely Case".

[61] Adena *et al.*, "Radio and the Rise of the Nazis in Prewar Germany".

depois entrou em declínio".[62] A circulação de jornais nazistas caiu em um milhão de exemplares durante 1934.[63] E isso não melhorou com o tempo. No meio da guerra, aqueles que patrulhavam a penetração do rádio relatavam que "os ouvintes estavam tão entediados que os desligavam".[64] Mais e mais alemães estavam sintonizando as transmissões estrangeiras, mesmo que a pena por fazê-lo, conforme muito bem anunciado, fosse a morte.[65]

Outros regimes autoritários também tiveram influência midiática desigual. A propaganda de Franco "funcionava muito melhor quando coincidia com os interesses das pessoas, com suas esperanças e seus medos, do que quando ia contra tudo isso".[66] Na Síria sob Hafez al-Assad, a cientista política Lisa Wedeen considerou o público cínico a respeito dos apelos do regime. Como lhe disse um membro do Parlamento, "ninguém acredita no que eles dizem, e todos sabem que ninguém acredita".[67] Piadas zombando do líder circularam naquele país, assim como na Romênia sob Ceaușescu, na URSS sob Brezhnev e até mesmo na Coreia do Norte de Kim Jong-Il.[68]

Resumindo, embora possa ter reformulado um pouco os valores da socialização infantil, a propaganda autoritária parece muitas vezes ter alcançado apenas obediência entre os adultos.[69] E, de fato, era esse

---

[62] Bankier, *Germans and the Final Solution*, 21.

[63] *Ibid.*, 162, 24.

[64] Welch, *The Third Reich*, 43.

[65] Doob, "Goebbels' Principles of Propaganda", 429.

[66] Cazorla-Sánchez, *Franco*, 5.

[67] Wedeen, *Ambiguities of Domination*, 3.

[68] Márquez, "A Model of Cults of Personality", 5-6.

[69] Há algumas evidências de que viver em sociedades comunistas deixa as pessoas menos favoráveis aos mercados e à democracia. Dez anos após a unificação alemã, mesmo aqueles antigos alemães orientais que se mudaram para o Ocidente permaneceram mais favoráveis à intervenção econômica estatal do que os alemães nativos do Ocidente (Alesina e Fuchs-Schündeln, "Goodbye Lenin"). Pop-Eleches e Tucker (*Communism's Shadow*) descobriram que anos a mais vivendo sob o regime comunista se correlacionaram com atitudes mais negativas mais tarde em relação aos mercados e à democracia – e o efeito por anos adicionais

o objetivo. Aquilo com o que os ditadores do medo mais se preocupam é a obediência. É menos importante se ela se baseia em um compromisso sincero ou apenas em prudência. Como ferramenta de repressão para desmobilizar os cidadãos, silenciando e isolando os dissidentes, a propaganda do medo ao estilo antigo foi bastante eficaz.[70]

O DISCURSO DO *SPIN*

Então, o que os ditadores do tipo *spin* fazem de diferente de tudo isso? Para fazer um teste, vamos considerar um exemplo. Para aqueles que compartilham do poder de teletransporte de Kim Jong-Il, nosso destino será Astana, capital do Cazaquistão, em 5 de outubro de 2018 – a ocasião é o discurso anual do presidente Nazarbayev sobre o Estado da Nação. Para os outros que não podem fazer isso, o YouTube traz as filmagens.[71]

No palco, em lugar de um pódio, vê-se uma ampla escrivaninha de madeira, do tipo que se pode encontrar na sala do chefe em um escritório de contabilidade. O presidente se senta atrás dela com um terno

---

para adultos foi muitas vezes maior do que por anos adicionais para crianças. Isso poderia indicar que a propaganda comunista na Europa Oriental foi eficaz. Poderia também refletir a influência cumulativa de outros aspectos da vida sob o comunismo, além da propaganda. (Por exemplo, o apoio à democracia em democracias consolidadas é um pouco maior entre os antigos, que estão expostos a ela há mais tempo, mas não está claro que isso se deva a mensagens políticas do Estado; veja, por exemplo, Wuttke, Gavras e Schoen, "Have Europeans Grown Tired of Democracy?".) Em um caso mais recente de propaganda comunista, um estudo descobriu que uma reforma dos currículos escolares chineses no início dos anos 2000 deixou os estudantes mais céticos com relação aos mercados livres do estilo ocidental e à "democracia sem restrições", mesmo alguns anos depois (Cantoni *et al.*, "Curriculum and Ideology").

[70] Carter e Carter (*Propaganda in Autocracies*) argumentam que a mídia estatal chinesa sob Xi Jinping visa menos a persuadir os cidadãos do que intimidá-los a fim de conseguir obediência. Eles mostram, usando uma pesquisa de resposta estimulada de 2020, que a leitura da cobertura pró-governamental da mídia oficial fez com que os entrevistados melhorassem suas estimativas da força e da durabilidade do regime – mas não aumentou sua aprovação do Partido Comunista ou de Xi Jinping. Huang ("The Pathology of Hard Propaganda") relata resultados semelhantes.

[71] Tengri TV, "Nazarbayev vystupil"; *Total*, "Nazarbayev poruchil".

e gravata de aparência cara. Enquanto ele percorre cuidadosamente suas páginas impressas, olha de relance sobre os óculos para fazer uma leitura do salão, lotado de fileiras de oficiais sentados, sem expressão, com seus próprios ternos conservadores.

"Hoje, os problemas globais e locais do mundo estão se conectando", anuncia Nazarbayev. "Nessas condições... a chave para o sucesso do Estado é o desenvolvimento da principal riqueza de nosso país: seu povo." As metas macroeconômicas não importam em si mesmas, ele insiste. "Nós as atingimos a fim de melhorar a vida dos cazaques. Peço a todos os governadores e ministros que tenham sempre em mente que julgaremos sua performance pessoal com base nesses números."

O orador atrás da mesa não parece tanto um homem-forte da Ásia Central, e sim um CFO corporativo anunciando resultados trimestrais. Soa como um candidato concorrendo em uma eleição competitiva. Promete que vai aumentar o salário-mínimo em 50% e criará 22 mil novos empregos. Vai aumentar a concorrência econômica, investigar a corrupção, apoiar as exportações de manufatura, direcionar o crédito a pequenos bancos e aumentar a produtividade da agricultura. Seus ministros compareceram apenas para uma reprimenda escolar. São obrigados a ficar de pé enquanto ele os denuncia por não servirem melhor ao público. O mundo está mudando – biomedicina, *big data*, inteligência artificial, a "internet das coisas", *blockchain*. Será que seus ministros estão à altura do desafio? Ele parece duvidar.

"Quem é o diretor da Air Astana? Um inglês. Quem é o diretor da Universidade Nazarbayev? Um japonês. Se vocês não trabalharem mais adequadamente, convidarei os estrangeiros a ocupar todos os seus lugares!"

Os oficiais castigados retornam aos seus lugares.

Como o vídeo deixa claro, o estilo de comunicação de Nazarbayev difere do de muitos autocratas do século XX.[72] Mas se assemelha ao

---

[72] É preciso dizer que também há alguns ecos do socialismo soviético tardio misturado com o caráter corporativo do discurso. Os líderes da era Brezhnev também prometeram alavancar colheitas e repreenderam seus funcionários em público. Entretanto, eles não ameaçaram substituir os subordinados por gerentes ingleses ou anunciar as tecnologias globais nas quais eles estão atrasados. Os autoelogios

de outros ditadores do *spin*. Embora cada um tenha idiossincrasias, todos compartilham muitas características. Em vez de admoestar os cidadãos com tiradas fortes ou aborrecê-los com jargões burocráticos, os homens-fortes de hoje têm o objetivo de deixar uma impressão mais moderna. Os elementos-chave de sua abordagem incluem o seguinte:

Em vez de medo, projete uma imagem de competência. O objetivo essencial é substituir a retórica da violência por uma de desempenho. Em vez de aterrorizar os cidadãos, os ditadores procuram seu apoio demonstrando liderança, capacidade e dedicação. Em vez da velha ameaça – "Seja obediente, ou então..." – a nova linha parece ser: "Veja que ótimo trabalho estamos fazendo!".

É claro que isso funciona melhor quando eles realmente estão fazendo esse bom trabalho. Quando não estão, a manipulação toma conta. Em parte, a mensagem é visual. Ternos bem-cortados sugerem profissionalismo e modernidade, assim como as fotografias publicitárias dos governantes, que atualmente tendem a mostrá-los em uma mesa de conferência ou em visita a alguma fábrica, em vez de falando a um batalhão ou fazendo comício a uma multidão. Em seu programa "vale-tudo" na TV, Chávez, da Venezuela, gostava de aparecer, tal como Nazarbayev, sentado atrás de uma mesa, o símbolo do bom trabalho administrativo. Para, ao mesmo tempo, criar a pantomima de um compromisso com o público, ele providenciava que a mesa fosse colocada em algum lugar da comunidade – ou até, como aconteceu em um episódio famoso, em um pasto de vacas.[73]

E então há o que eles dizem. Em vez de conjurar imagens de traidores escondidos e punhais envenenados, os ditadores do *spin* evocam paz e prosperidade. Em vez de exigir sangue e sacrifício, eles oferecem conforto e respeito. Com seus discursos recheados de promessas, Nazarbayev é o epítome desse estilo. Quando não estava declarando vitórias, estava apresentando novos objetivos e programas

---

    eram redigidos em jargão marxista e muitas vezes acompanhados de palavras sobre mísseis nucleares e ameaças internacionais. E os ternos eram mais folgados e sobrecarregados por medalhas militares.

[73] Nolan, "The Realest Reality Show"; Carroll, "Government by TV".

– "Cazaquistão 2030", "100 Passos Concretos para Implementar Cinco Reformas Institucionais", "Pessoas, Planeta, Prosperidade, Paz e Parceria".[74] Os títulos transmitiam a desejada mistura de visão e tecnocracia. Outros também desempenharam o papel de CEO nacional. Alberto Fujimori gostava de chamar a si mesmo não de político, mas de "gerente" do Peru.[75]

Essa atuação apresenta mais desafios quando o desempenho é claramente ruim. Mas os ditadores ainda podem projetar competência culpando – e demitindo – seus subordinados. De fato, fazer as vezes de mestre de obras durão ajuda mesmo em bons momentos. Daí a repreensão demonstrativa de Nazarbayev a seus ministros. Chávez era famoso por demitir oficiais no meio de suas digressões na TV.[76]

O objetivo não é apenas mostrar que o titular está fazendo um ótimo trabalho, embora esse seja o ponto principal. Em parte, outro objetivo é espalhar a crença de que *outros* pensam que ele está. Assim, até mesmo os cidadãos que não veem nenhuma melhoria em suas próprias vidas podem acreditar que os outros enxergam assim. O conformismo entra em ação. Assim como os ditadores do medo trabalham para espalhar não apenas o medo, mas também a crença de que os outros têm medo, os ditadores do *spin* buscam não apenas a admiração, mas a aparência de serem admirados.

Em vez de ideologia, um caleidoscópio de apelos. Muitos ditadores do medo usam a ideologia e rituais de lealdade a ela associados. Insistem que há uma verdade única e coletiva e a aplicam com terror quando necessário. Isso cria sistemas abrangentes, porém frágeis. Qualquer expressão pública de opiniões "incorretas", se deixada impune, pode sinalizar a fragilidade do regime. O risco não é tanto que

---

[74] Omelicheva, "Authoritarian Legitimation", 487-88; Zhussupova, "Kazakhstan to Present Its First Report".

[75] Conaghan, *Fujimori's Peru*, 4. Não queremos com isso dizer que os ditadores do *spin* nunca apresentam ameaças estrangeiras de modo a mobilizar o público – pelo contrário, alguns, como Putin, fazem isso vigorosamente quando precisam desviar a atenção das falhas domésticas. Ainda assim, eles tendem a fazê-lo menos – e em termos menos sangrentos – do que os autocratas da velha guarda.

[76] Carroll, "Government by TV".

um novo "fato" venha a expor as mentiras do ditador. O caso é que qualquer questionamento acerca dessas mentiras com impunidade revelará sua fraqueza.

Isso acaba sendo uma armadilha dispendiosa. À medida que as sociedades se modernizam, são necessários cada vez mais recursos – mesmo com a ajuda do público – para rastrear e punir os cidadãos que evitam os rituais de lealdade. Por isso, os ditadores do *spin* nem tentam fazer isso. Eles desistem de impor uma ideologia e de exigir conformidade. Sem uma "verdade" para defender, eles não demonstram fraqueza quando não a defendem.

A maioria não tem uma doutrina oficial. "Somos pragmáticos", insistiu Lee Kuan Yew. "Não estamos enamorados de nenhuma ideologia."[77] Um consultor do Kremlin diz que "Putin odeia a palavra ideologia".[78] Em vez disso, eles usam uma mistura caleidoscópica de imagens e temas para atingir múltiplos públicos ao mesmo tempo. O líder russo mistura história imperial, clichês comunistas e tradicionalismo conservador naquilo que o escritor político Ivan Krastev chama de "um coquetel *molotov* de pós-modernismo francês e instrumentalismo da KGB".[79] Os discursos de Nazarbayev apresentam traços de nacionalismo étnico ou cívico, dependendo do ouvinte, combinados com o desenvolvimentismo ao estilo de Lee Kuan Yew.[80] Às vezes, Chávez parecia um esquerdista antiquado. Mas, na verdade, ele não abraçou o socialismo até o sexto ano de sua presidência – após ler não Marx, e sim *Les Misérables* de Victor Hugo.[81] Seu "chavismo" era, tal como a retórica de Putin, mais um pastiche de imagens ressonantes (Simón Bolívar, Jesus Cristo) e ideias

---

[77] *New York Times*, "Excerpts from an Interview with Lee Kuan Yew". Tan (em "The Ideology of Pragmatism") argumenta que o pragmatismo era em si uma ideologia abraçada pelo partido de Lee. Concordamos que Lee usou uma retórica de pragmatismo, mas não chamaríamos isso de uma "ideologia" – e definitivamente não uma ideologia oficial imposta a todos os singapurianos.

[78] Taylor, *The Code of Putinism*, 9.

[79] Krastev, "New Threats to Freedom", 58.

[80] Kudaibergenova, "Compartmentalized Ideology".

[81] Anderson, "Postscript: Hugo Chávez, 1954-2013".

variadas (socialismo, populismo, nacionalismo, anti-imperialismo) do que qualquer tipo particular de doutrina.[82]

Em vez de culto à personalidade, cultive celebridade. Entre os ditadores do medo que restam, alguns ainda preservam um culto à personalidade à moda antiga. Os alunos do ensino médio norte-coreano são forçados a fazer um curso de três anos sobre o início da vida de Kim Jong-Un.[83] Saparmurat Niyazov, falecido líder do Turcomenistão, mudou os nomes dos meses para os de seus parentes, incluiu o conhecimento sobre seus escritos até no teste para carteira de motorista e construiu uma estátua de ouro de si mesmo que girava seguindo a direção do sol.[84]

Alguns afirmam que há cultos de personalidade comparáveis no caso de ditadores do *spin* como Chávez e Putin.[85] Mas, na verdade, o que esses líderes desenvolveram não foram cultos de personalidade, mas sim sua própria fama – uma celebridade em estilo brega tal como o de muitos artistas ocidentais e alguns presidentes dos Estados Unidos na era da internet. O culto clássico da personalidade envolvia uma veneração quase religiosa do governante. Era construído de cima para baixo, organizado pelo ditador e seus agentes e imposto à população.[86] Rituais de lealdade – gestual e palavras de saudação especiais, curvar-se perante retratos e assim por diante – reforçavam a conformação generalizada. O tom sempre era solene, e questionar esse culto em público não era uma opção. Os cidadãos tinham de ler as obras escritas do ditador, e as autoridades inundavam os espaços públicos com seu nome e sua imagem.

---

[82] Frajman, "Broadcasting Populist Leadership", 512.

[83] Richardson, "North Korea's Kim Dynasty".

[84] *Guardian*, "The Personality Cult of Turkmenbashi"; BBC, "Turkmen Drivers Face Unusual Test".

[85] James, "Absent but Omnipresent, Chávez a Powerful Symbol"; Arutunyan, *The Putin Mystique*.

[86] Em um estudo dos cultos à personalidade de oito ditadores – Mussolini, Hitler, Stálin, Mao, Kim Il-Sung, Duvalier, Ceauşescu e Mengistu – Dikötter observa que "cada um tomou todas as decisões-chave que levaram à sua própria glorificação" (*How to Be a Dictator*, xii).

Só que a celebridade, ao contrário do que se possa pensar, é em sua maioria descentralizada, frequentemente construída de maneira espontânea e explorada por agentes privados para fins lucrativos. As imagens do herói são largamente difundidas, mas circulam com base na demanda e nos incentivos do mercado. Não há rituais impostos, embora possam surgir rituais voluntários (como fazer o *moonwalking* em público, entoando "Yes we can!"). O tom pode até ser sério, mas muitas vezes é brincalhão, irônico ou até zombador.[87]

Com isso em mente, considere a figura de Putin. Muitos se maravilharam com a inundação de parafernália temática – de *matryoshkas*, camisetas, vodca e perfumes até caixas de iPhone, chocolates e calendários – que apareceu no início de seu primeiro mandato.[88] Seu retrato aparecia pendurado em edifícios do governo em todo o país; em 2007, vinte e oito versões ligeiramente diferentes estavam à venda.[89] Canções sobre o governante – do technopop "I Want a Man Like Putin" ("Quero um homem como Putin") até o rap "My Best Friend is Vladimir Putin" ("Meu melhor amigo é Vladimir Putin") – tornaram-se *hits*.[90] Uma avenida com o nome de Putin apareceu na capital chechena Grozny, junto com várias ruas Putin em assentamentos rurais.[91] O site do Kremlin postava fotos do presidente em poses associadas à masculinidade, caçando, pescando e, em dada ocasião, até mesmo sem camisa montando um cavalo. E, periodicamente, as notícias dos jornais da noite apresentavam Putin em aventuras heroicas – voando de asa-delta para guiar garças até seu local de reprodução, mergulhando com equipamentos para recuperar ânforas antigas do Mar Negro, atirando numa tigresa siberiana selvagem com uma arma tranquilizante e colocando uma coleira de rastreamento em um urso-polar adormecido.

Tudo isso poderia ensejar declarações sobre um clássico culto à personalidade. No entanto, ao se examinar o caso mais detidamente,

---

[87] Sobre celebridade, ver, por exemplo, Marshall, *Celebrity and Power*.

[88] Por exemplo, Luxmoore, "Putin Mania".

[89] Glasser, "Putin's Cult of Personality", A3.

[90] *Ibid.* Luxmoore, "Putin Mania".

[91] Podrez e Prikhodina, "Znak pochtenia, znak otchayania".

as semelhanças diminuem.[92] Não há nenhuma saudação própria de Putin, nenhuma dancinha ou qualquer ritual imposto, nenhuma "bíblia de putinismo" que todos deveriam estudar e recitar. A maior parte das mercadorias com a imagem de Putin não vem de propagandistas centrais, mas de vendedores de rua querendo ganhar algum dinheiro. As ruas com o nome de Putin acabam sendo menos uma homenagem do que um pedido de recursos. Afinal, "se a rua tiver o nome de Putin", explicou um morador esperançoso, "então ela será asfaltada".[93] As tais músicas, em vez de conterem adoração, são levemente irônicas. As mocinhas que cantam "Quero um homem como Putin" elogiam não a masculinidade do presidente sem camisa, mas qualidades mais mundanas que contrastam humoristicamente com os estereótipos russos. Elas cantam que Putin "não bebe", "não faz mal a elas" e – o mais importante – "não vai sumir".[94] Revelou-se rapidamente que quase todas as heroicas aparições na TV foram montadas. Por exemplo, o urso-polar havia sido dopado.[95] A tigresa tinha vindo de um zoológico, não de um ambiente selvagem, e mais tarde morreu de uma overdose de sedativos.[96] As ânforas gregas haviam sido plantadas para que o presidente então as "encontrasse", como depois admitiu seu próprio assessor de imprensa.[97] No fim, o efeito foi mais cômico do que épico.

Os cultos de personalidade clássicos não eram motivo de riso. Não se podia brincar com a aparência de Stálin ou se recusar a fazer a saudação de Hitler. Hoje, ao contrário, nenhum russo é forçado a dançar "Quero um homem como Putin" ou borrifar o perfume de

---

[92] Cassiday e Johnson, "Putin, Putiniana and the Question of a Post-Soviet Cult of Personality", 695.

[93] *Ibid.*

[94] Russmus.net, "Takogo kak Putin". Para sermos honestos, a música também o descreve como "cheio de vigor".

[95] Harding, "Vladimir Putin Hugs Polar Bear".

[96] Kirilenko e Sindelar, "Sleeping Tiger, Hidden Agenda?"; Elder, "Putin's Fabled Tiger Encounter".

[97] Batty, "Vladimir Putin's Chief Spokesman Admits Greek Urn Find Was Staged".

Putin. Ninguém é condenado a um campo de trabalho por zombar do nome do líder (como na China de Mao) ou por embrulhar um livro em um jornal com a fotografia do líder (como na Coreia do Norte de Kim Il-Sung).[98] Os negociantes vendem não apenas "vodca Putin", mas também "fio dental Putin".[99] Na vila de Izborsk, após uma visita presidencial, os habitantes locais passaram a vender ingressos para locais turísticos onde "Putin comprou um pepino" ou onde "Putin tirou seu casaco".[100] Se Stálin era um deus, Putin se tornou uma marca registrada.

Embora dificilmente se possam equiparar os dois casos, um paralelo mais próximo seria o de Barack Obama. Ele também inspirou um catálogo de mercadorias temáticas – de ovos de madeira a bonecos *bobblehead* (de cabeça com mola), ímãs de geladeira, quebra-cabeças, canecas para viagem, copos de coquetel, coleiras de gato, esmaltes e até mesmo espátulas.[101] Embora não seja comumente encontrado em escolas, o retrato de Obama podia ser encontrado pendurado em edifícios federais e aeroportos em todos os Estados Unidos.[102] Ele também teve fotos sem camisa estampadas na mídia, atraindo comentários sobre seu físico atlético.[103] Obama apareceu não apenas em uma ou duas músicas populares: a revista *Billboard* publicou uma lista de "10 melhores", incluindo faixas de Mariah Carey, Jay-Z e

---

[98] Dikötter, *How to Be a Dictator*.

[99] "Em 2004, uma empresa de São Petersburgo chamada Prosperiti começou a comercializar fio dental em embalagens com o retrato do presidente gravado na frente" (Cassiday e Johnson, "Putin, Putiniana and the Question of a Post-Soviet Cult of Personality", 692).

[100] Goscilo, "Russia's Ultimate Celebrity", 12.

[101] White House Gift Shop, "Barack Obama Collectibles"; Cochrane, "Obama Merchandising Madness".

[102] Rein, "Federal Offices Are Still Waiting to Hang Trump's Picture".

[103] Warner, "A Hot Time in Washington"; Associated Press, "Shirtless Images of Obama Cause Stir Online". Na verdade, há uma lista e tanto de presidentes – Kennedy, Nixon, Ford e Reagan – que foram apresentados sem camisa em publicações americanas (O'Rourke, "Chronicle Covers"; Daily Beast, "Shirtless Presidents"; Beggs, "Pumped-Up Presidents").

Stevie Wonder.[104] Quanto às aventuras cheias de virilidade, uma rápida busca na internet traz à tona um vídeo do 44º presidente estadunidense comendo as sobras de um urso-pardo nas florestas do Alasca.[105]

Nazarbayev tem mais elementos de um culto à moda antiga: títulos honoríficos, *outdoors* com seu retrato, estátuas e montanhas e cidades com seu nome. Nesse aspecto, ele foi muito além da maioria dos ditadores do *spin*. No entanto, em vinte anos no governo, o líder cazaque aparentemente não impôs rituais de lealdade. Na maioria das situações, ele sempre representava um gerente sábio, em vez de um homem-forte que inspirava medo.[106]

Angariar credibilidade. Em vez de monopolizar todos os meios de comunicação, os ditadores do *spin* permitem a existência de alguma imprensa escrita nominalmente independente, e às vezes até mesmo canais de televisão. Eles toleram críticas de forma limitada – ao mesmo tempo que, no entanto, assediam os críticos (mais sobre isso no próximo capítulo). Isso lhes permite, quando necessário, explorar a reputação de meios de comunicação não estatais para seus próprios propósitos. Ao veicular mensagens por meio dessas mídias, eles angariam credibilidade para si próprios.

Em 2011, por exemplo, Nazarbayev enfrentou uma crise política depois que sua polícia reprimiu duramente os trabalhadores em tumultos na cidade mineradora de Zhanaozen. Quando as autoridades censuraram as reportagens diretamente do local, rumores incontroláveis circularam no Facebook e no Twitter.[107] Ninguém acreditava na cobertura da mídia estatal. Finalmente, para dissipar toda a especulação, o governo convidou seis blogueiros ocasionalmente críticos ao seu governo para visitar a área. Suas postagens rapidamente asseguraram aos leitores que os mercados estavam bem abastecidos de comida e os necrotérios não estavam cheios de cadáveres.[108]

---

[104] Ramírez, "Barack Obama".

[105] IMDB, "Running Wild with Bear Grylls: President Barack Obama".

[106] Adams e Rustemova, "Mass Spectacle and Styles of Governmentality".

[107] Lewis, "Blogging Zhanaozen", 426-27.

[108] *Ibid.*, 427.

Mantendo no ar um veículo de alta credibilidade, Putin permitiu que a estação de rádio Ekho Moskvy transmitisse comentários da oposição liberal. Como mostra o cientista político Anton Sobolev, as reportagens da Ekho Moskvy sobre grandes comícios pró-Putin no início de 2012 desmoralizaram mais os apoiadores da oposição do que as matérias menos críveis sobre o mesmo assunto que saíram na mídia pró-Kremlin.[109] As pessoas já esperavam mesmo que a televisão estatal fosse exagerar o tamanho das multidões pró-Putin. Mas elas acreditaram nas estimativas da Ekho Moskvy.

Como Nazarbayev, o Kremlin também procurou explorar blogueiros populares às vezes – por exemplo, ao recrutar um deles para fazer uma cobertura chapa-branca de um desastre em uma usina hidrelétrica na Sibéria, em 2009. O blogueiro foi recompensado dois meses depois com um convite para se juntar à imprensa do Kremlin.[110] O presidente do Peru, Alberto Fujimori, também usou a mídia independente para convencer os céticos de sua popularidade, como veremos no próximo capítulo.

Uma segunda maneira de obter credibilidade é ocultar a fonte da propaganda. Velhos ditadores, como Hitler e Mao, reuniam as pessoas em torno de alto-falantes que gritavam doutrinação para elas. A propaganda das ditaduras do medo era vertical: as mensagens vinham de cima. Muitos ditadores do *spin* intuíram a conclusão, já alcançada por estudiosos como Jacques Ellul, de que a propaganda mais eficaz é a horizontal, transmitida em pequenos grupos e redes, muitas vezes por meio de conversas informais.[111] Assim, eles buscaram maneiras de semear suas mensagens nas mídias sociais, com o cuidado de sempre remover evidências de sua origem.

A internet tornou isso muito mais fácil. Os propagandistas podiam contratar *trolls* para se passar por cidadãos comuns e se infiltrar em conversas online. Na Rússia, um ex-agente do Kremlin relatou, em 2015, como ele e dois parceiros haviam simulado algo que parecia um debate

---

[109] Sobolev, "Dictators in the Spotlight".

[110] Soldatov e Borogan, *The Red Web*, 117.

[111] Ellul, *Propaganda*, 80-84. Ver também Murphy e Shleifer, "Persuasion in Politics".

genuíno. Primeiro, um deles postou um comentário anti-Putin em um fórum na internet. Os outros dois, em seguida, pularam sobre ele para atacar o pretenso dissidente com argumentos superiores, *links* de apoio, e, se necessário, fotografias adulteradas. Outros usuários do fórum assim observariam um debate "honesto" de pontos de vista, mas concluiriam que o lado pró-Putin era mais forte.[112] No Equador, o exército *troll* de Rafael Correa retribuía de maneira bastante submissa as missivas do presidente.[113] Como seus partidários menos educados raramente usavam o Twitter, o objetivo parecia ser impressionar a oposição mais letrada com toda a profundidade do apoio a Correa. Najib Razak, da Malásia, recrutou "guerreiros do teclado" para abarrotar perfis de oposição no Twitter com críticas aos manifestantes antigovernamentais.[114]

É claro que não apenas os ditadores do *spin* se utilizam de *trolls*. Ditaduras do medo de alta tecnologia como a China e a Arábia Saudita também os empregam.[115] Em 2017, as autoridades chinesas estavam financiando cerca de 448 milhões de postagens em mídias sociais por ano, segundo os cientistas políticos Gary King, Jennifer Pan e Margaret Roberts.[116] Tal como os *trolls* da Rússia, a maioria visava "celebrar" o regime, desviando a atenção dos participantes dos temas sensíveis em vez de tentar fazê-los mudar de ideia. Porém, em contraste a isso, os *trolls* da Arábia Saudita ameaçavam e intimidavam os críticos do regime, inclusive aqueles de fora do reino.[117]

Outra maneira de ocultar a fonte da propaganda é inseri-la em ambientes aparentemente neutros. Uma técnica – o *"push poll"*[118] –

---

[112] Volchek e Sindelar, "One Professional Russian Troll Tells All". Veja também Sobolev, "Dictators in the Spotlight", para evidências do sucesso dos *trolls* em desviar usuários da internet de tópicos politicamente carregados.

[113] Mackey, "All the President's Trolls".

[114] Johns e Cheong, "Feeling the Chill", 7.

[115] Pomerantsev, *This Is Not Propaganda*.

[116] King, Pan e Roberts, "How the Chinese Government Fabricates Social Media Posts".

[117] Mackey, "All the President's Trolls".

[118] [Nota do tradutor] *"Push poll"* é o nome que se dá a uma técnica de *marketing* político na qual se conduz junto ao público uma pesquisa estimulada de

procura plantar ideias falsas entre os entrevistados, incorporando-as em perguntas aparentemente factuais de uma pesquisa. Em 2015, Viktor Orbán sondou a população da Hungria supostamente com a intenção de saber a opinião pública sobre imigração. A pergunta foi feita da seguinte forma: "Há quem pense que os migrantes econômicos colocam em risco os empregos e os meios de subsistência dos húngaros. Você concorda?".

Transformar o entretenimento em arma. No Peru, Alberto Fujimori transformou em uma arma para seu governo não apenas as notícias, mas também o entretenimento. Um programa popular, o *Magaly TeVe*, se sustentava com fofocas de celebridades com uma inclinação pró-regime. Um outro programa, *Laura en América*, baseado no *talk show* estadunidense de Jerry Springer, apresentava convidados aos berros e historinhas de infidelidade. Mas, entre os segmentos, a anfitriã Laura Bozzo, que era próxima do chefe de segurança de Fujimori, Vladimiro Montesinos, compartilhava com o público sua admiração pelo presidente.[119] Durante a campanha de reeleição de Fujimori em 2000, ela celebrou as vitórias antiterroristas do exército e, em um episódio, apresentou a filha ilegítima do oponente de Fujimori, Alejandro Toledo.[120] Na Rússia, nos últimos anos, houve uma explosão de *talk shows* cheios de elementos de lixo televisivo para chamar a atenção, tais como palavrões e rixas no ar.[121] Mas os posicionamentos pró-Kremlin pareciam sempre prevalecer no fim.

Enviesar e interpretar. Muitos associam propaganda à afirmação de fatos inverídicos. E, é claro, há espaço para as "*fake news*". Mas a interpretação dos fatos é, no mínimo, tão importante quanto essas duas coisas. Certas realidades são difíceis de esconder ou negar, e uma

---

opinião com a aparência de isenção, mas que na verdade contém, muitas vezes sutilmente, inverdades, sentenças enviesadas e demais manipulações de informação, de forma a dirigir a resposta, criar rumores e produzir falsos resultados de apoio ou rejeição.

[119] Bowen e Holligan, *The Imperfect Spy*, 330-31.

[120] *Ibid.*, 331-32.

[121] Tolz e Teper, "Broadcasting Agitainment", 221.

fonte de notícias que tente fazer isso pode simplesmente perder seu público.[122] Explicá-los de forma enviesada é outra questão.

Por exemplo, os produtores de notícias da Rússia sabem que podem exagerar em histórias sobre eventos estrangeiros, cujos detalhes são difíceis de verificar para a maioria dos telespectadores. Mas é difícil convencer pessoas que foram demitidas ou sofreram cortes salariais de que a economia do país está indo bem. Dois cientistas políticos, Arturas Rozenas e Denis Stukal, estudaram 13 mil reportagens sobre a economia transmitidas pela principal rede de televisão estatal da Rússia, o Canal Um, entre 1999 e 2016. Descobriram que tanto os fatos econômicos "bons" quanto os "ruins" foram relatados com precisão. O que mudava era a atribuição de crédito ou de culpa. As "boas" notícias foram atribuídas à astuta administração do Kremlin, enquanto as "más" notícias se deviam a forças externas, tais como mercados financeiros globais ou governos estrangeiros.[123]

Além de redirecionar a culpa pelo mau desempenho, os ditadores do *spin* que não conseguem esconder as más notícias tentam convencer o público de que qualquer outro líder teria feito pior. Uma das estratégias é contrastar o titular com uma alternativa falsa que seja bem pouco atraente. Por que Putin, por exemplo, mantém o controverso ultranacionalista Vladimir Zhirinovsky e o velho comunista Gennady Zyuganov no Parlamento por décadas? A razão é simples: a perspectiva de ter qualquer um desses homens comandando o Kremlin horroriza os críticos liberais de Putin.

Ao mesmo tempo, os ditadores devem impedir que alternativas atraentes conquistem seguidores. Assim, a tolerância às críticas e à mídia marginal desaparece sempre que surge um indivíduo carismático. Tem lugar, então, um enorme esforço no sentido de desacreditar

---

[122] Gehlbach e Sonin, "Government Control of the Media".

[123] Rozenas e Stukal, "How Autocrats Manipulate Economic News". Outra estratégia é ignorar as más notícias, mas não negá-las. Melnikov ("Censorship, Propaganda and Political Popularity") acredita que a mídia oficial russa tem mais probabilidade de discutir a taxa de câmbio do rublo nas semanas em que ele se fortalece do que naquelas em que ele enfraquece. Ele mostra que essa estratégia aumenta a popularidade do regime em regiões com menor penetração da internet.

o desafiante, distorcer seu histórico, bloquear suas comunicações e preparar o público com associações emocionais negativas, tudo isso enquanto tentam evitar aumentar o perfil público dele, por exemplo, evitando mencionar seu nome.[124] No Peru, nos anos 1990, Fujimori e Montesinos fizeram seus tabloides caluniarem políticos rivais. Sob Hugo Chávez, um *talk show* noturno, *La Hojilla* ("a lâmina"), usou escutas telefônicas vazadas e fotografias de tocaia para humilhar os adversários do regime.[125]

Às vezes, os ditadores podem desacreditar histórias indesejáveis ao simplesmente abordá-las antes de qualquer outro veículo. A equipe de Nazarbayev antecipou que os monitores da oposição revelariam irregularidades nas eleições de 2005 no Cazaquistão. Sendo assim, eles desferiram o primeiro soco na luta, acusando a oposição de elaborar antecipadamente listas de supostas violações. "Essa desinformação, repetida discreta e persistentemente em toda a imprensa como um 'fato', minou as alegações da oposição."[126]

A equipe de Nazarbayev também sabia como retratar seu chefe como um moderado. O segredo era sempre apresentar uma proposta mais radical que ele pudesse derrubar antes de adotar a que ele já vinha endossando desde antes. Em 2003 e 2004, Nazarbayev rejeitou de antemão restrições à mídia e às ONGs que seus aliados haviam proposto.[127] Em 2011, 5,5 milhões de cidadãos fizeram um abaixo-assinado para cancelar as eleições presidenciais pedindo que ele governasse até 2020. Posando como um democrata de primeira hora, ele recusou. Poucos observadores sofisticados engoliram a história, mas tais estratagemas podem muito bem funcionar entre os politicamente desinformados.[128] E é claro que governos de democracias às vezes usam técnicas semelhantes. Mas elas são muito mais eficazes quando o ocupante domina a mídia e controla completamente a agenda política.

---

[124] Walker, "'This Gentleman'".

[125] Carroll, *Comandante*, 38.

[126] Schatz, "Transnational Image Making", 54.

[127] Schatz, "The Soft Authoritarian Tool Kit", 211.

[128] Kucera, "No One Rigs an Election Quite Like Kazakhstan".

Em resumo, quando os fatos são bons, um ditador do *spin* os anuncia aos quatro ventos e colhe os louros. Quando são maus, ele coopera com a mídia para obscurecê-los, quando possível, ou redireciona a culpa, se não for possível. Quando sua popularidade cai, ele preserva uma vantagem relativa ao propor a escolha entre ele mesmo e uma pseudoalternativa pouco atraente, enquanto trabalha duro para desacreditar qualquer rival genuíno. Durante todo o processo, seus assessores administram a agenda pública em seu benefício.

CHECANDO AS EVIDÊNCIAS

É fácil encontrar exemplos de diferenças na retórica entre determinados ditadores do medo e do tipo *spin*. Mas os líderes dizem muitas coisas em momentos diferentes. Todos eles às vezes alertam sobre ameaças estrangeiras e, em outros momentos, se vangloriam do desempenho econômico. Então, como sabemos que houve uma mudança sistemática?

Para verificar isso, nos propusemos a analisar os discursos dos ditadores. Já de início, devemos reconhecer os limites das evidências recolhidas. Obviamente, não poderíamos examinar todos os discursos de todos os ditadores modernos. E mesmo focar numa amostra aleatória não foi possível, dada a disponibilidade limitada de textos adequados. Em vez disso, nos concentramos em um conjunto de discursos de líderes selecionados dos tipos contrastantes. Os resultados são mais sugestivos do que definitivos.

Os líderes que escolhemos vieram de todas as partes do mundo; alguns eram de tempos mais recentes, outros de anos mais distantes. O conjunto incluía sete ditadores do medo (Josef Stálin, Adolf Hitler, Benito Mussolini, Francisco Franco, Saddam Hussein, Fidel Castro e Kim Jong-Un), cinco ditadores do *spin* (Vladimir Putin, Rafael Correa, Hugo Chávez, Nursultan Nazarbayev e Lee Kuan Yew) e seis líderes de democracias (Franklin Delano Roosevelt, Jawaharlal Nehru e Dwight Eisenhower, de meados do século XX, e David Cameron, Nicolas Sarkozy e Barack Obama de tempos mais recentes). Escolhemos esses estadistas com base em sua importância e na disponibilidade de um número suficiente de discursos apropriados à examinação. Para nos concentrarmos na retórica dirigida ao público em geral, utilizamos apenas discursos que haviam sido transmitidos em todo o país, excluindo aqueles feitos fora do país, ou durante guerras, ou feitos em reuniões de festas e outros eventos especiais.

A maneira mais simples de analisar textos é apenas contar a frequência com que o orador usa palavras associadas a um tema específico. Para isso, compilamos listas de palavras vinculadas a: a) violência (por exemplo, "morte", "sangue", "prisão"); b) desempenho econômico (por exemplo, "vendas", "salários", "inflação", "ricos"); e c) prestação de serviços públicos (por exemplo, "assistência à criança", "hospitais", "financiamento"). Para manter as coisas tão simples quanto possível, combinamos aqui as palavras relativas a desempenho econômico e prestação de serviço público, já que ambos são tópicos que esperamos que os ditadores do *spin* enfatizem, ao contrário dos ditadores do medo, que enfatizam a violência.[129]

---

[129] Para detalhes, ver Guriev e Treisman, "Informational Autocrats". Entre os discursos, incluímos os pronunciamentos televisionados, as reuniões formais, as declarações de rádio (Obama, Roosevelt) e os programas de TV assinados pelos líderes (*Aló Presidente*, de Chávez, e *Enlace Ciudadano*, de Correa), sempre cortando partes não faladas pelo líder. Utilizamos traduções oficiais em inglês quando as encontramos e, como recomendado por Lucas *et al.* ("Computer-Assisted Text Analysis", 260), as versões do Google Translate nos poucos casos em que não conseguimos (Franco na Espanha, Chávez na Venezuela, Correa no Equador). Embora os melhores programas de tradução automática permaneçam imperfeitos para a maioria das tarefas, a análise de texto com contagem de palavras talvez seja uma exceção. Ao estimar a frequência desses termos, a ordem das palavras, pontuação, gramática, etc., não importa, ou seja, "o software só precisa traduzir corretamente os termos significativos no documento original".

Para verificar se nossas listas de palavras captam diferenças relevantes, nós as testamos primeiro em documentos que sabíamos que se concentrariam nos três tópicos em questão. Por exemplo, utilizamos a lista de violência nas alegações finais dos promotores em julgamentos por crimes de guerra ou terrorismo. Como era de se esperar, esses textos registraram concentrações excepcionalmente altas das palavras de violência (2,5 a 4,7%). As listas de palavras de desempenho econômico e de serviço público também retornaram leituras elevadas em testes efetuados, respectivamente, em *briefings* do FMI sobre a economia mundial e discursos sobre orçamento dos ministros das finanças de países democráticos. Como algumas palavras têm mais de um significado, digitalizamos os discursos em busca de usos de palavras com o significado "errado". (Por exemplo, "gastar" dinheiro é relevante para o desempenho econômico e a prestação de serviços públicos; "gastar" tempo não é.) Quando encontramos mais de dois usos irrelevantes, excluímos a palavra do dicionário.

Então, como a retórica desses líderes diferiu? A Figura 3.1 o demonstra. Como era de se esperar, os ditadores do medo (em caixas de texto) usaram uma linguagem mais violenta do que quase todos os outros. A única exceção foi o presidente Eisenhower, que – embora democrata – governou em um intenso momento de confronto na Guerra Fria e tinha muito a dizer sobre mísseis e ameaças militares. Os líderes democráticos (em negrito) ocupam um lugar de destaque, em geral, no desempenho econômico e nas palavras de prestação de serviços públicos, embora ditadores comunistas como Fidel Castro e Kim Jong-Un também tenham obtido posição bastante elevada nesses quesitos. E quanto aos ditadores do *spin* (em itálico)? Eles se misturam claramente aos democratas, e não aos ditadores mais declarados. De fato, Lee Kuan Yew e Nursultan Nazarbayev superam todos os outros em seu discurso econômico e de serviço público, com apenas Roosevelt – com seu discurso do New Deal – os seguindo de perto.[130]

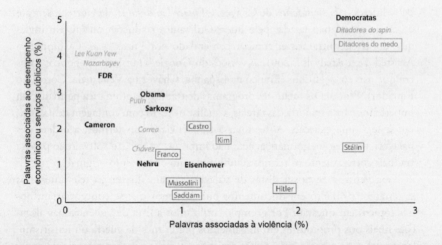

Figura 3.1 – Retórica de alguns líderes selecionados

Fonte: Guriev e Treisman, "Informational Autocrats".

---

[130] As diferenças entre os ditadores do *spin* e os ditadores do medo são estatisticamente significativas; as diferenças entre os ditadores do *spin* e os democratas não são (ver Guriev e Treisman, "Informational Autocrats").

Também sustentamos que os ditadores se tornaram menos propensos a impor uma ideologia oficial a suas sociedades. Para verificar isso, coletamos evidências sobre se tal ideologia – definida como uma doutrina social, política ou religiosa que foi endossada por altos funcionários e influenciou o conteúdo das leis – veio existindo em todas as ditaduras desde 1945. Mais especificamente, classificamos os Estados autoritários como marxistas se o governo fosse dominado por um partido comunista ou se o líder dissesse publicamente ser um marxista. E classificamos como islamistas se eles privilegiaram a lei islâmica em relação à secular em uma ampla gama de assuntos. Uma categoria residual, "outras ideologias", inclui alternativas mais exóticas, como o ba'athismo, o nasserismo, o pancasila e o kemalismo. (Se essas doutrinas, inclusive, constituem ideologias oficiais é algo a ser debatido.)

Nossos dados revelam uma mudança marcante.[131] Em grande parte devido ao colapso do comunismo, as ideologias oficiais se tornaram muito mais raras nos anos 1990. A participação das não democracias que seguiam uma ideologia caiu de 42% em 1980 para menos de 20% em 2000. Cerca de dois terços das ideologias oficiais em 1980 pertenciam a alguma variedade do marxismo. A incidência da ditadura islamista aumentou, mas apenas um pouco – de 3% em 1980 para 6% tanto em 2000 como em 2015. Outras ideologias se tornaram ligeiramente mais raras, caindo de 11% em 1980 para 6% em 2000.

Argumentamos que ter uma ideologia oficial era um sinal de uma ditadura do medo, em vez de uma ditadura do tipo *spin*. Usando nossas regras propostas no capítulo 1, pudemos confirmar isso.[132] Entre os líderes das ditaduras do medo, 49% impuseram uma ideologia oficial em algum momento durante seu mandato. Entre os ditadores do *spin*, apenas 15% o fizeram.

Algumas outras evidências vêm de um projeto impressionante dos cientistas políticos Erin e Brett Carter. Como nós, eles fazem distinção entre uma espécie de propaganda deliberadamente absurda destinada

---

[131] Ver Figura OS3.1 no apêndice online.

[132] Perceba que nossas regras propostas não se referem a ideologia, portanto, não se trata de um raciocínio circular.

a desmoralizar os cidadãos (do tipo que associamos aos ditadores do medo) e uma variedade mais sutil que procura convencê-los (nossa abordagem de ditadores do *spin*).[133] Eles coletaram quase 8 milhões de artigos de jornais estatais em autocracias ao redor do mundo e mediram o quanto cada um era positivo em relação ao regime, usando técnicas da linguística computacional. Descobriram que artigos em jornais estatais na China, Eritreia, Uzbequistão e Síria – todos casos de ditadura do medo – tenderam a ser consideravelmente mais positivos sobre o regime nos últimos anos do que os da Rússia, Venezuela, Equador e Cazaquistão – casos de ditadura do *spin*.[134] A propaganda nas ditaduras do medo se propunha a intimidar os leitores com sua extrema unilateralidade. Nas ditaduras do *spin*, a propaganda tenta persuadir pelo menos aqueles cidadãos relativamente desinformados, que poderiam ser mais suscetíveis.

Mas como *manter* desinformados os desinformados? Esse é um desafio constante. A manipulação típica das ditaduras do *spin* corre o risco de cair por terra se forçada a competir com uma imprensa independente e vigorosa. No entanto, censurar abertamente ou proibir a mídia privada – como fazem os autocratas da velha guarda – iria solapar a alegação de um ditador do *spin* de que é um democrata, competente e benevolentemente a serviço da população. Aqui, também, vários ditadores recentes demonstraram criatividade. E, nessa questão, um dos primeiros inovadores veio da América do Sul.

---

[133] Carter e Carter (*Propaganda in Autocracies*). Eles sustentam que o que determina a escolha é se o país tem instituições formalmente democráticas; restrições eleitorais levam a uma propaganda mais sutil. Concordamos que as instituições aparentemente democráticas seguem de mãos dadas com uma propaganda mais sutil – ambas fazendo parte do que chamamos de abordagem da ditadura do tipo *spin*. Onde eles veem instituições eleitorais como a causa final da estratégia de propaganda, nós enxergamos tanto eleições pseudocompetitivas quanto propaganda sofisticada como elementos em um pacote mais amplo de táticas que existem para sustentar a ditadura do *spin*. Argumentamos que esse pacote é escolhido em resposta às pressões da modernização e da globalização (ver cap. 7).

[134] Ver Carter e Carter, *Propaganda in Autocracies*, Figura OS4.1, especialmente a comparação para valência dos artigos.

4
CENSURA SENSATA

POR VOLTA DAS 22H30 DO DIA 5 DE ABRIL DE 1992, o presidente do Peru, Alberto Fujimori, atacou. Tanques cercaram o Congresso e a Suprema Corte, impondo um *autogolpe*, ou um "golpe autoimposto". Em uma declaração transmitida para todo o país, Fujimori suspendeu a constituição do país e dissolveu o Parlamento. Naquele momento, ele estava decretando um estado de emergência, segundo disse, para quebrar o impasse político em um país que cambaleava como vítima da corrupção, do tráfico de cocaína e de uma insurgência maoísta com intenções assassinas.

Na posição de ex-economista da área agrícola, Fujimori tinha vindo do fundo das pesquisas eleitorais para uma vitória surpresa nas eleições peruanas de 1990, surfando uma onda de frustração que tomava a entrincheirada classe política do país. Ele havia iniciado reformas de mercado e conseguido conter a inflação galopante do país. Mas, quase imediatamente, se viu espremido entre facções hostis no Parlamento, juízes desafiadores e um exército inquieto. O golpe foi a saída que Fujimori encontrou para resolver aquele dilema.

Enquanto seu anúncio era divulgado, tropas ocupavam os escritórios dos jornais e revistas do país e das emissoras de televisão e rádio. Literalmente, pararam as prensas. As estações de rádio da oposição foram tiradas do ar. Gustavo Gorriti, um repórter investigativo, estava em casa algumas horas depois quando uma gangue de oficiais de inteligência à paisana se aglomerou sobre o muro de seu jardim, brandindo metralhadoras Heckler & Koch de 9 mm equipadas com silenciadores. Ele passou a noite na solitária no quartel-general do exército como um dos vinte e dois jornalistas então detidos.[1]

Isso aconteceu em um domingo. Na terça-feira de manhã, apenas quarenta horas após o início do golpe, a maré tinha virado. Agora, Fujimori estava na defensiva. Os jornalistas presos estavam sendo libertados e os soldados foram retirados das redações. Em uma embaraçosa derrocada, Fujimori compareceu pessoalmente ao jornal *El Comercio*, flanqueado pelo chefe das forças armadas, para pedir desculpas. Enviar censores militares tinha sido "um erro do meu governo", admitiu ele, oferecendo "sinceras desculpas por qualquer inconveniente causado".[2]

O que havia mudado? Fujimori havia cometido dois erros de cálculo. Primeiro, seu ataque à democracia e à imprensa havia provocado a fúria das organizações de direitos humanos em todo o mundo. Os governos estadunidense, alemão e espanhol congelaram toda a ajuda, exceto a assistência humanitária. Venezuela e Colômbia suspenderam relações diplomáticas, e a Argentina convocou seu embaixador. A Organização dos Estados Americanos começou a discutir sanções; alguns membros pediram a suspensão do Peru.[3] Pegar mais leve com a imprensa foi a maneira que Fujimori encontrou para quebrar essa repercussão negativa e sinalizar sua disposição de dar um passo atrás, de volta em direção à democracia.

Mas, ainda mais importante, constatou-se que não era necessário amordaçar os jornalistas. O golpe de Estado se provou extremamente popular. As pesquisas instantâneas mostraram que quase três quartos dos peruanos apoiaram a dissolução do Congresso e 89% apoiaram o plano de Fujimori de reestruturar o Judiciário.[4] Desgostosos com a

---

[1] Bowen e Holligan, *The Imperfect Spy*, 125-26; Kerr, "Fujimori's Plot".
[2] Wood, "The Peruvian Press under Recent Authoritarian Regimes", 23.
[3] Cash, "Peru Chief Orders New Mass Arrests".
[4] Lane, "The 'Self Coup' That Rocked Peru".

corrupção e os entraves da política conforme vinha sendo praticada, os cidadãos estavam prontos para apoiar um líder mais decidido.

Divulgar amplamente essa mensagem poderia mudar o equilíbrio de opiniões tanto em meio à elite peruana quanto ao redor do mundo. Mas quem acreditaria nas pesquisas de opinião publicadas pelo próprio regime? Então, o majestoso *Palacio de Gobierno*, em Lima, percebeu algo importante: em vez de proibir a imprensa da oposição, Fujimori poderia usá-la. "Para aquela administração, era importante que os números [das pesquisas] fossem levados a sério, tanto no país como no exterior", escreveu a cientista política Catherine Conaghan. "As pesquisas a favor do golpe ganharam credibilidade porque foram publicadas por uma imprensa livre."[5] E, ao deixar as revistas de oposição de pequena circulação retomarem suas operações, escreveu Gorriti – aquele jornalista preso pela inteligência quando do golpe –, "dava-se suporte à alegação do governo de que a liberdade de imprensa existia no Peru".[6]

PALAVRAS DE LUTA

Durante a maior parte do século XX, a caneta do censor – geralmente na cor azul – era quase tão importante para os ditadores quanto um fuzil AK-47. Controlar um país significava controlar a página impressa, o seletor do rádio e a tela da televisão. E os líderes dedicaram enorme energia para fazer exatamente isso. Aqui nesta parte, examinaremos como eles o faziam – e como os ditadores do *spin* mais tarde redefiniram essa tarefa. A experiência envolvendo Fujimori oferece uma gama de *insights* e exemplos. Vamos abordar a censura da internet e encerrar o capítulo, como de costume, com um olhar sobre alguns dados. Mas, primeiro, vamos voltar aos manipuladores que se utilizavam do medo.

Entre eles, os estilos de censura variaram. Ainda assim, todos compartilharam quatro características-chave. Primeiro, a censura era

---

[5] Conaghan, *Fujimori's Peru*, 34.
[6] Gorriti, "Living Dangerously", 239.

abrangente – pelo menos em termos de ambição, se não sempre em resultados. Toda a comunicação pública tinha de ser "higienizada". Alguns ditadores – em particular, os comunistas e os fascistas – tinham como objetivo reprogramar os cidadãos para fazê-los pensar de novas maneiras. Seus equivalentes conservadores procuraram preservar uma mentalidade que eles pensavam que já prevalecia, favorecendo a hierarquia, o patriotismo e a tradição. Mas todos procuraram bloquear ideias indesejáveis.

E a maioria apelou a extremos para combatê-las. No mundo comunista, a polícia da informação controlava toda a mídia e examinava sua produção, tanto antes como depois da publicação. Em 1917, os bolcheviques impuseram a censura em seu segundo dia de governo. Foi notável a grande quantidade de material banido. Os agentes de Stálin retiraram mais de 16 mil títulos de circulação em um único ano – entre 1938 e 1939 – e destruíram 24 milhões de cópias das obras consideradas ofensivas.[7] Na China, os censores de Mao trabalhavam 24 horas por dia. Entre 1950 e 1951, uma grande editora teve de reduzir suas ofertas de 8 mil para apenas 1.234 títulos.[8] Em ambos os países, pequenos lapsos precipitaram crises. Quando uma pequena indiscrição acabou saindo em um jornal agrícola na região da Carélia sob domínio soviético, os censores correram para rastrear todas as cópias vendidas, incluindo cinquenta que tinham sido coladas como papel de parede temporário e doze usadas como papel higiênico.[9] Não satisfeita em confiscar o manuscrito do épico romance *Vida e destino*, de Vassili Grossman, a KGB confiscou até o papel-carbono e as fitas de tinta da máquina de escrever que ele havia usado para escrevê-lo.[10]

Oficialmente, a Alemanha Oriental não tinha censores. Não precisava deles: o líder do partido, Erich Honecker, fazia o trabalho pessoalmente. Ele "lia atenta e diariamente as primeiras páginas do órgão

---

[7] Overy, *The Dictators*, 368.

[8] Dikötter, *How to Be a Dictator*, 190.

[9] Plamper, "Abolishing Ambiguity", 531.

[10] Chandler, introdução.

central do partido, o *Neues Deutschland*", corrigindo pontuação e escolhas de palavras.[11] Todos os principais relatórios eram pré-vistoriados por Honecker, junto com seu chefe de propaganda de mobilização, Joachim Herrmann. Depois que ele fazia isso, ficava proibido corrigir até mesmo erros ortográficos e erros factuais. Corriam rumores de que o secretário-geral selecionava pessoalmente até mesmo as gravatas para os âncoras do noticiário noturno.[12]

Os ditadores não comunistas também podiam ser bem minuciosos. Em seus primeiros quatorze meses no poder, os nazistas fecharam mil jornais e assediaram outros 350 até o fechamento.[13] Ao final de seu segundo ano no poder, quarenta agências diferentes já haviam proibido mais de 4 mil livros.[14] Na Espanha, até 1966, o general Franco exigia que todas as publicações, desde jornais a cartazes de rua, fossem pré-aprovadas.[15] Os cantores de música pop tinham de apresentar suas letras antes de cada sessão de gravação.[16] O primeiro-ministro da Imprensa de Franco, José Millán-Astray, convocava "jornalistas infelizes com um apito, gritando histericamente a qualquer pequeno escorregão e ameaçando com execução qualquer correspondente estrangeiro que criticasse o regime".[17] Mussolini encontrou tempo para verificar libretos de ópera e produções de palco.[18] Pinochet fechou a mídia de esquerda do Chile e colocou censores em todos os jornais, revistas, estações de rádio e canais de televisão. Seus soldados invadiram livrarias. Em um caso, apreenderam inclusive livros de arte sobre o cubismo por medo de eles estarem promovendo a revolução de Fidel Castro.[19]

---

[11] Boyer, "Censorship as a Vocation", 525.

[12] *Ibid.*, 526.

[13] Overy, *The Dictators*, 370.

[14] Battles, *Library*, 168.

[15] Diéguez, "Spain's Golden Silence", 93.

[16] *Ibid.*, 98.

[17] Hodges, *Franco*, 108.

[18] Bonsaver, *Censorship and Literature in Fascist Italy*, 74.

[19] Edwards, "Books in Chile", 20.

Também na África, governantes lutaram contra a imprensa escrita. Hastings Banda, do Malawi, proibiu 840 livros entre 1968 e 1975, juntamente com mais de 100 revistas e 16 filmes. Possuir um exemplar de *A revolução dos bichos*, de George Orwell, era crime passível de processo por traição.[20] A revista de notícias internacional *Jeune Afrique* organizou um torneio irreverente para ver quais países confiscariam mais de suas edições na primeira metade de 1978. O Zaire de Mobutu conseguiu o primeiro lugar, seguido pelo Egito e pela Líbia. Argélia, Congo e Guiné foram ainda mais longe, proibindo completamente a revista. Seu pessoal se orgulhava de ter sido censurado tanto pelos marxistas (como "lacaios do imperialismo") quanto por seus rivais anticomunistas (como "esquerdistas subversivos").[21] Na África do Sul do *apartheid*, os agentes vetavam não apenas livros e jornais, filmes e obras de arte, mas até mesmo camisetas, chaveiros e letreiros de lojas.[22]

O que exatamente os censores estavam procurando? Antes de tudo, mensagens que contradissessem a ideologia do regime ou desafiassem o controle político. Mas, na prática, o significado disso era muitas vezes obscuro. No final da União Soviética, até mesmo a lista de tópicos proibidos – chamada de *perechen* – era ela mesma secreta, indisponível aos escritores e às vezes até mesmo aos censores. Listas que vieram a público podiam ser surpreendentemente detalhadas. Um manual da Polônia nos anos 1970 proibia a menção de estatísticas sobre acidentes de carro, incêndios, afogamentos, doenças de gado, intoxicações alimentares, dívida externa e até mesmo o consumo anual de café. Qualquer menção positiva a *hippies* – incluindo os estrangeiros – era proibida.[23] Para os alemães orientais, tópicos proibidos incluíam formaldeído, boliche de grama, *boulevards*, quiosques que vendiam *bratwurst*, planadores caseiros e corridas de Fórmula 1.[24]

---

[20] Carver, *Where Silence Rules*, 70.

[21] Gaillard, "Jeune Afrique".

[22] Coetzee, "Emerging from Censorship", 36.

[23] Kott, "Controlling the Writing on the Wall".

[24] Boyer, "Censorship as a Vocation", 528.

No Chile de Pinochet, os censores deveriam remover qualquer coisa que fosse "antipatriótica", que envolvesse "terroristas ou comunistas" ou que pudesse representar uma "ameaça à segurança interna".[25] Pelo jeito, isso incluía uma fotografia do ministro do Interior com um botão da camisa desabotoado – a revista culpada por esse lapso recebeu uma reprimenda.[26]

Talvez deliberadamente, de modo a espalhar a ansiedade, as linhas vermelhas a não serem cruzadas eram vagas. E elas mudavam. Tal como Winston Smith no "Ministério da Verdade" de Orwell, os censores de Stálin reescreveram o passado assim como o presente. Os bolcheviques que caíram em desgraça foram retirados de fotografias e seus escritos apagados dos livros de história. Os censores vasculhavam bibliotecas atrás de menções a oficiais desacreditados a fim de apagar seus nomes com tinta preta.[27] Outros temiam que fotografias proibidas pudessem sobreviver em jornais antigos usados para embrulhar mantimentos.[28] A "edição do passado" continuou mesmo após a morte de Stálin, pelo menos por algum tempo. Quando o chefe da polícia secreta de Stálin, Lavrenty Beria, foi baleado em 1953, os proprietários da *Grande enciclopédia soviética* receberam instruções urgentes. Deveriam remover as páginas 21 a 24 do volume V com um estilete e colar em seu lugar um artigo recentemente fornecido sobre o Estreito de Bering.[29] Na edição de 1971, Beria já havia desaparecido sem deixar rastros.[30]

Na década de 1930, Stálin proibiu a ambiguidade.[31] Possíveis duplos sentidos tinham de ser rastreados e liquidados, juntamente com erros tipográficos sugestivos não intencionais e semelhanças visuais. Uma certa fotografia de jornal do bolchevique Mikhail Kalinin foi

---

[25] Long, "Living in Fear".

[26] Spooner, *Soldiers in a Narrow Land*, 89.

[27] Overy, *The Dictators*, 368.

[28] Plamper, "Abolishing Ambiguity", 529.

[29] L. L., "Stalinism in the Post-Stalin Regime".

[30] Gwertzman, "Beria Is Ignored in Soviet Volume".

[31] Plamper, "Abolishing Ambiguity".

cortada no último minuto porque ele se parecia demais com Trotsky.³² Os administradores nazistas também caçavam imagens subversivas. De acordo com Victor Klemperer, as autoridades remodelaram o parque na Bismarckplatz, de Dresden, porque o padrão radial anterior dos caminhos internos do parque se assemelhava à Union Jack, a bandeira do Reino Unido.³³ Na Espanha de Franco e no Portugal de Salazar, os censores proibiram referências a "greves na Grécia, torturas nas prisões brasileiras [e] manifestações contra a guerra na Indochina", por medo de que essas menções pudessem trazer à mente de seus cidadãos paralelos domésticos.³⁴

Em segundo lugar, além de ser abrangente, o processo da censura sob ditadores da velha guarda era *bastante público*. A censura não era apenas uma forma de bloquear mensagens: era também, ela própria, uma mensagem. Rejeitar ideias "ruins" se tornava assim – tal como a violência do regime – uma espécie de teatro. Goebbels encenou queimas de livros nas quais os estudantes que entoavam "*slogans* de fogo" (*Feuersprüche*) lançavam "literatura decadente" nas chamas. Estações de rádio transmitiam esse "auto da fé" de Berlim ao vivo, e os cinemas depois exibiam as filmagens das notícias.³⁵ Outras 93 queimas de livros ocorreram em todo o país.³⁶ Outros ditadores do século XX realizaram eventos similares. Os revolucionários de Mao acenderam uma fogueira no porto de Shantou que queimou por três dias, devorando 300 mil tomos suspeitos.³⁷ Pinochet e seus vizinhos argentinos também foram queimadores de livros.³⁸

Em vez de um ato sub-reptício, a censura se tornava um assunto burocrático cotidiano. Na URSS, a Administração Principal para a Preservação dos Segredos de Estado e Militares na Imprensa,

---

[32] *Ibid.*, 532.

[33] Klemperer, *I Shall Bear Witness*, 291.

[34] Carvalho e Cardoso, "Press Censorship in Spain & Portugal", 55.

[35] Manning, *When Books Went to War*, 3.

[36] *Ibid.*, 4.

[37] Dikötter, *How to Be a Dictator*, 190.

[38] Edwards, "Books in Chile", 20; Jones, *Censorship*, 91.

conhecida como Glavlit, tinha cerca de 70 mil funcionários.[39] Havia filiais em todo o país, e cada jornal tinha de fornecer um escritório para seu censor interno.[40] De fato, a agência se tornou tão visível e onipresente que os russos inventaram um novo verbo, *litovat*, que significava "obter a aprovação formal dos censores". Arranjos similares existiram em todo o mundo comunista. Também nos regimes militares latino-americanos, o censor era um rosto familiar nas redações.

Em terceiro lugar, a censura sob ditadores de estilo antigo era frequentemente *violenta e explícita* a esse respeito. Inúmeros artistas e escritores morreram nos campos de Stálin e Hitler. E muitos outros regimes também usaram a força. Quando as tropas de Pinochet tomaram o poder em 1973, bombardearam as antenas das estações de rádio de esquerda.[41] Os camisas negras de Mussolini, ao entrarem em Roma em 1922, destruíram as gráficas dos jornais da oposição.[42] No Iraque sob Saddam Hussein, o filho mais velho do ditador, Uday, se especializou na perseguição a jornalistas. Mais de quinhentos autores, repórteres e artistas foram executados, e muitos outros desapareceram misteriosamente.[43] Um desafortunado jornalista foi preso e torturado depois de escrever que o presidente "se preocupava com cada detalhe ínfimo no Iraque, até mesmo os banheiros".[44] No Malawi, se um jornalista crítico não pudesse ser encontrado, os capangas do presidente Banda iam atrás de seus familiares.[45] Como acontecia com a violência em geral nesses regimes, o objetivo não era apenas ferir um escritor em particular, mas intimidar todos os outros.

---

[39] Vladimirov, "Glavlit", 41. Mais recentemente, as autoridades da China revelaram que empregaram dois milhões de pessoas para monitorar e censurar apenas a internet (Hunt e Xu, "China Employs 2 Million to Police Internet").

[40] Dobbs, "Soviet Censorship Dead but Showing Signs of Life".

[41] Skarpelos, "Communication Breakdown", 147.

[42] Dikötter, *How to Be a Dictator*.

[43] Isakhan, "Read All about It".

[44] *Ibid*.

[45] Carver, *Where Silence Rules*, 81.

Por fim, embora alguns ditadores possam ter realmente temido o conteúdo dos livros que queimavam, a censura se destinava mais a *demonstrar poder e impor a conformidade*. O objetivo era impedir que as pessoas não apenas soubessem a verdade, mas também que a mencionassem. A censura do medo visava desmoralizar e impedir.[46] A reação extrema a uma palavra irreverente aqui ou ali poderia parecer paranoia. Mas havia uma lógica por detrás disso. Qualquer violação de regras que não fosse punida poderia sinalizar uma fraqueza do regime. E as violações na mídia de massa eram testemunhadas por milhões. Pior que isso, todos sabiam que todos os outros as tinham visto; tais lapsos criaram o que os teóricos dos jogos chamam de "conhecimento comum", um ingrediente-chave para uma oposição coordenada.[47] Como resultado, a censura geral se tornava uma armadilha. Uma vez estabelecida, era perigoso removê-la.

FUJIMÍDIA

Com um pano de fundo como esse, a derrocada de Fujimori no escritório do *El Comercio* veio com certa surpresa. O líder obstinado que tinha acabado de dissolver o Congresso estava admitindo um erro e oferecendo uma bandeira branca. Nos anos seguintes, ele iria mais longe, criando uma nova e mais habilidosa maneira de administrar a imprensa.

Até então, Fujimori não tinha muito jeito de inovador. Alçado ao poder enquanto insurgentes maoístas explodiam bombas na capital, ele havia recebido carta branca de seus generais para acabar com eles. Ativistas de direitos humanos culparam seu governo pelo assassinato de jornalistas por paramilitares de direita.[48] Ele chamou os ativistas de "braço legal" do terrorismo e ameaçou os críticos dos militares com penas de prisão perpétua por traição.[49]

---

[46] Roberts, "Resilience to Online Censorship", 406.

[47] Ver Chwe, *Rational Ritual*.

[48] Inter Press Service, "Peru".

[49] Golden, "Maoist Rebels Now Are Worst Offenders"; Bowen e Holligan, *The Imperfect Spy*, 121.

Antes um obscuro professor nascido em uma família de imigrantes japoneses, Fujimori tinha sido um completo forasteiro da política peruana antes de sua surpreendente vitória eleitoral. Mas, uma vez no cargo, ele se uniu a um notório conhecedor dos meandros. Vladimiro Montesinos, que Fujimori convocou para dirigir o Servicio de Inteligencia Nacional (SIN), tinha conexões nas forças armadas, nos serviços de segurança, na CIA e nos cartéis internacionais de drogas. Treinado na academia militar peruana, ele tinha sido dispensado por vender segredos aos Estados Unidos. Após alguns anos na prisão, ressurgiu como advogado de traficantes de cocaína colombianos.[50]

Entre o autogolpe de 1992 e o final de 2000, quando a presidência de Fujimori terminou em meio a escândalos, aquela estranha dupla dominou a política do Peru. Sua estratégia se baseava em saber tudo e moldar o que os outros sabiam. "O vício em informação", disse Montesinos certa vez, "é como o vício em drogas. Vivemos à base de informação."[51]

Ele se referia às informações que seus agentes reuniam de escutas telefônicas e câmeras de vigilância. Imagens do Congresso, dos tribunais, do palácio presidencial, do centro de Lima e do aeroporto eram mostradas continuamente em vinte e cinco telas no escritório de Montesinos.[52] Ele escondeu uma câmera até mesmo em um bordel frequentado pela elite de Lima.[53] Mas ainda mais importante era administrar a informação que fluía pela mídia estatal e privada. Manipular essas correntes era crucial para os índices de aprovação e as vitórias eleitorais de Fujimori. Ao se controlar a mídia, controlava-se a aprovação. E, ao se controlar a aprovação, controlava-se a política.

As técnicas inventadas por ditadores do *spin* como Fujimori fizeram a velha censura do medo virar de cabeça para baixo. Enquanto os ditadores do medo buscavam um poder abrangente, a nova abordagem

---

[50] Ver o fascinante relato da parceria Fujimori-Montesinos em McMillan e Zoido, "How to Subvert Democracy".

[51] *Ibid.*, 74.

[52] *Ibid.*, 75.

[53] *Ibid.*, 84.

era *deliberadamente parcial*. Na economia global moderna, ter um monopólio completo da informação significava se contentar em ser atrasado. E, como Fujimori logo percebeu, um monopólio completo era desnecessário, até mesmo indesejável.[54]

Na verdade, ter uma mídia de oposição simbólica poderia ser útil. Isso mostrava que o regime estava confiante em seu apelo. É algo que poderia ser mostrado ao Ocidente – e aos críticos em casa mesmo – como prova de que as autoridades respeitavam a liberdade de imprensa. Poderia até mesmo gerar informações úteis, alertando sobre crises locais ou ameaças iminentes. E, quando a credibilidade fosse importante, poderia ser usada para enviar mensagens, da mesma forma como Nazarbayev usou blogueiros independentes. Em meio ao autogolpe de Fujimori, reportagens sobre a popularidade do presidente publicadas nos meios de comunicação estatais influenciariam poucos críticos. Mas as mesmas reportagens, se publicadas pela imprensa da oposição, seriam mais críveis.

A base de apoio de Fujimori se concentrava no campo e nas favelas urbanas. Para alcançá-la, ele precisava controlar as principais estações de TV e os tabloides. Acima dessas classes mais baixas, o Peru ostentava uma classe superior bem-educada e bem-ocidentalizada. Quatorze por cento dos adultos tinham um diploma universitário no início dos anos 1990, quase a mesma proporção que em Israel.[55] Fujimori não podia permitir que esse estrato informado minasse seu apoio. Mas essa classe mais abastada tinha poucas chances de conseguir isso com suas publicações de alto nível, como *El Comercio*, *La República* e *Caretas*. Tais mídias minoritárias – ignoradas pela maioria dos peruanos – representavam pouca ameaça. "O que me importa o jornal *El Comercio*?", perguntou Montesinos certa vez. "Eles têm uma tiragem de 80 mil exemplares. E 80 mil jornais não é merda nenhuma."[56]

Outros ditadores do *spin* tinham seus próprios *El Comercios* a combater. Putin tinha o diário liberal *Novaya Gazeta* e o canal

---

[54] Bennett e Naím, "21st-Century Censorship".

[55] Estatísticas de educação retiradas de Barro e Lee, "A New Data Set".

[56] McMillan e Zoido, "How to Subvert Democracy", 84.

de televisão Dozhd. As autoridades russas assediaram ambos, mas nunca os forçaram a fechar. "Não havia nenhuma cruzada para nos fechar", disse a fundadora do Dozhd, Natalya Sindeyeva, à jornalista Jill Dougherty. "Mas eles queriam nos tornar, digamos, fracos – sim, havia essa intenção. Eles nos pressionaram bastante."[57] Na Venezuela, Chávez "tomou a decisão tática de manter no ar uma voz da oposição na TV. Veja a Globovisión", disse ele. "Como alguém pode dizer que não há pluralidade na mídia? Eles me atacam todos os dias."[58] Na Malásia, os meios de comunicação em inglês e chinês ganharam rédeas mais soltas do que aqueles em malaio, a língua falada pela base do regime.[59]

Assim como deliberadamente parcial, a abordagem de Fujimori à censura foi também *oculta*. Em vez de censurar publicamente as ideias "ruins", ela visava enviesar as notícias sem que os telespectadores se dessem conta. A censura explícita sugeriria que o governo tinha algo a esconder e poderia colocar as pessoas em busca das informações omitidas.[60] O caso é que esconder algo pode, de forma inversa, aumentar a conscientização a respeito da coisa oculta. Acadêmicos apelidaram isso de "efeito Streisand": quando a cantora americana Barbra Streisand tentou impedir um site pouco conhecido de publicar fotos de sua casa em Malibu, foi o próprio escândalo que atraiu milhares de telespectadores.[61] "O livro que é suprimido hoje recebe o dobro da atenção amanhã", escreveu o romancista sul-africano J. M. Coetzee. "O escritor que é amordaçado hoje é famoso amanhã por ter sido amordaçado."[62] Assim como a violência pública cria mártires, a censura pública cria interesse. As pesquisas até mostram

---

[57] Dougherty, "How the Media Became One of Putin's Most Powerful Weapons". Ver também Gehlbach, "Reflections on Putin and the Media", a respeito da abordagem parcial de Putin.

[58] Carroll, *Comandante*, 186.

[59] George, "Journalism and Authoritarian Resilience", 545.

[60] Roberts, *Censored*, 23.

[61] *Economist*, "What Is the Streisand Effect?".

[62] Coetzee, "Emerging from Censorship", 45.

que as pessoas estão mais propensas a acreditar em informações que sabem ter sido censuradas.[63]

Prevendo isso, Fujimori se propôs então a cooptar os chefões da mídia. No início dos anos 1990, empresários particulares eram proprietários de seis das sete principais estações de televisão do Peru. Montesinos os subornou para se autocensurarem. Se continuavam oficialmente independentes, suas transmissões preservavam pelo menos um verniz de objetividade. Enquanto isso, trabalhando indiretamente, o regime se beneficiava da criatividade dos produtores e escritores do setor privado. No final daquela década, Montesinos estava pagando mais de 3 milhões de dólares por mês às emissoras de TV para uma cobertura que fosse simpática ao governo.[64] Todos os detalhes eram especificados em contratos formais – porém altamente secretos – que os proprietários das emissoras assinaram. Todos os dias, às 12h30, eles se reuniam com Montesinos para planejar o noticiário da noite.[65]

Com a aproximação das eleições presidenciais de 2000, os pagamentos aumentaram. Um a um, os proprietários apareceram no escritório do SIN de Montesinos para receber pilhas de dinheiro. E hoje sabemos disso porque Montesinos filmou a si mesmo com os magnatas enquanto eles enfiavam dinheiro em pastas e sacos plásticos. Em troca, os proprietários o deixaram dirigir sua cobertura jornalística. Cancelaram todos os programas investigativos e colocaram seus repórteres de maior destaque na berlinda. Um canal, a América Televisión, recebeu quase 23 milhões de dólares durante os dois anos pré-eleitorais.[66] Para fingir imparcialidade, Montesinos deixou que uma das estações, o Canal 5, convidasse candidatos da oposição para irem ao ar. Mas as aparições eram limitadas.[67]

Além de subornos em soles peruanos ou dólares estadunidenses, Montesinos também oferecia outras recompensas. Algumas vezes,

---

[63] Cialdini, *Influence*, 205.

[64] McMillan e Zoido, "How to Subvert Democracy", 81-82.

[65] *Ibid.*, 83.

[66] Castro, "Venta de Línea".

[67] Bowen e Holligan, *The Imperfect Spy*, 329.

trocou matérias exclusivas ou uma isenção de impostos por cobertura positiva.[68] Para outros, ele interveio em processos judiciais e organizou compras de ações e refinanciamento de dívidas. Chegou até a oferecer a uma estação de TV uma unidade de policiais secretos para cavar matérias exclusivas. Os contratos de publicidade do governo ajudaram a manter várias empresas de mídia em funcionamento. De fato, o Estado se tornou o maior anunciante do Peru, canalizando dinheiro para os veículos mais fiéis. Quando isso não era suficiente, Montesinos incentivava empresas privadas a fazer propaganda nas estações pró-Fujimori.[69]

E ele não se esqueceu também da mídia impressa. Ignorando largamente a elite esnobe, ele cultivou a imprensa marrom. Os jornais chamados de *chicha*, nome da cerveja de milho popular entre os imigrantes andinos, celebravam a cultura vulgar das ruas de Lima. Títulos como *El Chino* ("O Chinês" – apesar de sua ascendência japonesa, era esse o apelido de Fujimori) e *El Chato* ("O Baixinho") eram estampados nos quiosques de Lima, exibindo manchetes espalhafatosas ao lado de fotos de mulheres seminuas e cenas de crimes.

A censura às vezes se transformava em propaganda. Em épocas de campanha, Montesinos ditava a cobertura que queria. Uma manchete na primeira página custava cerca de 3 mil dólares, ou um pouco mais se acompanhada de um cartum.[70] Toda noite, os agentes do SIN faziam pedidos para o dia seguinte via fax criptografado. Montesinos às vezes escrevia ele mesmo as manchetes.[71] Os jornalistas então criavam matérias para acompanhá-las.

Enquanto Montesinos leva o prêmio de maior cara de pau, outros ditadores do tipo *spin* também cooptaram seus próprios barões da mídia. Como no Peru, os contratos de publicidade do Estado serviam muitas vezes como chamarizes. Na Venezuela, Chávez triplicou os gastos com publicidade do governo entre 2003 e 2008, dirigindo-os

---

[68] *Ibid.*, 311-13.

[69] McMillan e Zoido, "How to Subvert Democracy", 83.

[70] Bowen e Holligan, *The Imperfect Spy*, 333.

[71] Bentin, "The Politics of Illusion".

a empresas leais ao governo.[72] O húngaro Viktor Orbán quadruplicou o orçamento de publicidade de seu governo para mais de 300 milhões de dólares por ano.[73] Grande parte do dinheiro foi destinada a veículos amigos, que, em troca, reportaram menos escândalos de corrupção governamental.[74]

A antiga censura acontecia de maneira brutal. A nova abordagem, embora pouco suave, visava *evitar a violência*. No século XXI, o encarceramento de jornalistas provocava denúncias de grupos de direitos humanos de alcance global e de governos estrangeiros. Matá-los resultava em desastres de relações públicas. Mesmo a simples suspeita de prejudicar jornalistas poderia ser perigosa. Na Ucrânia, por exemplo, o brutal assassinato do jornalista Georgiy Gongadze, em 2000, provocou uma crise política. Surgiu uma gravação do presidente do país, Leonid Kuchma, aparentemente pedindo a seu chefe de segurança que "cuidasse" do repórter. Kuchma disse que a fita havia sido adulterada e negou ter ordenado o assassinato de Gongadze. Mas os Estados Unidos e a União Europeia denunciaram o fracasso de Kiev em investigar o incidente de maneira apropriada, e um funcionário da Organização para Segurança e Cooperação na Europa (OSCE) classificou a morte como um provável caso de "censura por meio de assassinato".[75] O escândalo resultante ajudou a enterrar de vez as pretensões de Kuchma a uma reeleição para um terceiro mandato.

Na Rússia, o assassinato da jornalista liberal Anna Politkovskaya, em 2006, em um aparente homicídio encomendado, lançou dúvidas sobre a administração de Putin. Seis homens foram condenados pelo crime após complicados e obscuros processos judiciais. Mas seu mandante

---

[72] Mander, "Advertisers Feel Squeeze from Chávez". Líderes populistas em democracias, como os Kirchners na Argentina, também utilizaram alocações bem discriminadas de publicidade estatal para influenciar os chefões da mídia. De modo mais geral, os líderes cooptam as empresas de mídia para assegurar uma cobertura favorável às vezes também nas democracias, ainda que em menor escala (ver Besley e Pratt, "Handcuffs for the Grabbing Hand?").

[73] *Economist*, "How Viktor Orbán Hollowed Out Hungary's Democracy".

[74] Szeidl e Szucs, "Media Capture through Favor Exchange".

[75] Tyler, "New Tapes Appear"; BBC, "Ukraine's 'Censorship Killing'".

nunca foi conclusivamente identificado. Entrevistado pelo *Süddeutsche Zeitung* da Alemanha, Putin condenou o crime, mas acrescentou que, em sua opinião, a influência de Politkovskaya na Rússia havia sido, de maneira geral, "insignificante". Já a morte dela, disse ele, tinha causado "muito mais danos às autoridades... do que suas matérias".[76]

O comentário foi, com razão, tomado como insensível. Mas revela com uma franqueza não intencional como pensam os ditadores do *spin*. Eles percebem que a violência pública contra jornalistas é contraproducente. Tais atos minam sua imagem como líderes populares de maneira muito mais efetiva do que os artigos críticos em publicações pequenas. No final deste capítulo, voltaremos a essa questão e mostraremos como os ditadores do *spin* diferem dos ditadores do medo nas estatísticas sobre violência contra jornalistas. Alerta de *spoiler*: com exceções ocasionais, eles a praticam bem menos.

Quando a coerção é essencial, os ditadores do *spin*, como Fujimori, tentam camuflá-la. Eles preferem conseguir o que querem por meio de pressões regulatórias ou manobras comerciais. No Peru, um magnata da televisão, Baruch Ivcher, se voltou contra o governo em 1997. Seu Canal 2 exibiu reportagens embaraçosas envolvendo Montesinos e o SIN. Montesinos primeiro tentou o suborno, oferecendo a Ivcher 19 milhões para entregar o controle dos programas de notícias da estação, segundo afirmou o próprio Ivcher. Mas ele recusou. Montesinos então o derrotou com um estratagema legal. Conseguiu que Ivcher, cidadão naturalizado de origem israelense, fosse despojado de sua cidadania peruana. Por lei, somente os cidadãos podiam ser proprietários de uma estação de televisão. Um juiz mais maleável se viu então "forçado" a redesignar as ações de Ivcher a investidores mais leais.[77]

Um autocrata da velha guarda talvez tivesse se voltado para a violência. Mas não Montesinos. Um de seus assessores sugeriu fazer ameaças de morte contra Ivcher. "Lembre-se de por que Pinochet teve

---

[76] Presidente da Rússia, "Interview with the German Newspaper *Suddeutsche Zeitung*".

[77] McMillan e Zoido, "How to Subvert Democracy", 85.

problemas", Montesinos respondeu. "Não seremos tão desastrados. E, além disso, qual é o propósito de se ordenar a morte de alguém? Isso seria loucura." Mas ele também não era avesso a um pouco de sangue. Alguns anos antes, lutando contra o Sendero Luminoso, Montesinos tinha mostrado poucos escrúpulos ao mandar esquadrões da morte para intimidar os camponeses.[78] Mas ele viu que, naquele caso, a violência iria sair pela culatra. Da maneira como foi feita, a manobra contra Ivcher se mostrou bastante dispendiosa. Em Lima, manifestantes protestaram contra a injustiça infligida ao empresário. A Igreja Católica chamou sua perda de cidadania de "ilegal e perigosa". O Congresso dos Estados Unidos e a Corte Interamericana de Direitos Humanos denunciaram a manobra.[79]

Em outros lugares, outros ditadores do *spin* engendraram estratagemas similares quando a cooptação falhou. Na Rússia, a rede de televisão NTV atacou Putin e seu partido Rússia Unida durante as campanhas eleitorais de 1999 e 2000. Uma vez no cargo, o novo chefe do Kremlin deteve o proprietário da estação e o pressionou a vendê-la para a empresa estatal Gazprom. Com táticas pesadas semelhantes, Putin recuperou as ações de outro oligarca no principal canal estatal. Por fim, os ativos de mídia da Gazprom, incluindo a NTV, acabaram nas mãos de Yuri Kovalchuk, um velho amigo de Putin, cujo império de mídia valia, em 2016, cerca de 2,2 bilhões de dólares.[80] Depois disso, a NTV, canal que havia atacado Putin em 1999 e 2000, ficou conhecida pelos documentários que mancharam as reputações dos opositores do presidente.

Na Hungria, o papel de consolidador da mídia recaiu sobre um dos velhos amigos do primeiro-ministro Orbán, Lörinc Mészáros. Originalmente um montador de tubulações de gás de cidades pequenas, Mészáros rapidamente acumulou uma fortuna de 1,3 bilhão de dólares, de acordo com a *Forbes*, um feito que ele atribuiu a "Deus, à

---

[78] *Ibid.*

[79] *Ibid.*

[80] Lipman, Kachkaeva e Poyker, "Media in Russia", 165; Rusyaeva e Surganova, "Mediakompaniu Kovalchuka i Mordashova otsenili v 150 mlrd. rub".

sorte e a Viktor Orbán".[81] Junto com dois outros empresários ligados ao governo, ele apanhou todos os dezoito jornais regionais da Hungria entre 2016 e 2017.[82] Uma empresa ligada a Mészáros comprou e fechou o maior jornal da oposição do país, o *Nepszabadsag*.[83] Em Singapura, a empresa Singapore Press Holdings (SPH) era proprietária de quase todos os jornais diários da ilha. Depois que Lee Kuan Yew aprovou uma lei que autorizava o governo a reatribuir o poder de voto entre os membros da diretoria da SPH, executivos leais a seu governo passaram a monitorar o conteúdo por conta própria.[84]

Os velhos ditadores do medo se sentiam obrigados a censurar qualquer crítica para evitar parecer fracos. Os ditadores do tipo *spin*, ao permitirem alguns meios de comunicação independentes e fingindo não censurar, se livraram dessa armadilha. Tolerar desafios limitados na verdade os fazia parecer mais fortes. Enquanto permaneciam populares entre o público em geral, eles poderiam ignorar com segurança a chateação de veículos de baixa circulação.

Mesmo assim, tolerar uma imprensa pequena e independente não significa acolhê-la de braços abertos. No Peru, Montesinos encontrou maneiras silenciosas de tornar a vida mais difícil para a mídia de oposição. Ao mesmo tempo, procurou interferir na transmissão de suas mensagens. Mais uma vez, suas técnicas favoritas aparecem em muitas outras ditaduras do *spin*.

Uma arma poderosa é *processar os jornalistas por difamação ou calúnia*. Isso amarra as vítimas em processos judiciais e as sobrecarrega com multas paralisantes – ou mesmo penas de prisão curtas nos casos em que se aplicam sanções penais. Essa tática também os tacha como

---

[81] *Forbes*, "Profile Lorinc Meszaros"; Talley e Hinshaw, "U.S. Keeps Sanctions at the Ready Even as Trump Courts Hungarian Leader"; Mutler, "Pro-Orbán Media Moguls Who Destroyed Hungary's Media Now Targeting European Outlets".

[82] Repórteres Sem Fronteiras, "Hungria".

[83] *Economist*, "How Viktor Orbán Hollowed Out Hungary's Democracy"; Mutler, "Pro-Orbán Media Moguls Who Destroyed Hungary's Media Now Targeting European Outlets".

[84] George, *Singapore, Incomplete*, 139-40.

mentirosos com motivações políticas. Montesinos, por exemplo, processou o editor da revista da oposição *Caretas* em 1991 por causa de um artigo que o retratava como um "Rasputin", que ficava nas sombras influenciando Fujimori. Um juiz condenou o editor a um ano de prisão (condenação suspensa) e lhe ordenou pagar ao chefe de segurança $40.000.[85] O equatoriano Rafael Correa acusou quatro jornalistas do diário *El Universo* de difamação criminosa por se referirem a ele como um "ditador". Após um julgamento que durou menos de vinte e quatro horas, o juiz condenou cada jornalista a três anos de prisão e multou o jornal em $40 milhões.[86]

Em Singapura, Lee Kuan Yew processou repetidamente seus críticos por calúnia e difamação. Como disse um analista: "Lucros cessantes e penalidades legais duras têm sido mais eficazes na promoção da autocensura do que os métodos anteriores de intimidação".[87] Recep Tayyip Erdoğan, da Turquia, processou dezenas de indivíduos por insultá-lo; apenas nos seus primeiros dois anos no cargo, ele levou para casa 440 mil dólares em danos nos vinte e um casos que ganhou.[88] Na Rússia de Putin, milhares de processos por difamação foram movidos a cada ano, muitos contra jornalistas.[89]

Com exceção de tais ações, os ditadores do *spin* assediam a mídia crítica com *ações de execução e multas regulatórias*. Na Venezuela, os investigadores de Chávez crivaram a Globovisión de acusações. Disseram que o canal não tinha pago impostos (multa: 4,2 milhões de dólares).[90] Disseram que tinha "alimentado o medo dos cidadãos" (com a cobertura de um motim de presidiários: multa de 2,1 milhões de dólares).[91] Disseram que tinha "incitado o pânico e a ansiedade"

---

[85] Long, "Journalism".

[86] Lauría, "Confrontation, Repression in Correa's Ecuador".

[87] Rodan, "The Internet and Political Control in Singapore", 69.

[88] Champion, "Call the Prime Minister a Turkey, Get Sued".

[89] Varol, "Stealth Authoritarianism", 1696.

[90] Mander, "Venezuelan Private Media Fear Fresh Assault".

[91] Human Rights Watch, "Venezuela".

ao reportar um terremoto (ameaça de multa: 72 horas de fechamento).[92] Disseram que seu presidente tinha armazenado ilegalmente 24 veículos Toyota para manipular os preços (pena: até cinco anos de prisão).[93] Agentes do governo revistaram a casa desse presidente em busca de provas de caça ilegal, mas não encontraram nenhuma.[94] Em 2009, o Ministério de Impostos de Erdoğan aplicou uma multa acachapante de 2,5 bilhões de dólares por suposta evasão fiscal ao grupo de mídia Doğan Yayin, cujos veículos haviam criticado o governo.[95]

Além das multas, os regimes às vezes punem as publicações restringindo sua circulação. Ao evitar uma proibição total, eles se livram das acusações de censura. Em Singapura, depois que a *Time*, o *Asian Wall Street Journal* e a *Far Eastern Economic Review* publicaram artigos que retrataram o governo sob um viés ruim, o ditador limitou a circulação desses veículos no país, reduzindo as vendas em mais de 80% em cada caso.[96] Isso diminuiu a receita publicitária das empresas. Mas, como algumas cópias ainda circularam, Lee escreveu mais tarde que aqueles veículos "não podiam nos acusar de ter medo de ter suas reportagens lidas".[97]

As regulamentações são frequentemente apresentadas como servindo a objetivos legítimos.[98] Por exemplo, as autoridades russas filtram o conteúdo da internet para "proteger os cidadãos contra pedófilos e terroristas".[99] Para enfraquecer o domínio dos oligarcas sobre a imprensa, Correa fez uma emenda à constituição do Equador de forma a proibir bancos de serem proprietários de veículos

---

[92] Toothaker, "Last Anti-Chávez TV Station Faces Probe, Shutdown".

[93] Wallis, "Chávez Turns up Heat on Globovisión in Venezuela".

[94] Brice, "Venezuela Opens New Probe against TV Station".

[95] Arsu e Tavernise, "Turkish Media Group Is Fined $2.5 Billion".

[96] Lee, *From Third World to First*, 219-22.

[97] *Ibid.*, 219.

[98] O estudioso jurídico Ozan Varol chama tal uso de dispositivos legais aparentemente legítimos para limitar a democracia de "autoritarismo furtivo". Ver Varol, "Stealth authoritarianism", 1673.

[99] Davidoff, "Duma Masks Internet Crackdown by Citing 'iPhone Pedophiles'".

de mídia.[100] Para combater o monopólio, ele proibiu os proprietários de veículos de mídia de manter ações em outros tipos de negócios. Isso, é claro, impediu o subsídio cruzado. Os proprietários do *El Universo* tiveram de vender sua agência de viagens altamente lucrativa.[101]

Tais exemplos sugerem um ponto importante. Os ditadores nem sempre precisam se utilizar de *ferramentas ilegais* para monopolizar o poder. Muitas vezes, é suficiente usar de maneira indevida as perfeitamente legais.[102] As leis contra calúnia e difamação, o poder discricionário dos juízes, os poderes de estados de emergência, os procedimentos de redelimitação de distritos, as leis de registro de eleitores e a regulamentação da mídia podem todos melhorar e preservar a democracia – ou então, nas mãos erradas, enfraquecê-la. Para resistir a líderes inescrupulosos, é preciso haver não apenas leis bem elaboradas, mas cidadãos com a capacidade de monitorar, organizar e combater – ou, para usar nossos termos anteriores, um *sólido estrato de bem-informados*.

Outra tática, ainda mais sutil, é a de *camuflar intervenções como sendo parte das operações costumeiras do livre mercado*. Quando a estação de TV de oposição russa Dozhd irritou o Kremlin, seus provedores privados de TV a cabo repentinamente cancelaram contratos, cortando o acesso a 80% de seus assinantes.[103] A estação ficou reduzida às suas transmissões pela internet. No Cazaquistão, sob Nazarbayev, uma misteriosa escassez de papel tomou lugar quando os jornais da oposição procuraram gráficas onde imprimir seus veículos. Mas essa escassez simplesmente desapareceu quando os jornalistas fizeram pedidos para publicações *literárias* quase idênticas.[104] Também na Venezuela, uma escassez de papel fez o trabalho do censor. A partir de 2003, Chávez impôs controles monetários obscuros que dificultaram a obtenção de dólares para importar papel de jornal e tinta que seriam vitais para publicações. Em 2007, alguns jornais tiveram de saltar algumas edições

---

[100] De la Torre e Ortiz Lemos, "Populist Polarization and the Slow Death", 233.

[101] Southwick e Otis, "Ecuador's U-turn away from Media Repression".

[102] Varol, "Stealth Authoritarianism".

[103] Roth, "Independent News Station, Feeling Kremlin's Wrath, Asks 'Why?'".

[104] Lillis, *Dark Shadows*, 64.

ou passar a cortar páginas. E essa escassez afetou principalmente as publicações críticas ao governo.[105] Mas o pretexto político ficou escondido sob um emaranhado de tecnicidades.

Além de assediar a mídia da oposição, os ditadores do *spin* interferem na recepção das mensagens que ela tenta transmitir. Uma tática é disfarçar a censura como restrições técnicas – ou, nas palavras da cientista política Margaret Roberts, "criar atrito".[106] Se um bloqueio qualquer puder ser imputado a problemas de tecnologia, os governos têm como evitar repercussões políticas. Roberts estudou como os censores chineses da internet tornaram mais vagaroso o carregamento de certos sites. Mas a fricção de que ela fala também ocorreu na mídia pré-internet. No Peru, durante a campanha eleitoral presidencial de 2000, um canal a cabo transmitiu imagens embaraçosas de uma multidão hostilizando Fujimori. De repente, a transmissão foi interrompida por "problemas técnicos".[107]

Outra maneira de neutralizar as mensagens hostis é *desacreditar a fonte*. Se alguém puder levar os leitores a desconfiar de uma reportagem, não há necessidade de censurá-la. Montesinos usou os tabloides *chicha* para difamar os jornalistas da oposição, bombardeando-os com insultos sexistas, racistas ou homofóbicos. Um foi chamado de "anão intelectual", outra de "mulher-demônio"; outros foram um "terrorista disfarçado", um "golpista pago", "comunistas", "traidores" e "animais raivosos".[108] O abuso acontecia na brecha existente entre a cultura de rua das massas e o esnobismo da elite.

Enquanto Montesinos usava os tabloides para insultar os jornalistas de oposição, outros o fizeram mais diretamente. O equatoriano Rafael Correa chamou os correspondentes hostis de "assassinos manchados

---

[105] García, "Los Periódicos Venezolanos, sin Papel".

[106] Roberts, *Censored*, 56-80.

[107] Bowen e Holligan, *The Imperfect Spy*, 337. Naturalmente, tais intervenções discricionárias exigem um certo nível de capacidade de intervenção do Estado que nem todos os ditadores possuem.

[108] McMillan e Zoido, "How to Subvert Democracy", 84-85; Alonso, "The Impact of Media Spectacle on Peruvian Politics"; Simon, *The New Censorship*, 47.

de tinta" e um jornalista conhecido de "um grande falso, um porco, um difamador profissional e um funcionário dos bancos" – um golpe baixo em um país supostamente governado por uma oligarquia.[109] Chávez rotulou alguns jornalistas de "terroristas de colarinho-branco" e um executivo da mídia de "um louco com um canhão nas mãos".[110]

Outra tática, ainda, é a de *desviar a atenção*. Para distrair o público em momentos críticos, os agentes de Montesinos desenvolveram um repertório de histórias sensacionalistas para tabloides e para a TV. Entre outras maravilhas, os feiticeiros da divisão de operações psicológicas do SIN relataram "uma estátua da Virgem Maria que chorava lágrimas reais", uma "aparição de Cristo" e "um monstro sombrio vagando pelas colinas de areia das favelas, semeando terror".[111] Chávez era um mestre em mudar de assunto. Quando os fatos não o estavam ajudando, ele podia fazer a narrativa ser a respeito de suas próprias palavras – como quando chamou o presidente Bush de "jumento" ou "Sr. Perigo".[112] Seu velho amigo do exército, Francisco Arias Cárdenas, ficava maravilhado com a capacidade de Chávez de levar as pessoas a mudar de foco:

> Em seu programa de TV, ele poderia pegar uma cenoura e chamá-la de beterraba. Seus oponentes iriam começar a rir dele: "Que idiota! Não consegue nem distinguir uma cenoura de uma beterraba". Mas, depois do programa, garanto que Chávez seria o único a dar risada. Pensaria consigo mesmo: "Não acredito que enganei a todos para que falassem de cenouras e beterrabas durante a semana inteira".[113]

Além de desviar as atenções, os ditadores do *spin* às vezes *afogam mensagens indesejáveis numa enchente de conteúdo pró-governamental*.[114] A

---

[109] Conaghan e De la Torre, "The Permanent Campaign of Rafael Correa", 279; Lauría, "Confrontation, Repression in Correa's Ecuador".

[110] Mander, "Venezuelan Private Media Fear Fresh Assault"; Toothaker, "Last Anti-Chávez TV Station Faces Probe, Shutdown".

[111] Bowen e Holligan, *The Imperfect Spy*, 311.

[112] Anderson, "Postscript: Hugo Chávez, 1954-2013".

[113] Foer, "The Talented Mr. Chávez".

[114] Roberts, *Censored*, 80-91.

agulha da oposição desaparece então dentro de um palheiro de propaganda. Chávez inundava o público com informações. Todos os domingos, por até oito horas, ele falava de improviso em seu programa de televisão sem roteiro, o *Aló Presidente*. "Ele cantava, dançava, fazia *rap*; montava um cavalo, entrava em um tanque, guiava uma bicicleta; mirava com um fuzil, embalava uma criança, fazia caretas, mandava beijos; se fazia de tolo, de estadista, de patriarca", escreveu o jornalista Rory Carroll, que apareceu em um episódio a convite do comandante.[115] Mas, na maior parte, ele apenas falava. Quando precisava de ainda mais tempo, Chávez conclamava as ondas no ar para anúncios urgentes, também chamados de "correntes". No final de dez anos, essas transmissões haviam ocupado 1.300 horas. Ainda não satisfeito, ele lançou um novo website e uma nova coluna de jornal: "Vou colocar um monte de informações lá. Vai ser um bombardeio", anunciou.[116] Ele não estava brincando.

A "verbalização excessiva" de Chávez intrigou seu biógrafo, Alberto Barrera. Todas aquelas horas perdidas, cheias de piadas repetidas e banalidades, pareceram ao escritor uma "estratégia terrivelmente ineficaz para governar o país".[117] Mas havia um objetivo. Chávez ocupava o noticiário de maneira tão completa que era difícil que muitas outras coisas conseguissem se infiltrar. Correa se provou um discípulo ávido dessa estratégia. Ele se antecipava às transmissões nacionais em todos os canais para seus discursos improvisados, conhecidos como *cadenas* – observadores contaram 1.025 desses discursos em menos de cinco anos. Um paralelo próximo de tais enchentes de informação é a prática de exigir da mídia privada a publicação de longos direitos de resposta pelo governo. Correa exigiu tempo nos noticiários dos canais de TV para rebater suas acusações.[118] Lee Kuan Yew insistia que publicações estrangeiras imprimissem respostas integrais do gabinete do primeiro-ministro, apontando os erros nas reportagens.[119]

---

[115] Carroll, *Comandante*, 23.

[116] *Ibid.*, 184.

[117] Barrera, "Interview Alberto Barrera".

[118] Lauría, "Confrontation, Repression in Correa's Ecuador".

[119] Lee, *From Third World to First*, 219.

No Peru, todas essas técnicas funcionaram para Fujimori por muito tempo. Mas ele acabou sendo derrubado após o único canal de TV a cabo que Montesinos havia deixado de neutralizar, o Canal N, transmitir uma filmagem que se provou explosiva. O canal exibiu um vídeo vazado que Montesinos tinha feito de si mesmo pagando a um congressista da oposição com pilhas de dólares. Depois dessa bomba, os outros canais – ignorando seus acordos com Montesinos – também transmitiram o vídeo. Logo o regime começou a implodir.

O que minou o governo de Fujimori não foi propriamente a independência do Canal N. Deixar no ar um canal de baixa audiência era, afinal de contas, bastante consistente com o manual de conduta de um ditador do *spin*. O Canal N tinha sido lançado apenas em julho de 1999 e, por cobrar uma alta taxa de assinatura, tinha apenas algumas dezenas de milhares de espectadores.[120] Mas duas coisas fizeram a diferença. Primeiro, houve o material explosivo que Montesinos tinha, não intencionalmente, preparado para o canal quando filmou seus atos de corrupção. Ler no jornal sobre políticos corruptos era uma coisa. Mas ver o chefe da espionagem do país na tela contando pilhas de dólares e vangloriando-se de sua influência era outra.[121] Deixar um material assim vazar foi um descuido em escala lendária para um ditador do *spin*.

O segundo ponto-chave é que o regime já estava enfraquecido. O vídeo foi apenas a gota d'água. As reformas econômicas liberais de Fujimori foram vistas como falhas na criação de empregos para seus apoiadores pobres, e o crescimento econômico havia se tornado negativo em 1998-1999. A taxa de aprovação do presidente havia caído para 44%.[122] Ele estava sendo pressionado pelos Estados Unidos e alguns aliados domésticos a demitir Montesinos.[123] O vídeo provocou uma cisão final. Se a dupla tivesse permanecido unida, eles poderiam ter conseguido enterrar o escândalo com uma longa e infrutífera investigação, como propôs o assessor de relações públicas da equipe, Daniel

---

[120] Conaghan, *Fujimori's Peru*, 157.

[121] McMillan e Zoido, "How to Subvert Democracy", 90.

[122] Faiola, "Army Played 'A Key Role'".

[123] Bowen e Holligan, *The Imperfect Spy*, 383-84; Conaghan, *Fujimori's Peru*, 228-30.

Borobio.[124] Mas Fujimori perdeu a coragem, anunciando na TV que se demitiria antes do fim de seu mandato, e dois meses depois fugiu para o Japão, de onde renunciou à presidência por fax.

CONTROL + DELETE

À medida que a internet tomava espaço, alguns pensavam que ela daria poder aos cidadãos para derrubar as ditaduras. Entretanto, os regimes autoritários aprenderam rapidamente a censurar também online. Ainda pior, o anonimato da web lhes permitia se infiltrar e perturbar os grupos de oposição. Todos os tipos de ditadores transformaram as novas tecnologias da informação em ferramentas de controle. Mas os ditadores do *spin* estiveram entre os mais inventivos.

Será que a internet é um divisor de águas quando se trata de manipulação autoritária? Será que a censura online difere significativamente daquela do tipo tradicional? Ou será que os ditadores simplesmente atualizaram as técnicas que desenvolveram na mídia do século XX? Vemos mais evidências dessa última possibilidade.

Assim como aconteceu com os jornais e a TV, os ditadores do *spin* não buscam ter controle total sobre a internet. Apesar de proibirem alguns websites, eles toleram outras plataformas de oposição. A influência política – tal como acontecia com a mídia antiga – é frequentemente encoberta e feita de maneira indireta. Quando possível, os governantes pressionam ou subornam sites para censurarem a si mesmos. E também providenciam para que seus amigos ocupem os cargos de comando mais altos da vida online. Na Rússia, a maior rede social do país, Vkontakte, ajudou a divulgar os protestos em massa anti-Putin em 2011 e 2012. Em 2014, seu brilhante, mas excêntrico fundador, Pavel Durov, foi pressionado a vendê-la para um oligarca ligado ao Kremlin.[125] Quando a censura atrai atenção demais, os ditadores do *spin* fingem estar restringindo não o discurso político, mas a obscenidade,

---

[124] Bowen e Holligan, *The Imperfect Spy*, 389.

[125] Enikolopov, Makarin e Petrova, "Social Media and Protest Participation"; Toor, "How Putin's Cronies Seized Control of Russia's Facebook".

o extremismo ou – mais apoliticamente ainda – as violações de direitos autorais. Rafael Correa forçou documentários sobre ele a serem retirados da web, ameaçando processos judiciais pelo uso não autorizado de sua imagem.[126] Ele até usou uma controversa lei dos Estados Unidos para fazê-lo.[127]

Tal como em sua perseguição aos jornalistas da imprensa escrita, os ditadores do *spin* procuram evitar a repressão violenta. Ocasionalmente, prendem ativistas da internet, mas as detenções tendem a ser raras e de curta duração. Mais frequentemente, eles vieram amordaçando seus críticos com regulamentações e multas. Desde 2014, blogueiros russos que atraem mais de 3 mil leitores por dia têm de se registrar na agência estatal de supervisão da internet, publicar seus nomes e informações de contato e obedecer a todas as regulamentações da mídia de massa. Eles podem ser processados por desinformação publicada inclusive nas seções de comentários em seus sites. Mesmo os legisladores pró-Kremlin consideraram essas regras confusas e de difícil aplicação.[128] Em Singapura, um blogueiro foi processado simplesmente por compartilhar um artigo no Facebook.[129]

Fujimori e seus colegas interromperam transmissões de TV indesejáveis, assim como programas de rádio e até mesmo conversas telefônicas, utilizando-se de "problemas técnicos". No mundo online, os ditadores do *spin* interrompem a informação com ataques DDoS e *hacks*.[130] Ou então simplesmente atrasam o carregamento do website,

---

[126] Ball e Hamilos, "Ecuador's President"; Ruiz, "Ecuador".

[127] Essa lei foi o Digital Millennium Copyright Act, destinada a proteger propriedade intelectual.

[128] Birnbaum, "Russian Blogger Law Puts New Restrictions on Internet Freedoms".

[129] Reuters, "Singapore PM Files Defamation Suit". Não ajuda em nada o fato de que as leis a esse respeito nas maiores democracias estejam evoluindo e às vezes sejam altamente restritivas. Em 2020, a Suprema Corte da Suíça decidiu que "curtir e compartilhar mensagens pode potencialmente equivaler a difamação igualmente punível" (Müller e Häsler, "Liking or Sharing Defamatory Facebook Posts").

[130] Por exemplo, ataques DDoS visaram grupos e mídia da oposição malaia (Johns e Cheong, "Feeling the Chill", 6).

deixando a impaciência do público fazer o resto.[131] Líderes da era analógica tomavam a televisão e o rádio, bombardeando os telespectadores com suas divagações. Já os que se utilizam da internet usam *bots* para inundar plataformas com mensagens pró-governamentais e distrações. Após as eleições parlamentares de 2011 na Rússia, cerca de 26 mil contas fraudulentas no Twitter desencadearam uma tempestade de centenas de milhares de tuítes do mundo todo. Essas postagens "sequestraram" as *hashtags* usadas pelos críticos de Putin, tornando mais difícil organizar protestos.[132] Na maior parte dos dias de 2014, mais da metade dos tuítes sobre a política russa postados por usuários ativos se originou de tais *bots*.[133]

No passado, telefonemas anônimos hostilizavam os jornalistas da oposição. Montesinos utilizou os tabloides *chicha* para destruir reputações. Mas, atualmente, são os *trolls* pagos pelo governo que publicam abusos nos websites de jornalistas críticos e os denunciam nas mídias sociais. Na América Latina, o mestre de tais métodos foi Rafael Correa. Seus centros de *trolls* financiados pelo Estado pegavam pesado com os opositores, colocando no ar fotografias dos filhos deles e publicando e-mails *hackeados*.[134] Como o Twitter alcançava principalmente a oposição mais educada, Correa podia intimidar os críticos sem revelar sua brutalidade à sua massa de apoiadores.

Os primeiros gigantes da internet – Google, Facebook e Twitter – são todos ocidentais. Alguns esperavam que isso pudesse impedir governos autoritários de usá-los contra seus cidadãos. Mas essas empresas são vulneráveis à perda de mercados lucrativos. De acordo com o jornal *Vedomosti*, o Google começou a bloquear o acesso a websites da lista

---

[131] Roberts, *Censored*.

[132] Thomas, Grier e Paxson, "Adapting Social Spam Infrastructure for Political Censorship". Não há provas de que o governo russo tenha sido o contratante, mas certamente tinha a motivação.

[133] Stukal *et al.*, "Detecting Bots on Russian Political Twitter".

[134] Mackey, "All the President's Trolls". "Ele sabia como entrar em sua mente e em seu coração", disse um especialista à jornalista Danielle Mackey. "A principal ferramenta para Correa não era a transmissão pública, mas sim as comunicações."

de inimigos do governo russo em 2019.[135] Os governos pressionam essas empresas a ajudá-los com a vigilância.[136]

Como na mídia antiga, a China ocupa um estranho meio-termo. Por um lado, ela permite alguns provedores de conteúdo semi-independentes, e seus censores muitas vezes escondem seus rastros. Por outro lado, algumas de suas intervenções são incrivelmente públicas e declaradas. Os censores da internet da província de Shenzhen até têm suas próprias mascotes de desenhos animados: miniaturas de figuras sorridentes masculinas e femininas em uniformes da polícia.[137] A acadêmica jurídica Eva Pils escreve que, sob Xi, "o Estado-Partido parece ter a intenção de anunciar sua repressão".[138] E, às vezes, também, sua censura.

CHECANDO AS EVIDÊNCIAS

À medida que a ditadura do *spin* se espalha, seria de se esperar vermos o cerceamento da mídia sendo substituído por controles menos visíveis. Algumas evidências disso vêm da rede de especialistas da V-Dem. Para cada país e ano, eles avaliam se a censura do governo foi direta ou indireta, e rotineira ou limitada. Se nosso argumento estiver correto, as últimas décadas deveriam mostrar uma diminuição da censura direta e rotineira – como é a preferência, por exemplo, de Kim Il-Sung na Coreia do Norte – e um aumento dos métodos indiretos e limitados – como ocorreu sob Eduard Shevardnadze, na Geórgia. E é o que percebemos. A proporção de não democracias com censura direta e rotineira cai de 68% em 1980 para 45% em 2018. Nos mesmos anos, a proporção com censura indireta e limitada aumenta de 3% para 19%.[139]

---

[135] Boletskaya, "Google nachal udalyat iz poiska zapreshchennie v Rossii sayty"; Luxmoore, "Google Censors Search Results after Russian Government Threat, Reports Say".

[136] Hakim, "Once Celebrated in Russia, Programmer Pavel Durov Chooses Exile".

[137] George e Liew, *Red Lines*, 96.

[138] *ChinaFile*, "Rule by Fear".

[139] Veja o suplemento online, Figura OS4.1. Não mostramos evidências de como os tipos variam entre os ditadores do *spin* e os do medo, uma vez que nossas regras para o *spin* e o medo incluem, elas próprias, outra medida V-Dem de controle

A preferência dos ditadores do *spin* por métodos menos obstrutivos se estende ao controle da internet. A ONG Freedom House publica uma classificação anual da extensão da censura da internet em cerca de 65 países. Em seu relatório de 2016, a pontuação média para as democracias pesquisadas foi de 32 em uma escala de 0 (sem censura à internet) a 100 (censura completa à internet). Usamos as regras do capítulo 1 para decompor as não democracias do mundo em vários tipos. As ditaduras do *spin* tiveram uma pontuação média de 52; as híbridas, 59; e as ditaduras do medo, 67. Como em outros controles da mídia, os ditadores do *spin* são classificados como um pouco mais restritivos do que as democracias, mas muito menos restritivos do que as ditaduras do medo.[140]

Afirmamos também que os ditadores do *spin* são menos propensos a usar a violência contra os jornalistas do que os ditadores do medo. O Comitê de Proteção aos Jornalistas, outra ONG, coleta informações sobre os trabalhadores da mídia mortos em países do mundo inteiro. Desde 1992, quando os registros começaram, seus especialistas relatam um total de 892 assassinatos que ocorreram "em represálias diretas pelo trabalho do jornalista". (Quase 500 outros morreram em fogo cruzado em campos de batalha ou cobrindo eventos perigosos, como revoltas de rua.)[141] Em 280 desses assassinatos, agentes do Estado – funcionários do governo, oficiais militares ou grupos paramilitares associados ao regime – aparecem como participantes. Outros possíveis perpetradores incluem partidos antigovernamentais, insurgentes, terroristas, grupos criminosos ou mafiosos.

Novamente usando as regras do capítulo 1, podemos ver com que frequência os jornalistas são assassinados por agentes do Estado sob diferentes tipos de líderes. Calculamos o número médio de tais assassinatos por ano sob cada líder que chegou ao poder desde 1992

---

da mídia, tornando tal demonstração de certa forma circular. Naturalmente, a censura direta e rotineira é mais rara – e a censura indireta e limitada é mais comum – entre os ditadores do *spin* do que entre os ditadores do medo.

[140] A média das ditaduras do *spin* era significativamente maior do que a das democracias e menor do que a das ditaduras do medo em $p < .05$.

[141] Committee to Protect Journalists, "1396 Journalists Killed".

– quando os dados começaram a ser coletados – e depois comparamos os diferentes tipos. Tanto os ditadores do medo quanto os ditadores híbridos cometeram uma média de um assassinato desse tipo a cada 10 anos. Os líderes democráticos tinham um a cada 21 anos. (E estes se concentram em democracias propensas à violência, como a Turquia dos anos 1990, as Filipinas e a Colômbia.) Os ditadores do *spin* apresentaram um assassinato desse tipo a cada 42 anos.[142] Consistentemente com nossa argumentação, os assassinatos de jornalistas pelo Estado são raros sob tais líderes.[143]

O objetivo de manipular a informação é aumentar a popularidade do líder. Mas será que funciona? Os ditadores do *spin* são mais populares do que outros tipos de líderes? Algumas evidências disso vêm do Gallup, que pesquisa cerca de mil pessoas por ano em mais de 120 países para seu estudo mundial (doravante GWP). Nós nos concentramos nos resultados entre 2005 e 2015.[144] A ampla cobertura do Gallup significa que a amostra inclui 51 Estados autoritários, incluindo tanto ditaduras do *spin* como do medo, assim como mais de 90 democracias.

Uma primeira tentativa ainda crua de fornecer uma resposta vem de simplesmente ver como a média de aprovação dos líderes varia de acordo com o tipo de regime político. Todos os anos, o Gallup pergunta aos entrevistados: "Você aprova ou desaprova o desempenho

---

[142] As diferenças entre as médias dos ditadores do medo e os do tipo *spin*, e entre os ditadores do *spin* e os ditadores híbridos, são ambas estatisticamente significativas em p < .05. A diferença entre os ditadores do *spin* e os líderes democráticos não é estatisticamente significativa – como seria de se esperar.

[143] Isso realmente não deveria ser estranho, uma vez que classificamos os regimes como ditaduras do *spin* baseados, em parte, em um baixo nível de assassinatos por parte do Estado em geral. O que esses dados mostram é que – apesar da má reputação de alguns desses Estados em relação à imprensa – os assassinatos de jornalistas não são uma exceção ao padrão geral. A Rússia sob Putin é uma exceção entre as ditaduras do *spin* nesse sentido. Dos 36 ditadores do *spin* nos anos desde 1992, 31 não tiveram nenhum assassinato confirmado de jornalista por agentes estatais. Sob Putin, entre 2007 (o primeiro ano em que a Polity classificou a Rússia como uma não democracia) e 2015, o CPJ registrou cinco. Quatro deles aconteceram no norte do Cáucaso.

[144] Guriev e Treisman, "The Popularity of Authoritarian Leaders".

profissional da liderança deste país?". Ao que podem responder "sim", "não" ou "não sei". Calculando as porcentagens que respondem "sim" ao longo dos anos disponíveis para cada líder, obteremos uma medida da aprovação média desse líder. Para os ditadores do *spin*, essa média foi de 55% entre 2005 e 2015. Para os ditadores híbridos, foi de 52%, e para os ditadores do medo, 51%. Os líderes democratas, por outro lado, tiveram uma média de apenas 41%.[145] Naturalmente, essa pesquisa é bastante básica, mas é consistente com a ideia de que os ditadores do *spin* tendem a ser mais populares do que suas contrapartes democráticas.

Mas podemos acreditar em tais pesquisas? Interpretar pesquisas em sociedades livres já é difícil, mas, em sociedades não livres, os desafios são enormes. O Gallup tem muitas décadas de experiência, e sua pesquisa global é amplamente respeitada. Ainda assim, os entrevistados em ambientes autoritários podem ter medo de responder francamente às pesquisas, especialmente a respeito de temas sensíveis, como o desempenho do governo. Os resultados podem sofrer com o viés da sensibilidade. Temendo repercussões se reclamarem, os respondentes podem fingir ser mais felizes do que realmente são com seu líder autoimposto.

Uma maneira de verificar isso é notar quantos entrevistados tentam fugir da pergunta. Podemos esperar que as pessoas que ficam nervosas ao expressar opiniões negativas se recusem a responder ou escolham a opção de dizer "não sei". Seria um sinal claro se tais evasões se revelassem mais comuns em Estados autoritários do que em democracias – e especialmente comuns nas ditaduras do medo. Na verdade, não é o caso do que se observa na GWP. Os percentuais dos que dizem "não sei" ou que se recusam a responder à pergunta de aprovação do líder foram de 9% nas ditaduras do *spin*, 7% nas híbridas, 8% nas ditaduras do medo e 9% nas democracias – todos muito próximos.

Os acadêmicos têm usado uma técnica chamada "experimento de lista" para avaliar a extensão do viés de sensibilidade em diferentes ambientes. Essencialmente, o que eles fazem é introduzir a questão mais sensível da pesquisa – por exemplo, "Você acha que seu presidente está

---

[145] A diferença entre os ditadores do *spin* e os líderes democráticos é estatisticamente significativa em p < .01.

fazendo um bom trabalho?" – entre várias outras perguntas inócuas – como "Você prefere chá a café?" – e pedir aos respondentes que digam apenas a *quantas* perguntas eles responderiam "sim". Ninguém pode dizer pela resposta de um determinado entrevistado se ele aprova ou não o presidente – aqueles com menos respostas "sim" podem apenas ser viciados em café! Mas se os pesquisadores tiverem informações sobre as preferências médias de bebida dos respondentes, podem deduzir o nível médio de aprovação presidencial. Comparando isso com os resultados de quando os respondentes são questionados diretamente sobre a aprovação, eles também podem estimar até que ponto os respondentes normalmente "inflacionam" seu apoio ao líder quando questionados diretamente.

Em 2014 e 2015, os acadêmicos da área conduziram oito versões de um experimento de lista para avaliar a popularidade do presidente Putin na Rússia. As estimativas de quanto as pessoas inflaram sua aprovação variam – de 6 a 43 pontos percentuais, com um aumento médio de 18 pontos.[146] Claramente, devemos levar a sério a possibilidade de vieses de sensibilidade. Mas o principal fator a ser levado em conta para nossos propósitos aqui é o de que, mesmo ajustando tal distorção, a popularidade "verdadeira" de Putin ainda era muito alta. Subtraindo o viés de sensibilidade e calculando a média das oito pesquisas, sua aprovação média permaneceu em 66%.

Dissemos que, nas ditaduras do *spin*, a repressão violenta é contraproducente. Ela mina a imagem que o ditador quer projetar de um líder democrático competente. Há evidências para isso nas pesquisas de opinião? Note, em primeiro lugar, que, mesmo que estejamos corretos,

---

[146] Os 6% são o menor resultado de Frye *et al.*, "Is Putin's Popularity Real?". Os 43% são o resultado mais alto de Kalinin, "Exploring Putin's Post-Crimean Supermajority"; veja a Tabela A1 desse último trabalho. O valor médio de 18 pontos percentuais é a média de quatro estimativas da inflação da aprovação de Putin em Frye *et al.*, "Is Putin's Popularity Real?", e de quatro estimativas em Kalinin, "Exploring Putin's Post-Crimean Supermajority". Sobre isso, ver também Blair, Coppock e Moor, "When to Worry about Sensitivity Bias", que examinaram esses e outros resultados de pesquisas para avaliar o viés de sensibilidade. Eles encontraram um viés de sensibilidade semelhante na aprovação do governo na China, mas a Rússia foi a única ditadura do *spin* incluída.

as provas podem ser difíceis de encontrar. A repressão violenta pode assustar os respondentes, levando-os a dar relatórios positivos, mesmo que ela os aliene. De fato, os resultados da GWP sugerem que a indignação dos entrevistados com a brutalidade estatal tende a superar qualquer nervosismo em responder com franqueza. Usamos nossos próprios dados sobre assassinatos políticos estatais para medir aqui a repressão violenta. Exceto no caso daqueles que serviram durante guerras civis étnicas – em tais momentos, os líderes podem se safar mesmo usando de considerável brutalidade contra inimigos étnicos –, aqueles com mais assassinatos políticos tendem a ter menor aprovação.[147] A popularidade de ditadores menos violentos variava muito – afinal, há muitas outras maneiras de se tornar impopular. Mas, exceto em um caso de guerra civil étnica, não houve ditadores muito populares nesse período que conduziram muitos assassinatos políticos. Isso está longe de ser uma prova conclusiva. Mas é consistente com a ideia de que ditadores mais recentes enfrentaram uma escolha entre governar por medo ou por popularidade. As duas coisas não andam bem juntas.[148]

Já vimos evidências de que os ditadores do *spin* tendem a ser mais populares do que os líderes democráticos. Sugerimos que seus altos índices de aprovação resultam da manipulação da mídia. Mais uma vez, a GWP se mostra uma fonte de provas a esse respeito. Todos os anos, a Freedom House estima a extensão da liberdade da mídia

---

[147] Veja o suplemento online, Figura OS4.2. A correlação entre a aprovação média do ditador e o número médio de assassinatos políticos do Estado sob ele (registrados) é r = -.30. Se incluirmos os líderes que serviram durante as guerras étnicas (como classificado pelo Banco de Dados de Principais Episódios de Violência Política do Centro para a Paz Sistêmica), há um ponto fora da curva: sob a presidência de Mahinda Rajapaksa, entre 2005 e 2015, dezenas de milhares de civis do Sri Lanka foram mortos por tropas do governo no calor de uma guerra civil étnica (ONU, *Relatório do Painel de Peritos do Secretário-Geral*). No entanto, Rajapaksa permaneceu muito popular – claramente entre seus coétnicos, claro, não com as vítimas.

[148] Isso é ainda mais marcante dada a possibilidade de que o medo inflacionaria a aprovação de ditadores violentos. O Gallup não conduziu pesquisas na Síria ou na Coreia do Norte, onde os entrevistados poderiam, de fato, ter ficado aterrorizados com a pergunta e assim relatar uma alta aprovação.

em países ao redor do mundo. Usando seus números, exploramos a possibilidade de uma maior censura caminhar junto com uma maior aprovação do líder.[149] Como a GWP contém dados para vários anos, pudemos eliminar quaisquer fatores que fossem constantes ao longo do tempo em um determinado país, e nos concentramos em como as mudanças na censura se relacionam com as mudanças na popularidade do líder.[150] Também fizemos controles com base em outras influências na aprovação, como o desempenho econômico, o ciclo eleitoral e o nível de repressão política.

Como era de se esperar, os líderes não democráticos eram mais populares quando a mídia era mais restrita. Para dar um exemplo, no Equador, a estimativa da Freedom House sobre a censura aumentou 23 pontos em uma escala de 100 pontos entre 2007 e 2014, enquanto Rafael Correa aprofundava seu controle sobre a imprensa do país. Nosso modelo estatístico previa um aumento de 9 pontos na aprovação de Correa por causa disso – e esse foi exatamente o aumento que o Gallup registrou. Não podemos afirmar com certeza que a censura aumenta a classificação dos líderes; talvez líderes mais populares tendam a censurar mais, então a popularidade impulsiona a censura ao invés do contrário. Mas o resultado é consistente com nossa argumentação.

Sugerimos também que os ditadores do *spin* precisam esconder sua censura. Sua pretensão de serem competentes e democráticos desmorona se as pessoas os virem silenciando seus críticos. Assim, eles camuflam seus controles sobre a mídia – e é de se esperar que sua popularidade caia se os cidadãos, mesmo assim, tomarem consciência deles. Usamos outra questão na GWP para verificar isso. Ela pergunta se os entrevistados acham que a mídia em seu país tem "muita liberdade". A partir disso, construímos uma medida de *censura percebida*. Mantendo constante o nível real de censura conforme medido pela Freedom House, acontece que a aprovação do líder cai à medida que mais pessoas passam a acreditar que a mídia é restrita. Para cada 10

---

[149] Guriev e Treisman, "The Popularity of Authoritarian Leaders".

[150] Em termos mais técnicos, examinamos modelos dinâmicos em um painel, considerando os efeitos fixos de país e ano.

pontos percentuais de aumento na censura percebida, a classificação do líder cai em cerca de 3 pontos percentuais. Ou seja, para aumentar a popularidade de um líder hoje em dia, as restrições à mídia precisam ser discretas.[151]

A censura da internet tem também o objetivo de impulsionar o apelo do ditador. Encontramos algumas evidências de que isso funciona. Empresas de internet como o Google e o Twitter relatam quantas vezes governos estrangeiros lhes pedem que retirem conteúdos de seus sites. Em 2019, por exemplo, o Google recebeu 30 mil pedidos desse tipo. Tomamos a frequência desses pedidos como uma medida do esforço do governo solicitante no sentido de censurar materiais online. Nos últimos anos, os aumentos no esforço de censura de um governo não democrático foram associados a aumentos na aprovação do líder.[152] Como os dados sobre restrições na internet são limitados, interpretamos isso com cautela, mas, mais uma vez, a tendência é consistente com nossa argumentação.

Outros estudos também verificaram que a censura se correlaciona com um maior apoio para os governantes. Os cientistas políticos James Hollyer, Peter Rosendorff e James Vreeland relatam que autocracias menos transparentes, que fornecem poucas informações sobre o desempenho econômico, enfrentam menos protestos em massa.[153] Os cientistas políticos Pippa Norris e Ronald Inglehart estudaram essa questão usando uma medida diferente de censura e uma pesquisa distinta. Como nós, eles verificaram que a confiança no governo era maior em países com mídia mais restrita, como a China e o Vietnã, do que naqueles onde a imprensa era mais livre, como a França e a Alemanha.[154]

---

[151] Mais uma vez, não podemos ter certeza sobre a causa. Pode ser que os entrevistados que perdem a fé no governo por outras razões também passem a acreditar que ele está censurando a mídia.

[152] Guriev e Treisman, "The Popularity of Authoritarian Leaders".

[153] Hollyer, Rosendorff e Vreeland, *Transparency, Democracy, and Autocracy*.

[154] Norris e Inglehart, "Silencing Dissent". Eles usaram a onda 2005-2006 da Pesquisa Mundial de Valores, que pesquisou amostras representativas da população em 44

Algumas evidências mais indiretas vêm de um estudo que Sergei realizou com os economistas Ekaterina Zhuravskaya e Nikita Melnikov.[155] Ele explorou a forma como a tecnologia 3G – que trouxe pela primeira vez a internet de banda larga para telefones celulares – foi implantada em todos os países e regiões subnacionais entre 2007 e 2018. O ponto relevante aqui é que o fácil acesso à internet permitiu que as pessoas verificassem as alegações dos principais meios de comunicação. Se a censura anteriormente inflacionava o apoio à liderança do país, esse apoio deveria ter diminuído à medida que a internet de alta velocidade se espalhasse. E, de fato, foi o que aconteceu. Passar de nenhuma cobertura 3G para cobertura total levou a uma queda na aprovação governamental de 6 pontos percentuais.[156] Como o alcance geográfico da tecnologia 3G dentro dos países não estava ligado a outros fatores politicamente relevantes, parece provável que o aumento do acesso à informação não censurada tenha neutralizado a manipulação da mídia por parte do regime.[157] De fato, o efeito do acesso à banda larga móvel na aprovação do governo foi mais forte nos países com mídia censurada – e estava ausente quando a própria internet era censurada.

Estudos que examinam nações individualmente também confirmam que o controle da mídia pode ajudar os governantes. Os economistas Ruben Enikolopov, Maria Petrova e Ekaterina Zhuravskaya analisaram o efeito do canal da NTV, voltado para a oposição, no início da era Putin.[158] Lembramos aqui o que já foi dito: o proprietário da NTV foi pressionado a vendê-la para a Gazprom em 2001, e a linha

---

países e um índice de liberdade de mídia construído pela organização Repórteres sem Fronteiras.

[155] Guriev, Melnikov e Zhuravskaya, "3G Internet and Confidence in Government".

[156] A aprovação média era de 51%.

[157] Embora esse estudo tenha se concentrado no impacto da internet de banda larga móvel na aprovação do governo, há também evidências sobre a importância da internet pré-3G. Na Malásia, a expansão da penetração da internet em 2004 a 2008 resultou em uma diminuição de 6,6 pontos percentuais do partido governante em participação nos votos; ver Miner, "The Unintended Consequences of Internet Diffusion".

[158] Enikolopov, Petrova e Zhuravskaya, "Media and Political Persuasion".

editorial desse veículo mudou então para uma posição pró-Putin. Esse estudo se concentrou nas eleições parlamentares de 1999, quando a NTV se opôs fortemente a Putin e apoiou seus principais rivais. Ele verificou que o partido Rússia Unida vinculado a Putin alcançou cerca de 9 pontos percentuais a menos em áreas onde a NTV ainda podia ser assistida. O acesso à NTV naquele ponto dependia não da censura, mas da tecnologia – seus sinais eram transmitidos apenas em determinados lugares. Mas isso dá uma ideia do provável impacto da censura subsequente do Kremlin ao canal.

Na Venezuela, os economistas Brian Knight e Ana Tribin descobriram que o fechamento da estação de TV de oposição RCTV, em 2007, melhorou os índices de aprovação do presidente Chávez – mas somente quando os telespectadores não puderam mudar para a Globovisión, outro canal de oposição. Ou seja, a perda de uma estação de TV crítica ajudou o incumbente – desde que nenhuma outra estivesse disponível.[159] Nas eleições peruanas de 2000, os cidadãos que relataram ter assistido à cobertura televisiva da campanha todos os dias foram muito mais propensos a revelar terem votado em Fujimori do que aqueles que não assistiram – embora, nesse caso, seja difícil dizer se os partidários de Fujimori escolheram assistir mais TV ou se a cobertura televisiva fez com que os eleitores previamente indecisos apoiassem Fujimori.[160]

Uma implicação final de nossa argumentação diz respeito aos bem-informados. Sugerimos que, nas ditaduras do *spin*, esse segmento da sociedade com formação universitária e conhecimento político consegue enxergar através das mentiras do ditador e se opõe a ele. Mas as manipulações de um habilidoso ditador do *spin* lhe garantem apoio entre o público em geral. Será que há evidências de que os ditadores são menos populares entre os bem-informados do que entre as massas?

---

[159] Knight e Tribin, *Opposition Media, State Censorship, and Political Accountability*. A aprovação de Chávez estava caindo durante esse período, mas caiu cerca de 5 pontos percentuais a menos em lugares sem acesso à Globovisión.

[160] Boas, "Television and Neopopulism in Latin America", 35-36, 44. Os entrevistados da pesquisa podem também ter se lembrado errado de seus hábitos anteriores de assistir TV ou em quem haviam votado (Prior, "The Immensely Inflated News Audience").

Como uma forma de aproximação rudimentar para delimitar o grupo dos bem-informados, usamos o ensino superior. Acontece que, em todos os tipos de ditaduras – do *spin*, do medo e as híbridas –, aqueles com diplomas universitários tendem a gostar menos do líder do que aqueles sem diplomas. Isso também é verdade nas democracias de menor qualidade (aquelas com pontuação da Polity2 de 6-9). Entretanto, nas democracias de alta qualidade – aquelas com pontuação perfeita da Polity2, de 10 – os mais instruídos tendem a ser um pouco mais favoráveis ao titular do que os menos instruídos. Em sistemas políticos com falhas, os bem-informados parecem mais críticos ao governo do que outros, enquanto em países altamente democráticos eles são menos críticos do que o público em geral.[161]

Resumindo, ao contrário dos ditadores do medo do século XX, os ditadores do *spin* de hoje restringem a imprensa de uma forma que é deliberadamente parcial, na maior parte de maneira encoberta ou camuflada e – embora haja exceções – geralmente não violenta. Eles assediam a mídia independente com ações judiciais, regulamentações arbitrárias, pressões comerciais e falsos problemas técnicos. Em vez de banir as mensagens críticas, eles desviam os olhares dos telespectadores delas, afogando-os em torrentes de informações confusas ou que os distraem, e desacreditam as fontes dessas mensagens. Usam técnicas similares para perturbar as discussões políticas online. Embora essa abordagem não vá compensar indefinidamente um desempenho objetivamente ruim, as evidências sugerem que ela pode funcionar por um bom tempo, minando a capacidade das elites de oposição de mobilizar os cidadãos contra o regime. O objetivo do ditador é manter sua alta popularidade entre as massas, assim isolando e desestimulando os bem-informados que conseguem enxergar através das mentiras da mídia.

Alguns veem táticas semelhantes em ação em democracias falhas.[162] Isso não surpreende. Como argumentamos no capítulo 1, os regimes políticos do mundo real existem em um espectro com

---

[161] Veja o suplemento online, Tabela OS4.4.
[162] Kellam e Stein, "Trump's War on the News Media".

muitos matizes de cinza. Políticos como Néstor e Cristina Kirchner na Argentina e Silvio Berlusconi na Itália utilizaram algumas das mesmas técnicas de *spin* para manipular a opinião pública. Os Kirchners cortejaram jornais com publicidade estatal, aparentemente trocando contratos por coberturas mais suaves da corrupção.[163] Em seu governo, os gastos com tal publicidade explodiram de 16 milhões de dólares em 2000 para 919 milhões de dólares em 2013.[164] O ataque de Cristina Kirchner ao grupo de mídia Clarín – com investigações tributárias falsas, abusos pessoais e um *slogan* de reeleição que dizia "*O Clarín mente!*" – saiu diretamente do livro de instruções dos ditadores do *spin*.[165]

Na Itália, Berlusconi controlou seis dos sete canais de TV nacionais durante grande parte de seu mandato como primeiro-ministro – três estatais e três de seu próprio império de mídia.[166] Uma escuta telefônica vazada em 2010 o gravou gritando com o comissário de radiodifusão e exigindo que a TV estatal cancelasse programas sobre seus escândalos de corrupção.[167] Quando a mudança para a TV digital subitamente deu aos telespectadores acesso a muitos canais independentes, a votação para a coalizão parlamentar de Berlusconi caiu 5,5 a 7,5 pontos percentuais – o que é claramente um sinal do impacto que o viés da mídia controlada por Berlusconi vinha tendo na opinião pública.[168] Nos Estados Unidos, Donald Trump tentou repetidamente desacreditar a grande mídia a fim de minar sua credibilidade. Ele agrediu verbalmente

---

[163] Di Tella e Franceschelli, "Government Advertising and Media Coverage of Corruption Scandals".

[164] Kopel, "Argentina's Free Press Is in Grave Danger".

[165] Romero e Schmall, "Battle between Argentine Media Empire and President Heats Up".

[166] Ver Durante e Knight, "Partisan Control, Media Bias, and Viewer Responses", para obter evidências sobre o viés pró-Berlusconi que surgiu nos três canais estatais depois que ele chegou ao poder.

[167] Kington, "Silvio Berlusconi Faces Inquiry over Bid to Block 'Hostile' TV Show"; Day, "Silvio Berlusconi Caught Out Trying to Stifle Media".

[168] Barone, D'Acunto e Narciso, "Telecracy".

os jornalistas, acusando-os de divulgar "notícias falsas" e os rotulando de "inimigos do povo".[169]

Ainda assim, nas democracias – mesmo nas imperfeitas –, incapacitar a mídia é mais difícil do que em uma ditadura do tipo *spin*. Alguns atribuem isso a proteções ou normas constitucionais mais fortes. É claro que isso pesa muito – mas elas não agem por conta própria. Jornalistas, advogados, juízes e políticos devem lutar para se defenderem contra um populista destrutivo. Tais batalhas exigem habilidades organizacionais, perspicácia jurídica, redes de comunicação e – em geral – muitos recursos financeiros. Além disso, precisa haver uma demanda suficientemente grande de notícias objetivas e liberdade de imprensa. Em resumo, é necessário um largo estrato de bem-informados dentre a população. Também ajuda se houver organizações internacionais e ONGs a somar seu apoio. Sem tais defensores capazes e determinados, a liberdade de imprensa e todas as outras características institucionais da democracia liberal permanecem sendo apenas palavras e diagramas em livros didáticos sobre civismo. Mas, com todos esses, as instituições ganham vida. Nem os Kirchners nem Berlusconi conseguiram se consolidar com tanta segurança. Ambos acabaram perdendo o poder – na forma de eleições.

---

[169] Samuels, "Trump Ramps Up Rhetoric".

5
DEMOCRACIA PARA OS DITADORES

DURANTE A NOITE DE 3 DE FEVEREIRO DE 1992, o tenente-coronel Hugo Chávez Frías, um robusto paraquedista de boina vermelha, iniciou sua revolução. Com alguns tanques, seus homens cercaram o Palácio de Miraflores da Venezuela, sede da presidência do país, e abriram fogo. No entanto, em poucas horas, a operação havia desmoronado. O presidente, Carlos Andrés Pérez, escorregou pelos dedos dos conspiradores e chegou a um estúdio de televisão para falar em rede nacional, ainda vestindo um pijama amarrotado debaixo de seu terno.[1] Em meados da manhã seguinte, Chávez já havia se rendido.

Foi uma derrota amarga. Como os amotinados poderiam ter fracassado daquela forma? Pérez, um político veterano, era profundamente impopular, um símbolo de esquemas partidários e de corrupção. Quando, três anos antes, ao abandonar suas promessas eleitorais, ele havia lançado um programa de austeridade apoiado pelo FMI, Caracas havia explodido em tumultos mortíferos. A inflação ia aumentando à medida que as greves e os protestos se intensificavam.[2] A demanda

---

[1] Carroll, *Comandante*, 36; Marcano e Barrera Tyszka, *Hugo Chávez*.

[2] Marcano e Barrera Tyszka, *Hugo Chávez*.

por alguma mudança era esmagadora. No entanto, o jovem tenente-
-coronel havia errado feio em sua escolha de método. Com a cabeça
tomada por histórias romantizadas do revolucionário anticolonial
Simón Bolívar, ele havia lido mal sua época, superestimando o poder
que alguns poucos homens armados teriam para tomar e manter um
Estado no final do século XX. O controle que Pérez tinha da TV havia
suplantado as armas dos rebeldes.

Sete anos mais tarde, Chávez adentrou novamente o Palácio de
Miraflores. Dessa vez, foi apoiado não por tanques, mas pelos eleitores.
Concorrendo contra um amontoado de políticos profissionais e pseudo-
celebridades, o carismático comandante varreu a disputa à presidência
com 56% dos votos. Ele havia encontrado sua arma mais poderosa.
Nas palavras de Enrique Krauze, um dos principais historiadores da
América Latina moderna, nos quatorze anos seguintes, ele usaria a
"democracia para minar a democracia".[3]

A transformação de Chávez não tinha sido imediata. Depois de
dois anos em uma prisão empesteada de esgoto, ele ainda sonhava
com a revolução.[4] Luis Miquilena, um veterano esquerdista que se
tornou o mentor de Chávez, começou a desiludi-lo. Advertiu que,
se ele insistisse em uma revolta armada, acabaria como apenas "mais
um gritando nas esquinas das ruas de Caracas".[5] Quando Chávez
consultou seus apoiadores, descobriu que Miquilena tinha razão. A
maioria "não queria movimentos violentos". No entanto, a mesma
pesquisa continha uma mensagem positiva: se ele concorresse ao cargo,
poderia contar com um apoio significativo.[6] Chávez "chegou à ideia
de participar das eleições por um motivo bem simples", lembrou
Miquilena. "Ele acreditava que poderia vencer."[7]

Primeiro, porém, sua imagem teria de mudar. Da habitual farda
militar, Chávez mudou para o que ele chamou de "ternos mais ou menos

---

[3] Krauze, "The Shah of Venezuela".

[4] Anderson, "The Revolutionary".

[5] Da Corte, "Miquilena".

[6] *Ibid.*

[7] Foer, "The Talented Mr. Chávez".

típicos do estilo ocidental". (Mais tarde, seu gosto avançaria para coisas mais sofisticadas, como Brioni e Lanvin.)[8] Ao mesmo tempo, ele recuou em sua retórica. "Chávez muitas vezes soava extremamente agressivo em seus discursos", escreveram seus biógrafos Cristina Marcano e Alberto Barrera. "Ele também tinha a tendência de usar um vocabulário hostil e macabro – a palavra 'morte' frequentemente aparecia em seus discursos, o que levava as pessoas a pensar em sua candidatura como algo assustador."[9] Seus conselheiros pressionaram Chávez a adotar um léxico munido de mais esperança.

Rafael Céspedes, um consultor político dominicano, estava encarregado de suavizar as asperezas do candidato. "O cabelo dele era muito curto, em estilo militar, e seu rosto era cansado", lembrou Céspedes. "Ele... não sabia o que significava sorrir."[10] O assessor conseguiu providenciar para que Chávez aparecesse no programa de TV de uma apresentadora que vinha destruindo a carreira do comandante. Em vez do paraquedista bruto que ela esperava, acabou recebendo um encantador cavalheiro que lhe entregou um buquê de flores no ar e a chamou de "minha jovem" (*doñita*). As perguntas venenosas que ela dirigiu a ele ricochetearam todas.[11]

Teria ele se tornado um democrata? Dificilmente. "Se eu conseguir chegar a Miraflores", disse Chávez a um amigo depois de sair da prisão, "ninguém jamais vai tirar nosso poder".[12] E ele manteve esse plano depois que chegou lá. "A oposição jamais voltará ao poder, seja por meios justos ou injustos", insistiu.[13] Ele chegou a falar em permanecer no cargo "até 2030". A eleição de 1998 ofereceu uma "oportunidade tática", mas ele nunca teve a intenção de "acabar negociando com alguns deputados, alguns governadores".[14]

---

[8] Harnecker, "Hugo Chávez Frías".

[9] Marcano e Barrera Tyszka, *Hugo Chávez*.

[10] López Hurtado, "Rafael Céspedes".

[11] *Ibid.*

[12] Isso foi dito a Nedo Paniz, citado em Marcano e Barrera Tyszka, *Hugo Chávez*.

[13] Citado em Krauze, "The Shah of Venezuela".

[14] Marcano e Barrera Tyszka, *Hugo Chávez*.

Em vez disso, ele usou sua popularidade inicial para dinamitar o sistema de freios e contrapesos da ordem constitucional venezuelana. Chávez tomou posse com uma aprovação superior a 90%.[15] Ciente de que esse número poderia cair, ele investiu seus índices estratosféricos em vantagens institucionais mais duráveis, redes de apoiadores e controle da mídia. Em três meses, um referendo popular o havia autorizado a convocar uma nova assembleia constituinte. Os eleitores deram 93% dos assentos aos fiéis a Chávez.[16] Dissolvendo o Congresso, essa nova constituinte elaborou uma constituição que prolongou o mandato do presidente para seis anos, eliminou a proibição de reeleição imediata, permitiu que os militares – provavelmente apoiadores de Chávez – votassem e aboliu o Senado, que anteriormente tomava conta do poder presidencial para evitar excessos.[17]

Tendo eleito um novo Congresso mais maleável às suas vontades, Chávez o usou para expandir a Suprema Corte de 20 para 32 membros e lotá-la de admiradores seus. No início da sessão de 2006, os juízes togados se levantaram "para cantar um cântico favorável ao seu benfeitor: *Uh, ah, Chávez no se va* ('Uh, ah, Chávez não vai embora')".[18] Seus aliados assumiram a empresa petrolífera nacional, a PDVSA, a galinha dos ovos de ouro da Venezuela. Chávez usou suas receitas para atacar a pobreza com esquemas de clientelismo politicamente direcionados. Em 2006, quatro dos cinco membros do Conselho Nacional Eleitoral eram chavistas, assim como o controlador e o procurador-geral.[19] Para silenciar os críticos, o Congresso aprovou leis prescrevendo prisão para aqueles que demonstrassem "desrespeito" aos funcionários do governo e permitindo a suspensão da mídia que "promova, defenda ou incite violações da ordem pública ou que sejam contrárias à segurança da nação".[20]

---

[15] *Ibid.*

[16] Corrales e Penfold, *Dragon in the Tropics*, 19.

[17] Zambrano, "The Constitutional Path to Dictatorship in Venezuela"; Corrales e Penfold, *Dragon in the Tropics*, 19.

[18] Foer, "The Talented Mr. Chávez"; Marcano e Barrera Tyszka, *Hugo Chávez*.

[19] Marcano e Barrera Tyszka, *Hugo Chávez*.

[20] Foer, "The Talented Mr. Chávez".

Quando questionado sobre seu compromisso com a democracia, Chávez estava sempre pronto a responder. "Fui eleito uma, duas, três, quatro vezes", disse ele. "Todos os anos, temos eleições na Venezuela." De fato, nos dez anos entre 1999 e 2008, o país realizou oito eleições nacionais e três regionais ou locais.[21] (Chávez sofreu apenas uma derrota significativa, em um referendo de 2007.) Seu amigo Luiz Inácio Lula da Silva, presidente brasileiro e um democrata mais tradicional, chegou a falar de "um excesso de democracia" na Venezuela.[22] No entanto, longe de constranger o líder, essas votações foram armas que ele usou para reavivar seu apelo e desacreditar os adversários.

Quanto à violência, ele já então reconhecia sua enganadora sedução. Em vez de empregar ele mesmo a força, usou a agressividade da oposição contra ela própria. Quando, em 2002, seus oponentes encenaram um golpe que depôs Chávez por quarenta e sete horas, a jogada explodiu na cara dos próprios golpistas, pois multidões furiosas exigiram a libertação do presidente. Chávez emergiu pleno de poder. Muitas vezes, ele lançava iscas aos seus críticos, como que os desafiando a se radicalizarem e a se desacreditarem por conta própria. "Ele nunca responde da maneira como seus inimigos esperam dele... com violência", explicou seu biógrafo Alberto Barrera. Tanto em 1992 quanto em 2002, "Chávez desistiu; cedeu. Mas, ao desistir, ele vence".[23]

ELEGENDO O POVO

Não foi apenas Chávez que "usou a democracia para minar a democracia". Os ditadores do *spin* de hoje são mestres da subversão que parte de dentro do próprio sistema. Neste capítulo, descrevemos como eles usam as pesquisas e as votações para se entrincheirar ainda mais, e dedicamos alguma reflexão a por que, apesar dos seus altos índices de aprovação, eles normalmente optam por vencer suas eleições se utilizando de alguma fraude. Documentamos a tendência que existe

---

[21] Reuters, "Factbox: Hugo Chávez's Record in Venezuelan Elections".

[22] Weisbrot, "Changes in Latin America".

[23] Barrera, "Interview Alberto Barrera".

rumo a uma falsificação mais sofisticada de governo livre. Mas, antes, vamos recordar as práticas que os precederam.

Os velhos ditadores do medo às vezes afirmavam ser democráticos. Para Goebbels, o regime nazista era "a forma mais nobre de uma democracia europeia moderna".[24] O fascismo, disse Mussolini, era uma "democracia organizada, centralizada e autoritária".[25] Stálin insistia que a União Soviética tinha "a constituição mais democrática do mundo".[26] O documento havia resultado de uma maratona de consultas públicas. Realizou-se o surpreendente número de 623.334 reuniões – com a participação de 80% do eleitorado – para discutir os esboços.[27] Kim Il-Sung até inseriu "democrática" no nome oficial de seu país.

No entanto, o que tais líderes tinham em mente não era a democracia pluralista, na qual diferentes partidos representam diferentes grupos e ideias e disputam eleições. Eles zombavam dos governos populares "decadentes" do Ocidente. Hitler, por exemplo, fez pouco da "democracia parlamentar, na qual todos têm voz e nada pode ser decidido".[28] O chileno Augusto Pinochet zombou do "Estado liberal clássico, ingênuo e sem coragem".[29] António Salazar, o líder português de longa data, se disse "profundamente antiparlamentar".[30] O general Franco, da Espanha, achincalhou: "Não acreditamos no governo escolhido por meio de cabine de votação".[31]

O que eles preferiam era outra coisa: a democracia da unanimidade. Como Carl Schmitt, o teórico jurídico alemão que atacou o

---

[24] *Hamburger Fremdenblatt*, n. 78, 20 de março de 1934 (edição da tarde), citado em Marx, "Propaganda and Dictatorship", 211.

[25] Mussolini, "The Political and Social Doctrine of Fascism", 10, citado em Marx, "Propaganda and Dictatorship", 211.

[26] Overy, *The Dictators*, 55.

[27] *Ibid.*, 56.

[28] Rauschning, *Hitler Speaks*, 199.

[29] Constable e Valenzuela, *A Nation of Enemies*, 71.

[30] Whitman, "Antonio Salazar".

[31] Abjorensen, *Historical Dictionary of Democracy*, 146.

liberalismo nos anos 1920, eles rejeitavam a associação da democracia com qualquer forma particular de eleição de governos. Para eles, isso significava simplesmente uma identificação de propósitos entre um líder e seus seguidores.[32] A democracia exigiria que um ditador discernisse a "verdadeira" vontade do povo – e então a impusesse a ele.

Alguns autocratas não realizavam eleição nacional nenhuma. Como Franco, Mao Zedong não se preocupou muito com votações. "A Revolução não tem tempo para eleições", comentou Fidel Castro – embora ele depois tenha permitido uma eleição de partido único para a legislatura.[33] Outros realizaram votações sem competição: apenas um candidato disputava cada assento. Na União Soviética, os dissidentes podiam se recusar a votar ou riscar o nome do candidato. Poucos optaram por fazê-lo, pelo menos de acordo com os resultados oficiais. Nas eleições para a legislatura do país entre 1946 e 1984, a chapa única recebeu entre 99,16% e 99,95% de aprovação, com uma participação de 99,74% a 99,99%.[34] Stálin, concorrendo em 1947 para a Câmara Municipal de Moscou, fez ainda melhor, obtendo 131%, depois que os eleitores dos distritos vizinhos "acrescentaram seu apoio não autorizado".[35] As eleições envolviam tão pouca incerteza que o Politburo uma vez aprovou o comunicado anunciando os resultados dois dias antes da abertura das urnas.[36]

---

[32] Schmitt, *Crisis of Parliamentary Democracy*, 29.

[33] Citado em Hermet, "State-Controlled Elections", 12.

[34] Para conferir uma aparência de que os eleitos representariam até mesmo membros não partidários, a chapa foi nomeada oficialmente como "o bloco inquebrável de comunistas e membros não partidários". Naturalmente, os "não membros do partido" foram cuidadosamente selecionados pelo partido. Ver "Bloc of Communists and Non-Party Members", em *A grande enciclopédia soviética*, 3ª ed. (1970-1979). Na época de Brezhnev, os cidadãos também podiam evitar votar obtendo um "certificado de ausência", permitindo-lhes votar fora de seu distrito de origem – e então não o utilizar. As estatísticas de comparecimento eram calculadas como a porcentagem de eleitores que não tinham obtido tais certificados. Ver Zaslavsky e Brym, "The Functions of Elections in the USSR", 365-66.

[35] Overy, *The Dictators*, 55.

[36] White, Rose e McAllister, *How Russia Votes*, 10-11.

Uma pessoa exercer seu "dever cívico" não era algo que deveria exigir muita reflexão. Em uma piada da era Brezhnev, um funcionário eleitoral repreende um cidadão que parou para ler a cédula de votação. "Eu só queria saber em quem estou votando", explica o eleitor. "Mas você não percebe", diz o oficial, "que *essa cédula é secreta?*".[37] Saddam Hussein ficou chocado ao saber que apenas 99,9% o apoiaram em um referendo que ele convocou em 1996. Culpou os militantes de seu partido por não terem convencido os poucos milhares de iraquianos que haviam votado "não".[38]

Tais eleições não tinham nada a ver com a escolha de líderes. Obedeciam a outros propósitos. Primeiro, elas serviram, como desfiles e comícios, para celebrar o regime. Elas faziam as vezes de demonstrar a unidade com o povo que os ditadores afirmavam possuir. As eleições soviéticas eram festivais, ocasiões para "fogos de artifício, demonstrações aéreas e festividades".[39] Na cidade provincial de Rybinsk, no dia das eleições de 1963, os eleitores podiam assistir a nada menos que 135 concertos.[40] No Gabão, o voto presidencial literalmente se fundiu à celebração do líder: o presidente Omar Bongo agendou a eleição para ocorrer a cada sete anos na data de seu aniversário.[41]

As eleições também serviram como propaganda, especialmente para os simpatizantes estrangeiros mais ingênuos do regime. Os principais intelectuais ocidentais elogiaram as reformas constitucionais de Stálin de 1936, que introduziram o sufrágio universal e o voto secreto.[42] Aos olhos dos socialistas britânicos Sidney e Beatrice Webb, essas reformas haviam criado "a democracia mais inclusiva e equalizada do mundo".[43] O líder tanzaniano Julius Nyerere governou seu país por vinte

---

[37] Zlobin, "Humor as Political Protest".

[38] Sassoon, *Saddam Hussein's Ba'th Party*, 176.

[39] Overy, *The Dictators*, 55.

[40] Merl, "Elections in the Soviet Union, 1937-1989", 293.

[41] Lamb, *The Africans*, 56.

[42] Jessen e Richter, "Non-Competitive Elections in Twentieth Century Dictatorships", 20.

[43] Citados em Getty, "State and Society under Stalin", 18.

e um anos, concorrendo quatro vezes para presidente em eleições incontestáveis, de partido único, enquanto centenas de prisioneiros políticos definhavam em suas prisões.[44] Apesar disso, o presidente estadunidense Bill Clinton chamou Nyerere de "líder pioneiro da liberdade e do autogoverno na África".[45]

Invertendo a lógica democrática, eleições falsas se tornaram uma forma de controlar os cidadãos. Nas urnas democráticas, os eleitores classificam os líderes de seu país. Nas ditaduras do medo, os líderes é que classificam os eleitores. Um cidadão que rejeitou a "escolha unânime do povo" se torna um "inimigo do povo" sujeito a "prisão ou aniquilação".[46] Surpreendentemente, alguns eleitores soviéticos rabiscaram mensagens nada elogiosas em suas cédulas, tais como "Seu porco", "Seu lambe-botas", "Você geme como um cachorro" e "Queremos carne, não políticos". Tais desviantes foram localizados pelos especialistas em caligrafia da KGB.[47] Mais tarde, as penalidades foram reduzidas, mas, mesmo sob Brezhnev, os estudantes que não se registrassem para votar eram expulsos da universidade, bloqueando assim seu caminho para alguma carreira de elite.[48]

Eleições falsas também serviam para identificar agentes estatais incompetentes.[49] Elas mostravam o quanto as autoridades locais eram eficazes em conseguir votos. É claro que realizar uma eleição é uma forma estranha e potencialmente arriscada de se avaliar burocratas. Se esse fosse o único objetivo, suspeitamos que os ditadores, em vez delas, empregariam competições não políticas. Os chineses, por exemplo, usam taxas de crescimento regional e outros indicadores para classificar os funcionários e verificam as postagens no Weibo

---

[44] Power, *Amnesty International*, 104-11.

[45] Clinton, "Statement on the Death of Former President Julius Nyerere of Tanzania".

[46] Merl, "Elections in the Soviet Union, 1937-1989", 281.

[47] *Ibid.*, 302-3.

[48] Zaslavsky e Brym, "The Functions of Elections in the USSR", 368.

[49] Simpser, *Why Governments and Parties Manipulate Elections*; Zaslavsky e Brym, "The Functions of Elections in the USSR", 369.

(o equivalente chinês ao Twitter) em busca de relatos de corrupção.[50] Ainda assim, mesmo que os ditadores realizassem eleições por outras razões, a luz que elas jogavam sobre a atuação de agentes locais era um bônus.

Seja por acidente ou intencionalmente, isso às vezes dava aos cidadãos alguma vantagem temporária. No mundo comunista pós-Stálin, os eleitores usaram períodos pré-eleitorais para pleitear bens de consumo, reformas habitacionais e outros serviços.[51] Em alguns lugares – como o Quênia nos anos 1970 e o Egito sob Mubarak – vários membros do partido governista foram autorizados a competir uns contra os outros em eleições legislativas. Isso incentivava os candidatos a gastar em suas campanhas – inclusive de seus próprios bolsos – a fim de ter acesso aos melhores e mais altos frutos da árvore política.[52] Até mesmo os partidos da oposição tinham, às vezes, uma presença simbólica no Parlamento. Alguns regimes aventureiros – por exemplo, o de Ferdinand Marcos, nas Filipinas, e o Partido Revolucionário Institucional (PRI) do México – foram um passo além e deixaram outros candidatos concorrer à presidência, sob a condição de perderem.

De fato, permitir que um candidato ou partido da oposição se candidatasse e depois destruí-los com uma votação em massa ajudava a desmoralizar a elite dos rivais. Mesmo que todos reconhecessem o pé gordo do governo desequilibrando a balança, o espetáculo permanecia como algo poderoso. Como a cientista política Beatriz Magaloni

---

[50] Kendall-Taylor, Frantz e Wright, "The Digital Dictators", 110.

[51] Jessen e Richter, "Non-Competitive Elections in Twentieth Century Dictatorships", 29; Zaslavsky e Brym, "The Functions of Elections in the USSR", 367.

[52] No Quênia, "as eleições eram frequentemente vistas como uma espécie de jogo de barganha entre eleitores e candidatos, no qual o candidato pode receber uma licença para melhorar sua vida pessoal tornando-se deputado em troca de promessas e símbolos de sua intenção de ajudar a melhorar também a vida de seus eleitores" por meio de gastos de campanha e projetos de investimentos locais se eleito (Hyden e Leys, "Elections and Politics in Single-Party Systems", 402-3). Sobre o Egito, ver Blaydes, *Elections and Distributive Politics in Mubarak's Egypt*. Outro caso em que vários candidatos do partido governista competiram é o do Vietnã comunista; ver Malesky e Schuler, "Nodding or Needling". Ver também Geddes, Wright e Frantz, *How Dictatorships Work*.

argumenta, os líderes do PRI do México – com suas campanhas coloridas, comícios massivos e supermaiorias – procuraram cultivar uma "imagem pública de invencibilidade".⁵³ Lideranças regionais que tivessem alguma ambição entenderiam que dar apoio àquele partido era a única opção possível. Os rivais que fizessem parte das forças armadas também pensariam duas vezes antes de cometerem alguma deslealdade. Ditadores que realizaram eleições semicompetitivas enfrentaram menos tentativas de golpe, como mostraram Barbara Geddes e seus colaboradores.⁵⁴

Os ditadores da velha guarda não tinham qualquer intenção de abrir mão do poder. "Não vamos desistir de nosso país por um mero X em uma cédula", advertiu o ditador do Zimbábue, Robert Mugabe, em 2008. "Como pode uma caneta lutar contra uma arma?"⁵⁵ Ainda assim, alguns – incluindo Mugabe – ocasionalmente assumiram riscos reais, permitindo que partidos de oposição com alguma credibilidade se candidatassem. Alguns o fizeram por desespero, para evitar um corte da ajuda ocidental. Outro motivo era para evitar a rebelião. Para os oponentes que planejavam revoltas armadas, eleições pluripartidárias ofereciam um caminho alternativo pacífico – ainda que estreito – para o poder. As probabilidades de vitória eram escassas, dados o poder de intimidação e de fraude por parte do governante. Ainda assim, houve algumas zebras. E, se os oponentes enfrentassem a leve penalidade de perder nas urnas, ao passo que uma revolução fracassada significava a morte, o caminho eleitoral poderia parecer pelo menos algo que valeria a pena tentar.⁵⁶

Como outros fenômenos políticos, as eleições ocorridas sob ditaduras do medo estavam ligadas à violência. O "Grande Terror"

---

[53] Magaloni, *Voting for Autocracy*, 8-9.

[54] Geddes, Wright e Frantz, *How Dictatorships Work*, 181.

[55] Tran, "Zimbabwe Election". Esse na verdade era um tema antigo de Mugabe; em 1976, ele havia advertido que "a arma, que é quem fornece os votos, deveria continuar a ser a encarregada de sua segurança, seu fiador" (Bratton e Masunungure, "Zimbabwe's Long Agony", 49).

[56] Treisman, "Authoritarian Elections as Inoculation".

de Stálin na década de 1930 "prosseguiu sob o *slogan* de 'expandir a democracia'".[57] Como vimos no capítulo 2, executar "demônios" e "monstros" contrarrevolucionários era considerado bom para elevar o moral do eleitor.[58] Mugabe mantinha sua arma carregada caso a caneta esferográfica desse problema. Forçado a um segundo turno das eleições presidenciais em 2008, ele lançou uma campanha de "limpeza eleitoral", que matou mais de 100 funcionários e apoiadores da oposição.[59] Seu oponente abandonou a corrida.

Na maioria das vezes, no entanto, a violência se instalava confortavelmente sob a superfície. As eleições "anestesiavam" o público, como escreveu Philippe Schmitter sobre a ditadura de Salazar, em Portugal.[60] O desfile se desenrolava, as bebidas eram consumidas e os concertos eram assistidos, e então todos voltavam para casa.

MANIPULANDO AS ELEIÇÕES

Já para ditadores do *spin*, como Chávez e Putin, as eleições assumiram um novo significado. Não mais apenas rituais para honrar o governante ou refinar a maquinaria do terror, elas se tornaram dispositivos para transformar a popularidade em outras formas de poder. Serviram como bancos de coleta de bons índices, registrando formalmente o apelo em massa do ditador e convertendo-o em vantagens institucionais e políticas. Para líderes ansiosos por não parecer violentos, as urnas substituíram até golpes e revoluções como um caminho preferencial para o palácio presidencial. Uma vez lá, eles cultivam seu apoio e o colhem na forma das votações.

---

[57] Heller e Nekrich, *Utopia in Power*, 308. Ver também Goldman, "Stalinist Terror and Democracy".

[58] Heller e Nekrich, *Utopia in Power*, 308.

[59] Bratton e Masunungure, "Zimbabwe's Long Agony", 41, 50. Ver também Hafner-Burton, Hyde e Jablonski, "When Do Governments Resort to Election Violence?".

[60] Schmitter, "The Impact and Meaning of 'Non-Competitive, Non-Free and Insignificant' Elections in Authoritarian Portugal, 1933-74".

Hitler, Stálin e seus semelhantes se propuseram a construir "novas ordens" – o comunismo, o império ariano, a ditadura corporativa ou outra coisa qualquer nesse sentido. Já os ditadores do *spin* afirmam estar comprometidos com a democracia. Eles apenas procuram adaptá-la às condições locais ou avançar em direção a ela de maneira mais gradual. "A democracia plena não é para nós o início do caminho, mas o fim do caminho", explicou Nazarbayev, do Cazaquistão, em 2013.[61] O presidente Putin disse que a Rússia "decidiria por si mesma o ritmo, os termos e as condições do avanço em direção à democracia".[62] De fato, eles parecem estar dizendo, como na oração de Santo Agostinho pela castidade: "Senhor, dai-me a democracia – mas não por enquanto!". Ao contrário de seus predecessores, os ditadores do *spin* fingem deferência aos seus parlamentos e fingem suspense ao aguardar os resultados eleitorais. Quando desafiados, eles atacam a hipocrisia dos críticos ocidentais, que agem como puristas liberais enquanto reprimem os eleitores minoritários e lidam com brutalidade com os manifestantes. Putin observou em tom ácido que, desde a morte de Gandhi, ele não encontrara outros líderes puros o suficiente com os quais conversar.[63]

Em vez de admitir suas intenções autoritárias, os autocratas mais recentes encheram suas constituições de direitos políticos. Dois estudiosos do direito, David Law e Mila Versteeg, se propuseram a medir isso. Eles contaram quantos dos quinze principais direitos liberais foram apresentados nas constituições promulgadas por 188 países desde 1946. Esses direitos incluíam liberdade de imprensa, liberdade de reunião, direito de voto, liberdade de ir e vir, igualdade de gênero nas relações de trabalho e o direito de não ser torturado. Em 1981, a constituição média em uma ditadura não militar continha 7,5 desses direitos; em 2008, o número havia subido para 11,2.[64] Nem é necessário dizer que esses direitos raramente estão assegurados na prática. Mas os ditadores

---

[61] Lillis, *Dark Shadows*, 86.

[62] BBC, "Putin Deplores Collapse of USSR".

[63] Reuters, "I'm the World's Only True Democrat, Says Putin".

[64] Law e Versteeg, "Constitutional Variation among Strains of Authoritarianism", 184.

mais abusivos podem mostrar para seus críticos que estão na direção desses compromissos liberais.

E, mais do que seus predecessores, os ditadores do *spin* tentam fazer suas eleições parecerem competitivas.[65] Os ditadores clássicos do medo proibiam os partidos e candidatos da oposição. Por outro lado, os ditadores do *spin* permitem que alguns concorram, e sustentam a ficção de que o resultado é incerto. Os autocratas da velha guarda tipicamente voltam para casa com quase 100% dos votos. Os ditadores do *spin* preferem vitórias ainda acachapantes, só que mais plausíveis, geralmente na faixa de 60-75%. De acordo com o consultor político Vyacheslav Nikonov, o verdadeiro desafio nas eleições russas de 2004 foi "não exagerar". Uma votação alta demais para Putin iria macular o resultado. "Setenta e cinco seria demais", explicou Nikonov. "Setenta e dois parecia bem certo".[66] O presidente Alexander Lukashenko, de Belarus, alegou ter ajustado *para baixo* o verdadeiro nível de sua vitória de 2006, de 93% para cerca de 80%, "porque mais de 90% não seria bem-visto psicologicamente (*psikhologicheski ne vosprinimaetsya*)".[67] Ele chamou o novo resultado, mais baixo, de um número "europeu".[68]

---

[65] Algumas vezes, elas realmente são competitivas (Levitsky e Way, *Competitive Authoritarianism*). Acreditamos que isso acontece geralmente – embora nem sempre – por engano, em vez de intencionalmente. A concorrência geralmente deveria ser mais aparente do que real.

[66] Citado em Baker e Glasser, *Kremlin Rising*, 322.

[67] Gusman, "Alexander Lukashenko". Em geral, Lukashenko era violento demais para ser considerado um ditador do *spin*. Mas, por vezes, ele seguiu o manual.

[68] Maksymiuk, "Belarus". Em Ruanda, antes das eleições de 2003, de acordo com um relatório fascinante da especialista africana Michela Wrong, as mentes políticas por trás do presidente Paul Kagame se reuniram para debater o quão acachapante deveria ser a vitória. O comedido chefe da inteligência de Kagame, Patrick Karegeya, argumentou a favor do tipo de manipulação mais controlada, consistente com as regras do *spin*: "Deveríamos conseguir 65%", disse ele. "Precisamos de uma oposição, e precisamos do processo eleitoral para ter credibilidade." Mas o general de linha dura James Kabarebe discordou: "Você está falando bobagem", ele disse a Patrick. "'*Affande*' – ou seja, o chefe – deve receber 100%." No caso, Kagame, que já havia transformado Ruanda em um Estado policial rigorosamente vigiado, com recurso frequente à violência estatal, optou por continuar sendo um

Vitórias tão grandes – mas menos extremas – reforçam o controle dos líderes de diversas maneiras. Em eleições parlamentares, vitórias de lavada podem aumentar as cadeiras pró-governo acima do limite para emendas constitucionais. Geralmente é necessário um voto de dois terços. As grandes maiorias parlamentares também ajudam a acelerar outras legislações. Ao mesmo tempo, vitórias esmagadoras produzem um efeito psicológico temporário. Elas mobilizam apoio aos projetos do ditador e permitem que ele reivindique um mandato, enquanto desmoralizam a oposição.[69]

Em uma democracia, os vencedores dos mandatos ganham a habilidade de decretar políticas. Em uma ditadura do *spin*, os vencedores frequentemente reivindicam o apoio dos eleitores no sentido de retirar os freios ao seu poder. Repetidas vezes, as eleições abriram as portas para uma reforma constitucional. Chávez, eleito em 1998, convocou imediatamente uma assembleia constituinte para expandir a autoridade presidencial. Seus admiradores de esquerda, Rafael Correa e Evo Morales, fizeram o mesmo. Após sua vitória em 2010, o húngaro Viktor Orbán reformulou o tribunal constitucional, aposentou centenas de juízes e – um ano após sua eleição – adotou uma nova constituição.[70] Sua segunda reeleição, em 2018, conferiu o que ele chamou de "um mandato para construir uma nova era", remodelando a cultura e a sociedade.[71] Sua equipe tomou centenas de redações de jornais, reescreveu currículos escolares e afugentou de Budapeste a Universidade Centro-Europeia, fundada por George Soros.[72]

Na Rússia, as vitórias de Putin prenunciaram cada vez mais aumentos de poder. Após sua reeleição em 2004, ele aboliu as eleições governamentais. Em 2008, os limites do mandato impediram Putin de

---

ditador do medo. A participação do RPF foi oficialmente anunciada em 95,1% (Wrong, *Do Not Disturb*, 346-47).

[69] Magaloni, *Voting for Autocracy*.
[70] Lendvai, *Orbán*, 101-6.
[71] Than, "Hungary's Government Plans to Tighten Control over Theaters".
[72] Dunai, "Hungarian Teachers Say New School Curriculum Pushes Nationalist Ideology".

concorrer, e os eleitores então elegeram seu *alter ego*, Dmitri Medvedev. Em poucos meses, o mandato do presidente havia sido prolongado por dois anos e o do Parlamento por um.[73] A vitória de Putin em 2012 desencadeou uma avalanche de leis com o intuito de restringir a oposição.[74] Após sua reeleição de 2018, a gritaria generalizada pelo aumento na idade de aposentadoria forçou um atraso nas ações. Mas, no início de 2020, Putin providenciou a aprovação de emendas constitucionais que lhe permitiam concorrer novamente em 2024 e 2030. (Sem as emendas, ele teria de renunciar em 2024.)

Tiranos como Stálin e bandidos como Mugabe associaram as eleições à violência. Os ditadores do *spin* sabem que a repressão muito visível diminui sua pretensão à popularidade. Especialmente em torno da época de eleições, eles tentam manter as mãos limpas. Na verdade, como observado no capítulo 2, eles acusam seus oponentes de violência. Chávez explorou ao máximo a lembrança do golpe de 2002 contra ele. Putin retratou seus críticos como revolucionários atiradores de pedras que agrediram os policiais e tentaram mergulhar a Rússia no caos.[75] Quando precisam mesmo usar a força, os novos ditadores fingem estar defendendo o governo livre. O *autogolpe* de Fujimori de

---

[73] Dyomkin e Faconbridge, "Russia Medvedev Proposes Presidential Term of 6 Years".

[74] Barry, "Russian Lawmakers Aim at Foreign Cars, Films and Schooling in Patriotic Purge".

[75] Por exemplo, quando perguntado sobre manifestantes presos após a manifestação de Bolotnaya em 2012, Putin respondeu: "Não se pode reclamar de brutalidade policial quando tentam arrancar os olhos das pessoas, bater na cabeça delas ou arrancar suas dragonas. As autoridades devem responder à altura" (Presidente da Rússia, "Meeting of the Valdai International Discussion Club"). Em outra ocasião, ele disse: "Quanto aos protestos em massa, eu gostaria de chamar sua atenção para o seguinte. Certamente, todos os participantes desses eventos de massa têm o direito de fazê-lo, e o governo deve assegurar esses direitos. Mas há uma terceira questão: o próprio povo deve respeitar a lei. Se eles atacarem membros da força policial, se lhes causarem algum dano, se atirarem pedras sobre eles, etc. – esse tipo de atividade deve, sem dúvida, ser interrompido, e deve ser interrompido o mais cedo possível" (Presidente da Rússia, "Seliger 2012 National Youth Education Forum").

1992 foi, segundo ele próprio, "vital para assegurar uma democracia legítima e eficaz".[76]

Ao rejeitar a violência, eles recorrem a várias alternativas. Para os ditadores do *spin*, as campanhas eleitorais são, nas palavras do consultor político russo Gleb Pavlovsky, "operações especiais com uso de tecnologias de mídia".[77] Propaganda e censura, que são cuidadosamente gerenciadas em todos os momentos, ganham mais velocidade à medida que se aproxima uma votação. Pavlovsky e seus colegas empregaram muitos dos truques sujos desenvolvidos nas democracias ocidentais e acrescentaram alguns novos por conta própria.[78] Mesmo assim, sempre que possível, eles usaram métodos legítimos para evitar provocar a oposição. Como explica Sergei Markov, outro conselheiro do Kremlin, "aqueles problemas que podem ser resolvidos democraticamente são resolvidos democraticamente. Aqueles que não podem... são resolvidos por outros meios".[79]

De seu palácio presidencial, os ditadores do *spin* primeiro estabelecem as regras e depois as exploram. Ao mesmo tempo que permitem que políticos da oposição inofensivos se candidatem, eles excluem outros candidatos mais populares alegando tecnicalidades. Assim como permitem a permanência de alguns veículos de imprensa críticos e depois os assediam, os ditadores do *spin* permitem o registro de candidatos da oposição e depois perturbam sua campanha eleitoral. Eles pressionam a mídia no sentido de ignorá-los e as empresas para não fornecer locais para reuniões, enquanto espalham rumores e desinformação no intuito de desacreditá-los.

E praticam o *gerrymandering* (rezoneamento eleitoral) desavergonhadamente.[80] Por meio de uma minuciosa criação de novas regras, Chávez transformou 66% dos votos para sua assembleia constituinte em 93% das cadeiras. O sistema eleitoral de Singapura sofreu um

---

[76] Conaghan, *Fujimori's Peru*, 29-30.
[77] Krastev, *Eksperimentalnaya rodina*, 114.
[78] Cheeseman e Klaas, *How to Rig an Election*; Wilson, *Virtual Politics*.
[79] Avenarius, "Manipulieren, aber geschickt".
[80] Wong, "Gerrymandering in Electoral Autocracies".

efeito semelhante. Mesmo quando a participação do PAP no poder caiu para 60% em 2011, o partido ainda deteve 93% dos assentos parlamentares.[81] Na Hungria, o bloco de Orbán obteve 90% das cadeiras de distritos únicos em 2014 mesmo com apenas 45% dos votos.[82] (Combinado com os resultados das listas partidárias, a aliança de Orbán recebeu 67% das cadeiras com uma participação de 45% dos votos.)[83]

Quase todos os sistemas eleitorais mostram alguma disparidade entre votos e cadeiras. Mas as diferenças em Singapura, Rússia, Malásia e Hungria estão entre as maiores da história recente.[84] Para garantir e preservar tais vantagens, os ditadores revisam continuamente os procedimentos. Na Rússia, cada uma das eleições parlamentares de 2003 a 2016 foi realizada sob um conjunto diferente de regras. A única coisa que não mudou foi a vitória do partido de Putin.

Orbán também foi pioneiro em outro estratagema: preencher o eleitorado com apoiadores advindos de alguma diáspora. Depois que ele deu direito de voto aos húngaros que viviam em territórios perdidos após a Primeira Guerra Mundial, mais de 90% dos novos eleitores apoiaram seu partido com gratidão.[85] Em 2020, Putin ofereceu cidadania a 10 milhões de pessoas de etnia russa em países vizinhos, talvez esperando um bônus semelhante.[86]

Em vez de lidar com políticos de uma real oposição, os ditadores às vezes clonam os seus próprios opositores. Em Singapura, o sucessor de Lee Kuan Yew, Goh Chok Tong, designou que alguns "membros

---

[81] Tan, "Manipulating Electoral Laws in Singapore", 638.

[82] Lendvai, *Orbán*, 129; Pivarnyik, "László Kövér Is Heard Justifying Gerrymandering on Leaked Recording".

[83] Mudde, "The 2014 Hungarian Parliamentary Elections".

[84] A má distribuição às vezes resulta não de *gerrymandering* por si mesmo, mas de se estabelecer um limite muito alto para ganhar qualquer cadeira legislativa em um sistema proporcional, o que resulta em muitos votos sendo "desperdiçados". Por exemplo, para obter qualquer cadeira na legislatura do Cazaquistão, um partido deve ganhar pelo menos 7% dos votos em todo o país.

[85] Mudde, "The 2014 Hungarian Parliamentary Elections".

[86] *Moscow Times*, "Russia Passes Dual Citizenship Law, Hoping to Add 10M Citizens".

indicados" se fizessem passar por uma oposição parlamentar.[87] Goh se justificou dizendo que o tipo de representantes que *os eleitores* poderiam ter escolhido não era "o tipo de pessoas que eu queria compondo o meu sistema de freios e contrapesos".[88] E acrescentou que não acreditava "em constantes disputas e lutas por poder".[89]

Outros ditadores do *spin* cooptaram ou simplesmente "sequestraram" os partidos de oposição existentes. No Cazaquistão, os partidários de Nazarbayev arranjaram na surdina para que um dos seus assumisse o partido Ak Zhol, anteriormente crítico, em 2011. O antigo líder do Ak Zhol foi então indicado a "um confortável emprego no governo".[90] Na Rússia de Putin, os partidos cooptados têm até um nome especial: o Partido Comunista, o Partido Rússia Justa e o Partido Liberal Democrático nacionalista são chamados de "oposição sistêmica", de forma a distingui-los dos oposicionistas que realmente se opõem ao governo, em vez de simplesmente fingir que o fazem, frequentemente votando a favor de sua legislação.[91]

O poder dos ditadores do *spin* depende de sua popularidade. Portanto, eles a monitoram com cuidado. Ao contrário dos autocratas da velha guarda, que, no máximo, se dedicavam ao estudo de suas sociedades, os novos ditadores esmiúçam os dados de pesquisas. A cada semana, por exemplo, o Kremlin de Putin encomenda pesquisas nacionais abrangentes de duas empresas.[92] Periodicamente, são adicionadas pesquisas representativas regionais e pesquisas secretas sobre tópicos específicos.[93] Ao mesmo tempo, a agência de segurança do Kremlin, a FSO (Serviço Federal de Segurança), conduz suas próprias

---

[87] Peh, *Tall Order*.

[88] *Ibid.*

[89] Rodan, "Goh's Consensus Politics of Authoritarian Rule", 63; Rodan, *Participation without Democracy*, cap. 4.

[90] Lillis, *Dark Shadows*, 82.

[91] Sobre a cooptação que o Kremlin faz da assim chamada oposição, ver Wilson, *Virtual Politics*, cap. 8.

[92] Para mais a esse respeito, ver Frye, *Weak Strongman*.

[93] Rogov e Ananyev, "Public Opinion and Russian Politics", 204.

sondagens mais heterodoxas da opinião pública – cerca de quinhentas por ano, algumas com cerca de cinquenta mil entrevistados.[94] Como Putin, Fujimori desenvolveu um "vício por pesquisas".[95] Sua polícia secreta, o SIN, conduziu inúmeras pesquisas "caras e sofisticadas" e contratou um consultor argentino, Saul Mankevich, para organizar grupos de discussão. Menos formalmente, o chefe de segurança de Fujimori, Vladimiro Montesinos, enviou agentes do SIN para se passar por motoristas de táxi e coletar ideias a partir de conversas com seus passageiros.[96]

Assim como nas eleições, os ditadores do *spin* usam os resultados das pesquisas para justificar o acúmulo de poder. Quando os respondentes apoiam algum movimento antidemocrático ou ilegal, os líderes entram em ação. Putin conduziu pesquisas tanto na Crimeia quanto na Rússia antes de decidir anexar o território ucraniano em 2014.[97] As pesquisas também subsidiaram o *autogolpe* de Fujimori em 1992. Elas haviam revelado o desencanto do povo com o Congresso, o Judiciário e os partidos de oposição.[98] Quando as tropas tomaram o poder, quem estava por detrás de tudo eram os institutos de pesquisa.[99] O apoio generalizado ao governo que eles haviam descoberto se tornou uma arma de RP instantânea. Fujimori inclusive insistiu que não tinha dado um golpe, mas agido democraticamente. A democracia, disse ele, significava "respeito pela opinião pública".[100] Muitos engoliram a cascata. Em pesquisas posteriores, "a maioria dos peruanos expressou a opinião de que o governo Fujimori era 'democrático'".[101]

---

[94] Meduza, "What Putin Reads".

[95] Schmidt, "Peru", 685.

[96] Bowen e Holligan, *The Imperfect Spy*, 325.

[97] Alpert e Rousek, "Vladimir Putin"; BBC, "Putin Reveals Secrets of Russia's Crimea Takeover Plot".

[98] Conaghan, *Fujimori's Peru*, 31-32.

[99] *Ibid.*, 33.

[100] *Ibid.*

[101] McClintock, "Peru's Fujimori", 112.

Assim como os jornais ou blogueiros da oposição, os pesquisadores independentes também podem ser explorados por sua maior credibilidade. Os críticos de Fujimori atacaram a metodologia das pesquisas mostrando seu aumento de popularidade, mas seus esforços "caíram por terra".[102] Alfredo Torres, da firma Apoyo, denunciou a ação de Fujimori. Mas ele "insistiu na precisão de sua própria pesquisa de opinião" que documentou a popularidade do golpe.[103]

Rafael Correa também manipulou os dados habilmente. Catherine Conaghan ficou maravilhada com a rapidez com que o líder do Equador "dominou a arte de mobilizar a opinião pública por meio de pesquisas, da mídia e das ruas, a fim de desorientar, desmoralizar e desorganizar os adversários políticos". Os equatorianos nunca haviam "visto um presidente tão obcecado e tão hábil na comunicação e nas relações públicas".[104] Como os presidentes estadunidenses, Correa se gabava de estar conduzindo uma "campanha permanente".[105]

O fato de ditadores do *spin* investirem tanto em pesquisas sugere que eles levam os resultados pelo menos ligeiramente a sério. E é claro que eles fingem ser estadistas focados no interesse nacional, em vez de populistas que vão para onde o vento soprar. Mas, ocasionalmente, eles admitem realmente monitorar seus índices. "Claro, eles me trazem esses números", confessou Putin em 2013. "Eu dou uma olhada e – de maneira geral – presto atenção."[106] Durante vários anos depois de chegar ao poder, Putin esperava que sua aprovação ascendente afundasse a qualquer momento, de acordo com Pavlovsky, seu assessor no Kremlin.[107] Ele não achava que aquilo duraria. No entanto, graças ao bom desempenho econômico no início, e à manipulação e à anexação da Crimeia mais tarde, ele manteve sua aprovação acima de 60% por vinte anos.

---

[102] Conaghan, *Fujimori's Peru*, 35.

[103] *Ibid.*

[104] Conaghan, "Ecuador", 47.

[105] *Ibid.* Sobre "campanhas permanentes", ver Blumenthal, *The Permanent Campaign*.

[106] NTV, "Odin den iz zhizni Putina", aos cerca de quinze minutos de entrevista.

[107] BBC, "Pavlovsky".

Nas democracias, os políticos usam as pesquisas para determinar quais políticas agradam ao público e para assim adaptar seus programas. Os ditadores do *spin* ocasionalmente fazem o mesmo. Depois de ver como a atitude era impopular, os líderes russos se recusaram mais de uma vez a remover o corpo embalsamado de Lênin do mausoléu da Praça Vermelha.[108] Mas a principal maneira por meio da qual os novos autocratas usam as pesquisas é bem diferente: as usam para testar a eficácia de suas manipulações. De acordo com Aleksei Chesnakov, outro ex-consultor do Kremlin:

> Quando a mídia está sob controle, as pesquisas só podem mostrar o quanto esse controle está sendo eficaz. É como se você tivesse uma pessoa doente e a infectasse com novos vírus e medisse sua temperatura. O termômetro revela como os vírus a estão afetando. As pesquisas não fornecem um motivo para mudar as políticas. Elas apenas mostram quantas pessoas receberam seu sinal.[109]

Quando sua popularidade está em alta, os ditadores do *spin* muitas vezes permitem uma ampla publicação das pesquisas. Mas quando seus números caem, eles enfrentam um dilema. Permitir tais relatos ameaçaria sua imagem. Mas, ao se restringir a publicação, os cidadãos podem inferir que sua popularidade diminuiu. Na verdade, pode-se até pensar que o declínio foi maior do que realmente é. A melhor estratégia – como sempre – é censurar de uma forma que não pareça censura. A Fundação de Opinião Pública ligada ao Kremlin deixou de publicar a colocação eleitoral de Putin no início de 2020 porque, segundo ela, ainda não estava claro quem iria concorrer com Putin nas eleições seguintes.[110] Estranhamente, isso nunca havia incomodado a fundação antes. A mudança aconteceu em um momento em que outras pesquisas mostravam a aprovação de Putin caindo ao ponto

---

[108] Valery Fyodorov, diretor da VTsIOM, entrevista feita por Treisman, janeiro de 2016.

[109] Aleksei Chesnakov, entrevista feita por Treisman, 27 de janeiro de 2016.

[110] FOM, "Vladimir Putin".

mais baixo de todos os tempos.[111] Em 2019, a outra agência ligada ao Kremlin, o VTsIOM (Centro Russo de Pesquisa e Opinião Pública), mudou sua metodologia de forma a elevar sua estimativa de confiança pública em Putin, atendendo a reclamações do Kremlin.[112]

No período que antecedeu o referendo de 2020 de Putin a respeito de uma série de emendas constitucionais, institutos de pesquisa de opinião pública bem conhecidos evitaram em sua maioria publicar qualquer coisa sobre intenções de voto, ou então relataram resumos enganosos. Por exemplo, uma agência anunciou que 61% dos entrevistados eram favoráveis às emendas, quando esse número na verdade incluía os 31% que eram neutros. Depois que o principal jornal de negócios do país, o *Vedomosti*, foi assumido por um aliado do Kremlin, ele parou de publicar os resultados das pesquisas. Em um ato de rebeldia, dois institutos diferentes conseguiram financiar pesquisas independentes por meio de *crowdsourcing*.[113]

FRAUDE E ABUSO

Interpretar pesquisas em sociedades não livres é complicado, como discutimos no capítulo 4. Mas ditadores do *spin* como Putin e Chávez eram claramente populares – em alguns momentos, até extremamente populares. Mesmo seus oponentes políticos tinham de admitir isso. Para citar um crítico do presidente venezuelano: "Chávez era amado – genuinamente amado – por milhões de venezuelanos pobres, e ganhou uma eleição depois da outra durante uma década e meia... Seu poder não repousava na violência, mas em genuíno afeto popular".[114] Ou, em termos mais simples, como escreveram os especialistas em opinião

---

[111] Levada Center, "Indikatory". O Levada Center é um instituto de pesquisa independente que foi designado como um "agente estrangeiro" pelo governo russo. Como resultado disso, é proibido publicar as classificações eleitorais de Putin, mas o instituto ainda pode publicar seus índices de aprovação.

[112] RBC, "Kreml otsenil novuyu metodiku oprosa VTsIOMa o doverii Putinu".

[113] Yudin, "In Russia, Opinion Polls Are Being Used".

[114] Toro, "Chávez Wasn't Just a Zany Buffoon".

pública russa Samuel Greene e Graeme Robertson em 2019: "Vladimir Putin é um homem popular".[115]

Com seus altos índices de aprovação, esses líderes poderiam ganhar eleições honestamente. E, no entanto, eles quase sempre optaram por fazê-lo com um elemento de fraude, algumas vezes mal escondido.[116] Isso parece perverso, e é algo que vem intrigando os observadores. Chávez, Putin e os outros queriam ser considerados democráticos, legitimamente escolhidos pelo público. Convidaram observadores internacionais para certificar suas vitórias. Por que, então, inflar as urnas, dar um trato na contagem e se envolver em outros truques?

Claramente, o objetivo não era apenas ganhar. Muitas vezes, eles inclusive ganharam por grandes margens. Como já observado, ao mesmo tempo que evitam os inacreditáveis 99% de aprovação de ditadores do passado, esses novos autocratas ainda tendem a conquistar vitórias impressionantes. O cientista político Alberto Simpser examinou todas as eleições em não democracias entre 1990 e 2007 que pareciam ter sido manipuladas. Em metade delas, os incumbentes derrotaram seu rival mais próximo por 30 pontos percentuais ou mais.[117] Nesses casos, a fraude não foi usada para vencer; na verdade, foi usada para ampliar a figura do ditador.[118]

Então, será que eles alteraram os resultados como uma espécie de apólice de seguro? O caso é que ditadores podem não confiar completamente nas pesquisas que os mostram à frente. Tais pesquisas tinham levado o nicaraguense Daniel Ortega a um excesso de confiança em 1990, antes que os eleitores o retirassem do governo.[119] E houve outros exemplos. Como disse um assessor do Kremlin

---

[115] Greene e Robertson, *Putin v. the People*, 1.

[116] Sobre fraudes no governo de Chávez, ver, por exemplo, Corrales, *Electoral Irregularities*; e Jiménez e Hidalgo, "Forensic Analysis of Venezuelan Elections".

[117] Simpser, *Why Governments and Parties Manipulate Elections*. Ver também Lehoucq, "Electoral Fraud".

[118] Outro motivo constatado foi o de aumentar o comparecimento em momentos de apatia pública.

[119] Guillermoprieto, "Letter from Managua".

sobre Putin em 2003: "Em sua mentalidade, todo risco deve ser minimizado a zero".[120]

Isso pode ter contribuído em alguns casos. Mas, em geral, parece implausível. Insistimos que os ditadores não usam a fraude apenas para ganhar eleições que seriam apertadas. E a fraude muitas vezes *aumenta* o risco de algo dar errado. Desde as Filipinas em 1986 até a Iugoslávia em 2000, eleições sujas desencadearam revoltas que expulsaram os governos em exercício.[121] Se a segurança fosse o objetivo, certamente os ditadores cobririam seus rastros. E o que ocorre é que, na verdade, os padrões de votação que os funcionários da Rússia relataram em 2011 foram tão bizarros que se tornaram um *meme* de internet. Os manifestantes colocaram imagens das distribuições estatísticas em seus cartazes para mostrar o quão matematicamente implausíveis eram os resultados anunciados. O chefe da comissão eleitoral da Rússia, Vladimir Churov, foi apelidado de "O Mágico" por sua "capacidade de fazer os votos aparecerem e desaparecerem".[122] Antes de cada eleição, jornais ainda críveis noticiaram que o Kremlin ordenou altas votações de seus agentes. Em 2018, por exemplo, o principal assessor político de Putin reuniu os governadores e exigiu 70% dos votos e 70% de comparecimento às urnas.[123]

Outra possibilidade é a de que os ditadores prefeririam ganhar por uma margem respeitavelmente estreita. No entanto, seus agentes competem para informar altos números ao chefe, produzindo vitórias esmagadoras totalmente fraudulentas. As evidências confirmam que agentes excessivamente entusiasmados desempenharam um papel nesse sentido na Rússia.[124] Ainda assim, se os líderes quisessem mesmo reduzir

---

[120] Citado em Baker e Glasser, *Kremlin Rising*, 325. A citação pode soar estranha dada a posterior propensão de Putin em assumir grandes riscos – como invadir a Ucrânia e a Crimeia e intervir na Síria. Mas, em seus dois primeiros mandatos, ele realmente pareceu bastante cauteloso.

[121] Tucker, "Enough! Electoral Fraud, Collective Action Problems, and Post-Communist Colored Revolutions".

[122] Frye, *Weak Strongman*.

[123] *Moscow Times*, "Kremlin 'Aiming for 70% Victory' in 2018 Presidential Election".

[124] Rundlett e Svolik, "Deliver the Vote! Micromotives and Macrobehavior in Electoral Fraud".

sua margem, poderiam facilmente penalizar aqueles que "roubaram votos demais". E o que na verdade acontece é que são punidos aqueles que reportam números muito baixos.[125] E, como observado, as ordens para grandes vitórias vêm muitas vezes do próprio Kremlin. A fraude pode ter como objetivo convencer os burocratas de que o titular vencerá com certeza – e estará, portanto, em posição de recompensá-los ou puni-los mais tarde.[126] Mas, quando os titulares já são conhecidos por serem muito populares, aí, sim, resta pouco mistério sobre o resultado da eleição.

Muitos estudiosos acreditam que os ditadores cometem fraudes – e de maneira óbvia – com o intuito de desmoralizar os potenciais adversários. Se as eleições parecem livres e justas, os oponentes têm um incentivo para tentar ampliar sua base de apoio e concorrer. Mas se o titular deixar claro que usará fraude para se agarrar ao poder, então montar uma campanha pode parecer inútil para a oposição e seus doadores. Da mesma forma, os eleitores contrários ao regime podem nem se preocupar em votar quando já têm certeza de que não poderão mudar o resultado.[127] E, para completar o círculo, se os eleitores da oposição não se preocuparem em votar, então, no final, o titular nem vai precisar usar de muita fraude.

Essa às vezes pode ser mesmo a explicação. No entanto, um titular realmente popular *não deveria precisar de fraude* para desmoralizar a oposição. Os próprios números das pesquisas deveriam ser suficientes nesse sentido. E, como observado, a própria fraude pode desencadear protestos. Pesquisas confirmam que os eleitores russos não gostam de fraudes.[128] Putin sobreviveu às manifestações contra a falsificação de números que abalaram o centro de Moscou após as eleições parlamentares de 2011. Mas a escala daqueles protestos claramente alarmou o Kremlin.[129]

---

[125] Reuter e Robertson, "Subnational Appointments in Authoritarian Regimes".

[126] Gehlbach e Simpser, "Electoral Manipulation as Bureaucratic Control".

[127] Ver Simpser, *Why Governments and Parties Manipulate Elections*; Magaloni, *Voting for Autocracy*; e Egorov e Sonin, "Elections in Nondemocracies".

[128] Szakonyi e Reuter, "Electoral Manipulation and Regime Support".

[129] Vinokurova, "To chto na ulitsu vydut desyatki tysyach lyudey, ne ozhidal nikto".

Se esses argumentos são, na maior parte, convincentes, então por que os ditadores do *spin* recorrem à fraude? Já mencionamos uma possibilidade: as margens infladas ajudam os ditadores em exercício a monopolizar o poder. Elas podem, por exemplo, fornecer a maioria necessária para se efetuarem emendas constitucionais. Uma vitória clara dessa maneira, mesmo sabendo-se que foi inflada nas urnas, também pode vir a reduzir o poder de barganha dos apoiadores do ditador. Se houvesse um resultado muito apertado, cada um desses apoiadores poderia começar a afirmar que fez uma diferença crucial – e com isso exigir mais em troca. Mesmo a elite da *oposição* e a mídia podem ser mais fáceis de cooptar após uma grande vitória. Levar a massa à revolta vai parecer mais difícil para eles dessa forma do que se o titular tivesse acabado de ganhar por um fio, ou seja, esses opositores podem ficar mais propensos a se aquietarem.

Uma segunda razão é mais paradoxal: mesmo que se acredite que essas grandes vitórias sejam parcialmente fraudulentas, elas ainda podem aumentar a legitimidade do titular. Isso pode soar estranho. Afinal, fraudes parecem minar a reivindicação do ditador ao poder. Mas, na verdade, não precisa ser esse o caso. Pelo contrário, a fraude pode na verdade aumentar a confiança no resultado da eleição.

Para enxergar isso, considere o seguinte exemplo. Suponha que as pessoas esperem que o titular inflacione seu voto em 10 pontos percentuais. Se ele não usar nenhuma fraude e ganhar com 55% dos votos, os cidadãos podem acreditar que ele realmente conseguiu apenas 45% e roubou a vitória. Mas se ele acrescentar os 10% esperados ao seu total e informar 65%, o público terá certeza de que ele é, de fato, o verdadeiro vencedor.[130] Bizarramente, a fraude em tais casos fortalece a fé no resultado relatado. E isso pode diminuir as chances de uma revolta de eleitores. Isso não acontece pelo fato de que a fraude intimida os eleitores, ao demonstrar a determinação do regime em ganhar a todo custo.[131]

---

[130] A lógica é semelhante à dos ciclos políticos de negócios, conforme modelado por Rogoff e Sibert, "Elections and Macroeconomic Policy Cycles". Veja também Little, "Fraud and Monitoring", para um argumento relacionado.

[131] Isso é sustentado, por exemplo, em Simpser, *Why Governments and Parties Manipulate Elections*.

Acontece porque a fraude tranquiliza os eleitores de que o candidato "certo" ganhou.[132]

Ao mesmo tempo, sinais de fraude podem não minar as pretensões dos titulares de serem vistos como democratas porque muitos cidadãos de autocracias acreditam que a fraude *também é comum nas democracias*. Os ditadores do *spin* frequentemente tomam o poder após períodos de governo popular caótico que tiveram suas próprias eleições duvidosas. Comparados àqueles, os abusos dos ditadores podem parecer normais ou mesmo moderados. E sua propaganda vai alegar que os líderes ocidentais também manipulam. Os próprios políticos ocidentais às vezes ajudam a passar essa mensagem. O presidente Donald Trump advertiu o público repetidamente sobre fraude eleitoral nos Estados Unidos, para deleite da mídia pró-Kremlin, que reportou avidamente suas declarações.[133] Em seu website, a Comissão Eleitoral Central da Rússia afirma que, nas eleições americanas, o Pentágono garante "até 100% de comparecimento às urnas das tropas militares", que votam "sob a supervisão dos comandantes". Os oficiais venezuelanos também gostam de anunciar os pontos fracos de Washington. Na recontagem de 2000 nos Estados Unidos, segundo o ministro das Relações Exteriores da Venezuela, "o mundo inteiro pôde ver como uma fraude de magnitude colossal foi conduzida".[134]

Muitos cidadãos em ditaduras parecem pelo menos parcialmente convencidos. Em outubro de 2000, os institutos de pesquisas perguntaram aos russos se eles achavam possível que as eleições presidenciais americanas seguintes seriam manipuladas. (Perceba que isso foi *antes* do fiasco "Bush vs. Gore".) Excluindo os 28% que responderam "não

---

[132] As pesquisas de opinião publicadas antes das eleições também poderiam aumentar a credibilidade do resultado, ao mostrar que, de fato, 55% apoiavam o titular. A fraude poderia então parecer redundante. Mas, na verdade, se os eleitores esperam fortemente que o titular inflacione a votação de maneira fraudulenta, eles podem concluir que a pesquisa de opinião deveria estar errada em vez de a eleição ter sido limpa. Assim, a fraude – inflar o voto do titular para 65% – ainda aumentaria a confiança de que ele tinha, de fato, vencido.

[133] TASS, "'Mertvie dushi' po-amerikanski".

[134] *Granma*, "Canciller venezolano auguro ingreso a Consejo de Seguridad".

sei", o número de respondentes que pensaram que definitivamente ou provavelmente poderia acontecer manipulação foi bem próximo do número dos que julgaram improvável.[135] Na Venezuela em 2011, o entrevistado médio ranqueou a democracia dos Estados Unidos abaixo do regime da Venezuela.[136] Os cidadãos podem reconhecer as falhas nas práticas de seus próprios países e ainda assim presumir que problemas semelhantes ocorrem em todos os lugares.

A fraude é, com frequência, vista como perigosa para a posição internacional de um ditador. Ela o faz incorrer no risco de provocar a condenação por observadores internacionais e sanções por governos estrangeiros. Mas, pelo menos quando essa fraude é cometida de maneira moderada, tais perigos não são assim tão óbvios, como discutiremos no capítulo 6. De fato, os monitores frequentemente assumem um posicionamento mais suave por medo de provocar protestos violentos ou por causa dos interesses estratégicos de seus países.[137] E os governos ocidentais tendem a desviar o olhar, desde que os eleitos passem por todo o processo de alguma forma. Para a maioria deles, por volta da virada do século XXI, "o novo padrão eram eleições pluripartidárias, não a democracia".[138]

A fraude certamente pode ser perigosa para aqueles líderes que são *impopulares*. A percepção de que candidatos em exercício desesperados haviam roubado eleições na Geórgia, na Ucrânia e no Quirguistão desencadeou as chamadas "revoluções coloridas" nos anos 2000.[139] Mas os ditadores que são populares, depois de manipularem com sucesso a opinião pública, enfrentam riscos menores. Aqueles que poderiam ganhar uma eleição honesta raramente são punidos por inflacionar a

---

[135] FOM, "'Penta' Poll n. 43", 28-29 de outubro de 2000. 1.446 pessoas consultadas. Disponível em http://sophist.hse.ru.

[136] A nota média para os Estados Unidos foi de 7,1 em uma escala de 10 pontos; a da Venezuela foi de 7,3. Ver Latinobarómetro, *Informe Latinobarómetro 2011*, 44.

[137] Cheeseman e Klaas, *How to Rig an Election*, 182-206.

[138] Levitsky e Way, *Competitive Authoritarianism*, 19.

[139] Tucker, "Enough! Electoral Fraud, Collective Action Problems, and Post-Communist Colored Revolutions".

margem. De fato, o que se consideraria convencionalmente razoável a respeito de fraude eleitoral parece ter uma lógica invertida. Tal fraude poderia ser geralmente considerada útil para ditadores impopulares e supérflua para ditadores populares. Mas o que acontece, na verdade, é que ela é útil para os populares e muitas vezes perigosa para os impopulares – que podem se dar melhor ao negociar com as forças de oposição do que se arriscando a uma revolta coordenada.

CHECANDO AS EVIDÊNCIAS

Como de costume, várias estatísticas confirmam a mudança dos regimes do medo para os do *spin*. Para começar com o assunto das eleições, elas se espalharam de forma constante por todos os tipos de autocracias nos últimos duzentos anos. Em 1820, apenas uma em cada cinco não democracias realizou uma eleição legislativa ou presidencial na década anterior. Na década de 1870, mais da metade havia realizado, e, às vésperas da Primeira Guerra Mundial, esse número havia subido para dois terços. No final da década de 1930, o número chegava a três quartos. Depois de afundar durante a Segunda Guerra Mundial, a participação das autocracias com eleições voltou a subir, atingindo 85% das não democracias em 1961 e 93% em 2018.[140]

É claro que esse número inclui aquele tipo de "eleições rituais" realizadas por muitos ditadores do medo. Mas o perfil das eleições também veio mudando. As eleições pluripartidárias se espalharam pelo mundo autoritário em paralelo com as três ondas da democracia que mencionamos no capítulo 1. A proporção de não democracias que haviam realizado pelo menos uma eleição legislativa ou presidencial nos dez anos anteriores, nas quais um partido de oposição foi autorizado a concorrer, aumentou constantemente, de 14% em 1820 para dois terços em 1933. A participação mais uma vez afundou na Segunda Guerra Mundial, recuperou-se um pouco na "segunda onda" do pós-guerra, mas depois caiu durante a maior parte da Guerra Fria, chegando a 37% em 1983.

---

[140] Dados do V-Dem. Ver o suplemento online, Figura OS5.1.

Por fim, as eleições pluripartidárias voltaram a crescer na era do *spin*, atingindo 78% das autocracias em 2018.[141]

Sustentamos que, enquanto ditadores do medo gostam de reportar votações em seu favor próximas a 100%, os ditadores do *spin* preferem vitórias que pareçam menos implausivelmente unilaterais. Sendo assim, como o medo deu lugar ao *spin* nas últimas décadas, deveríamos ver uma queda nos resultados extremamente altos. E realmente é o que temos. Nas décadas de 1960, 1970 e 1980, mais da metade das eleições nacionais realizadas em não democracias foram vencidas com mais de 90% dos votos. Mas a frequência de tais vitórias distorcidas então despencou. Na década de 2000, os vencedores estavam conquistando mais de 90% dos votos em apenas menos de um quinto das eleições presidenciais e em menos de um décimo das eleições legislativas em não democracias.[142]

Usando nossas regras básicas, podemos verificar que os ditadores do *spin* e os do medo diferem, tal como sugerido, na escala de suas vitórias. Eles realmente apresentam essa diferença. Em todas as eleições presidenciais desde 1946, os ditadores do medo ganharam com mais de 90% dos votos em 57% dos casos. Os ditadores do *spin* o fizeram em 26% – a maioria deles lá no início da mudança – e os líderes democráticos em 1%. Nas eleições legislativas, o partido vencedor ganhou com mais de 90% dos votos em 55% das vezes sob ditadores do medo, 16% das vezes sob ditadores do *spin*, e em nem uma única vez nas democracias.[143] Enquanto muitos ditadores do medo não têm qualquer intenção de fazer o resultado parecer plausível, os ditadores do *spin* geralmente têm. A média de votos para o vencedor nas eleições

---

[141] Ver *ibid*.

[142] Suplemento online, Figura OS5.2.

[143] Ver suplemento online, Tabela OS5.1. Essas são as proporções que podem ser observadas no conjunto de todas as eleições. Mas, mesmo olhando apenas para as eleições pluripartidárias realizadas pelos ditadores do medo, o vencedor obteve mais de 90% em 34% dos casos (presidenciais) e 17% dos casos (legislativas), comparado com 19% (presidenciais) e 11% (legislativas) para os ditadores do *spin*. Naturalmente, realizar eleições pluripartidárias é um de nossos critérios para a ditadura do *spin*.

presidenciais foi de 85% em ditaduras do medo e 72% em ditaduras do *spin*.

Será que os ditadores do *spin* conseguem enganar seus cidadãos? Algumas evidências disso vêm da Pesquisa Mundial Gallup, que já utilizamos no capítulo 4. Uma pergunta é a seguinte: "Neste país, você tem confiança na honestidade das eleições?". Os consultados podem responder "sim", "não" ou "não sei". Fizemos uma média dos resultados de todas as pesquisas disponíveis para cada país entre 2005 e 2015. Uma primeira característica marcante dos resultados é que o ceticismo a respeito de eleições é forte mesmo nas democracias. Apenas 46% dos entrevistados na média dos países democráticos (aqueles com um índice de 6 ou mais na Polity2) disseram ter confiança na honestidade das eleições de seu país. Mesmo nas democracias mais bem classificadas (com um Polity2 de 10), essa participação foi de apenas 58%. Lembramos anteriormente que os cidadãos em autocracias muitas vezes acreditam que a fraude também ocorre nas democracias. Parece que muitos nas democracias concordam com isso.

Esse ceticismo está bastante espalhado por todos os tipos de regime – de 36% com confiança na honestidade das eleições na média das ditaduras do medo até 46% na média das democracias. As ditaduras do *spin* estão bem no meio, com 41% expressando confiança nas eleições de seu país.[144] Isso é ligeiramente superior aos 39% de confiança registrados em democracias imperfeitas (Polity2 de 6-9). Em um mundo que se mostra cético, os ditadores do *spin* conseguem empurrar suas eleições aos seus cidadãos tão bem quanto os democratas em países como o Malawi (Polity2 de 6), a Geórgia (Polity2 de 7), o México (Polity2 de 8) e a Estônia (Polity2 de 9).

Mencionamos uma série de maneiras como os ditadores do *spin* manipulam as eleições para garantir sua dominação, ao mesmo tempo que ainda tentam parecer algo democráticos. Uma das técnicas é o *gerrymandering* de distritos para ampliar o impacto das vitórias. Uma medida simples dessa má distribuição – que inclui o *gerrymandering*

---

[144] Suplemento online, Tabela OS5.2. A diferença entre os ditadores do *spin* e do medo só é significativa em p = .07.

e outros truques burocráticos – é a lacuna entre as quotas de cadeiras parlamentares e de votos que o maior partido ganhou na última eleição. Se o partido do ditador conseguir 60% das cadeiras depois de ganhar 60% dos votos, não haverá lacuna. Se ele conseguir 80% dos assentos, há uma má distribuição de 20 pontos percentuais.

Esperamos que ocorra mais desse rezoneamento sob ditadores do *spin* do que sob ditadores de medo, que conseguem suas vitórias unilaterais por meio de exclusões e intimidações mais diretas. Portanto, é de se esperar um aumento na média dessas lacunas nas últimas décadas. E, de fato, a média da má distribuição nas não democracias, depois de cair entre os anos 1930 e 1960, aumenta, atingindo um pico nos anos 1990. Desde os anos 1990, a diferença média entre as cadeiras e os votos dos maiores partidos tem sido de cerca de 10 pontos percentuais.[145] Os ditadores do *spin* levam o prêmio de mais prática de *gerrymandering*. Durante todo o período entre 1946 e 2015, a lacuna média entre os ditadores do medo é de apenas 1 ponto percentual. Os líderes democráticos se utilizam dessa prática um pouco mais, com uma média de 6,6 pontos percentuais de lacuna. Mas os ditadores do *spin* saem por cima com uma lacuna de 11,1 pontos. Sua proeza na má distribuição deixa até mesmo as democracias imperfeitas comendo poeira.

Argumentamos que, ao mesmo tempo que reduzem o uso da força, os ditadores do *spin* manipulam a mídia para garantir popularidade e vitórias eleitorais. Dados compilados pelos cientistas políticos Susan Hyde e Nikolay Marinov lançaram luz sobre isso.[146] Eles registraram se, nas eleições em todo o mundo desde 1945, a mídia tinha sido acusada de parcialidade pró-governamental no período que antecedeu a votação. Como esperado, o suposto viés pró-governamental da mídia aumenta nas últimas décadas – de cerca de 30% nas eleições em não democracias nos anos 1980 para mais de 60% na década de 2010. Tais alegações são comuns contra os ditadores do medo –, afinal, eles *divulgam abertamente* sua censura, por isso não é surpreendente que ela seja percebida. Mas, como sugerido, tal manipulação da mídia também

---

[145] Suplemento online, Figura OS5.4.

[146] Hyde e Marinov, "Which Elections Can Be Lost?".

é comum entre os ditadores do *spin*: foi alegado um viés da mídia em 40% das eleições com muitos candidatos que eles realizaram. Isso é muito superior aos 10% dos regimes democráticos que enfrentaram tais acusações.[147]

Em suma, os ditadores do *spin* fingem ser democratas dedicados, embora às vezes defendam o sistema que conduzem como sendo um trabalho em evolução. Como quase todos os autocratas de hoje, eles realizam eleições e permitem que alguns partidos da oposição se candidatem. Tendem a vencer por vitórias arrasadoras, mas não com os resultados implausíveis que os ditadores do medo preferem. Essas vitórias são apoiadas – e ampliadas – pela manipulação dos meios de comunicação, pelo rezoneamento de distritos eleitorais e por uma boa dose de fraude eleitoral. Quando tal fraude é esperada, a realização dessa expectativa pode – de modo contraintuitivo – aumentar a confiança de que o candidato "certo" ganhou. Em uma era de ceticismo político generalizado, muitos em todos os sistemas duvidam da integridade das eleições de seu país. Mas os cidadãos das ditaduras do *spin* não são mais nem menos céticos do que os da maioria das democracias imperfeitas.

À primeira vista, parece que eleições aparentemente competitivas deveriam reduzir a longevidade das autocracias. Mas, na verdade, os governantes que conduzem essas eleições tendem a durar pelo menos tanto quanto aqueles que não o fazem.[148] Os ditadores do *spin* transformam as urnas em uma fonte de força. Eles aprendem como controlar o voto, em vez de deixar que os votos os controlem. Imitar a democracia reduz o perigo de ter de aceitar a realidade. Com sua posição segura dentro de casa, tais líderes enfrentam um desafio-chave adicional: o que fazer com o mundo além de suas fronteiras.

---

[147] Suplemento online, Figura OS5.5, Tabela OS5.4. A diferença entre a frequência de ditadores do *spin* e democracias é significativa em p < .01.

[148] Geddes, "Why Parties and Elections in Authoritarian Regimes"; Kendall-Taylor e Frantz, "Mimicking Democracy". Entretanto, Brownlee (*Authoritarianism*) aponta que eleições com muitos candidatos não têm impacto independente na sobrevivência do autoritarismo.

6
PILHAGEM GLOBAL

EM 1948, Stálin decidiu que já estava farto de Josip Broz. Quatro anos antes, seu partidário iugoslavo, conhecido pelo nome de guerra "Tito", havia expulsado os nazistas de seu país. Até então, ele tinha sido um confiável soldado, leal ao grande homem do comunismo mundial. Mas ele começava a mostrar sinais de independência, avançando os interesses iugoslavos sobre a Albânia e a Grécia e resistindo aos esforços soviéticos para infiltrar agentes nos círculos governantes de Belgrado.[1] "Tudo o que tenho de fazer é mexer um dedo, e será o fim de Tito", gabou-se Stálin.[2]

Mas ele deve ter mexido o dedo errado. Apesar das múltiplas tramas envolvendo seu assassinato, Tito sobreviveu. Um plano visava acabar com todo o Politburo iugoslavo à base de rifles automáticos no salão de sinuca na vila de Tito. Outro envolvia envenená-lo com a peste

---

[1] Para uma recente revisão do que é conhecido sobre as razões por detrás da cisão soviético-iugoslava, veja Perović, "The Tito-Stalin Split". Sobre a resistência de Tito à infiltração de Stálin, ver Andrew e Mitrokhin, *The Sword and the Shield*, 356.

[2] Isso de acordo com Khrushchev em *Memoirs of Nikita Khrushchev*, 532. Perović não está convencido de que Stálin realmente tenha dito isso.

pneumônica.³ Stálin parece ter considerado até uma invasão militar, mas decidiu contra.⁴ Moscou expulsou a Iugoslávia do Cominform, o clube de aliados comunistas de Stálin, e impôs um bloqueio econômico.⁵

Deixado à margem e o tempo inteiro fugindo de assassinos, Tito teve de encontrar uma nova estratégia. Escolheu então uma forma ousada de abertura. Embora ainda comprometido com o comunismo, ele apelou para a ajuda de seus inimigos ideológicos no Ocidente. Enquanto a Guerra Fria se aprofundava, os Estados Unidos estavam ansiosos para bloquear a expansão soviética e apoiaram alegremente o renegado. O desaforo de Tito a Stálin lhe rendeu de tudo, desde artilharia pesada a jatos de combate.⁶ Em 1955, a ajuda ocidental à Iugoslávia já totalizava 1,5 bilhão de dólares.⁷

Mas Tito não parou por aí. Forçado a se postar em uma zona cinzenta entre o Oriente e o Ocidente, ele procurou aliados entre os Estados pós-coloniais do "Terceiro Mundo". Junto do presidente Gamal Abdel Nasser, do Egito, e do primeiro-ministro Jawaharlal Nehru, da Índia, ele fundou o "Movimento dos Não-Alinhados", envolvendo países que se recusaram a se alinhar a Moscou ou a Washington.⁸ Agora uma celebridade internacional, ele percorreu o globo, posando com uma espécie de cocar tribal na Etiópia e desfilando pela Tunísia sob nuvens de confetes.

Ao estender a mão para o mundo, Tito abriu as fronteiras de seu país. Para obter moeda forte e diminuir o desemprego, ele deixou seus cidadãos trabalharem no Ocidente. A partir do final dos anos 1950, milhares de *Gastarbeiter* (trabalhadores migrantes) iugoslavos tomaram o trem para a Alemanha, a Bélgica ou a Suécia e retornaram vários anos depois em carros comprados com seus próprios ganhos.⁹ Em casa, Tito

---

3   Andrew e Mitrokhin, *The Sword and the Shield*, 357.
4   Perović, "The Tito-Stalin Split".
5   Lees, *Keeping Tito Afloat*, 51.
6   Ognjenović, Mataušić e Jozelić, "Yugoslavia's Authentic Socialism", 9, 17-18.
7   Rajak, "The Cold War in the Balkans", 215.
8   Roberts, "Tito: Personal Reflections".
9   West, *Tito and the Rise and Fall of Yugoslavia*, 285-86.

dava aos turistas europeus as boas-vindas aos *resorts* recém-construídos ao longo das deslumbrantes praias adriáticas de seu país. O número de turistas em férias aumentou de 40 mil em 1950 para 3,6 milhões em 1967.[10] No final dos anos 1960, eles foram responsáveis por 10% dos ganhos em moeda estrangeira da Iugoslávia.

Com as pessoas inundando o país por suas fronteiras abertas, Tito não se preocupou em erguer as usuais barreiras comunistas à informação. Quiosques na capital vendiam o *Frankfurter Allgemeine* e o *New York Times*.[11] Os cinemas passavam filmes franceses, britânicos, italianos e até de Hollywood.[12] O próprio Tito se tornou uma espécie de ícone *kitsch*.[13] Fez aparições públicas com um terno branco de safári e uma *cravat* de seda no pescoço, passeando com um leopardo de estimação em uma corrente.[14] O chamado "Trem Azul", luxuriosamente decadente, transportava-o entre suas dezessete vilas, palácios e pousadas de caça, onde ele entretinha a todos, de Charles de Gaulle à Rainha Elizabeth.[15] As glamorosas atrizes Sophia Loren e Gina Lollobrigida o visitaram na ilha de Brioni, onde ele fez vinho e colheu tangerinas para enviar aos orfanatos do país.[16] Todos os anos, no aniversário de Tito, crianças em idade escolar imaculadamente arrumadas e uniformizadas passavam de mão em mão um bastão da terra natal do patriarca até chegar a um estádio lotado de Belgrado e às mãos dele próprio em um evento ao vivo na TV.[17]

Era tudo um grande teatro. Para os jovens, ele permitia o rock ocidental. O selo musical Jugoton lançou discos dos Beatles, David

---

[10] Tchoukarine, "The Yugoslav Road to International Tourism", 120-21.

[11] Calic, *Tito*, 198-99.

[12] *Ibid.*, 211.

[13] O diretor de cinema tcheco Jiří Menzel lembrou que a Iugoslávia socialista era vista nos países do bloco comunista como a "América do Leste". Menzel, *Moja Hrvatska*.

[14] Barnett, *Tito (Life and Times)*, 140.

[15] Calic, *Tito*, 246.

[16] Barnett, *Tito (Life and Times)*, 138.

[17] Ognjenović, Introduction, 2.

Bowie e Deep Purple. Quando, décadas mais tarde, uma revolta popular derrubou o sérvio Slobodan Milošević, um jovem sérvio chamado Srdja Popović estava entre os organizadores do movimento. Escreveu que, enquanto cresciam, ele e seus amigos "mal tinham sentido o jugo da ditadura, de tão ocupados que estavam com a excelente música que vinha do mundo todo".[18]

De certa forma, Tito continuou sendo um tradicional ditador do medo. Depois de romper com Stálin, ele enviou dezenas de milhares de estalinistas iugoslavos para serem torturados e "reeducados" na ilha de Goli Otok.[19] De volta às boas com Moscou nos anos 1960, ele se tornou um mestre em conspirações antiocidentais, roubando segredos militares e industriais, importando tecnologia proibida e treinando terroristas da OLP.[20] O cacoete da celebridade às vezes se transformava em um culto à personalidade mais declarado. Mas, na maior parte do tempo, a atuação de Tito estava mais para Michael Jackson do que para Mao Zedong. Ele não abandonou a violência que era sempre subjacente às autocracias da velha guarda. Mas misturou a ela elementos que os ditadores do *spin* do século XXI reconheceriam.

TEMEROSOS DO MUNDO

A principal prioridade de qualquer autocrata é a segurança em casa. Mas, para consegui-la, ele deve atentar para os perigos e oportunidades que vêm do exterior. Este capítulo explora como os ditadores do *spin* se relacionam com o mundo lá fora. Nesse aspecto, eles são menos distintos dos outros ditadores do que em suas estratégias domésticas. Afinal, eles enfrentam as mesmas realidades globais que os autocratas mais explícitos. Ainda assim, trazem ao jogo habilidades e técnicas um pouco diferentes. Identificamos aqui como os ditadores do *spin* manipulam, enganam e cooptam a arena internacional, e terminamos, como de costume, com um olhar sobre alguns dados estatísticos.

---

[18] Popovic e Miller, *Blueprint for Revolution*, 68-69.

[19] Ognjenović, Mataušić e Jozelić, "Yugoslavia's Authentic Socialism", 16.

[20] CIA, "Yugoslavia: PLO Ties and Terrorism"; Pacepa, *Red Horizons*, 346.

Para os ditadores do medo do século XX, o mundo exterior representava um desafio complicado. Não podia ser controlado, como acontecia com seus próprios países. No entanto, não podia também ser ignorado. Para alguns, o mundo era um campo de batalha. Quando se sentiam mais confiantes, eles podiam acabar invadindo seus vizinhos em busca de território ou prestígio. Para outros, o mundo era uma arena de competição ideológica. Angariando aliados, eles demonstravam o apelo universal de seu modelo. Outros ainda viam o mundo como uma fonte de agentes contaminantes. Seu instinto era o de construir uma fortaleza em torno de suas fronteiras e recolher a ponte levadiça. Os mais ambiciosos entretinham tanto impulsos expansivos quanto defensivos ao mesmo tempo. Stálin espalhou o poder soviético para o oeste e pela Ásia – mas trancou firmemente seus cidadãos dentro do bloco.

A abertura tinha suas vantagens. À medida que o mundo se integrava e o crescimento se tornava mais internacional, uma economia fechada estava fadada a ficar para trás. Não era apenas uma questão de comércio. Cada vez mais o lucro estava associado aos fluxos de pessoas. O turismo explodiu quando os voos fretados ficaram mais baratos ao se cortarem custos. Entre 1950 e 2016, as receitas globais do turismo subiram de 2 bilhões de dólares a 1,2 trilhão de dólares.[21] Como Tito percebeu, enviar trabalhadores para o exterior também poderia gerar moeda forte. As remessas globais de trabalhadores migrantes aumentaram de 2 bilhões de dólares em 1970 para 656 bilhões de dólares em 2019.[22] E a emergente mídia mundial oferecia novas maneiras de projetar uma imagem positiva.

No entanto, ao mesmo tempo, a abertura era perigosa. Permitir a entrada de estrangeiros e a saída de seus próprios cidadãos poderia revelar segredos. O mundo poderia ver o vazio das bravatas do tirano e a miséria que era a vida real em sua suposta utopia. Fronteiras porosas também podiam deixar entrar ideias subversivas. E trabalhadores migrantes poderiam se recusar a voltar para casa. Além do

---

[21] UN World Tourist Organization, *Tourism Highlights, 2017 Edition*, 2.

[22] World Bank, "Personal Remittances, Received (Current US$)".

constrangimento, isso poderia significar uma diminuição de poder braçal e intelectual, retardando o desenvolvimento.[23]

Os ditadores da velha guarda se debatiam a respeito desse dilema. Poucos foram tão longe quanto Tito. Quando se tratava de deixar as pessoas saírem, as políticas variavam. Alguns governantes abriram suas fronteiras para expulsar "inimigos". Em seus primeiros cinco anos, os bolcheviques encorajaram de 1,5 a 2 milhões de inimigos da revolução a fugir.[24] Fretaram barcos a vapor alemães para transportar a nata da *intelligentsia* para o exílio.[25] Por um tempo, antes de adotarem de vez sua "Solução Final", os nazistas pressionaram os judeus alemães a emigrar.[26] O lado negativo foi que tais políticas fortaleciam comunidades de "inimigos" no exterior.[27] Os bolcheviques logo começaram a restringir os vistos de saída; em 1922, já era "quase impossível" sair.[28] Já os nazistas encontraram sua própria alternativa terrível.

A questão era bem difícil de ser resolvida. Seria melhor deixar os oponentes "saírem", para usar as palavras de Albert Hirschman, e fazer ouvir "sua voz" no exterior? Ou o ditador deveria trancá-los e silenciá-los em casa?[29] No período pós-guerra, muitos escolheram o segundo caminho. Na Europa Oriental comunista, a tentativa de emigração era considerada traição. A Albânia e a Romênia a puniam com a morte; os guardas da fronteira da Alemanha Oriental atiravam naqueles que eram avistados correndo para a liberdade.[30] Na África,

---

[23] Sobre esse impasse, ver Miller e Peters, "Restraining the Huddled Masses". Antes que os alemães orientais construíssem o Muro de Berlim, centenas de milhares fugiram para o Ocidente a cada ano (Applebaum, *Iron Curtain*, 432).

[24] Light, "What Does It Mean to Control Migration?".

[25] Chamberlain, *Lenin's Private War*.

[26] Dowty, *Closed Borders*, 79-80.

[27] Light, "What Does It Mean to Control Migration?"; Dowty, *Closed Borders*, 81.

[28] Dowty, *Closed Borders*, 69.

[29] Hirschman, *Exit, Voice, and Loyalty*. Para uma análise formal dessa escolha, ver Gehlbach, "A Formal Model of Exit and Voice".

[30] Dowty, *Closed Borders*, 117.

o ditador louco da Guiné Equatorial destruiu barcos de pesca para evitar que seus cidadãos fugissem por mar. Chegou a cavar trincheiras escondidas nas fronteiras terrestres cheias de estacas de madeira.[31] As autoridades cubanas também regulamentaram os barcos de pesca para impedir a "emigração ilegal".[32] Na Birmânia sob o comando do general Ne Win era necessária a aprovação de todo o gabinete para que um cidadão obtivesse um passaporte.[33] Em meados dos anos 1980, vinte e uma ditaduras tinham restrições rígidas de saída, segundo o acadêmico Alan Dowty. Elas incluíam a maioria dos Estados comunistas do mundo, bem como o Iraque de Saddam Hussein. Outras trinta e seis impunham restrições parciais ou ocasionais.[34]

Havia quatro exceções principais. Primeiro, algumas ditaduras na América Latina, África e Oriente Médio continuaram a deixar seus inimigos "saírem". Um oponente impotente em uma capital distante poderia se transformar em um útil bode expiatório. Poderia ser retratado como um extremista traiçoeiro conspirando contra sua pátria-mãe. Alguns ditadores seguiram a prática inicial dos bolcheviques e expulsaram seus críticos. Pinochet enviou muitos chilenos de esquerda em viagens só de ida através da fronteira.[35] Outros simplesmente não tinham capacidade de policiar todos os pontos de passagem.

Em segundo lugar, alguns regimes permitiam viagens de curto prazo para fins de propaganda. Khrushchev, em sua fase inicial, quando era mais confiante, enviou "turistas" cuidadosamente selecionados para melhorar a imagem da União Soviética no exterior. No final dos anos 1950, pequenos grupos de russos de elite passeavam pelas avenidas de Nápoles e Capri.[36] Sua verdadeira missão não era admirar ruínas e consumir *gelati*, mas servir como "embaixadores

---

[31] Kenyon, *Dictatorland*, 263.

[32] Potter, "Cuba Cracks Down on Illegal Emigration".

[33] Liang, *Burma's Foreign Relations*, 47.

[34] Dowty, *Closed Borders*, 186.

[35] Roniger *et al.*, *Exile, Diaspora, and Return*.

[36] Gorsuch, *All This Is Your World*, 11.

do socialismo". Como dizia o manual da agência Intourist, cada um deles deveria "falar com amor e fervor sobre... as conquistas de seu grande país".[37]

Àquelas alturas, Moscou estava transmitindo 287 horas de programação de rádio por semana para a Europa Ocidental, em sete idiomas.[38] Os turistas acrescentavam um toque humano. Mas era tudo feito de um modo um pouco comicamente exagerado. Como descreve a historiadora Anne Gorsuch, os visitantes "literalmente se apresentavam em nome do socialismo soviético: tocavam piano, cantavam ópera, liam poesia e dançavam".[39] Os guias ocidentais tinham de arranjar locais para palestras e recitais improvisados.

A terceira exceção era a concessão de vistos de saída para trabalho temporário no exterior. Além da Iugoslávia de Tito, regimes autoritários no México, Tunísia, Marrocos e mais tarde Portugal e Espanha assinaram acordos com democracias ricas para trabalhadores "convidados".[40] As remessas de moeda forte dos migrantes financiavam a compra de equipamentos industriais avançados do Ocidente. Abrir os portões para fornecer trabalho também ajudava a evitar o desemprego, diminuindo o risco de agitação popular.

A quarta exceção também tinha uma motivação mercenária. Os líderes comunistas aprenderam que alguns de seus cidadãos podiam suscitar pagamentos de resgate. A partir da década de 1960, a Alemanha Oriental efetivamente vendeu milhares de pretendentes à antiga capital Bonn por cerca de 2.500 dólares por cabeça. Na década de 1980, dizia-se que os tecnocratas da Alemanha Oriental contabilizavam tais pagamentos – já então feitos em troca de cobre e petróleo – nos planos quinquenais do país.[41] A Romênia vendeu seus próprios cidadãos alemães e judeus. "O petróleo, os judeus e os alemães são nossas mais importantes mercadorias de exportação", Ceaușescu gralhou, segundo

---

[37] *Ibid.*, 106.

[38] *Ibid.*, 113.

[39] *Ibid.*, 114.

[40] Chilton e Posner, "Why Countries Sign Bilateral Labor Agreements".

[41] Markham, "Germany's Trafficking in People".

seu chefe de segurança, Ion Pacepa.⁴² Nos anos 1970, a União Soviética começou a deixar cidadãos judeus emigrarem para Israel. Desses emigrantes era cobrada uma "taxa de saída", supostamente para cobrir o custo de sua educação. Para aqueles com diplomas universitários, a taxa poderia chegar a 12 mil rublos – cerca de 16 mil dólares à taxa de câmbio oficial, ou oitenta vezes o salário médio mensal.⁴³

A questão de *deixar estrangeiros entrarem* era igualmente delicada. Os visitantes também podiam servir para fins de propaganda. Os nazistas receberam turistas no Terceiro Reich, esperando que levassem para casa impressões positivas. Até que os preparativos militares de Hitler estivessem completos, convencer "os estrangeiros de que a Alemanha nazista não representava ameaça à paz mundial era vital", escreveu a historiadora Kristin Semmens. Para Goebbels, receber turistas era "um trabalho de paz no sentido mais puro da expressão".⁴⁴ Para Franco, também, atender aos visitantes era "uma forma de propaganda" que podia demonstrar a "legitimidade do modelo econômico espanhol".⁴⁵ Esperava-se que os convidados informassem a seus amigos em casa sobre "o progresso, a ordem e a tranquilidade da Espanha de Franco".⁴⁶

Desde cedo, os líderes soviéticos procuraram transformar os visitantes estrangeiros em defensores de sua imagem. Escritores, intelectuais e outros viajantes simpáticos ao regime foram convidados a Moscou para sessões de puro charme com Stálin. Uma lista de luminares – de George Bernard Shaw e H. G. Wells a Pablo Neruda e W. E. B. DuBois – se despediram tecendo elogios ao ditador e a seu sistema.⁴⁷

---

⁴² Pacepa, *Red Horizons*, 73.

⁴³ Shabad, "Soviet Waives Its Exit Tax for Five Leaving for Israel". A Emenda Jackson-Vanik, de 1975, que introduziu sanções comerciais para países sem emigração livre, foi aplicada a todos os países comunistas, exceto a Polônia e a Iugoslávia. Esses dois países também tinham restrições de emigração, mas foram isentos por outras razões (ver Pregelj, "The Jackson-Vanik Amendment").

⁴⁴ Semmens, *Seeing Hitler's Germany*, 130.

⁴⁵ Pi-Sunyer, "Tourism in Catalonia", 237.

⁴⁶ Pack, *Tourism and Dictatorship*, 11.

⁴⁷ Hollander, *From Benito Mussolini to Hugo Chávez*, 122-35.

Para os cidadãos soviéticos, o contato com estrangeiros quase sempre significava prisão durante as "limpezas" dos anos 1930.[48] O medo de Stálin de contaminação era tão intenso que, após a derrota nazista em 1945, mais de 1,5 milhão de prisioneiros de guerra soviéticos repatriados foram fuzilados ou enviados aos *gulags*.[49] Considerando as pesadas perdas humanas e materiais em tempo de guerra, essas execuções constituíram um bizarro sacrifício de uma mão de obra vital, que poderia ter ajudado na recuperação econômica.

Khrushchev permitiu a entrada de alguns turistas ocidentais, e sob Brezhnev o fluxo aumentou. O principal objetivo era, mais uma vez, a propaganda – diminuir os retratos hostis da vida soviética. As viagens eram cuidadosamente planejadas. Em cada cidade, a KGB treinou equipes de ativistas da Liga Comunista Jovem para interagir com os visitantes mais jovens.[50] O número de turistas aumentou de 486 mil em 1956 para mais de 6 milhões em 1988, embora dois terços destes viessem de outros países do bloco soviético.[51] No entanto, o medo dos estrangeiros não desapareceu: por exemplo, um livro de circulação em massa publicado em 1963 foi intitulado *Espiões disfarçados de turistas* ("*Spies Disguised as Tourists*").[52] Brezhnev lembrou a juventude soviética em 1966 de que o Ocidente "era e ainda é um predador traiçoeiro e perigoso".[53]

Além das oportunidades de propaganda, os turistas ocidentais levavam lucros. A maioria dos ditadores em países quentes apertava seus narizes com nojo, mas admitia os ricos turistas de férias enquanto se defendiam contra a contaminação ideológica ou cultural. Os coronéis conservadores que tomaram o poder na Grécia em 1967 proibiram minissaias e palestras de sociologia.[54] No entanto, ansiosos pelo dinhei-

---

[48] Conquest, *The Great Terror*, 271.

[49] Heller e Nekrich, *Utopia in Power*, 452.

[50] Hornsby, "The Enemy Within?", 258.

[51] Arefyev e Mieczkowski, "International Tourism in the Soviet Union".

[52] Mieczkowski, "Foreign Tourism in the USSR", 119.

[53] Hornsby, "The Enemy Within?", 237.

[54] Judt, *Postwar*, 507.

ro, eles triplicaram o número de turistas que entraram no país entre 1966 e 1973. Mesmo assim, havia limites. Regulamentações impediam a entrada de "qualquer estrangeiro que se mostrasse sujo, maltrapilho ou usando cabelo comprido".[55]

Além dos turistas, uma outra classe de atravessadores de fronteiras era a dos estudantes estrangeiros. Em 1968, menos de meio milhão estavam estudando no exterior em todo o mundo. Em 2017, o número era de 5,3 milhões – e cerca da metade vinha de países não democráticos.[56] Também nesse ponto os ditadores enfrentavam um dilema. Estudar no Ocidente significava acesso à tecnologia ocidental, *know-how* e até mesmo segredos políticos. Pesquisas sugerem que os países que enviam mais jovens para a faculdade em economias avançadas tendem a crescer mais rapidamente, especialmente se os estudantes se graduarem em áreas orientadas à tecnologia.[57] Mas tais estudantes poderiam ser transformados em revolucionários ou mesmo recrutados pelos serviços de inteligência estrangeiros. Depois de voltar para casa, eles podem espalhar ideias perigosas. Tais receios não eram sem fundamento. O economista Antonio Spilimbergo descobriu que as ditaduras que enviam mais jovens para estudar nas democracias se tornam mais propensas a se democratizar.[58]

Admitir estudantes estrangeiros também tinha custos e benefícios. Com cursos bem elaborados, um ditador poderia moldar o pensamento das futuras elites políticas em todo o mundo. As amizades que tais visitantes forjavam com seus anfitriões poderiam ser exploradas mais tarde. Entretanto, os estudantes advindos das democracias poderiam difundir ideias liberais. E, com seu conhecimento do mundo exterior, poderiam ainda expor as mentiras do ditador.

---

[55] Nikolakakis, "The Colonels on the Beach", 432.

[56] Dados do Instituto UNESCO de Estatísticas, banco de dados UIS.Stat e UNESCO, *Estatísticas de Estudantes em Intercâmbio, 1962-1968*. Essas fontes apontam 428.883 pessoas estudando em outro país em 1968.

[57] Kim, "Economic Analysis of Foreign Education and Students Abroad", 360.

[58] Spilimbergo, "Democracy and Foreign Education". O estudo em outras ditaduras não teve efeitos claramente discerníveis.

Na União Soviética, a xenofobia de Stálin venceu de início. Menos de 900 estrangeiros estudavam na URSS em 1947, a grande maioria da Coreia do Norte e dos Bálcãs.[59] Mas, depois, Moscou criou aspirações de educar a elite pós-colonial. Khrushchev construiu a Universidade da Amizade Popular e deu a ela o nome de Patrice Lumumba, um líder da independência congolesa assassinado. As embaixadas soviéticas distribuíram bolsas de estudo por toda a África, Ásia e América Latina. Em 1988, havia mais de 80 mil estudantes estrangeiros na URSS.[60] Para aqueles que não puderam se deslocar, Moscou ajudou a abrir universidades na Guiné, Mali, Etiópia, Tunísia e em outros lugares, enviando professores soviéticos para ensinar. Em 1980, havia 935 desses professores trabalhando somente na Argélia.[61] Enquanto isso, Washington, alarmada, intensificava seus próprios esforços.

Enquanto cortejava estudantes do Terceiro Mundo, Khrushchev também negociou um acordo de intercâmbio com o presidente estadunidense Dwight Eisenhower em 1958. Sob esse acordo, estudantes estadunidenses foram aceitos em programas nas universidades soviéticas. Mas os números eram pequenos. Mesmo em 1988, apenas cerca de 1% dos estudantes estrangeiros na URSS vinham de países capitalistas.[62] Em troca, alguns poucos soviéticos conseguiram estudar nos Estados Unidos. Eram todos devidamente selecionados pela KGB – e com frequência eram eles mesmos oficiais da KGB. Um deles, Boris Yuzhin, tornou-se um agente duplo do FBI. Outros, incluindo Aleksandr Yakovlev e Oleg Kalugin, mais tarde surgiram entre os defensores reformistas da mudança política sob Gorbachev e Yeltsin.

Outros Estados autoritários também enviaram estudantes para os Estados Unidos. No final da década de 1970, as ditaduras da OPEP, inundadas de petrodólares, investiram alguns milhares em educação no

---

[59] Babiracki, "Imperial Heresies", 205.

[60] Perraton, "Foreign Students in the Twentieth Century", 174.

[61] Katsakioris, "Creating a Socialist Intelligentsia".

[62] Perraton, "Foreign Students in the Twentieth Century", 174.

exterior. O número de sauditas nas universidades americanas cresceu nove vezes entre 1970 e 1980. O número de iranianos cresceu ainda mais rápido, para mais de 50 mil.[63] Entretanto, foram os estudantes iranianos que ficaram em casa que tiveram um impacto maior na história de seu país, participando da revolução de 1979, que levou o aiatolá Khomeini ao poder. Já sob o regime islâmico, poucos estudantes conseguiram chegar aos Estados Unidos.

Embora ambivalentes em relação aos turistas e estudantes estrangeiros, quase todos os ditadores do medo compartilhavam de uma aversão à mídia estrangeira. A maioria bloqueou as intrusões sempre que pôde.[64] Os soviéticos trabalharam para bloquear as transmissões da Radio Free Europe/Radio Liberty dos Estados Unidos, da BBC inglesa e de outras que tentavam transmitir programas por cima da Cortina de Ferro. Tiveram sucesso limitado: no fim, pesquisas sugerem que 50% dos cidadãos soviéticos ouviam alguma transmissão ocidental pelo menos uma vez por semana.[65] Na Espanha, Franco bloqueou os sinais da Rádio España Independiente, uma estação estabelecida fora do país pela resistência comunista. O governo de Pinochet no Chile bloqueou a programação de Moscou e Havana. Cuba fez o melhor para afogar as ondas das estações de rádio da Flórida do outro lado do estreito.[66] Até sua morte em 2016, o ditador do Uzbequistão, Islam Karimov, proibiu a mídia estrangeira.

Os governantes autoritários reagiram com horror à revolução da TV por satélite dos anos 1980. O ministro das Relações Exteriores soviético Andrei Gromyko ameaçou abater qualquer satélite ocidental que tentasse transmitir em território soviético.[67] (Quinze anos antes, a KGB havia feito alarde sobre propaganda que poderia atravessar a

---

[63] Bevis, *International Students in American Colleges and Universities*, 173.

[64] Algumas ditaduras latino-americanas alinhadas a Washington permitiram algumas vendas de jornais de língua inglesa, confiantes de que apenas uma pequena parte da população seria capaz de lê-los.

[65] Stoner e McFaul, "The Soviet Union and Russia", 44.

[66] Berg, *Broadcasting on the Short Waves*, 47.

[67] Shanor, *Behind the Lines*, 167.

fronteira em balões de ar quente.)⁶⁸ Cuba proibiu os receptores caseiros que estavam brotando em Havana no início dos anos 1990.⁶⁹ O Irã e a Arábia Saudita proibiram as antenas parabólicas em 1994, mas a aplicação dessa imposição se mostrou difícil. Em 1998, 60% dos sauditas tinham receptores.⁷⁰ O Irã conseguiu atrasar o quanto pôde a penetração dos receptores, mas não conseguiu detê-la. Em 2003, havia quase 150 mil antenas parabólicas ilegais apenas em Teerã.⁷¹ Mas, naquele ponto, a ameaça da TV por satélite já havia sido superada pela da internet.

Os fluxos transfronteiriços de pessoas e informações eram de grande preocupação para os ditadores do século XX, mas suas interações mais importantes com o mundo exterior eram, naturalmente, militares. Alguns iniciaram guerras devastadoras. Hitler marchou sobre a Polônia; Mussolini invadiu a Etiópia; Kim Il-Sung atacou a Coreia do Sul; Saddam Hussein enviou tropas contra o Irã e mais tarde contra o Kuwait. Outros, no entanto, evitaram grandes conflitos externos. Por exemplo, os Duvaliers no Haiti, Robert Mugabe no Zimbábue e Augusto Pinochet no Chile não atacaram seus vizinhos. Concentraram sua brutalidade em seus compatriotas.

Sem ação militar direta, poderosos ditadores travaram as chamadas guerras por procuração, fosse apoiando outros Estados em agressão ou ajudando a fomentar insurgências.⁷² Stálin apoiou a guerra de Kim na Coreia. Mais tarde, Moscou ajudaria os norte-vietnamitas a invadir os estados do sul e os árabes a atacar Israel. A ajuda soviética financiou insurgentes, como o Congresso Nacional Africano na África do Sul e os sandinistas na Nicarágua. Começando sob o governo de Mao, Pequim

---

[68] Office of the Federal Commissioner for the Stasi Records (BStU), *Stasi Note on Meeting with KGB Officials*.

[69] Kalathil e Boas, *The Internet and State Control in Authoritarian Regimes*.

[70] Sakr, "Frontiers of Freedom", 96.

[71] Rahimi, "Cyberdissent".

[72] Os Estados Unidos também apoiaram insurgentes, como os *contras* nicaraguenses, os *mujahideen* afegãos e os combatentes budistas tibetanos na tentativa de combater a expansão comunista (Byman *et al.*, *Trends in Outside Support for Insurgent Movements*, 1).

defendeu guerrilheiros antiocidentais em todo o mundo, treinando cerca de 20 mil insurgentes de pelo menos dezenove países africanos entre 1964 e 1985.[73] Fidel Castro também enviou tropas cubanas para ajudar guerrilheiros na África.

Outra forma de os ditadores atacarem seus inimigos foi apoiando o terrorismo. Tito e Ceaușescu fizeram amizade com a OLP, de Arafat. Um general de alto escalão da KGB, Aleksandr Sakharovsky, chegou a afirmar ser o inventor do sequestro de aviões.[74] Moscou e seus aliados financiaram, treinaram e aconselharam grupos marxistas, como as Brigadas Vermelhas e a facção do Exército Vermelho alemão, que atacaram alvos ocidentais. A Alemanha Oriental, de acordo com seu último ministro do Interior, era "um verdadeiro Eldorado para os terroristas".[75]

O *SPIN* E O GLOBO

Em comparação com esses seus predecessores, os ditadores do *spin* se sentem muito mais confortáveis em um mundo de fronteiras porosas. Na verdade, isso também é verdade para a maioria das ditaduras do medo remanescentes. Além da Coreia do Norte e da Eritreia, poucas ainda se agarram ao isolamento, mas os ditadores do *spin* transformam sua abertura em uma arma.

A maioria hoje abraça o turismo internacional. Em 2019, 61 milhões de estrangeiros visitaram a Hungria, 26 milhões a Malásia, 24 milhões a Rússia, 19 milhões Singapura e 9 milhões o Cazaquistão.[76] E os cidadãos desses países também visitaram o mundo: os russos fizeram 45 milhões de viagens, os húngaros 25 milhões, os cazaques 11 milhões e os singapurianos 11 milhões.[77] Os ditadores do *spin* também estão

---

[73] Zakaria, "The New China Scare", 56.

[74] Lockwood, "How the Soviet Union Transformed Terrorism".

[75] Andrew e Mitrokhin, *The Sword and the Shield*, 298.

[76] Banco Mundial, "International Tourism, Number of Arrivals".

[77] O mais recente número para os malaios – de 2017 – foi de 12 milhões de viagens (European Travel Commission, *South-East Asian Outbound Travel Market*). Dados

abertos ao intercâmbio de estudantes. Em 2018, 84 mil cazaques, 62 mil malaios, 58 mil russos, 24 mil singapurianos e 13 mil húngaros estavam matriculados em universidades no exterior.[78] Enquanto isso, estudantes estrangeiros também chegaram aos montes. Em 2018, havia 262 mil deles em programas de graduação em universidades russas. Havia 101 mil na Malásia e 52 mil em Singapura.[79]

Atualmente, bloquear informações estrangeiras na fronteira é extremamente difícil. Alguns ditadores do medo remanescentes ainda tentam, pelo menos até certo ponto. A Coreia do Norte faz tudo o que pode para bloquear as transmissões de rádio de sua vizinha do sul.[80] O acesso à internet é extremamente restrito e os rádios de ondas curtas são proibidos. A China bloqueia os websites das principais publicações ocidentais, como o *New York Times*, o *Economist*, a BBC, o jornal *Le Monde* e o *Yomiuri Shimbun*.[81] Acredita-se também que sejam bloqueadas transmissões de rádio em língua chinesa vindas de outros lugares.[82] O Irã tenta bloquear a programação via satélite em língua persa.[83]

Em contraste, os ditadores do *spin* tratam a mídia estrangeira da mesma forma como tratam suas publicações nacionais. Geralmente toleram aqueles veículos que apelam apenas para a mais ínfima camada intelectual. Em vez de proibi-los, os ditadores limitam seu público. Vimos no capítulo 4 como Lee Kuan Yew lidava com os

---

para a Rússia, Hungria e Cazaquistão são do Banco Mundial, "International Tourism, Number of Departures".

[78] Instituto UNESCO de Estatísticas, banco de dados UIS.Stat.

[79] *Ibid*. Mais de 60% daqueles na Rússia vinham de outras antigas repúblicas soviéticas, mas até 113 mil eram de países mais distantes. Ver Potapova e Trines, "Education in the Russian Federation". Essa fonte dá um número mais alto para o total de estudantes estrangeiros na Rússia do que a UNESCO, porque também inclui estudantes que não procuram graduação.

[80] Williams, "South Korea Adjusts Some Radio Frequencies to Escape Jamming".

[81] Davis, "China Bars Access to Nearly a Quarter of Foreign News Websites".

[82] VOA, "VOA, BBC Protest China Broadcast Jamming".

[83] Human Rights Watch, "World Report 2014".

jornais e revistas ocidentais. Quando esses veículos traziam "matérias mal embasadas ou enviesadas" sobre Singapura, ele exigia que publicassem sua resposta *ipsis litteris*. Se os editores se recusassem, o governo limitaria o número de exemplares que eles poderiam vender no país.[84] "Temos de aprender a administrar essa implacável inundação de informações para que o ponto de vista do governo de Singapura não se veja afogado pela mídia estrangeira", escreveu Lee em suas memórias.[85] Em países mais pobres, as barreiras econômicas ou de idioma podem racionar o acesso a serviços noticiosos estrangeiros tão efetivamente quanto a censura, e sem nem mesmo que isso reflita mal no governo. Nos países mais ricos, o atrito – ou seja, tornar o acesso aos canais de notícias estrangeiros inconveniente – muitas vezes resolve a questão.

Quando se trata de conflitos militares, alguns ditadores do *spin* têm uma imagem agressiva. Quando a economia vacila, eles adotam um tom nacionalista. Alguns – incluindo Putin e Chávez – repreendem o Ocidente e retratam seu país como uma "fortaleza sitiada". No entanto, com uma ou duas exceções, os dados sobre guerras e disputas militares sugerem que a bravata é apenas em aparência. A maioria das guerras e disputas militares travadas nas últimas décadas foram iniciadas pelos ditadores do medo remanescentes ou por democracias. Voltaremos a esse assunto ao final deste capítulo.

A relativa tranquilidade dos ditadores do *spin* pode parecer surpreendente. Uma crise externa pode fazer com que a base de apoio de um governante se una a ele. E tais líderes com frequência se aventuram por relações diplomáticas arriscadas. Hugo Chávez manteve as tensões fervilhando na fronteira com a Colômbia, aumentando-a ou diminuindo-a periodicamente para efeito dramático. Rompeu relações com Bogotá quatro vezes, apenas para retomá-las tranquilamente depois em troca de "concessões muito brandas".[86] No entanto, por razões óbvias, um conflito militar real é perigoso. Ele pode acabar

---

[84] Lee, *From Third World to First*, 219.

[85] *Ibid.*, 225.

[86] Corrales e Penfold, *Dragon in the Tropics*, 128.

com o governo de um ditador tão facilmente quanto prolongá-lo.[87] O militarismo também entra em conflito com a imagem tecnocrática que os ditadores do *spin* visam. Como mostra Putin, ditadores do *spin* ainda podem usar a boa e velha força militar às vezes. Mas Putin é a exceção que prova a regra. Com um arsenal nuclear massivo, ele sabe que nenhum país correrá o risco de invadir a Rússia para derrubá-lo. Ao mesmo tempo, obedecendo às regras do *spin*, ele manteve um reduzido número de baixas oficiais russas na Ucrânia e na Síria, usando forças não oficiais (como insurgentes) e mercenários sempre que possível, e decretou todas as mortes militares um segredo de Estado.[88] A maioria dos outros ditadores do *spin* realmente se preocupa com o risco de uma eventual derrota e prefere outros métodos menos perigosos de explorar o mundo exterior.

E quais métodos seriam esses? Os ditadores adaptam suas técnicas de fabricação caseira em manipulação e enganação à arena internacional. Eles tentam moldar a opinião pública no exterior com o mesmo tipo de propaganda moderna que usam contra seus próprios cidadãos. E recrutam e corrompem as elites ocidentais, ao mesmo tempo que cooptam sua própria classe mais bem-educada. Eles têm dois objetivos principais: fortalecer seu regime no país e defender-se contra as ameaças do exterior.[89] Vamos considerar a seguir cada um desses objetivos.

ASSESSORES ESTRANGEIROS

Para ditadores do *spin*, o mundo exterior é uma fonte de aliados, de *expertise* e de outros recursos que ajudam a construir sua imagem e manipular as notícias em seus próprios países. Eles utilizam esses recursos de várias maneiras.

---

[87] Chiozza e Goemans ("International Conflict and the Tenure of Leaders", 617) descobriram que o mandato de líderes de regimes autocráticos e mistos é reduzido pela derrota militar, mas não aumentado pela vitória.

[88] Luhn, "Vladimir Putin Declares All Russian Military Deaths State Secrets".

[89] Para um relato abrangente de como os autoritários recentes manipularam sua imagem pública no exterior, ver Dukalskis, *Making the World Safe for Dictatorship*.

Reunir apoio estrangeiro. Sinais de que há respeito internacional reforçam a alegação do governante de que ele é competente. Por isso, os ditadores do *spin* tentam reunir o endosso de estrangeiros e o exibem orgulhosamente aos seus cidadãos. As visitas internacionais ao Ocidente de Lee Kuan Yew se tornaram ocasiões ideais para reportagens de pura bajulação. Os correspondentes do *Straits Times* filtraram todos os discursos em sua homenagem e mesmo brindes feitos em jantares atrás de pérolas elogiosas que pudessem publicar. Os leitores do jornal, então, ficaram sabendo que, para o presidente estadunidense Lyndon Johnson, Lee era "um patriota, um líder brilhante e um estadista da nova Ásia".[90] Para a primeira-ministra britânica Margaret Thatcher, ele era um político "excepcionalmente notável" com uma "abordagem extremamente nova".[91] Para o presidente estadunidense Ronald Reagan, Singapura sob Lee era um "deslumbrante sucesso".[92] O primeiro-ministro neozelandês David Lange deu a declaração de que "o simples fato é que, quando você pensa em Singapura, você pensa em Lee Kuan Yew".[93] Para reforçar ainda mais esse ponto de vista positivo sobre seu líder, jornalistas de Singapura apelaram até a fontes anônimas atrás de mais fofocas lisonjeiras. "Você não sabe como essas pessoas daqui estão felizes por conversar com um líder como o seu primeiro-ministro", confidenciou um "jornalista que cobria relações exteriores" durante a viagem de Lee a Washington em 1985. Ao contrário de outros líderes, Lee estava disposto a "ir direto ao âmago das principais questões".[94] Na era da internet, os ditadores usam websites para anunciar tais endossos estrangeiros. O da Biblioteca Presidencial de Nazarbayev, por exemplo, exibe comentários elogiosos de uma lista de presidentes, primeiros-ministros e secretários-gerais da ONU.[95]

---

[90] *Straits Times*, "LBJ Gives Lee Red Carpet Welcome".

[91] Drysdale, "A Chat with Maggie".

[92] *Straits Times*, "Singapore 'A Dazzling Success'".

[93] Daniel, "Lange Pays Tribute to PM Lee".

[94] Liak, "Concern, Warmth... a Touch of Eloquence".

[95] Biblioteka Pervogo Prezidenta Respubliki Kazakhstana, "Mir o Nursultane Nazarbayeve".

Outra maneira de mostrar ao seu povo o respeito que o mundo tem por esses ditadores é hospedando reuniões de cúpula. Putin gastou quase 400 milhões de dólares presidindo a reunião do G8 de 2006, em São Petersburgo.[96] Os resultados impressionaram os âncoras da TV estatal de seu país. A reunião teria sido a mais importante realizada na Rússia desde que Stálin, Churchill e Roosevelt se encontraram em Yalta, disse o Canal Um. "É a Rússia que está estabelecendo a agenda econômica", se vangloriou a NTV.[97] Nazarbayev fez um grande *lobby* para que o Cazaquistão presidisse a Organização para Segurança e Cooperação na Europa (OSCE) – e acabou conseguindo. Então, usou esse trunfo como uma forma de validação em seu país. "Nossas realizações estão sendo reconhecidas em todo o mundo", disse ele a uma multidão de estudantes e trabalhadores em 2008.[98]

Além dos elogios dos líderes estrangeiros, os ditadores buscam a aprovação de especialistas internacionais. Nazarbayev tinha uma propensão particular por ganhadores do Prêmio Nobel. Em 2018, vinte laureados haviam viajado para a capital do Cazaquistão para conduzir discussões.[99] Suas palavras diplomáticas foram avidamente reportadas pela mídia nacional. Em 2010, Finn Kydland, um laureado em economia, elogiou a reação de Nazarbayev à crise financeira global, considerando a situação do Cazaquistão "muito melhor do que a maioria dos países". Seu companheiro Robert Mundell, também ganhador do prêmio, disse que as contramedidas de Nazarbayev haviam sido "absolutamente corretas".[100]

Uma terceira fonte de endossos são as celebridades. É claro que muitos políticos sentem atração pela fama de artistas. Mas os ditadores do *spin* cultivam habilmente tais relações e colhem bons frutos delas. Aparecendo em comícios ou eventos esportivos com atores e atletas

---

[96] Agence France Presse, "G8 Summit Cost Russia 400 Million Dollars".

[97] BBC, "Russian TV Sees G8 Summit as Recognition of Success of Putin Presidency".

[98] Aitken, *Nazarbayev*, 217.

[99] Kazinform, "Kazakh Capital to Host".

[100] Kazinform, "V ramkakh III Astaninskogo ekonomicheskogo foruma".

ocidentais, eles desviam as críticas que lhes são dirigidas pelos governos dos países de origem daquelas celebridades. A mensagem é simples. As autoridades ocidentais podem tentar intimidar o ditador e seu país. Mas o público ocidental – e seus representantes mais glamorosos – rejeita os ataques de seus líderes.

Como já mencionado, Tito trocara figurinhas com estrelas de cinema. Richard Burton e Elizabeth Taylor visitaram sua vila no Adriático. O ator galês até representou o próprio Tito em um filme de aventura da Segunda Guerra Mundial.[101] Os ditadores do *spin* de hoje fazem o mesmo. Putin fez amizade com o ator francês Gérard Depardieu e com o herói de ação Steven Seagal.[102] Hugo Chávez ganhou visitas dos atores Sean Penn, Danny Glover, Tim Robbins e Kevin Spacey, bem como da modelo Naomi Campbell.[103] O cantor Harry Belafonte anunciou em uma das transmissões de Chávez que "não centenas, não milhares, mas milhões do povo americano... apoiam sua revolução".[104] Diego Maradona, a estrela do futebol argentino, apareceu em um estádio de Caracas em meio a balões vermelhos e fogos de artifício para instar os venezuelanos a deixarem Chávez remover os limites de mandatos e concorrer novamente à reeleição.[105] Até o húngaro Viktor Orbán encontrou seu próprio astro de filmes de ação, Chuck Norris.[106]

Além de presidir as cúpulas, os ditadores demonstram seu prestígio internacional ao conquistar o direito de sediar eventos esportivos como as Olimpíadas. Quando a reputação global de Orbán começou a diminuir, sua diplomacia atlética entrou em hora extra. Em 2019, a Hungria sediou os campeonatos mundiais de tênis de mesa, esgrima,

---

[101] Feron, "Burton Elicits Tips from Tito for Film".

[102] Hauser, "From Putin's Hands".

[103] Reuters, "Sean Penn Joins Chávez on Campaign in Venezuela"; Markowicz, "Hollywood's Chávez-Cheering Stars"; Gallego, "Hugo Chávez Collects A-List Friendships"; *El País*, "Chávez Conquista a Robbins"; Associated Press, "Kevin Spacey Visits Hugo Chávez".

[104] Associated Press, "Belafonte".

[105] *El País*, "Maradona rompe una lanza".

[106] Cockburn, "Hollywood Star Meets Hungary Prime Minister".

canoagem, pentatlo e corridas de Fórmula 1. "Era um de nossos principais objetivos trazer o maior número possível de eventos esportivos internacionais para a Hungria", explicou o secretário de Relações Exteriores de Orbán.[107] Assim como em outras empreitadas no exterior, os ditadores usam a corrupção para conseguir o que querem. Os promotores dos Estados Unidos acusaram a Rússia e o Qatar de pagar milhões de dólares em subornos aos funcionários da FIFA para garantir os torneios de futebol da Copa do Mundo de 2018 e 2022. Putin premiou mais tarde um funcionário da FIFA, Gianni Infantino, com a Ordem de Amizade da Rússia.[108]

Obter ajuda do exterior em sua falsificação da democracia. Depois de manipular a opinião pública, os ditadores do *spin* realizam eleições para registrar sua popularidade, como vimos no capítulo 5. Os observadores eleitorais estrangeiros ajudam a legitimar esses votos. Mas como impedi-los de denunciar a fraude que frequentemente acompanha a votação?

Infelizmente, muitas vezes não é preciso muito. Em várias ocasiões, os observadores eleitorais ocidentais seguraram suas denúncias apesar das irregularidades evidentes.[109] Eles podem desconsiderar os sinais de alerta por causa da importância geoestratégica de um país ou porque acreditam que ele está caminhando na direção certa. Ou podem ser enganados por algum tipo de embuste mais sofisticado.

Ainda assim, com monitores independentes, os ditadores sempre enfrentam algum risco. Nas últimas duas décadas, eles desenvolveram uma solução conveniente. Criaram o que o cientista político Alexander Cooley chama de grupos "zumbis" de observação eleitoral.[110] A missão desses grupos é justamente legitimar eleições com falhas. Com nomes que soam oficiais e membros internacionais, eles aparecem em época

---

[107] Hungary Today, "Hungary Prepared to Host 'Just About Any' Sporting Event, Says Govt".

[108] Panja e Draper, "US Says FIFA Officials Were Bribed". Mas note que Infantino não estava na FIFA quando os locais de 2018 e 2022 foram decididos.

[109] Cheeseman e Klaas, *How to Rig an Election*, 182-94.

[110] Cooley, "Authoritarianism Goes Global", 55; Cheeseman e Klaas, *How to Rig an Election*, 200-202.

de eleições em países de reputação duvidosa.[111] Após a votação, eles aparecem na mídia estatal certificando a vitória do ditador.

A Organização para Monitoramento Eleitoral da Comunidade de Estados Independentes (CIS-EMO) foi fundada por um ativista de extrema direita, Aleksei Kochetkov, em Nizhny Novgorod, Rússia, em 2003. Desde então, acompanhou dezenas de votações nas antigas repúblicas soviéticas e mais algumas na Turquia, Polônia e França. Seus relatórios quase sempre endossam as eleições dos aliados da Rússia e contradizem as críticas dos observadores da OSCE quando ambos são publicados.

Alguns incidentes sugerem que essa organização passa longe da imparcialidade. Antes das eleições presidenciais ucranianas de 2004, um dos pretensos "observadores" do grupo se pronunciou em comícios favorecendo o candidato do Kremlin.[112] Em 2005, Kochetkov foi preso na Moldávia, aonde havia ido para observar outra eleição, depois de supostamente ter entrado em uma briga com um cidadão local.[113] (Ele alega que o caso contra ele foi forjado.) Em agosto de 2008, Kochetkov seguiu as tropas russas até a Geórgia para estabelecer um centro de imprensa internacional na Ossétia do Sul ocupada.[114]

O grupo de Kochetkov conseguiu persuadir uma coleção de mandachuvas políticos europeus a servir em suas missões, incluindo ex-primeiros-ministros da Polônia e da Eslováquia e membros do Parlamento Europeu vindos da Itália, Polônia, Letônia, França e Alemanha.[115] Isso conferiu a seus pronunciamentos uma credibilidade junto ao público interno que uma equipe exclusivamente russa não teria tido. As missões também ofereceram aos organizadores oportunidades de fazer amizade com os membros da elite europeia – outra tática à qual voltaremos adiante.

---

[111] Hyde, *The Pseudo-Democrat's Dilemma*.

[112] Ilko, "Na vybori v Ukraine opredelen smotryashchy ot Kremlya?".

[113] RIA Novosti, "Aleksei Kochetkov nameren podat isk"; Lenta.ru, "Moldavia gotova osvobodit vtorogo rossiiskogo nablyudatelya".

[114] CIS-EMO.net, "Aleksei Kochetkov".

[115] CIS-EMO.net, "Monitoring Missions' Participants".

A América Latina tem seu próprio Conselho de Especialistas Eleitorais da América Latina (CEELA). Uma organização obscura, sem website e com financiamento de origens pouco claras, o CEELA foi criado em meados dos anos 2000 como uma "contrapartida esquerdista às agências de observação eleitoral patrocinadas pela Organização dos Estados Americanos (OEA)", nas palavras da publicação nicaraguense *El Nuevo Diario*.[116] Era composto por ex-funcionários e juízes eleitorais de vários países latino-americanos, a maioria com governos de esquerda. O grupo monitorou as eleições nacionais na Venezuela sob Chávez e depois sob Maduro, declarando-as legítimas.[117] Quando o líder sandinista Daniel Ortega rejeitou os observadores da OEA em 2008, ele acolheu os do CEELA, chamando-os de "os mais adequados com os quais podemos contar".[118] A oposição nicaraguense não concordou. O Partido Liberal Constitucionalista acusou o CEELA de ser "um instrumento da fraude eleitoral que a Frente Sandinista de Libertação Nacional está inventando".[119]

Obter ajuda do exterior para prender dissidentes – mas por ofensas não ligadas à política. Em casa, os ditadores do *spin* processam líderes da oposição por ofensas não políticas para esconder sua verdadeira motivação. Da mesma forma, eles exploram a Interpol – a organização policial internacional – pedindo que ela emita "alertas vermelhos" contra seus inimigos no exterior. Com circulação global, esses alertas solicitam a todos os Estados que prendam o alvo e o extraditem para o país de origem.[120]

As regras da Interpol exigem que ela rejeite pedidos que tenham um "caráter político".[121] Sendo assim, tal como fazem dentro de

---

[116] Pantoja, "CEELA fue creado por Chávez".

[117] Gaytan, "Who Are the Council of Electoral Specialists of Latin America (CEELA)?".

[118] EFE Newswire, "Ortega dice que observadores que vigilarán comicios son los más idóneos".

[119] EFE Newswire, "Liberales califican de 'non gratos' a observadores CEELA en campaña Nicaragua".

[120] Lemon, "Weaponizing Interpol".

[121] Interpol, *About Notices*.

suas próprias fronteiras, os ditadores acusam seus inimigos de crimes apolíticos. Hugo Chávez perseguiu inúmeros indivíduos com acusações falsas. Patricia Poleo, uma premiada jornalista investigativa, recebeu asilo nos Estados Unidos depois de enfrentar ameaças na Venezuela.[122] No entanto, numa viagem ao Peru, ela foi detida por causa de um alerta vermelho que a acusava de assassinato. A principal pretensa testemunha depois confessaria que "havia sido paga para fabricar suas provas".[123] O pai de Poleo, Rafael, também um conhecido jornalista, recebeu seu próprio alerta vermelho por comparar Chávez a Mussolini e sugerir que ele poderia ter o mesmo destino deste último. Da maneira como enxergou o ministro das Comunicações de então, Rafael Poleo havia "pedido publicamente um assassinato" – um crime grave.[124]

A Rússia sob Putin também explorou esse tipo de procedimento, perseguindo membros da oposição por supostas ofensas não políticas.[125] Um ativista político, Petr Silaev, recebeu um alerta vermelho por "hooliganismo" (balbúrdia pública e brigas geralmente relacionadas a eventos esportivos).[126] Outra ativista pela democracia, Anastasia Rybachenko, foi acusada de "participar de tumultos em massa", aparentemente por marchar em um protesto pró-democracia.[127] Putin também usou os alertas vermelhos contra estrangeiros problemáticos, como o investidor William Browder, que fez *lobby* junto aos governos ocidentais para punir o Kremlin pela morte sob custódia de seu advogado, Sergei Magnitsky.[128] Embora a Interpol frequentemente rejeite pedidos de fundo político, ela pode prender o alvo do alerta primeiro, antes de avaliar tais argumentos, o que permite aos ditadores assediar e intimidar seus oponentes em escala global.

---

[122] Comitê para a Proteção de Jornalistas, "Attacks on the Press 2006: Venezuela".

[123] Fair Trials, "Patricia Poleo".

[124] Human Rights Watch, *Tightening the Grip*; Padgett, "Red Alert".

[125] Aslund, *Russia's Interference*.

[126] *Economist*, "Rogue States".

[127] Mineev, "'Krasnaya metka' dlya Interpola".

[128] Ver Browder, *Red Notice*.

Cooperar com o Ocidente ao mesmo tempo que o denuncia e o explora. Tito era um mestre em jogar para os dois lados. Por um tempo, ele vendeu sua imagem de "comunista renegado" para os Estados Unidos em troca de generosas ajudas militares e econômicas. Mas, ao mesmo tempo, enviou espiões para roubar a propriedade intelectual ocidental e ajudar terroristas, como as Brigadas Vermelhas da Itália.[129] Quando chegaram os anos 1970, ele já não era mais tão tido como um agente duplo, pois era dependente de empréstimos e dos roubos que cometia contra o Ocidente. "Sem dinheiro e tecnologia ocidentais", ele disse ao romeno Nicolae Ceaușescu, "não haveria nenhuma sociedade comunista em nossos países".[130]

Os ditadores do *spin* de hoje transformam o jogo duplo de Tito em uma arte. Eles participam de instituições ocidentais a fim de extrair benefícios, explorando as falhas e fraquezas de projeto desses órgãos. Eles comerciam com países ocidentais, ao mesmo tempo que denunciam as atividades deles. Recrutam redes de parceiros corruptos no Ocidente, perseguindo simultaneamente objetivos concretos e corroendo a coesão ocidental. Ao mesmo tempo, fazem discursos hipócritas sobre a hipocrisia do Ocidente.[131]

Tomemos como exemplo o húngaro Viktor Orbán. Nos anos 2010, ele estava simultaneamente entre os maiores beneficiários da União Europeia e seus mais duros críticos. A partir de 2018, apenas a Polônia recebeu maiores financiamentos líquidos do orçamento europeu.[132] Naquele ano, Bruxelas enviou à Hungria cerca de 5 bilhões de euros – cerca de 4% do PIB do país.[133] Esses fundos ajudaram Orbán a se consolidar. De acordo com o *New York Times*, ele usou o dinheiro para construir um "sistema de patrocínio que enriquece seus amigos e família, protege seus interesses políticos e pune seus rivais".[134]

---

[129] Pacepa, *Red Horizons*, 354.

[130] *Ibid.*, 349.

[131] Putin é um crítico contumaz do esquema de "um peso, duas medidas" do Ocidente. Ver, por exemplo, Anderson, "Putin Accuses the West".

[132] Ross, "Which Countries Are the Biggest Boost or Drag on the EU Budget?".

[133] Europa.eu, "Hungary".

[134] Gebrekidan, Apuzzo e Novak, "The Money Farmers".

Um lote desse dinheiro estava atrelado à terra. Bruxelas atribuiu subsídios agrícolas com base na área de terrenos. Assim, o líder húngaro vendeu milhares de acres de terra do Estado a amigos e associados em "acordos com redução de taxação". Os proprietários receberam, então, dezenas de milhões de euros em subsídios.[135] Um desses beneficiários foi Lörinc Mészáros, o velho amigo de Orbán que virou um bilionário barão da mídia, conforme vimos no capítulo 4. Mészáros e sua família acabaram recebendo mais de 3.800 acres de terra do Estado.[136] Outros fundos da UE chegaram a amigos de Orbán "por meio de contratos de compra superfaturados".[137]

No entanto, mesmo enquanto o dinheiro internacional inundava seu país, Orbán ia acumulando abusos contra seus colegas líderes europeus. Diante de um fluxo de imigrantes, disse ele, eles eram "como uma mulher velha que balança a cabeça em choque".[138] Tudo o que ouvia de Bruxelas era "um blá-blá-blá liberal europeu".[139] O continente estava "cambaleando em direção à sua própria ruína pelo deslumbramento".[140] *Outdoors* por toda Budapeste diziam: "Vamos parar Bruxelas".[141]

Durante muito tempo, a UE nem respondeu. Tendo se desenvolvido a partir de um pequeno clube de Estados da Europa Ocidental com os mesmos interesses, a organização tinha poucos procedimentos para conter membros que só queriam perturbar. No Parlamento Europeu, Orbán podia explorar a importância de seu partido para a coalizão de centro-direita, o Partido Popular Europeu (EPP). Embora o partido de Orbán, o Fidesz, fosse responsável por apenas 5% a 7% das cadeiras do EPP, poderia fazer uma diferença crucial em

---

[135] *Ibid.*

[136] *Ibid.*

[137] *Economist*, "The EU Is Tolerating".

[138] Diekmann, "Hungary's Prime Minister Says Accepting Syrian Refugees 'Also Means Importing Terrorism, Criminalism, Anti-Semitism and Homophobia'".

[139] Lendvai, *Orbán*, 202.

[140] *Ibid.*, 203.

[141] *Ibid.*

votações apertadas.[142] No Conselho Europeu, Orbán poderia simplesmente ameaçar vetar – como fez no final de 2020, chantageando seus colegas ao bloquear o pacote de recuperação pós-pandêmico de vital necessidade do continente até que fosse enfraquecida uma proposta para disciplinar países como o dele, que abusavam do Estado de direito.[143] Desafiando os princípios da UE, Orbán removeu os controles democráticos de seu poder enquanto ridicularizava os políticos ocidentais que não conseguiram detê-lo. E fez isso com a ajuda do dinheiro da UE.

Na Venezuela, Chávez usou a Organização dos Estados Americanos (OEA) como pano de fundo para projetar sua grandeza internacional – ao mesmo tempo que pedia sua dissolução. A OEA, disse ele, era "um cadáver que deve ser enterrado".[144] Apesar do compromisso da organização em defender a democracia, ela pouco fez para se opor à monopolização do poder de Chávez na Venezuela até 2010, quando sua Comissão de Direitos Humanos emitiu um relatório crítico.[145] Em parte, a inação da OEA refletiu o uso de petrodólares e petróleo barato por Chávez para cooptar uma falange de pequenos Estados insulares caribenhos. Esses pequenos países, então, constituíram um "escudo diplomático... contra as críticas internacionais" e tornaram difícil reunir a maioria de dois terços necessária para suspender um membro da OEA por "interrupção da ordem democrática".[146]

Com os Estados Unidos, Chávez fez um jogo duplo semelhante. Ele achincalhou impiedosamente o presidente Bush, para divertimento de sua base de apoio. Em suas palavras, Bush era um

---

[142] Por fim, diante de críticas crescentes, o partido Fidesz de Orbán deixou o EPP em março de 2021 (Hopkins, "Hungary's Fidesz Finalizes EPP Divorce").

[143] Rohac, "A European Compromise Not Worth Making".

[144] Venezuela Analysis, "Venezuelan President Chávez".

[145] Carroll, "Chávez Furious as OAS Rights Watchdog Accuses Him of Endangering Democracy".

[146] Corrales e Penfold, *Dragon in the Tropics*, 133; Martin, "Chávez, the Organization of American States, and Democracy".

"jumento", "um ignorante", "um covarde", "um assassino", "um bêbado", "um mentiroso", "um homem psicologicamente doente" ou simplesmente "Sr. Perigo". Ele era "mais perigoso que um macaco com uma navalha".[147] Na ONU, em Nova York, em 2006, Chávez alegou detectar um cheiro persistente de enxofre no dia seguinte ao discurso do presidente dos Estados Unidos.[148] Alguém poderia ter a impressão de que o ditador venezuelano odiava os assim chamados *yanquis*. E ainda assim, durante todo o mandato de Chávez, foi o comércio com os Estados Unidos que manteve seu país à tona. Os importadores estadunidenses compraram a maior parte do petróleo da Venezuela, pagando a Caracas bilhões de dólares.[149] Também a maior parte das importações do país vinha dos Estados Unidos.[150] Como disse o jornalista Francisco Toro, Chávez "se batia contra o imperialismo gringo durante toda a manhã, depois passava toda a tarde vendendo seu petróleo a esses mesmos gringos".[151]

Erdoğan, o presidente da Turquia, confiou na OTAN como última forma de dissuasão contra a Rússia e o Irã. Acolheu as baterias de mísseis Patriot da OTAN ao longo da fronteira com a Síria em 2012 para se defender contra um possível ataque com armas químicas.[152] No entanto, sabendo que a aliança não tinha qualquer mecanismo para excluir um Estado-membro, ele a desafiou abertamente, comprando um sistema de defesa aérea S-400 da Rússia que era incompatível com o equipamento da OTAN.[153] Depois, violou o embargo de armas da ONU contra a Líbia.[154] E usou o direito que todos os membros da OTAN tinham de vetar propostas para chantagear seus parceiros, ameaçando bloquear os

---

[147] Campbell, "Chávez Makes a Monkey of Bush".

[148] BBC, "Hugo Chávez".

[149] Foer, "The Talented Mr. Chávez".

[150] Frontline, "Interview: Teodoro Petkoff".

[151] Toro, "What Fidel Taught Hugo".

[152] Gordon, "NATO Backs Defense Plan for Turkey".

[153] Gall, "Turkey Gets Shipment".

[154] Erlanger, "Turkish Aggression".

planos da aliança para defender os países bálticos e a Polônia, a menos que ela apoiasse sua ofensiva contra os combatentes curdos na Síria.[155]

Putin usou a cadeira da Rússia na OSCE para tentar neutralizar a missão pró-democracia daquela organização. A regulamentação somente por consenso que era própria da organização dava a cada membro uma vantagem. Na cúpula de 2011 da organização em Vilnius, por exemplo, "Moscou vetou todos os documentos significativos publicados no final do ano".[156] Junto com Nazarbayev e os líderes de outros cinco ex-Estados soviéticos, Putin introduziu uma proposta em 2007 para acabar com a autonomia do grupo de monitoramento eleitoral da OSCE. Ameaçou ainda vetar a proposta de proteção da OSCE para os defensores dos direitos humanos e para ONGs pró-democracia.[157] No fim, as potências ocidentais só conseguiram reverter esse quadro ao cooptar Nazarbayev com a presidência da OSCE em 2010.

Obter ajuda internacional com truques políticos sujos. Um triste fato a respeito dos ditadores do *spin* é quantos dos truques que eles usam tiveram origem nas democracias ocidentais.[158] Aquela tática do rezoneamento eleitoral, por exemplo, chamada em inglês de "*gerrymandering*", recebeu esse nome por causa de um governador de Massachusetts do século XIX, Elbridge Gerry, que aprovou um distrito de votação de formato peculiar em 1812. O uso político de processos de calúnia surgiu durante as lutas pelos direitos civis ocorridas nos Estados Unidos nos anos 1950, quando os líderes do sul os empregaram para silenciar seus críticos.[159] De fato, o sul dos Estados Unidos foi um grande celeiro de inovações. Muito antes de Putin ou Erdoğan, as autoridades americanas assediavam os ativistas com acusações ostensivamente apolíticas. Acusaram Martin Luther King Jr. de evasão fiscal e perjúrio, e prenderam outros por perturbar a paz, por invasão de propriedade privada

---

[155] Waldman, "Turkey, Not Trump".

[156] Socor, "Russia Blocks Consensus".

[157] *Ibid.*

[158] Cheeseman e Klaas, *How to Rig an Election*; Morgenbesser, "The Menu of Autocratic Innovation", 1055-56.

[159] Varol, "Stealth Authoritarianism".

e por conduta desordeira. O estado da Virgínia perseguiu a NAACP americana (Associação Nacional para o Progresso de Pessoas de Cor) por supostas violações da ética legal.[160]

Os operadores das sujeiras do mundo continuam se voltando para o Ocidente em busca de inspiração. Quando os gurus políticos do Kremlin começaram a redistribuir os colégios eleitorais para suas eleições de 2016, foram estudar as práticas mais recentes dos Estados Unidos.[161] No início dos anos 2000, o Kremlin manchou a reputação dos rivais de Putin alegando que eles ganhavam dinheiro de judeus, homossexuais e de um famoso organizador russo de esquemas de pirâmide.[162] Soa familiar? Na corrida americana de 1972 para a indicação republicana, Roger Stone, um jovem assessor de Richard Nixon, fez doações ao rival de Nixon, Pete McCloskey, em nome da Aliança Socialista Jovem e depois usou o recibo para pintar McCloskey como um fantoche da esquerda.[163]

Em Singapura, as práticas coloniais britânicas prefiguraram grande parte do sistema de Lee Kuan Yew, desde sua severa lei antidifamação até sua Lei de Segurança Interna, que permite a detenção preventiva por tempo indefinido por motivos de segurança nacional. A Lei de Sedição da ilha, baseada em uma portaria colonial de 1948, torna crime tentar qualquer ato que "tenha uma tendência sediciosa", proferir qualquer "palavra sediciosa" ou distribuir ou importar qualquer "publicação sediciosa" – tudo isso sem definir o que signifique "sediciosa".[164]

Não apenas técnicas, mas também conhecimento especializado muitas vezes vêm do exterior. A ideia de Orbán de conseguir votos com ataques ferozes contra o filantropo emigrado George Soros foi

---

[160] *Ibid.*, 1708.

[161] Frye, *Weak Strongman*; Kozlov, "V Kremle izuchayut amerikanskie tekhnologii".

[162] Wilson, *Virtual Politics*, 70.

[163] Toobin, "The Dirty Trickster". O mesmo Roger Stone seria condenado à prisão em 2020 por vários delitos cometidos enquanto assessor do presidente Trump. Trump comutou a sentença posteriormente (Gambino, "Roger Stone Sentenced to 40 Months in Prison").

[164] Human Rights Watch, *"Kill the Chicken to Scare the Monkeys"*.

uma ideia de dois consultores de Washington. Um deles, Arthur Finkelstein, foi uma lenda na política conservadora dos Estados Unidos, tendo começado assessorando Nixon. Os opositores o chamavam de "Mercador do Veneno".[165] Finkelstein também trabalhou para uma série de políticos israelenses do partido Likud, incluindo Ariel Sharon e Benjamin Netanyahu, assim como líderes pós-comunistas da Albânia à Ucrânia.

Ditadores que procuram ajuda com as chamadas "operações negras" podem comprar assistência de empresas sediadas em democracias ricas. O magnata do cinema de Hollywood Harvey Weinstein contratou uma empresa de segurança privada israelense, fundada por ex-agentes do Mossad, para investigar uma mulher que o acusava de estupro.[166] Orbán supostamente contratou essa mesma empresa, a Black Cube, para desacreditar as ONGs de George Soros. Ela gravou secretamente conversas com funcionários de Soros e vazou trechos enganosos para a imprensa.[167] Dois funcionários da Black Cube foram presos na Romênia em 2016 por supostamente conduzirem ataques cibernéticos contra o promotor anticorrupção daquele país.[168]

É claro que a maioria dos ditadores nos países economicamente mais bem desenvolvidos tem seus próprios trapaceiros políticos criados em casa. Putin se utilizou de uma série deles sem ter de recorrer aos estadunidenses. De fato, ele envia seus próprios "tecnólogos políticos" ou propagandistas para ajudar os aliados a combater suas eleições ou protestos mais duros; os beneficiários recentes incluem Viktor Yanukovych, na Ucrânia, em 2004, e Alexander Lukashenko, em Belarus, em 2020.[169] Agentes políticos russos também foram vistos aconselhando candidatos por toda a África.[170] Chávez e Correa contrataram os

---

[165] Grassegger, "The Unbelievable Story of the Plot against George Soros"; Schudel, "Arthur Finkelstein".

[166] Feuer, "Federal Prosecutors Investigate Weinstein's Ties to Israeli Firm".

[167] Bayer, "Israeli Intelligence Firm".

[168] Wootliff, "Israelis Arrested for Spying".

[169] Gould-Davies, "Putin and the Belarusian Question".

[170] Rozhdestvensky, Rubin e Badanin, "Chef i povar".

melhores do mercado latino-americano.[171] E a maioria dos ditadores usam seus próprios serviços de segurança em vez de agentes aposentados do Mossad para vigiar os oponentes domésticos. Ainda assim, sempre que precisarem, os autocratas podem encontrar no Ocidente uma gama de ajudantes ansiosos.

COMO FAZER AMIGOS E INFLUENCIAR PESSOAS

Além de alistar estrangeiros para ajudar a dominar seus próprios países, os ditadores do *spin* adaptam as técnicas domésticas para se defender de ameaças vindas do exterior. O maior perigo é que as potências ocidentais, em algum momento beligerantes, possam querer intervir para restaurar a democracia. À medida que o mundo se moderniza, as organizações de direitos humanos e os grupos liberais do Ocidente se tornam mais insistentes, como veremos no próximo capítulo. Uma defesa robusta requer preparação militar e resiliência econômica. Mas, no fundo, a batalha trata de ideias. Para travá-la, os ditadores do *spin* levam sua manipulação para a arena internacional. Eles trabalham para remodelar a opinião pública global e cooptar os detentores do poder ocidentais.

Moldar a opinião global. A maioria dos autocratas sabe que as elites ocidentais gostariam de se ver livres deles. Mas os líderes nas democracias dependem de seus cidadãos. Eles devem obter apoio público no caso de ações militares ou econômicas se quiserem destituir um governante estrangeiro. Os ditadores do *spin* trabalham para evitar isso.

Mas como? Uma maneira é conquistar o público ocidental. Se os ditadores conseguirem fazer isso, os governos hesitarão em atacar. Isso pode ser querer demais, especialmente em sociedades bem-informadas e instruídas. Apesar de se esbarrarem com celebridades globais e de se darem muito bem nas pesquisas de opinião em casa, a maioria dos ditadores conquista poucos fãs ocidentais. Em 2007, o instituto Pew entrevistou respondentes em 47 países a respeito de suas opiniões com relação a uma lista de líderes selecionados. Entre os ditadores, o chinês Hu Jintao se

---

[171] Barnes, "Brazilian Advisers Spin Elections in Venezuela and Beyond".

saiu melhor, com 42% expressando "alguma" ou "muita" confiança nele, considerando a média dos países. Hugo Chávez foi o próximo com 36%, depois Vladimir Putin com 32%, e Mahmoud Ahmadinejad, do Irã, com 19%. Porém, em cada um desses casos, muito mais entrevistados expressaram "não muita" ou "nenhuma" confiança. Para comparação, 50% tinham confiança na alemã Angela Merkel.[172]

Uma segunda opção, quase tão eficaz, é voltar o público ocidental contra suas próprias elites governantes – em particular, aqueles que se veem tentados por alguma ação militar estrangeira. Isso significa apoiar os movimentos antielite. O russo Putin se tornou o anjo da guarda dos populistas de direita em toda a Europa, fornecendo apoio moral e, às vezes, financeiro.[173] Hugo Chávez também tinha sua rede de contatos. Três de seus antigos assessores ajudaram a criar o partido populista de esquerda espanhol Podemos.[174]

Em casa, os ditadores podem cooptar ou censurar a mídia crítica, enquanto transmitem suas próprias mensagens na TV controlada pelo Estado. No exterior, eles dispõem de menos alavancas para influenciar a opinião pública. Ainda que certos ditadores do medo mais ambiciosos tentem censurar a mídia no Ocidente – falaremos mais sobre isso depois –, os ditadores do *spin* são mais realistas. O que eles podem fazer é usar suas habilidades de propaganda em escala internacional. Uma maneira é criar seus próprios canais de TV globais para competir com a BBC e a CNN.

Em 2005, Putin lançou a estação internacional Russia Today, mais tarde abreviada como RT. O objetivo, disse o presidente russo, era "quebrar o monopólio anglo-saxão sobre... os fluxos globais de

---

[172] Essas porcentagens excluem aqueles que não responderam ou disseram que não sabiam. O presidente dos Estados Unidos George Bush também não recebeu muita confiança, com apenas 29% na média dos países. Ver Pew Research Center, *Global Unease with Major World Powers*. Em 2020, com a mudança de Hu para Xi, a confiança no principal líder da China havia caído para 19% (Pew Research Center, *US Image Plummets*).

[173] Klasa *et al.*, "Russia's Long Arm Reaches to the Right in Europe".

[174] Roman, "How Hugo Chávez Helped Inspire Spain's Far-Left Podemos Movement".

informação".[175] A programação da RT reunia "moscardos sociopolíticos"[176] antiocidentais (Julian Assange, do Wikileaks, teve seu próprio programa por um tempo) e jornalistas ocidentais bem-estabelecidos (como o ex-peso-pesado da CNN Larry King) junto a jovens recrutas bilíngues.[177] Esses últimos incluíam ex-jornalistas amargurados de redes ocidentais que haviam sido demitidos quando a mídia ocidental cortou a cobertura estrangeira.[178] Até 2015, o canal alegava ter uma audiência de 700 milhões de pessoas em 100 países, embora alguns o tenham acusado de inflacionar seus números.[179]

A RT procura simultaneamente impulsionar a imagem de Putin e fomentar o sentimento populista no Ocidente. Ela retrata Putin como um líder popular e ativo. E exagera – e, quando possível, inflama – as tensões entre o público ocidental e suas elites, que são retratados como cínicos e belicosos. Além de visar aos telespectadores ocidentais, o canal também apela para aqueles que, em países não ocidentais, nutrem raiva das intervenções dos Estados Unidos. Seus apresentadores são especializados em uma espécie de *pathos* anti-imperialista.

A rede não finge ser independente. O CEO da RT tem um telefone em sua mesa com uma linha direta para o Kremlin, usado, em suas palavras, para "discutir coisas secretas".[180] Mas o canal consegue aumentar sua credibilidade com relatórios relativamente objetivos e detalhados sobre assuntos nos quais as autoridades russas não têm nenhum interesse. Em 2010, o Kremlin alegou estar gastando anualmente 1,4 bilhão de dólares em propaganda internacional, grande parte disto por

---

[175] RT, "Putin Talks NSA, Syria, Iran, Drones in RT Interview".

[176] [Nota do tradutor] Para utilizar a terminologia original cunhada por Sócrates. Designa indivíduos que gostam de desafiar o *status quo* de uma sociedade ao questioná-lo, levantar perguntas e fazer provocações de maneira geral.

[177] Stanley, "Julian Assange Starts Talk Show on Russian TV"; Rutenberg, "Larry King, the Russian Media and a Partisan Landscape".

[178] Gatov, "Research the Revenge".

[179] Shuster, "Inside Putin's On-Air Machine"; Richter, "RT: A Low-Grade Platform for Useful Idiots".

[180] Shuster, "Inside Putin's On-Air Machine".

via da RT. A mídia eletrônica, disse Putin em outubro de 2014, com uma franqueza surpreendente, havia se tornado "uma arma formidável que permite manipulações da opinião pública".[181]

O venezuelano Hugo Chávez fundou sua própria rede, a Telesur, com apoio cubano, uruguaio e argentino.[182] Em 2015, era "o maior canal de notícias televisivas 24 horas da América Latina".[183] De acordo com seu desiludido ex-diretor, Aram Aharonian, a Telesur rapidamente se tornou um "instrumento político", fornecendo "propaganda na forma de notícias rolando na tela" para servir à agenda de Chávez.[184] O ponto central dessa agenda era limitar a intervenção dos Estados Unidos na América do Sul. O ministro de Comunicações de Chávez, Andrés Izarra, que mais tarde chefiou a Telesur, descreveu a rede como uma "resistência ao imperialismo em qualquer de suas expressões".[185]

A Telesur procurou cultivar uma opinião pública regional e de esquerda que pudesse combater a influência dos Estados Unidos e desencorajar golpes de direita. A rede se provou valorosa quando o aliado de Chávez, o presidente Manuel Zelaya, de Honduras, foi derrubado em 2009. A Telesur transmitiu os protestos de seus apoiadores e entrevistou o líder deposto, ajudando a mobilizar a opinião internacional contra a junta.[186] No ano seguinte, quando agentes policiais em protesto prenderam o presidente equatoriano Correa em um hospital, matando cinco pessoas, a Telesur filmou Chávez exortando os equatorianos a "neutralizar a tentativa de golpe" e o exército a resgatar Correa.[187] As tropas equatorianas vieram mais tarde em defesa do presidente.[188]

---

[181] Presidente da Rússia, "Russia Today TV Channel Starts Broadcasting in Argentina".

[182] Marthoz, *Venezuela's Foreign Policy*.

[183] Bennett e Naím, "21st-Century Censorship".

[184] Citado em Carroll, *Comandante*, 195.

[185] Reardon, "Latin America's TeleSUR Now Available to U.S. Viewers".

[186] Daniel, "Chávez-Funded Telesur Flourishes in Honduras Coup".

[187] Pearson, "Venezuela"; Romero, "Ecuador Leader Confounds Supporters and Detractors".

[188] Singapura também fundou sua própria estação de TV internacional, o Channel NewsAsia, em 1999, para oferecer um "ponto de vista asiático", o qual acabou se

Ao contrário dos órgãos de propaganda dos ditadores da velha guarda, esses canais não empurram uma versão claramente distorcida e ideológica dos eventos. Em vez disso, imitam a programação ocidental moderna, com alta qualidade de produção e formatos envolventes.[189] No lugar de doutrinação, eles sugerem narrativas alternativas, distraem o espectador de verdades embaraçosas e espalham dúvidas sobre o Ocidente. "Questione mais" é o *slogan* de *marketing* da RT.[190] Em seu estilo, eles também diferem das estações de TV globais dos ditadores do medo modernizados, como a CGTN, da China (antiga CCTV), e a Press TV, do Irã. Ambas sofrem com a censura e com a propaganda grosseira que caracterizam a mídia oficial desses países dentro de suas fronteiras. Mas a corrente de repressão subjacente arruína sua mensagem patriótica. Ambas, por exemplo, já transmitiram confissões de prisioneiros extraídas por meio de tortura.[191]

Os ditadores do *spin* respaldam sua programação internacional com outros esforços de relações públicas. Para fortalecer sua imagem, Chávez criou um Escritório Venezuelano de Informação em Washington, liderado por Deborah James, uma experiente ativista antiglobalização.[192] O escritório colocou anúncios em revistas populares, colocou uma "equipe de resposta rápida" de redatores para rebater artigos críticos a Chávez e enviou funcionários a conferências, manifestações e *campi* universitários para distribuir literatura doutrinadora.[193] Eles educaram simpatizantes de base, disse James, a respeito de "formas de trabalhar contra a intervenção dos Estados

---

tornando notavelmente próximo ao do próprio governo de Singapura. Ver Atkins, *The Politics of Southeast Asia's New Media*, 157; National Archives of Singapore, "Speech by DPM Lee Hsien Loong".

[189] Painter, "The Boom in Counter-Hegemonic News Channels", 54.

[190] Dougherty, "How the Media Became One of Putin's Most Powerful Weapons".

[191] Gambrell, "Report: Iran TV Airs 355 Coerced Confessions over Decade"; Sadr, "Documenting the Perpetrators amongst the People"; Mozur, "Live from America's Capital, a TV Station Run by China's Communist Party".

[192] Foer, "The Talented Mr. Chávez".

[193] Forero, "Venezuela's New Campaign".

Unidos".¹⁹⁴ Outros líderes compraram serviços de relações públicas no mercado. Depois que a polícia do Cazaquistão matou quatorze trabalhadores em greve na cidade mineira de Zhanaozen, o presidente Nazarbayev contratou o ex-primeiro-ministro britânico Tony Blair para assessorá-lo na lida com a imprensa.¹⁹⁵ Reconheça a questão de direitos humanos envolvida, disse-lhe Blair, mas insista na necessidade de avançar "passo a passo".¹⁹⁶ Entre 2000 e 2016, as autoridades russas gastaram cerca de 115 milhões de dólares em contratos de relações públicas estrangeiras, de acordo com o *PRWeek*.¹⁹⁷ As despesas aumentaram após a anexação russa da Crimeia e a interferência nas eleições americanas de 2016, que mancharam a imagem de Putin.

Para explorar as reputações das publicações ocidentais, os ditadores gostam de colocar nelas anúncios disfarçados. O Cazaquistão pagou à CNN Internacional para realizar infomerciais que glamorizavam o país. Em estilo e formato, essas propagandas eram inicialmente difíceis de distinguir das reportagens da própria CNN.¹⁹⁸ Um encarte intitulado "Rússia além das manchetes" e pago pelo governo russo apareceu em jornais ocidentais como *Daily Telegraph, Le Figaro, Süddeutsche Zeitung, La Repubblica* e *Washington Post*.¹⁹⁹ Em cada país, essa peça imitava a linguagem e o *design* do jornal anfitrião.²⁰⁰

Outra tática doméstica utilizada posteriormente no exterior é a manipulação das mídias sociais. A Agência Russa de Pesquisa na Internet (IRA) surgiu em 2013 com uma missão de apoiar o prefeito pró-Kremlin de Moscou, Sergei Sobyanin, e atacar seu desafiador,

---

[194] Bogardus, "Venezuela Head Polishes Image with Oil Dollars".

[195] Mendick, "Tony Blair Gives Kazakhstan's Autocratic President Tips on How to Defend a Massacre"; Tynan, "Kazakhstan".

[196] Mendick, "Tony Blair Gives Kazakhstan's Autocratic President Tips on How to Defend a Massacre".

[197] Gerden, "Can Russia Reengage the West".

[198] Smith, "Kazakhstan".

[199] Gerden, "Can Russia Reengage the West".

[200] Shafer, "Hail to the Return of Motherland-Protecting Propaganda!".

Aleksei Navalny.[201] Em 2016, seus *trolls* usaram técnicas similares nos eleitores estadunidenses. Eles postaram mensagens online, criaram dezenas de milhares de *bots*, compraram anúncios políticos usando identidades inventadas ou roubadas e até organizaram comícios nos Estados Unidos.[202] Também na Europa, o IRA procurou influenciar as eleições, postando em alemão, francês, espanhol, italiano, estoniano, búlgaro e romeno.[203]

Uma outra forma ainda de influenciar a opinião ocidental – e os formuladores de políticas externas – é financiar *think tanks* (grupos de reflexão). De acordo com o *New York Times*, o Cazaquistão, a Hungria e Singapura contribuíram para a criação do Atlantic Council, sediado em Washington.[204] O Cazaquistão também contratou o Institute for New Democracies (Instituto para Novas Democracias), um parceiro do Centro de Estudos Estratégicos e Internacionais sediado em Washington.[205] O Departamento de Estado dos Estados Unidos instou recentemente esses *think tanks* estadunidenses a "divulgar de forma proeminente em seus websites" qualquer financiamento recebido de governos estrangeiros ou empresas estatais.[206] Algumas vezes, os ditadores montam seus próprios *think tanks* no Ocidente com nomes enganosos. O Cazaquistão estabeleceu um Conselho Eurasiano de Assuntos Estrangeiros em Bruxelas.[207] Um certo Instituto de Democracia e Cooperação ligado à Rússia apareceu em Paris em 2008, e outro escritório com o mesmo nome foi aberto em Nova York (e fechado em 2015). Eles negaram qualquer envolvimento direto com o Kremlin, mas foram fundados por

---

[201] Garmazhapova, "Gde zhivut trolli".

[202] Ver Golovchenko *et al.*, "Cross-Platform State Propaganda"; e U.S. House of Representatives Permanent Selection Committee on Intelligence, "Exposing Russia's Effort to Sow Discord Online".

[203] Dawson e Innes, *The Internet Research Agency in Europe*.

[204] *New York Times*, "Foreign Government Contributions to Nine Think Tanks".

[205] Lipton, "Feud in Kazakh President's Family Spills into U.S".

[206] Pompeo, "On Transparency".

[207] Gardner, "From Astana to Brussels, via Eurasia"; Green, "Jack Straw Criticised for Accepting Part-time Job Paid for by Kazakhstan".

um advogado de Moscou, Anatoly Kucherena, que serviu no conselho público do Ministério do Interior russo.[208]

Cooptar as elites ocidentais. Em casa, os ditadores do *spin* tentam cooptar sua elite. De forma semelhante, eles se propõem a ganhar amigos em capitais estrangeiras. Os métodos variam de charme pessoal a incentivos financeiros e operam em múltiplos níveis.

Ao longo de sua carreira, Lee Kuan Yew trabalhou duro no sentido de fazer amizade com estrangeiros influentes. Em 1968, enquanto servia como primeiro-ministro, ele tirou um período sabático por um mês em Harvard. Lá, veio a conhecer formadores de opinião como os estudiosos de política Richard Neustadt e Henry Kissinger e os economistas John Kenneth Galbraith e Paul Samuelson.[209] Essa associação entre eles durou toda a sua vida. Em 2013, o Centro Belfer de Harvard publicou um livro de entrevistas reverenciosas com o "grande mestre". Kissinger escreveu um prefácio repleto de admiração.[210]

Lee demonstrava apelo por seu intelecto e boas maneiras. Outros oferecem incentivos adicionais. Putin cultiva ativamente boas relações com líderes europeus atuais e antigos. Depois que Gerhard Schröder renunciou ao cargo de chanceler alemão, o presidente russo rapidamente encontrou para ele um emprego no consórcio de gasodutos Nord Stream. Mais tarde, Schröder acrescentou ao seu currículo a presidência da empresa petrolífera estatal russa Rosneft.[211] Putin ofereceu cargos em empresas de energia russas ao ex-primeiro-ministro italiano e presidente da Comissão Europeia Romano Prodi, ao ex-presidente francês Jacques Chirac e ao ex-secretário de Comércio dos Estados Unidos Donald Evans, embora todos tenham declinado as ofertas.[212] O presidente russo

---

[208] MVD Rossii, "Sostav Obshchestvennogo soveta pri MVD Rossii sozyva 2011-2013 g"; Krastev, "In the Heart of New York, Russia's 'Soft Power' Arm Gaining Momentum"; Corporate Europe Observatory, *Spin Doctors to the Autocrats*.

[209] Lee, *From Third World to First*, 511-13.

[210] Allison, Blackwill e Wyne, *Lee Kuan Yew*.

[211] BBC, "Anger as German Ex-chancellor Schroeder Heads up Rosneft Board".

[212] Dempsey, "Gazprom Courts Prodi as Pipeline Chief"; Zygar, *All the Kremlin's Men*, 122-23.

passou férias na Sardenha com Silvio Berlusconi, o ex-primeiro-ministro italiano. Vários membros da Câmara dos Lordes britânica tinham conexões com os círculos russos.[213] Em 2020, o jornal londrino *Times* reportou que quatorze ministros do governo conservador britânico e dois membros do Comitê de Inteligência e Segurança do Parlamento, encarregados de investigar a interferência política russa, tinham eles próprios "aceitado doações ligadas à Rússia".[214]

Esses amigos tão influentes já ajudaram Putin de várias maneiras. Berlusconi o defendeu quando ele foi atacado por questões de direitos humanos e da guerra na Chechênia, e chegou até a propor a admissão da Rússia na União Europeia.[215] Tempos depois, defendeu a tomada da Crimeia por Putin e provou vinho com ele em um vinhedo daquela região, para ultraje do governo ucraniano.[216] Enquanto ainda primeiro-ministro italiano, Prodi ajudou a normalizar a escandalosa expropriação da empresa petrolífera Yukos e a prisão de seu proprietário, apoiando a compra dos ativos da Yukos pelas empresas de energia italianas Eni e Enel.[217] Schröder, que afirmava ver Putin como um "impecável democrata",[218] ajudou o CEO da Gazprom a pressionar o ministro da Economia alemão.[219]

Para impulsionar a imagem internacional do Cazaquistão, Nazarbayev formou um Conselho Consultivo Internacional de VIPs políticos

---

[213] Fisher e Greenwood, "Tory Peers Told to Come Clean about Russian Links". De acordo com esse artigo de 2018, Lord Barker, de Battle, "é presidente da En+, a gigante russa de energia, de propriedade majoritária do oligarca Oleg Deripaska, um aliado próximo do presidente Putin. A En+ e o Sr. Deripaska estão sujeitos a sanções desde o ataque com uma neurotoxina em Salisbury em março".

[214] Greenwood *et al.*, "Conservative Party Ministers Bankrolled". As fontes das doações foram geralmente emigrantes russos com cidadania britânica, alguns com um histórico de contatos de alto nível com o Kremlin.

[215] Castle, "Berlusconi Causes New EU Rift with Chechnya Remarks"; Arbatova, "Italy, Russia's Voice in Europe?", 14.

[216] Friedman, "Silvio Berlusconi and Vladimir Putin".

[217] Kramer, "Italians Win Yukos Units, but Gazprom Is to Benefit".

[218] Dempsey, "Gazprom Courts Prodi as Pipeline Chief".

[219] Von Salzen, "Wie Gerhard Schröder als Türöffner für Gazprom agiert".

europeus em 2010. Eles se reuniam em Astana, capital do Cazaquistão, várias vezes ao ano.[220] O conselho incluía "quatro ex-presidentes, dois ex-primeiros-ministros, seis ex-ministros estrangeiros (incluindo do Reino Unido, Alemanha e Itália), uma ex-comissária europeia (Benita Ferrero-Waldner) e outros políticos e figuras públicas proeminentes".[221] Segundo a revista alemã *Der Spiegel*, cada um recebia um salário anual "na casa dos sete dígitos".[222]

Outra maneira de comprar influência no exterior é financiando partidos políticos ocidentais. Geralmente, essa manobra não é legal – o que na verdade torna as contribuições *mais* eficazes: o ditador ganha não apenas gratidão, mas também material para chantagem. Tal financiamento não é, em si, algo novo. Os soviéticos, por exemplo, secretamente canalizaram dinheiro para os políticos e partidos comunistas do Ocidente. O que é novidade é a forma não ideológica e oportunista como os novos ditadores alistam aliados políticos.

Vários partidos de direita da Europa foram acusados de aceitar fundos russos. Em 2014, um pequeno banco com vínculos com o Kremlin emprestou 9 milhões de euros ao partido de extrema direita francês Frente Nacional, de Marine Le Pen.[223] Pouco tempo depois, Le Pen endossou publicamente o referendo no qual os residentes da Crimeia aprovaram sua anexação pela Rússia. Em 2018, um assessor do líder do partido populista Lega, da Itália, discutiu com os russos um acordo para canalizar dezenas de milhões de dólares para seu partido por meio da venda de combustível com desconto.[224] O acordo aparentemente não deu certo, mas os promotores italianos abriram uma investigação de corrupção. Putin mais tarde elogiou o líder do Lega, Matteo Salvini, com quem afirmou estar em "contato constante". Salvini frequentemente denunciou as sanções da UE contra a Rússia.[225]

---

[220] Corporate Europe Observatory, *Spin Doctors to the Autocrats*, 40.

[221] Gardner, "From Astana to Brussels, via Eurasia".

[222] Mayr, "European Politicians Shill for Kazakh Autocrat".

[223] Gatehouse, "Marine Le Pen".

[224] Nardelli, "Revealed".

[225] Parodi, "Italian Prosecutors Probe Allegations of League Oil Deal".

Um associado de Putin prometeu 1,5 milhões de euros a Edgar Savisaar, líder do Partido Centro da Estônia, em 2010.[226] Savisaar disse que a contribuição foi para reformar uma igreja ortodoxa russa.

À parte dar dinheiro diretamente, a forma mais simples de influenciar os políticos ocidentais é contratar lobistas para eles. Isso é completamente legal e não constitui novidade nenhuma. Em 2018-2019, governos autoritários gastaram até 172 milhões de dólares em *lobby* e relações públicas somente nos Estados Unidos.[227] Putin contratou a Ketchum, uma firma de Washington, cujos funcionários, de acordo com a Reuters, "exortaram o Departamento de Estado a suavizar sua dura avaliação do histórico de violação de direitos humanos da Rússia".[228] A imagem de Chávez era protegida pelo escritório de advocacia Patton Boggs.[229] Mesmo enquanto insultava os *yanquis* imperialistas e abrigava Julian Assange em sua embaixada em Londres, o presidente do Equador, Rafael Correa, pagou 6,5 milhões de dólares a uma empresa de grife de relações públicas para torná-lo mais simpático aos olhos dos influentes de Washington.[230] As atividades da empresa incluíram o pagamento de "manifestantes para agitar placas e gritar *slogans*" durante uma reunião de acionistas da empresa petrolífera Chevron, com quem Correa tinha uma desavença.

MEDO *VERSUS SPIN*

Muitas das técnicas empregadas pelos ditadores do *spin* no exterior também são utilizadas pelos ditadores do medo de hoje – e até mesmo por democratas. De fato, em muitos aspectos, as relações exteriores se

---

[226] *Moscow Times*, "Yakunin in Estonia Deal"; ERR, "KAPO Declassifies Savisaar Files"; Filatova e Bushuev, "Sanctioned Putin Ally Vladimir Yakunin Granted German Visa".

[227] Dukalskis, *Making the World Safe for Dictatorship*, 59. E essa quantia é apenas a oficialmente reportada.

[228] Sullivan, "U.S. Public-Relations Firm Helps Putin Make His Case to America".

[229] O'Grady, "Winning Hearts and Minds inside the Beltway".

[230] Vázquez-Ger, "What Can Tens of Millions of Dollars Buy Ecuador in the Empire?".

tornaram mais uma questão de manipulação de informação, e menos de imposição de medo, do que no passado. A decisão final continua sendo da força militar. Mas ela é usada com menos frequência. E a enganação, a manipulação e o cultivo da imagem – mesmo que tenham sempre sido importantes – se tornaram mais centrais.

Atualmente, quase todos os Estados têm fronteiras porosas, atravessadas a cada mês por fluxos enormes de pessoas, produtos e dados. Líderes de todo tipo contratam empresas de relações públicas e lobistas para proteger seus interesses e sua reputação no Ocidente. Mesmo durante a Guerra Fria, alguns ditadores do medo tinham homens na rua K.[231] O agente republicano Paul Manafort, por exemplo, acabou se tornando notícia por ajudar o facínora que presidia a Ucrânia durante os anos 2000. Mas, antes disso, ele já representava tantos homens-fortes africanos – de Sani Abacha, da Nigéria, a Mobutu Sese Seko, do Zaire – que os rivais chamavam sua firma de "*lobby* dos torturadores".[232]

A China, a Líbia e a maioria das monarquias do Golfo Pérsico fazem doações para *think tanks* de Washington.[233] E ditadores do medo também cultivam boas relações com líderes estrangeiros, atuais e antigos. O Conselho Consultivo do fundo de riqueza soberana[234] da China conta, entre seus membros recentes, com um ex-primeiro-ministro do Paquistão, um ex-ministro das Relações Exteriores canadense e um ex-chanceler alemão – o onipresente Gerhard Schröder, que, como

---

[231] [Nota do tradutor] A rua K, ou *K Street*, é uma avenida bastante central na capital americana, Washington, na qual se localizam diversos escritórios de advogados, lobistas e empresas de relações públicas. Por essa razão, no discurso político, o nome da avenida passou a ser usado como uma metonímia para a indústria de *lobby* e gerenciamento de imagem em Washington.

[232] Maza, "Here's Where Paul Manafort Did Business with Corrupt Dictators"; Rawnsley, "How Manafort's Work for the 'Torturer's Lobby' Came Back to Haunt Him".

[233] *New York Times*, "Foreign Government Contributions to Nine Think Tanks".

[234] [Nota do tradutor] Da Wikipédia em inglês: "O fundo de riqueza soberana (em inglês: *sovereign wealth fund*) é um instrumento financeiro adotado por alguns países que utilizam parte de suas reservas internacionais. Os fundos soberanos administram recursos provenientes, em sua maioria, da venda de recursos minerais e petróleo".

vimos, também figurava nas diretorias das empresas estatais russas.[235] Tal como os ditadores do *spin*, os ditadores do medo que têm cunho mobilizacional e se utilizam de alta tecnologia, como Mohammed bin Salman, da Arábia Saudita, usam *trolls* e *bots* do Twitter para se infiltrarem nas redes sociais e promoverem sua imagem global.[236]

Ainda assim, há diferenças. A maioria decorre do objetivo que os ditadores do *spin* sempre têm de se misturar com as democracias, em vez de se definirem como um modelo alternativo. Tanto no exterior quanto em casa, eles fazem um papel de líderes comuns e democráticos. Como observado, eles tendem a ser menos belicosos do que os ditadores do medo, mas são perigosos à sua própria maneira. Eles participam de instituições predominantemente ocidentais, como a OTAN, a UE e a OCDE, e as exploram por dentro, minando sua coesão. Como "bons democratas", eles se inscrevem em fóruns internacionais que promovem o governo livre. Em Varsóvia, em 2000, por exemplo, 106 países assinaram uma carta para promover a democracia em todo o mundo. Quase metade dos ditadores do *spin* então existentes se alistaram nessa Comunidade de Democracias, contra apenas 12% dos ditadores do medo de então. Com uma composição tão diversa, ela permaneceu na maior parte inativa.

Alguns ditadores do medo tentam censurar a cobertura que a imprensa faz deles em todo o mundo. O mencionado Mohammed bin Salman, por exemplo, parece ter essa aspiração. O assassinato do jornalista do *Washington Post* Jamal Khashoggi e o bloqueio de 2017 a 2021 do Qatar, em parte para pressionar a Al Jazeera, pareceram ambos visar a esse objetivo.[237] Antes disso, os clérigos do Irã afirmaram o poder de uma censura global ao decretarem a *fatwa* contra o escritor Salman Rushdie. A China, sob Xi Jinping, usou de sua vantagem econômica para punir tuítes sobre Hong Kong e o Tibete, e para pressionar os editores do *China Quarterly* a eliminar alguns artigos de seu arquivo

---

[235] China Investment Corporation, "International Advisory Council".

[236] *Haaretz*, "Report: Israeli Company Sold Surveillance Equipment to Iran"; Brewster, "Manhole Covers That Spy?"; Benner *et al.*, "Saudis' Image Makers"; Hajizade, "ANALYSIS: Unveiling Iranian Pro-government Trolls and Cyber-Warriors".

[237] Al Jazeera, "Saudi Arabia's Purge".

online.²³⁸ A Coreia do Norte invadiu os computadores da Sony na tentativa de bloquear o lançamento de uma comédia pouco lisonjeira sobre seu líder.²³⁹

Ao contrário disso, os ditadores do *spin* não parecem ficar obcecados com a cobertura estrangeira. A equipe de Nazarbayev se viu atordoada de início pelo lançamento da comédia *Borat*, de Sacha Baron Cohen, em 2006, que retratava o Cazaquistão como um fim de mundo antissemita e misógino. Mas eles logo se recuperaram. Como disse um especialista em relações públicas sediado em Astana, os altos oficiais rapidamente se concentraram em "como explorar melhor aquele foco tão inesperado em seu país".²⁴⁰ Algum tempo depois, o ministro das Relações Exteriores agradeceu ao filme por impulsionar o turismo; disse que os pedidos de vistos de entrada haviam se multiplicado por dez.²⁴¹

CHECANDO AS EVIDÊNCIAS

Mencionamos que os ditadores do *spin* travam guerras e iniciam disputas militares com muito menos frequência do que os ditadores do medo. Isso é baseado em dados sobre guerras internacionais do conjunto de dados chamado Grandes Episódios de Violência Política (MEPV), do Centro para a Paz Sistêmica, e em disputas internacionais militarizadas do projeto Correlatos de Guerra (COW). Vamos considerar esses aspectos separadamente adiante.

Entre 1980 e 2015, as únicas ditaduras do *spin* a travar guerras foram a Rússia, que invadiu a Geórgia em 2008, e o Azerbaijão, que combateu a Armênia em Nagorno-Karabakh no início dos anos 1990.²⁴²

---

[238] Rachman, "Chinese Censorship Is Spreading beyond Its Borders"; Dunn, "How Chinese Censorship Became a Global Export"; Denyer, "In Reversal, Cambridge University Press Restores Articles after China Censorship Row".

[239] Sanger e Benner, "U.S. Accuses North Korea".

[240] Askarbekov, "What Kazakhstan Really Thought of Borat".

[241] *Ibid.*

[242] Como de costume, usamos as regras do capítulo 1 para distinguir as ditaduras do *spin*, do medo e as híbridas, e nos concentramos no período desde 1980, quando as ditaduras do *spin* se tornaram mais comuns. O conjunto de dados

Durante o mesmo período, sete ditaduras do medo combateram um total de cinco guerras.[243] Enquanto os ditadores do medo em média estavam em guerra em um de cada 33 anos, os ditadores do *spin* em média estavam em guerra em apenas um de cada 164 anos. A taxa para os ditadores do *spin* ficou, na verdade, abaixo daquela das democracias (um em cada 114 anos).[244] Em algumas dessas guerras, um ditador foi atacado e, portanto, teve de se defender. Mas, se incluirmos apenas as guerras que cada país iniciou, a frequência para os ditadores do *spin* cai ainda mais em comparação aos ditadores do medo.[245]

E quanto aos conflitos militares sem guerra declarada? Aqui, usamos a medida do COW de "conflitos interestatais militarizados", que são

---

do MEPV define guerras como "episódios de violência interestatal que causam pelo menos 500 mortes diretamente relacionadas" (MEPV versão 2018, http://www.systemicpeace.org/inscr/MEPVv2018.xls). Para comparação, os dados do COW incluem apenas guerras que resultam em pelo menos mil mortes de combatentes dentro de um período de doze meses. Preferimos a contabilidade mais abrangente com o limiar mais baixo de fatalidades. Outra desvantagem dos dados sobre guerras do COW é que eles terminam em 2007, enquanto os dados do MEPV continuam até o fim de nossas medidas dos tipos de ditadores (2015). O Azerbaijão está codificado como estando em guerra entre 1993 e 1994. De fato, a guerra começou em 1991, mas em 1991-1992 o país não podia ser classificado como uma ditadura do *spin* ou do medo, pois naqueles anos teve dois líderes que não duraram os cinco anos necessários para avaliar o nível de repressão violenta. A guerra de Karabakh se reacendeu em 2020.

[243] Foram o Vietnã, o Camboja, a China, a Etiópia, a Eritreia, o Iraque e o Irã. As guerras foram entre Vietnã e China, Vietnã e Camboja, Etiópia e Eritreia, Iraque e Irã, e Iraque e Kuwait mais os Estados Unidos e seus aliados. Alguns anos a mais de guerra ocorreram sob ditadores como o general Galtieri, da Argentina, que não pudemos classificar por não terem estado no poder por cinco anos ou cujos regimes eram híbridos.

[244] Veja o suplemento online, Tabela OS6.2. Isso é ainda mais surpreendente considerando que os ditadores do *spin* são frequentemente autocratas altamente "personalistas", um tipo de indivíduo que as pesquisas sugerem ser particularmente propenso a agressões estrangeiras (Weeks, "Strongmen and Straw Men").

[245] Nós codificamos como iniciadores: Armênia (contra o Azerbaijão), Camboja (contra o Vietnã), China (contra o Vietnã), Eritreia (contra a Etiópia), Iraque (contra o Irã), Iraque (contra o Kuwait), Rússia (contra a Geórgia), Israel (contra o Líbano), Argentina (contra o Reino Unido) e Estados Unidos (contra o Iraque).

definidos como "todos os casos em que um Estado ameaçou, exibiu ou usou força contra outro".[246] Exemplos incluem assediar aviões de outro país com jatos de combate, disparar tiros de advertência, colocar tropas em alerta total, violar fronteiras e ameaçar ações militares.

Entre 1980 e 2014, o último ano nos dados, os ditadores do *spin* iniciaram 63 disputas militares desse tipo, com média de uma a cada 7,7 anos. No mesmo período, os ditadores do medo iniciaram 421, ou seja, uma a cada 2,9 anos. Mais uma vez, a taxa foi menor para os ditadores do *spin* do que para os líderes de democracias, que iniciaram uma disputa a cada 5,6 anos.[247] Putin acaba sendo uma exceção. Ele iniciou mais disputas militares – 21 no total – do que qualquer outro ditador do *spin* em nossos dados.[248]

Devemos observar uma questão importante. Estamos classificando os ditadores em parte pela extensão de sua repressão doméstica. Mas e se for o conflito militar externo que torna os autocratas mais repressivos dentro de casa? Nesse caso, podemos ver esse padrão de resultados pela razão oposta. Em vez de ditadores do medo adotarem estratégias agressivas no exterior, pode ser que os autocratas que se vejam envolvidos em guerras, por qualquer razão, tendam a governar por meio do medo internamente.

Na verdade, um rápido olhar sobre os sete ditadores do medo que travaram guerras durante esse período sugere que esse não foi geralmente o caso. Seis deles – Isaias Afwerki, o aiatolá Khomeini, Deng Xiaoping, Le Duan, Meles Zenawi e Saddam Hussein – já eram conhecidos por políticas repressivas antes mesmo de seus países se envolverem na guerra

---

[246] Utilizamos os Dados Diádicos de Disputa Interestatal Militarizada do projeto Correlatos de Guerra, v.4.01 (https://correlatesofwar.org/data-sets/MIDs).

[247] Ver o suplemento online, Tabela OS6.3.

[248] E a Rússia só é codificada aqui como uma ditadura do *spin* a partir de 2007, já que a Polity a classifica como uma democracia marginal de 2000 a 2006. De 2000 a 2014, a Rússia sob Putin iniciou 35 disputas militarizadas, com média de mais de duas por ano. Mesmo se reclassificássemos a Rússia em 2000-2006 como uma ditadura do *spin*, as ditaduras do *spin* no total ainda iniciariam disputas militarizadas apenas uma vez a cada 6,5 anos em média, em comparação com uma a cada 2,9 anos por ditaduras do medo.

em questão, nem sempre por escolha deles. O único restante – Hun Sen – chegou ao poder depois que a guerra já havia começado. Ainda assim, mesmo se o excluirmos, isso muda os resultados apenas muito ligeiramente: o ditador do medo médio estava em guerra em um a cada 35 anos, em vez de a cada 33, uma taxa mais de quatro vezes maior do que a do ditador do *spin* mediano.

Em resumo, as evidências sugerem que as ditaduras mudaram não apenas na forma como mantêm o controle dentro de casa, mas também na forma como lidam com o mundo exterior. Na medida em que o equilíbrio mudou do medo para o *spin*, os ditadores se tornaram menos belicosos e mais focados na manipulação sutil. Eles procuram influenciar a opinião global, enquanto cooptam e corrompem as elites ocidentais. Em vez de ameaçar as alianças e instituições ocidentais com ataques frontais, eles as exploram por dentro. Mas o que explica essa mudança global? Voltaremos a essa questão no próximo capítulo.

PARTE II

POR QUE ISSO ESTÁ ACONTECENDO E O QUE FAZER A RESPEITO

7
O COQUETEL DA MODERNIZAÇÃO

SE AS DITADURAS VÊM MUDANDO, isso nos leva a perguntar por quê. O que levou os homens-fortes em todo o mundo a se vestir de terno e agir como democratas? Por que a maioria parou de executar seus rivais em estádios de futebol, ou de empilhar seus dissidentes aos milhares em amplas prisões, ou de aterrorizar o público com rituais de lealdade e cultos de personalidade?

A mudança do medo para o *spin* se encaixa em uma tendência histórica mais ampla. Durante séculos, como Steven Pinker demonstrou, a violência vem recuando.[1] As estatísticas a respeito de tudo, desde guerras, homicídios e torturas até abuso de animais, mostram declínios em longo prazo. A maioria das explicações se concentra em forças que se movem lentamente. O sociólogo Norbert Elias creditou isso ao que ele chamou de "processo civilizatório". A partir da Idade Média, à medida que a densidade populacional aumentava e o comércio se espalhava, surgiram normas para reduzir o atrito interpessoal. Pinker, citando a historiadora Lynn Hunt, enfatizou nesse sentido as ideias do Iluminismo e uma ampliação da empatia

---
[1] Pinker, *The Better Angels of Our Nature*.

alimentada pelo crescimento nos ramos da impressão, da alfabetização e da leitura de romances.[2]

Tudo isso faz sentido. Mas o remodelamento da ditadura desde os anos 1980 requer uma explicação mais próxima de nós. Nas décadas anteriores, as autocracias, se é que haviam mudado, tinham se tornado mais violentas.[3] Como vimos no capítulo 2, a participação de ditadores com mais de dez assassinatos políticos por ano atingiu seu auge no contingente que tomou o poder nos anos 1980. Então algo mudou e reverteu essa dinâmica.

Uma possibilidade pode ser a queda no número de guerras. Tanto conflitos interestatais quanto civis se tornaram mais raros nas últimas décadas.[4] Os conflitos militares têm um efeito brutalizante, o que, em teoria, pode ser parte dessa história. Mas, na verdade, observamos uma forte queda nos assassinatos políticos do Estado, mesmo entre os ditadores que não estiveram envolvidos em nenhuma guerra no país ou no exterior.[5]

Então o que desencadeou a mudança nas formas de autocracia? Pensamos que a resposta está em um coquetel de forças interligadas relacionadas à modernização econômica e social combinada com a globalização. Em resumo, chamamos isso de "coquetel da modernização". Ele torna a vida mais difícil para ditaduras violentas e empurra algumas delas rumo à democracia. Mas outras encontram formas de adaptação e sobrevivência, substituindo o terror pela enganação e a manipulação.

---

[2] Ver também Pinker, *Enlightenment Now*.

[3] Guriev e Treisman, "Informational Autocrats".

[4] Entre 1982 e 2018, o número de guerras internacionais em andamento – definidas, como no capítulo 6, como "episódios de violência interestatal que causam pelo menos 500 mortes diretamente relacionadas" – caiu de 8 para 0. O número de guerras étnicas ou civis atingiu um pico em 1992 com um número de 30, antes de cair para 15 em 2018 (Centro para a Paz Sistêmica, Principais Episódios de Violência Política; veja o suplemento online, Figura OS7.1).

[5] Entre os ditadores cujo mandato não coincidiu com insurgências, guerras civis ou guerras interestatais, a proporção com mais de 10 mortes políticas estatais por ano caiu de 50% no contingente dos anos 1980 para 17% no dos anos 2000. Veja o suplemento online, Figura OS7.2.

O coquetel da modernização tem três ingredientes: a mudança da sociedade industrial para a pós-industrial, a globalização das economias e da informação e a ascensão de uma ordem internacional liberal. O fim da Guerra Fria – que em parte aconteceu, ele mesmo, como resultado dessas forças – catalisou o processo. Vamos usar este capítulo para expor os detalhes. Mas, antes, uma nota sobre como funciona esse coquetel.

Ele opera tanto dentro dos países como em nível internacional. A mudança para a sociedade pós-industrial ocorre dentro dos países. O trabalho, a educação, a tecnologia da informação e os valores sociais, tudo isso muda. Às vezes, essa dinâmica interna leva um ditador a substituir o terror pela manipulação. Mas à medida que mais e mais países se modernizam, o efeito do coquetel salta para o nível internacional. Ele se torna uma propriedade emergente do sistema. O comércio e os fluxos de investimento costuram as economias uma à outra, enquanto a mídia global unifica seus ciclos de notícias e campos informativos. Movimentos internacionais e coalizões de Estados se formam para promover esses novos valores – e, o mais importante, o respeito aos direitos humanos. Às vezes, essas influências globais levam até mesmo ditadores com economias menos avançadas a substituir o medo pelo *spin*.[6] A Tabela 7.1 resume os elementos do coquetel.

---

[6] Levitsky e Way ("International Linkage and Democratization") dividem essas influências internacionais entre a vantagem ocidental (a pressão deliberada exercida por governos ocidentais) e a ligação com o Ocidente (laços econômicos e diplomáticos com países e instituições ocidentais). Eles argumentam que esses dois fatores, quando fortes, levam a um autoritarismo mais competitivo, ou – quando ainda mais fortes – levam regimes autoritários competitivos a se democratizar. Concordamos com o ponto geral de que as influências globais geralmente apoiam a liberalização política. Entretanto, pensamos que muitas vezes elas não conduzem a um autoritarismo competitivo, e sim ao tipo de democracia não competitiva e simulada que chamamos de ditadura do *spin*, como, por exemplo, em Singapura. As influências globais também tendem, no cenário pós-Guerra Fria, a reduzir a repressão violenta (que não é necessariamente menor nos Estados autoritários competitivos). E ainda – em outro ponto não observado por Levitsky e Way – o efeito da globalização depende em parte dos níveis de modernização dos Estados em questão e do mundo como um todo.

Mudança da sociedade industrial para a pós-industrial O trabalho criativo, rico em informações, tem um papel mais preponderante Propagação do ensino superior Substituição de valores de "sobrevivência" por valores de "autoexpressão" Ascensão de novas tecnologias de comunicação
Globalização econômica e informacional Integração internacional do comércio e das finanças Surgimento da mídia global
Ascensão de uma ordem mundial liberal Crescimento do movimento internacional de direitos humanos Difusão do direito internacional e das instituições que promovem os direitos humanos e a democracia

Tabela 7.1 – O coquetel da modernização

Nossa argumentação adapta – e revisa – a "teoria da modernização" proeminente na ciência social ocidental desde os anos 1960. Concordamos que o desenvolvimento econômico promove mudanças políticas.[7]

---

[7] Para uma visão contrária, ver Acemoglu *et al.*, "Income and Democracy". Concordamos com a análise desse trabalho que mostra que aumentos de curto prazo na renda dos países não provocam mudanças sistemáticas de curto prazo em seus sistemas políticos. Mas uma série de trabalhos subsequentes mostrou que existe uma relação de longo prazo entre desenvolvimento econômico e democracia, e que o momento das mudanças políticas é desencadeado por outras variáveis, tais como a rotatividade de líderes. O fracasso em encontrar um efeito de renda nas estimativas no painel desenhado por Acemoglu *et al.* provavelmente reflete a cobertura de curto prazo da maioria das regressões (apenas entre 1960 e 2000) e a pequena cobertura de países do painel de 25 anos que eles incluem. Pode também refletir que eles não levam em conta o fato de que os países com uma pontuação máxima na escala Polity2 não podem subir ainda mais, não importa o quanto sua renda aumente. Para referências, ver Treisman, "Economic Development and Democracy". Acemoglu e Robinson (*Economic Origins*) argumentam que as ditaduras desistem do poder e se tornam democracias quando choques exógenos mobilizam as massas a fazer revoluções.

Mas acrescentamos dois pontos-chave. Primeiro, a dinâmica global faz com que algumas ditaduras menos modernas se democratizem "mais cedo" por causa das pressões geradas pela modernização em outros lugares. O nível de desenvolvimento não importa apenas dentro dos países, mas em todo o mundo. E, em segundo lugar, as mesmas forças que levam alguns a se democratizar levam outros a adaptar e preservar sua ditadura sob uma nova máscara. Embora o desenvolvimento econômico crie pressões para a criação de uma democracia genuína, alguns autocratas conseguem atrasar a transição fingindo essa democracia. No fim, uma maior modernização prejudica até mesmo essa opção. Mas, quando habilmente executada, a ditadura do *spin* pode atrasar esse momento de transformação por um tempo. Como resultado disso, ainda que a conexão entre desenvolvimento e democracia se mantenha, ela é menos óbvia e imediata do que as simples versões da teoria da modernização sugerem.

Evidências do coquetel da modernização em funcionamento podem ser encontradas em dados estatísticos, em padrões históricos e no que os próprios ditadores têm dito sobre os desafios que enfrentaram. Analisaremos isso agora.

A FORÇA PÓS-INDUSTRIAL

O primeiro ingrediente em nosso coquetel da modernização é *a transição pós-industrial*. Desde o início da Revolução Industrial, no século XVIII, a vida econômica mudou – e, com ela, a sociedade e a política. As pessoas às vezes imaginam isso como uma transformação única e radical que, em um só golpe, transformou as comunidades tradicionais em modernas. Mas certamente não foi assim que aconteceu. Na verdade, a mudança veio em duas fases.

Na primeira, as pessoas se mudaram do campo para as cidades, deixando fazendas e oficinas para trabalhar em fábricas. A agricultura e o artesanato de subsistência deram lugar à produção em massa de bens padronizados. Sociedades de pequenas vilas, em sua maioria autossuficientes, se conectaram na forma de sistemas complexos e interdependentes. A segunda fase começou após a Segunda Guerra Mundial nos países mais avançados economicamente. Nesse período, uma "sociedade pós-industrial" substituiu aquela sociedade industrial, pois a fabricação perdeu terreno para os serviços e – o mais importante – para a criação e o processamento de informações.

Muitos autores – do sociólogo Daniel Bell ao consultor de gestão Peter Drucker e ao futurista Alvin Toffler – descreveram como essa segunda fase mudou a vida nas democracias ocidentais. Mas poucos consideraram sua influência sobre os Estados autoritários. Aqueles que o fizeram presumiram, em geral, que a modernização levaria diretamente à democracia. Como já dissemos, realmente as coisas caminham nessa direção. No entanto, em vez de simplesmente ceder, os ditadores podem se adaptar.

Mas antes de chegarmos a isso, vamos considerar o que acontece na transição pós-industrial. Isso consiste em vários elementos. Em primeiro lugar, *a natureza do trabalho se transforma*. No final do século XX, a indústria estava se esgotando no papel de motor de crescimento econômico no Ocidente. Avançar adiante não era apenas uma questão de se ter mais fábricas com linhas de montagem mais longas. Era preciso inventar máquinas mais inteligentes e maneiras mais inteligentes de utilizá-las, juntamente com novos produtos que ainda ninguém percebia que precisava. Em resumo, o avanço exigia inovação.

A participação da indústria na produção estava diminuindo. Nos anos 1970, os postos de trabalho do setor de serviços superavam em número os da classe trabalhadora nos Estados Unidos.[8] No que restava da indústria, menos pessoas trabalhavam nas fábricas.[9] Os robôs estavam assumindo as tarefas mais braçais. Os humanos ainda empregados usavam principalmente o cérebro, não os músculos. Eram operadores de computador e analistas técnicos, engenheiros de processo e programadores, designers e marqueteiros, contadores e gerentes.[10]

---

[8] Florida, *The Rise of the Creative Class Revisited*, 46.

[9] Atualmente, a manufatura responde por apenas 8% dos empregos nos Estados Unidos (U.S. Bureau of Labor Statistics, "Employment by Major Industry Sector").

[10] Pinchot e Pinchot, *The End of Bureaucracy*, 30.

Eles experimentavam, solucionavam problemas, coletavam dados e os interpretavam.

Enquanto isso, o crescente setor de serviços exigia cada vez mais criatividade. É claro, havia muitos zeladores e chapeiros de hambúrgueres. Mas eles trabalhavam ao lado de hordas de consultores, arquitetos, engenheiros, médicos, acadêmicos, artistas, *designers*, animadores, atletas e jornalistas – ocupações que se enquadram no que o urbanista Richard Florida chama de "classe criativa".[11] Até 2015, essa classe contava com 52 milhões de membros nos Estados Unidos, cerca de um terço da força de trabalho.[12] Na Europa Ocidental, a participação variava de 26% em Portugal a 54% em Luxemburgo.

Desde produtos financeiros até tratamentos de saúde e apresentações musicais, as coisas que esses profissionais produziam exigiam um profundo conhecimento e pensamentos originais. Seu valor vinha das informações que eles representavam mais do que dos materiais que as carregavam. Com a digitalização, os bens informativos podiam ser reproduzidos sem limite e transportados praticamente sem custo. Isso significava enormes economias de escala.[13]

Para os líderes autoritários, a mudança das fontes de crescimento representou um dilema. Antigamente, Stálin e Mao podiam dobrar o PIB forçando os camponeses a abarrotar as fábricas, com um custo humano bastante grande. Naquela fase, a realocação forçada de mão de obra era uma forma brutal, porém eficaz, de aumentar a produção.

---

[11] Florida, *The Rise of the Creative Class Revisited*.

[12] Isso se baseia na participação de 32,6% da classe criativa em 2015 relatada em Florida, Mellander e King, *The Global Creativity Index, 2015*, 59, e em uma estimativa da força de trabalho total dos EUA de 160 milhões (Banco Mundial, "Labor Force, Total").

[13] Não queremos sugerir que essa mudança foi benéfica para todos – na verdade, a queda no emprego industrial e sua substituição apenas parcial por empregos de classe criativa levou muitas pessoas a empregos mal pagos, inseguros e tediosos no setor de serviços. Ela coincidiu nos Estados Unidos com um aumento na desigualdade de renda e de riqueza, juntamente com um aumento da criminalidade e uma diminuição da confiança no governo (Fukuyama, *The Great Disruption*, 4-5). Nosso foco aqui é em como essa tendência – bastante geral – nas economias avançadas afeta as opções para os governantes ditatoriais.

Apesar da organização ineficiente da indústria estalinista, a mão de obra ainda era mais produtiva nas fábricas do que nas fazendas camponesas.[14] Mas agora que o progresso exigia imaginação, a coerção ao estilo de Stálin não funcionava mais. Não se podia ordenar que as pessoas tivessem ideias.[15] A disciplina burocrática asfixia a inovação, a qual, quase por definição, requer quebrar regras. E a ideologia era ainda mais mortífera nesse sentido.

O pioneiro da ditadura do *spin*, Lee Kuan Yew, entendeu isso já nos anos 1990. Como ele disse a um entrevistador:

> Com a alta tecnologia atual, não se pode simplesmente espremer a máxima produtividade de máquinas avançadas sem que se tenha uma força de trabalho automotivada e autogovernada. De que adianta ter máquinas de 100 milhões de dólares em uma fábrica se você não consegue obter 95% de produtividade ou mais dela, por meio da implementação de círculos de controle de qualidade, envolvendo engenheiros no processo de produtividade, como fazem os japoneses?... Não se pode simplesmente pedir a uma força de trabalho altamente instruída que pare de pensar quando sai da fábrica.[16]

Uma "força de trabalho altamente instruída"? Essa era outra questão. Com a mudança da natureza do trabalho, mudou também a importância da educação. Na era industrial, os capitalistas tinham feito *lobby* junto ao Estado para criar mais escolas primárias.[17] Os donos das fábricas precisavam de trabalhadores bem treinados. A alfabetização básica e a aritmética viriam a calhar, mas o caráter e a disciplina eram mais importantes. Os recrutas camponeses tinham de aprender a ficar quietos por horas, realizando tarefas enfadonhas e repetitivas. Precisavam se tornar atentos, respeitosos, "pontuais, dóceis e sóbrios".[18]

---

[14] Ver Acemoglu e Robinson, *Why Nations Fail*; e Cheremukhin *et al.*, "The Industrialization and Economic Development of Russia".

[15] Pinchot e Pinchot, *The End of Bureaucracy*, 32.

[16] Gardels, "The Sage of Singapore".

[17] Ver, por exemplo, Galor, *Unified Growth Theory*, 31-37.

[18] Mokyr, "The Rise and Fall of the Factory System", 10.

É claro que esses traços também eram politicamente úteis. Para agradar ao governo, professores do ensino primário misturaram aos seus ensinamentos uma dose de deferência e patriotismo. Até mesmo as escolas secundárias ajudaram na socialização.

Mas com o ensino superior a coisa é diferente. À medida que os países deram um salto rumo à produção pós-industrial, precisavam de um novo tipo de capital humano. Para ocupar empregos industriais básicos, o ensino primário e o secundário seriam suficientes. Mas competir com as economias avançadas requer trabalhadores com formação universitária.[19]

O problema para os autocratas é que o ensino superior está intrinsecamente ligado à liberdade de pensamento. Os cursos universitários são quase impossíveis de "higienizar" completamente. O pensamento crítico tende a fugir do controle. Aqueles que examinam os resultados produzidos por eletrodos numa segunda-feira podem querer checar os procedimentos eleitorais no dia seguinte. Habilidades analíticas, de comunicação e organizacionais podem ser usadas para muitos propósitos, inclusive o de coordenar protestos antigovernamentais.[20] Ao mesmo tempo, a pesquisa de ponta é, por sua própria natureza, internacional, o que significa que contém mensagens ocultas sobre o mundo exterior. Tudo isso torna a educação universitária muito mais difícil de ser gerenciada pelos ditadores.

Considere o seguinte exemplo. O início da década de 1950 na União Soviética foi uma época de intenso conformismo. Stálin havia desencadeado uma cruel "campanha anticosmopolita", prendendo médicos judeus e os executando como espiões. Na Universidade Federal de Moscou, o curso de graduação em direito consistia principalmente de "lavagem cerebral ideológica massiva", como se recordou um ex-aluno mais tarde. Embora fosse um comunista idealista, esse estudante se viu atormentado por perguntas sobre a atuação do partido. O que teria

---

[19] Vandenbussche, Aghion e Meghir, "Growth, Distance to Frontier and Composition of Human Capital".

[20] Glaeser, Ponzetto e Shleifer, "Why Does Democracy Need Education?"; Dahlum e Wig, "Chaos on Campus".

semeado aquelas dúvidas? O panfleto de algum dissidente? Na verdade, a fonte foi os textos clássicos de Marx, Engels e Lênin, cada um dos quais, escreveu ele, "continha uma crítica detalhada das teses de seus opositores, um sistema de contra-argumentos e conclusões teoricamente sustentadas".[21] Tais trabalhos não transformaram Mikhail Gorbachev em um anticomunista. Mas – talvez de forma ainda mais perigosa para a velha ordem – o ensinaram a pensar.

Por que os ditadores de mais visão não simplesmente fecharam as universidades? Mao e Pol Pot tentaram isso por um tempo. Pinochet reduziu as admissões universitárias em um terço.[22] Mas, para outros, os custos econômicos pareciam muito altos. Para impulsionar o crescimento e se defender contra as ameaças militares, os ditadores precisavam de graduados – por isso, eles começaram a produzi-los. Em 1950, quase ninguém na média das não democracias tinha um diploma de bacharelado. Mas, em 2010, 6% das pessoas com quinze anos ou mais tinham. Em alguns Estados autoritários, a taxa até ultrapassava a média das democracias (9,5%) – e mesmo a das democracias de alta renda (14,6%).[23] Em Singapura, em 2010, 30% daqueles com quinze ou mais anos tinham concluído o ensino superior. Entre os russos, o número era de 25%, e entre os cazaques, 14%. Em todos os três países, a proporção em 1950 tinha sido inferior a 2%.[24]

Conforme os números aumentavam, os ditadores procuravam limitar os danos. Uma possibilidade era restringir o estudo avançado a disciplinas técnicas. Esse havia sido o plano soviético. "A educação", disse Stálin ao romancista britânico H. G. Wells, "é uma arma cujo efeito é determinado pelas mãos que a empunham".[25] Ele e seus sucessores procuraram empunhá-la no interesse da estabilidade. A matemática e

---

[21] Gorbachev, *Memoirs*, 45.

[22] Bautista *et al.*, "Chile's Missing Students".

[23] Utilizamos dados de Barro e Lee, "A New Data Set", e a classificação de renda de 2010 feita pelo Banco Mundial. Ver https://datahelpdesk.worldbank.org/knowledgebase/articles/906519.

[24] Barro e Lee, "A New Data Set".

[25] Wells, "H. G. Wells".

a física eram desenvolvidas segundo os padrões mundiais, enquanto as ciências sociais foram substituídas pelo marxismo-leninismo.[26]

No entanto, mesmo nas ciências, algo ainda corria mal. Nos anos 1950, o físico Andrei Sakharov ajudou a desenvolver a bomba de hidrogênio soviética. Na década de 1960, ele desenvolveu uma conscientização. Mais uma vez, suas dúvidas não vinham do panfleto de algum livre-pensador, mas de seu próprio trabalho. Em 1961, o líder soviético Nikita Khrushchev decidiu retomar os testes nucleares atmosféricos. Para Sakharov, isso ameaçava uma escalada em direção à guerra termonuclear, cujas horríveis consequências ele compreendia bem. Explorando sua reputação internacional, ele publicou no Ocidente um apelo apaixonado pela cooperação global. Nele, advertia contra a "infecção das pessoas por mitos de massa, os quais, nas mãos de hipócritas e demagogos traiçoeiros, podem ser transformados em ditaduras sangrentas".[27] O "pai da bomba H soviética" se tornou o pai do movimento dissidente.

Mesmo para aqueles que evitavam a política, a educação técnica forneceu habilidades para contornar os controles do Estado. Os chefes soviéticos desaprovavam o rock ocidental, com suas letras subversivas. Mas os contrabandistas criavam gravações de sucessos estrangeiros fazendo as ranhuras típicas do vinil em placas de raio X descartadas.[28] Nos anos 1970 e 1980, os estonianos compravam microchips na Finlândia que permitiam que suas TVs recebessem a programação finlandesa. Uma escassez de termômetros aconteceu depois que alguém encontrou

---

[26] Um de nós – Sergei – testemunhou essa bifurcação em primeira mão enquanto estudava em uma universidade técnica soviética de elite. A instituição – o Instituto de Física e Tecnologia de Moscou – foi criada para preparar quadros para carreiras na pesquisa relacionada à defesa. Física, matemática e engenharia tinham de ser bem ensinadas – mas história, economia e filosofia foram refratadas através de um prisma ideológico. (A sociologia e a ciência política foram simplesmente proibidas.) O contraste entre a formação de ponta em ciência e a releitura obsoleta dos próprios textos leninistas passava uma mensagem clara sobre a falência intelectual da narrativa política do regime.

[27] American Institute of Physics, "The Opening Paragraphs of Sakharov's Reflections".

[28] Loudis, "The Art of Escaping Censorship".

uma maneira de melhorar as antenas de TV usando mercúrio.[29] O conhecimento que permitia que os técnicos servissem às autoridades também os ajudava a driblar a censura.

A repressão ao estilo antigo não era adequada a esses desafios. Na década de 1930, Stálin poderia ter denunciado Sakharov como espião japonês e o executado no porão do edifício Lubyanka. Mas, se o fizesse, que avanços poderiam ser esperados da geração seguinte de físicos nucleares?

Na verdade, era ainda pior. Os ditadores tiveram de enfrentar um terceiro desafio relacionado a tudo isso. A expansão do ensino superior e do trabalho criativo catalisou outro desenvolvimento que chegou para perturbar os planos. Era algo que tinha a ver com *as crenças e os valores* dos cidadãos.

Desde o início dos anos 1980, uma equipe de pesquisadores liderada por Ronald Inglehart, professor de ciências políticas da Universidade de Michigan, vem estudando como os valores evoluem. A cada cinco anos, mais ou menos, a equipe pesquisa parcelas representativas de adultos em cerca de 100 países, contendo quase 90% da população da Terra. Sua Pesquisa Mundial de Valores, que já viemos conhecendo desde o capítulo 1, pergunta sobre tudo, de normas sexuais e traços de personalidade até religião e orgulho nacional. Os resultados mostram padrões comuns impressionantes. Conforme os países se desenvolvem economicamente, seus cidadãos passam por mudanças dramáticas nos valores e crenças. Essas transformações acontecem em épocas e níveis de renda um pouco diferentes de lugar para lugar – o início e a velocidade das mudanças refletem os legados religiosos locais e outros critérios históricos. Ainda assim, a mesma evolução parece ocorrer em todos os lugares.

Uma primeira mudança acontece à medida que os países se industrializam. A cultura tradicional da aldeia, centrada na religião e nos papéis familiares costumeiros, dá lugar a valores "seculares-racionais", baseados em leis feitas pelo homem. Os procedimentos impessoais se tornam mais importantes do que as relações pessoais, que não

---

[29] Loudis, "The Art of Escaping Censorship".

funcionam mais tão bem em uma sociedade de cidades densas e grandes fábricas. Isso não é algo que necessariamente ameaça os governantes autoritários. Afinal, são eles que fazem as leis e os procedimentos.

Mas uma mudança verdadeiramente revolucionária ocorre na segunda fase. Nas épocas agrícola e industrial, a maioria das pessoas lutava para sobreviver. Mas na era pós-industrial, à medida que a afluência se espalha, as pessoas pensam menos em como pagar as contas no fim do mês e mais em termos de qualidade de vida. Elas começam a ver sua identidade social como uma escolha pessoal, e não como um "acidente" que aconteceu quando elas nasceram – e enxergam essa identidade como algo que elas devem "expressar". As pessoas se tornam mais tolerantes e individualistas, menos complacentes e mais ávidas para participar em ambientes cívicos e políticos. Nos termos de Inglehart, os "valores de sobrevivência" dão lugar aos "valores de autoexpressão".[30]

Isso não acontece a todos os povos ao mesmo tempo. Embora a indústria encolha na era pós-industrial, ela não desaparece. Na verdade, por um tempo, os trabalhadores agrícolas e industriais continuam sendo a maioria. Se suas perspectivas piorarem, eles podem recuar para valores "de sobrevivência" e "tradicionais". Muitas vezes, os trabalhadores manuais se ressentem dos profissionais da economia da informação, com suas perspectivas pós-modernas. O início da era pós-industrial é uma época de choques culturais. E esses choques podem se intensificar à medida que a maioria dos trabalhadores da era industrial se retrai em direção ao *status* de minoria.

Um último aspecto da transição pós-moderna diz respeito à *tecnologia*. O novo tipo de trabalho rico em informações requer novos meios de comunicação. O exemplo mais dramático disso é o surgimento da internet. Para entender seu impacto, considere como o envio de mensagens online difere dos métodos anteriores.

Os principais meios de comunicação de meados do século XX – o rádio e a televisão – se davam na forma de "de-um-a-muitos". Ou seja, uma única fonte transmitida para uma grande audiência. Tal mídia favorece uma política centralizada, seja a autocracia ou a democracia

---

[30] Inglehart e Welzel, *Modernization, Cultural Change, and Democracy*.

dominada pela elite. Ela ajudou os ditadores da velha guarda a projetar força e espalhar o medo. "Não teria sido possível para nós tomar o poder ou usá-lo da maneira que temos sem o rádio", afirmou Goebbels.[31] A mídia "de-um-a-muitos" também é relativamente fácil de censurar. Controlando-se alguns poucos estúdios, controla-se praticamente toda a radiodifusão.

Por outro lado, a internet chegou na forma do "de-muitos-para-muitos". Ou seja, muitos usuários podem interagir simultaneamente com muitos outros. Quase sem custo, eles podem criar seu próprio conteúdo, construindo efetivamente suas próprias mídias. Ao mesmo tempo, a internet é pesquisável. Graças ao Google e programas similares, é possível fazer as agulhas saltarem de dentro de qualquer palheiro. E, para aqueles com conexões de banda larga, enviar e receber mensagens (incluindo fotos e vídeos) é praticamente sem custo, mesmo em distâncias imensas.

Essas características afetam a política de diversas maneiras. A interface "de-muitos-para-muitos" da internet, a capacidade de busca e o baixo custo marginal de transmissão a tornam única e exclusivamente adequada para formar redes de pessoas que pensam de maneira semelhante. De fato, as redes ali dentro vão se formando à medida que indivíduos utilizam a web. Enquanto isso, a internet torna difícil a censura de caráter mais geral. Não é mais só o caso de se controlarem alguns poucos estúdios centrais. Além de facilitar os trabalhos criativos, a internet incuba a classe criativa. É onde os bem-informados se conhecem uns aos outros. Os ditadores do medo triunfam por meio da divisão e da conquista, isolando e esmagando os oponentes. Já a internet os une.[32]

Essas quatro mudanças – na natureza do trabalho, na educação, nos valores sociais e na tecnologia da comunicação – tornam mais difícil para os ditadores dominar os cidadãos da maneira antiga. Leis duras

---

[31] Goebbels, "Der Rundfunk als achte Großmacht".

[32] É claro que, como mencionamos em outros lugares, a internet também cria oportunidades para vigilância e propaganda que os ditadores podem usar para compensar o empoderamento da sociedade.

e regulamentos burocráticos provocam respostas furiosas de grupos anteriormente dóceis. Esses grupos têm novas habilidades e redes que os ajudam a resistir. Ao mesmo tempo, a repressão violenta e a censura abrangente destroem a inovação que agora é central para o progresso. Por fim, a expansão da classe altamente educada e criativa, com suas exigências de autoexpressão e participação, torna difícil resistir a uma mudança para alguma forma de democracia.

Mas, enquanto essa classe não for muito grande e o líder tiver os recursos para cooptar ou censurar seus membros, uma alternativa é a ditadura do *spin*. Pelo menos por algum tempo, o governante pode comprar os bem-informados com contratos e privilégios do governo. Enquanto eles permanecerem leais, ele pode tolerar suas revistas de nicho, seus websites e eventos de *networking* internacionais. Ele pode até mesmo contratar os mais criativos para projetar uma realidade alternativa para as massas. Essa é uma estratégia que não iria funcionar contra um Sakharov. Mas os Sakharovs são raros. Com uma mídia de massa moderna e controlada a partir de um centro, essas raras pessoas representam pouca ameaça.

Cooptar o bem-informado requer recursos. Quando esses recursos se esgotam, os ditadores se voltam para a censura, que muitas vezes é mais barata. Mas eles não precisam censurar tudo. O que realmente importa é impedir que a mídia de oposição chegue a um público de massa. E aqui a dinâmica desigual da mudança cultural ajuda. No início da era pós-industrial, a maioria das pessoas ainda tinha valores da era industrial. São conformistas e avessas ao risco. Os menos educados são alienados dos tipos criativos pelo ressentimento, pela ansiedade econômica e pelo apego à tradição. Os ditadores do *spin* podem explorar esses sentimentos, unindo os trabalhadores remanescentes contra aquela "contracultura", ao mesmo tempo que classificam os intelectuais como desleais, sacrílegos ou sexualmente desviantes. Tais difamações como que "vacinam" a base de sustentação do líder contra as revelações da oposição.[33]

---

[33] Exatamente a mesma estratégia funciona frequentemente para os líderes populistas nas democracias; ver Guriev e Papaioannou, "The Political Economy of Populism".

Desde que os bem-informados não sejam muito fortes, a manipulação funciona bem. Os ditadores podem resistir às exigências políticas sem destruir a economia criativa ou revelar sua própria brutalidade ao público. Mas, à medida que os bem-informados se tornam numerosos, acumulando habilidades e recursos, desenvolvendo sua mídia e difundindo seus valores mais profundamente na população, torna-se mais difícil prevalecer mesmo com a ajuda de um *expert* no *spin*. E há ainda os efeitos internacionais desse coquetel da modernização, que podem prejudicar até mesmo uma estratégia doméstica de sucesso.

EFEITOS EM REDE

O segundo elemento do coquetel da modernização é a *globalização econômica e informacional*. À medida que mais e mais países fazem a transição para o pós-industrial, as conexões proliferam entre suas economias e meios de comunicação. Tudo isso eleva a modernização de um processo dentro de Estados individuais para uma força global. Os contatos entre os bem-informados de diferentes países geram redes de opinião liberal e ativismo.[34] Tais redes coordenam pressões sobre as ditaduras remanescentes – inclusive aquelas menos modernizadas. Os autocratas da velha guarda se tornam cada vez mais vulneráveis.

A integração econômica veio remodelando o mundo desde 1945. Muitas ditaduras foram sugadas para esse processo. Com o fim da Segunda Guerra Mundial, a maioria delas consumia quase tudo o que produzia. A não democracia mediana exportou apenas 10% das mercadorias que produzia e gastou apenas 8% de sua renda em importações. Em meados dos anos 2000, ela exportava 43% de sua produção – cerca do dobro do pico anterior à Segunda Guerra Mundial – e gastava 33% do PIB em importações.[35] As cadeias de produção globais das corporações multinacionais cruzavam os continentes. Em 2019, tais

---

[34] A respeito de redes transnacionais pró-democracia, ver Bunce e Wolchik, *Defeating Authoritarian Leaders*, 300-304.

[35] Cálculos feitos a partir de dados de Fouquin e Hugot, "Two Centuries of Bilateral Trade and Gravity Data", conforme reproduzido em Ortiz-Ospina e Beltekian, "Trade and Globalization". Veja o suplemento online, Figura OS7.3.

empresas já empregavam 82 milhões de pessoas fora de seus países de origem, muitas delas em autocracias.[36]

Enquanto corriam rumo aos mercados de produtos, os ditadores também se ligavam mais aos circuitos das finanças globais. Já nos anos 1980, muitos pediam emprestadas somas alucinantes. As altas do preço do petróleo da OPEP inundaram com centenas de bilhões de dólares alguns poucos Estados ricos em petróleo, que depositaram seus ganhos em bancos ocidentais. E estes então emprestaram grande parte do dinheiro para as ditaduras dos países em desenvolvimento. As dívidas incharam bastante. Entre 1971 e 1988, a dívida da União Soviética com seus credores ocidentais subiu de 2 bilhões de dólares para 42 bilhões de dólares, e a da Polônia de 1 bilhão para 39 bilhões.[37] No mesmo período, a dívida externa do Brasil subiu de 8 bilhões para 118 bilhões, a do México de 8 bilhões para 99 bilhões e a da Argentina de 6 bilhões para 59 bilhões.[38] Depois de 1990, foi o investimento estrangeiro direto (IED) que subiu. O estoque de IED no Estado mediano autoritário aumentou de 6% do PIB em 1990 para 26% em 2010.[39]

Outra força integradora foram as novas tecnologias de comunicação. Quando a internet conectou os críticos dos governos dentro dos países, ela teceu simultaneamente redes através das fronteiras dos Estados. Para censurar de forma abrangente, os ditadores agora teriam de bloquear completamente seu país ou filtrar uma torrente de dados. E na medida em que a economia mundial incorporou a internet em sua infraestrutura, um boicote total ficou cada vez mais caro. Em 2014, 12% das transações dos bens no mundo já ocorriam por meio do *e-commerce*.[40] Em 2017, metade de todos os serviços prestados – no

---

[36] UNCTAD, *World Investment Report 2020*, 22.

[37] Zloch-Christy, *Debt Problems of Eastern Europe*, 34; Gaidar, *Collapse of an Empire*, 128.

[38] World Bank, "External Debt Stocks, Total (DOD, current US$)", https://data.worldbank.org/indicator/DT.DOD.DECT.CD?locations=BR.

[39] Estatísticas da UNCTAD; Estados autoritários definidos como Polity2 < 6. Veja o suplemento online, Figura OS7.5.

[40] Manyika *et al.*, "Digital Globalization".

valor de 2,7 trilhões de dólares – foi entregue digitalmente.[41] Nessa época, os fluxos de dados internacionais estavam tendo um efeito mais forte no crescimento do que o comércio ou o IED, de acordo com a consultoria McKinsey.[42] A censura à moda antiga – restringir a audiência dos cidadãos a algumas transmissões caseiras e pró-governamentais – era cada vez menos viável.

Com o avanço das tecnologias de comunicação, a mídia se globalizou. Um símbolo disso foi a ascensão da CNN, a primeira rede verdadeiramente internacional de notícias televisivas. Fundada em 1980, a estação havia atraído 53 milhões de telespectadores em 83 países até 1992. Quinze anos mais tarde, estava atingindo 260 milhões de lares.[43] Seu sucesso gerou imitadores. Em 1994, a BBC iniciou um canal de notícias 24 horas por dia, e a Al Jazeera, sediada no Qatar, lançou sua cobertura de notícias internacionais em 1996.[44] Nos anos 2000, alguns ditadores do *spin* fundaram seus próprios canais internacionais, como discutimos no capítulo 6.

A globalização – em todas as suas dimensões – inspirou grandes esperanças. Alguns imaginavam que o comércio internacional minaria as ditaduras ao disseminar o conhecimento político. Como disse o presidente estadunidense George H. W. Bush em 1991: "Nenhuma nação na Terra descobriu uma maneira de importar bens e serviços do mundo depois de barrar as ideias estrangeiras na fronteira". Outros pensaram que a competição por investimentos forçaria os autocratas a se liberalizarem. A revolução da informação provocou reivindicações semelhantes. O presidente estadunidense Bill Clinton pensou que a liberdade "se espalharia por telefone celular e modem a cabo".[45] A internet foi declarada como uma "tecnologia de libertação", que libertaria as sociedades oprimidas.[46] Alguns também pensaram que os

---

[41] UNCTAD, "Digital Service Delivery Shows Potential for Developing World".

[42] Manyika *et al.*, "Digital Globalization", 74.

[43] Williams, *International Journalism*, 74.

[44] McPhail, *Global Communication*, 245.

[45] *New York Times*, "Full Text of Clinton's Speech on China Trade Bill".

[46] Diamond e Plattner, *Liberation Technology*.

canais de notícias globais 24 horas como a CNN iriam expor e isolar os violadores dos direitos humanos. O secretário-geral da ONU Boutros Boutros-Ghali chamou a CNN de "o décimo sexto membro do Conselho de Segurança".[47]

Tais expectativas se provaram exageradas. A evidência de que o comércio e o investimento por si sós impulsionam a mudança política é fraca.[48] Empresários são demasiado inconsistentes e esquecidos, e orientados demais ao lucro para agir como bons árbitros políticos. Os países exportadores cujos parceiros comerciais respeitam os direitos humanos tendem a respeitá-los mais eles mesmos, mas isso provavelmente reflete a pressão dos governos e de organizações de direitos humanos em vez do comércio em si.[49] Os investidores estrangeiros diretos parecem preferir democracias mais humanas, talvez porque têm mais freios e contrapesos, políticas mais transparentes, ou talvez mão de obra mais educada e inovadora.[50] Ainda assim, há exceções gritantes. Nos cinco anos após as tropas massacrarem estudantes na Praça Tiananmen, em Pequim, o estoque de IED na China quadruplicou.[51] Passou de cerca de 21 bilhões de dólares em 1990, o ano após Tiananmen, para 1,8 trilhão de dólares em 2019.[52] Quando há dinheiro a ser ganho, as lembranças das atrocidades parecem se desvanecer rapidamente. E bancos não parecem limitar seus empréstimos por razões humanitárias.

Os efeitos políticos da internet também se revelaram complicados e dependentes de contexto. Ela tanto capacita os manifestantes

---

[47] Gilboa, "The CNN Effect", 28.

[48] Milner e Mukherjee, "Democratization and Economic Globalization".

[49] Cao, Greenhill e Prakash, "Where Is the Tipping Point?".

[50] Asiedu e Lien, "Democracy, Foreign Direct Investment, and Natural Resources"; Li e Resnick, "Reversal of Fortunes"; Hollyer, Rosendorff, e Vreeland, *Transparency, Democracy, and Autocracy*; Jensen, "Political Risk, Democratic Institutions, and Foreign Direct Investment"; Harms e Ursprung, "Do Civil and Political Repression Really Boost Foreign Direct Investments?"; Blanton e Blanton, "What Attracts Foreign Investors?".

[51] De $17 bilhões em 1989 para $74 bilhões em 1994 (estatísticas do UNCTAD).

[52] Estatísticas UNCTAD.

antirregimes como facilita a vigilância por parte do Estado.[53] Quanto às notícias de TV globais, o imediatismo das filmagens da CNN foi compensado por uma tendência, após 1980, de redução de custos nas reportagens internacionais. Em 2014, a proporção de notícias internacionais em toda a mídia dos Estados Unidos estava "em um mínimo histórico".[54] E toda a pesquisa até hoje não conseguiu encontrar provas claras de um alegado "efeito CNN" – a noção de que a cobertura vívida da mídia levaria os governos ocidentais a agir.[55]

Nenhum aspecto isolado da globalização provou ser uma bala de prata, uma solução definitiva. Mas eles têm efeitos mais impactantes quando combinados e misturados com outros elementos do coquetel. As imagens tiradas das redes sociais e colocadas na TV global por vezes enfraqueceram os ditadores, especialmente aqueles já desestabilizados pela globalização econômica e pela modernização doméstica. A cobertura da Al Jazeera dos protestos na Tunísia, em 2011, ajudou a incendiar a chamada Primavera Árabe. Grande parte daquela cobertura, de fato, "veio de vídeos de celular, filmados pelo público no local e compartilhados via Facebook".[56] A Tunísia, que havia ficado mais rica e mais bem-educada sob o governo de vinte e quatro anos do ditador Zine el Abidine Ben Ali, deu uma guinada na tentativa da democracia.[57]

Ou então consideremos um caso que foi precoce e um tanto celebrado: o da revolta zapatista no México. Em janeiro de 1994, um grupo de guerrilheiros indígenas surgiu da selva para tomar quatro cidades nas montanhas de Chiapas. Durante séculos, a população local cultivava milho e café nas encostas rochosas das montanhas. Mas o Acordo de Livre-Comércio do Atlântico Norte (NAFTA), recém-assinado com os Estados Unidos e o Canadá, ameaçava inundar o mercado com

---

[53] Morozov, *The Net Delusion*; Tucker *et al.*, "From Liberation to Turmoil".

[54] McPhail, *Global Communication*, 2.

[55] Gowing, "Real-Time Television Coverage of Armed Conflicts"; Gilboa, "The CNN Effect".

[56] Gurri, *The Revolt of the Public*, 48.

[57] O número de graduados universitários tunisianos havia disparado nas décadas anteriores (Fukuyama, *Political Order and Political Decay*, 50).

alternativas mais baratas. Como disse o porta-voz da guerrilha, o subcomandante Marcos, uma figura que usava máscara de esquiador e fumava charutos, "o acordo de livre-comércio é uma certidão de óbito para os povos indígenas do México".[58]

O presidente mexicano, Carlos Salinas, enviou 15 mil soldados com helicópteros para bombardear de cima. "Tomamos todas as medidas possíveis para aniquilar a guerrilha", disse ele mais tarde.[59] Mas então, inesperadamente, ele parou, anunciando um cessar-fogo unilateral e enviando um colega de confiança para negociar. Essa reversão surpreendeu seus apoiadores. Um magnata da televisão o incitou a destruir os rebeldes, assim como um presidente anterior havia massacrado estudantes em 1968.[60] "Eu lhe disse que eram tempos diferentes, e que, em vez disso, tínhamos de ouvir suas válidas exigências por justiça", lembrou Salinas.

Mas por que eram tempos diferentes? Primeiro que, enquanto confrontos anteriores entre tropas e camponeses haviam atraído pouca cobertura da imprensa, a história daquele momento simplesmente explodira. De repente, aquela agitação em um canto remoto da América Central se tornara notícia nas capitais do mundo inteiro. "Era algo novo, inesperado e inédito que havia captado a atenção do mundo", lembrou Salinas.[61] Na Cidade do México, manifestantes da classe média acenaram com cartazes que diziam "Parem o Genocídio".[62] Manifestações simpáticas à causa apareceram também na América do Norte e na Europa.[63]

A rápida resposta global refletiu em parte o novo poder da internet. Alguns anos antes, ONGs locais em Chiapas haviam comprado um servidor web na esperança de cortar suas despesas com fax.[64] Logo

---

[58] Golden, "Old Scores".

[59] *1994*, Netflix, 2019.

[60] Ver Malkin, "50 Years after a Student Massacre, Mexico Reflects on Democracy".

[61] Entrevistado em *1994*.

[62] Henck, *Subcommander Marcos*, 221.

[63] Por exemplo, Sánchez, "San Diego Rally Backs Mexican Indian Revolt"; Casa, "Sacramento Protesters Shut Down Mexican Consulate".

[64] Martínez-Torres, "Civil Society, the Internet, and the Zapatistas", 350-51.

eles estavam conectados a uma coalizão mundial de antiglobalistas, ambientalistas, organizadores sindicais, ativistas de direitos humanos, feministas e defensores dos povos indígenas. Quando as tropas de Salinas atacaram, essa rede estava pronta para agir. Quando os soldados invadiram as aldeias, imagens e vídeos foram distribuídos para parceiros em todo o mundo. As estações de notícias as capturaram.

Uma segunda razão para a reversão de Salinas foi o *timing*. Em 1994, como uma eleição presidencial crucial se aproximava, a economia mexicana estava no fio da navalha. Um influxo massivo de dinheiro especulativo estava impulsionando os gastos das classes média e trabalhadora. Qualquer sinal de violência política ameaçaria afugentar os investidores. Um analista escreveu que a economia era "um enorme jogo de confiança".[65] Salinas não podia correr o risco de estourar a bolha. O embaixador estadunidense James Jones o advertiu de que, se ele destruísse os zapatistas, Wall Street "o deixaria cair como uma batata quente". Disse ainda ao presidente que só seriam necessárias "cerca de 24 horas de guerra na CNN".[66]

Se tivessem agido mais cedo, as autoridades poderiam ter cortado as conexões da guerrilha com a web, impedindo o fluxo de notícias. Mas os generais de Salinas ainda estavam lutando como na última guerra antes daquela. Pensavam que estavam enfrentando uma clássica insurgência guerrilheira. Na verdade, eles enfrentavam algo totalmente novo. Como disse o secretário das Relações Exteriores do México, José Ángel Gurría, aquela não era uma batalha de armas e granadas, mas "uma guerra de tinta, de palavras escritas, uma guerra na internet".[67]

O regime de Salinas, já a meio caminho de uma ditadura do medo em direção a uma do *spin*, foi empurrado para uma estratégia de baixa violência.[68] O que fez a diferença foi a combinação de comunicações

---

[65] *Ibid.*, 348.

[66] Association for Diplomatic Studies & Training, "Trouble in Chiapas".

[67] Martínez-Torres, "Civil Society, the Internet, and the Zapatistas", 352.

[68] O PRI do México tem a reputação de ser relativamente não violento – e, se comparado com as ditaduras mais brutais, realmente era. Ainda assim, os serviços de segurança assassinaram regularmente ativistas, camponeses e estudantes – e

pela internet, mídia global de notícias e vulnerabilidade financeira produzida pela rápida integração do país nos mercados globais de capitais. Tudo isso juntamente a um outro elemento ao qual nos voltamos agora.

A QUESTÃO DOS DIREITOS

O terceiro ingrediente do nosso coquetel é *a ascensão de uma ordem internacional liberal*. Um importante motor disso foi o surgimento de um movimento global em prol dos direitos humanos. De todo o mundo, pequenos grupos de profissionais bem-instruídos e com valores progressistas, muitas vezes com formação jurídica, se conectaram no final do século XX em uma rede de ONGs liberais. Usaram a mídia global, o direito internacional e uma gama de táticas inovadoras para focalizar sua pressão sobre ditadores brutais. Foi essa mesma rede que transformou a rebelião zapatista em uma *cause célèbre*.

Tais ativistas criaram uma série de problemas para os autocratas da velha guarda. "É difícil para nós fazer história", lamentou um homem-forte africano em 2009. "Temos de realizar nossa própria Revolução Francesa com a Anistia Internacional espreitando por cima do nosso ombro".[69] O homem-forte em questão, Laurent Gbagbo, havia se tornado presidente da Costa do Marfim nove anos antes. Em abril de 2011, uma mistura de rebeldes, tropas francesas e capacetes azuis da ONU o removeria de seu *bunker* presidencial. Ele havia se recusado a aceitar a derrota em uma eleição monitorada internacionalmente. Se escondendo na capital da maior nação produtora de cacau do mundo, Gbagbo se agarrou ao poder enquanto seus apoiadores protestavam nos portões do palácio.[70]

Não muito antes, ele havia sido a esperança de seu país para um futuro melhor. Durante o governo de trinta e três anos de Félix

---

não apenas no conhecido Massacre de Tlatelolco de 1968. Nos mandatos dos quatro presidentes mexicanos que precederam Salinas – de Díaz Ordaz a de la Madrid – os assassinatos políticos estatais para os quais encontramos evidências somaram uma taxa de sessenta e quatro por ano.

[69] Smith, "The Story of Laurent Gbagbo", 10-12.

[70] Este parágrafo e o seguinte são *Ibid*.

Houphouët-Boigny, ditador pós-colonial da Costa do Marfim, Gbagbo havia se tornado um dissidente que exigia democracia. Mas, uma vez eleito presidente, ele havia mudado. Apelidado de "o padeiro" – gíria local para um manipulador astuto –, Gbagbo havia aterrorizado apoiadores de seu rival do norte, Alassane Ouattara. Chegou a cancelar as eleições de 2005. Mas então, em 2010, ele convocou uma votação nacional só para acabar descobrindo que seus partidários estavam em menor número do que a oposição do norte. Reduzido aos seus últimos milhões de dólares, Gbagbo se retirou para o *bunker* enquanto os combates lá fora matavam milhares de pessoas.

Em 1999, Gbagbo havia ficado intrigado com a teimosia de Slobodan Milošević, o ditador sérvio que desafiava a OTAN na questão do Kosovo. "O que Milošević acha que pode fazer com o mundo inteiro contra ele?", perguntou a seus assessores.[71] Mas, em 2011, era nos calcanhares de Gbagbo que "o mundo inteiro" estava. Indiciado pelo Tribunal Penal Internacional por crimes contra a humanidade, ele fez o mesmo caminho do homem-forte sérvio até Haia e passou sete anos lá em uma prisão. Inesperadamente, foi absolvido em 2019 depois que o juiz julgou inadequadas as provas do promotor.[72]

A Anistia Internacional (AI) – aquele mesmo grupo que torna "difícil" para os modernos Robespierres "fazer história" – foi fundada em 1961. Um advogado londrino, Peter Benenson, lera a respeito de dois estudantes portugueses que haviam sido presos por terem feito um brinde à liberdade.[73] A ideia de Benenson foi recrutar voluntários para rastrear todos aqueles que haviam sido encarcerados por suas crenças políticas em todo o mundo e inundar seus captores com cartas.[74] Desde então, a organização cresceu bastante e passou a incluir 5 milhões de ativistas, juntamente com 2 milhões de membros e apoiadores.[75]

---

[71] Konan, "In Ivory Coast, Democrat to Dictator".

[72] Searcey e Karasz, "Laurent Gbagbo, Former Ivory Coast Leader, Acquitted of Crimes against Humanity".

[73] Power, *Like Water on Stone*, 119-20.

[74] *Ibid.*, xi.

[75] Anistia Internacional, "Get Involved".

As ideias por trás da moderna "revolução dos direitos humanos" remontam ao Iluminismo.[76] Escritos de Locke, Hume, Voltaire e Rousseau influenciaram os revolucionários estadunidenses e franceses, com sua Carta dos Direitos dos Estados Unidos e sua Declaração dos Direitos do Homem e do Cidadão.[77] Mensagens similares foram apresentadas em várias campanhas do século XIX – contra a escravidão e os abusos coloniais, pela igualdade das mulheres e daí por diante. Mas somente após a Segunda Guerra Mundial é que muita coisa foi feita de fato no intuito de incorporar os direitos humanos ao direito internacional.[78] Os cinco anos após 1945 viram a criação da ONU, a adoção da Declaração Universal dos Direitos Humanos, a condução dos julgamentos de Nuremberg e de Tóquio e a assinatura da Convenção sobre o Genocídio e da Convenção de Genebra.

Durante a Guerra Fria, a luta anticomunista muitas vezes ofuscou os objetivos humanitários que as elites ocidentais deveriam enxergar. Mas o desaparecimento da URSS diminuiu o apelo da *Realpolitik*.[79] Os direitos humanos se tornaram algo positivo e "*cool*" (bacana), com artistas e celebridades da cultura popular abraçando o ativismo.[80] O próprio termo invadiu o debate público. Em 1980, o *New York Times* se referiu a "direitos humanos" em 595 matérias. Em 2000, esse número havia aumentado para 1.548 artigos. Isso mudou não apenas no Ocidente: na programação de notícias de todo o mundo, conforme monitoradas pela BBC, a expressão "direitos humanos" apareceu em 838 matérias em 1980, 1.809 em 1990 e 9.193 em 2000. Até a agência noticiosa estatal chinesa Xinhua passou a mencionar

---

[76] Sikkink, *The Justice Cascade*, 16.

[77] Iriye e Goedde, "Introduction", 3.

[78] Cmiel, "The Recent History of Human Rights".

[79] [Nota do tradutor] O termo alemão designa a adoção de uma política feita com fins unicamente pragmáticos e práticos, sem interferências ideológicas. Por exemplo, uma nação que adote a *Realpolitik* pode se ver livre para comerciar com uma nação que sistematicamente fira os direitos humanos, porque a questão idealista – o tratamento humano digno – não deveria ter peso algum na atividade daquele comércio que se faz necessário.

[80] Pruce, *The Mass Appeal of Human Rights*.

cada vez mais os direitos humanos – 140 vezes em 1980 e 1.415 vezes em 2000.[81]

À medida que mais países se democratizaram, muitos criaram "comissões da verdade" para documentar abusos do passado. Vinte e oito países tiveram algo do tipo até 2006.[82] Alguns criaram museus para preservar e exibir provas históricas. Enquanto isso, advogados levaram a julgamento ex-ditadores e seus agentes.[83] Alguns pressionaram por novas instâncias e tribunais internacionais, enquanto outros usaram tribunais dentro de suas próprias fronteiras. O número de processos passou de zero em 1970 para mais de 250 em todo o mundo em 2007.[84] A maioria dos julgamentos foram conduzidos dentro de casa mesmo, mas alguns poucos infratores notórios enfrentaram a justiça em organismos internacionais. Milošević morreu na prisão em 2006. O líder sérvio Radovan Karadžić, descoberto vivendo uma segunda vida secreta, foi desmascarado e condenado à prisão perpétua. O líder rebelde e ex-presidente liberiano Charles Taylor está cumprindo cinquenta anos de prisão.

Além da opinião pública e da lei, o ativismo dos direitos humanos influenciou os negócios internacionais. Nenhum CEO queria ser rotulado como amigo de torturadores ou explorador de trabalhos penais.[85] No final dos anos 1990, as empresas petrolíferas Amoco, ARCO, Petro-Canada e Texaco se retiraram de quaisquer colaborações com os generais de Myanmar.[86] Mais recentemente, as empresas patrocinadoras do Campeonato Mundial de Hóquei de 2021, em Belarus, retiraram seu apoio após observarem brutalidade contra manifestantes pacíficos, forçando uma relocação do torneio.[87] Empresas incluindo a H&M e a

---

[81] Baseado em pesquisas de Nexis Uni. Estendemos essa contagem a Ron, "Varying Methods of State Violence".

[82] Kim, "Why Do States Adopt Truth Commissions after Transition?", 1490.

[83] Sikkink, *The Justice Cascade*, 24.

[84] Fariss e Dancy, "Measuring the Impact of Human Rights", 289.

[85] Spar, "Foreign Investment and Human Rights".

[86] Ottaway, "Reluctant Missionaries".

[87] Walker, "Belarus Axed as Host".

Burberry boicotaram o algodão de Xinjiang após relatos de maus-tratos a uigures muçulmanos.[88] Quando ativistas divulgam abusos em países em desenvolvimento, pesquisas sugerem que as multinacionais investem menos naqueles países.[89]

Para os ditadores, tudo isso tornou a repressão explícita mais arriscada. A violência brutal pode desencorajar os investidores ou interromper qualquer ajuda econômica e militar. Pior ainda, poderia desencadear "intervenções humanitárias" por exércitos estrangeiros ou forças internacionais, como a operação conjunta da ONU e da França que bombardeou Gbagbo até ele sair de seu *bunker*. A vergonha internacional poderia até mesmo incentivar os rivais em casa a desafiarem o governante.[90]

Essas considerações têm base na realidade? Algumas evidências sugerem que sim. É claro que os ditadores não estão se transformando em cidadãos humanitários. Mas eles realmente reconhecem os incentivos no intuito de reduzir a violência visível. O cientista político Darius Rejali observa a disseminação, desde os anos 1970, das técnicas de tortura dita "limpa". Elas incluem métodos como ficar em pé à força por horas, posições de estresse e o *waterboarding*[91] que – embora excruciantes – deixam menos cicatrizes. Ele atribui isso ao movimento global pelos direitos humanos. A mudança tem sido mais pronunciada nas ditaduras mais ligadas ao Ocidente, ou seja, naquelas que têm mais razões para temer repercussões.[92]

Até mesmo Mobutu, o tirano sanguinário do Zaire, se preocupou nos anos 1980 com a possibilidade de que relatos vindos de dentro de suas prisões viessem a ofender seus dois principais apoiadores, a

---

[88] Standaert, "Nike and H&M Face Backlash in China".

[89] Barry, Clay e Flynn, "Avoiding the Spotlight".

[90] Wright e Escribà-Folch, "Are Dictators Immune to Human Rights Shaming?".

[91] [Nota do tradutor] O *waterboarding* é um método de tortura no qual se coloca algum pano ou tecido sobre o rosto da vítima, que geralmente está deitada ou inclinada sobre uma prancha. O torturador então derrama água aos poucos sobre o pano, induzindo uma espécie de afogamento gradual controlado.

[92] Rejali, *Torture and Democracy*, 13.

França e os Estados Unidos.[93] Os esforços aumentaram no sentido de se ocultarem as evidências. Em 1991, um carcereiro que espancava um detido foi repreendido por seu superior: "Isso vai deixar cicatrizes, e aí vamos receber queixas da Anistia Internacional".[94] No ano anterior, o Congresso estadunidense havia cortado 4 milhões de dólares de ajuda militar ao país em protesto contra os abusos dos direitos humanos e a corrupção.[95]

Outro exemplo vem da ditadura militar argentina na década de 1970. A junta esperava preservar boas relações com os Estados Unidos. Mas também queria aterrorizar os opositores do regime. Oficiais de baixo se concentraram na intimidação, enquanto, no alto escalão, o general Videla priorizava a reputação da junta. Em 1976, para desmoralizar os esquerdistas, a polícia literalmente dinamitou os corpos de trinta subversivos executados na cidade de Pilar, espalhando partes de corpos por toda a vizinhança. De acordo com uma correspondência da CIA que foi revelada posteriormente, Videla ficou indignado com a carnificina, que "prejudica gravemente nossa imagem no país e no exterior". Assassinar os esquerdistas, propriamente, não tinha problema algum em seu entender, mas tais assuntos, ele pensava, "deveriam ser tratados com discrição".[96]

O medo de perder a ajuda ocidental foi aparentemente o que levou Jerry Rawlings, o ditador militar de Gana, a realizar eleições competitivas no início dos anos 1990. Rawlings havia chegado ao poder por um golpe militar em 1981. Sem qualquer sentimentalismo, ordenou que três ex-chefes de Estado fossem mortos a tiros após um golpe anterior.[97] Nos anos 1980, ele deteve e torturou ativistas pró-democracia.[98] Ou seja, tratava-se de um estranho candidato a reformador democrático. Mas Gana, na época, recebia o maior programa de empréstimos do

---

[93] Rosenblum, "Prison Conditions in Zaire".

[94] Rejali, *Torture and Democracy*, 14.

[95] Krauss, "U.S. Cuts Aid to Zaire, Setting Off a Policy Debate".

[96] National Security Archive, "Inside Argentina's Killing Machine".

[97] Nugent, "Nkrumah and Rawlings", 50.

[98] Handley, "Ghana", 224.

Banco Mundial na África.[99] E Rawlings levou a sério – talvez a sério demais – as pistas que tinha até então de que aquela ajuda só continuaria se houvesse alguma mudança política.[100] "Fomos forçados pelo Departamento de Estado – sim, realmente forçados – a adotar a democracia pluripartidária", reclamou ele em 2009.[101] Ele "teve de forçar a democracia pela garganta abaixo" de seus compatriotas relutantes, conforme disse à cientista política Antoinette Handley, porque "o Departamento de Estado estava dizendo que não haverá mais ajuda do FMI e do Banco Mundial para nós".[102]

A partir de meados dos anos 1970, os governos ocidentais começaram a enfatizar a questão dos direitos humanos em suas relações com as ditaduras. Todo o realismo da Guerra Fria geralmente ainda era mais poderoso que qualquer idealismo, mas, a partir de 1974, o Congresso dos Estados Unidos começou a proibir assistência a países culpados de abusos graves.[103] Em seu discurso inaugural, o presidente estadunidense Jimmy Carter declarou que o compromisso dos Estados Unidos com os direitos humanos "deve ser absoluto".[104] E, em 1978, ele bloqueou empréstimos à Guatemala e à Nicarágua para punir violações cometidas por aqueles países.[105]

Como Rawlings, vários outros ditadores africanos começaram a se sentir vulneráveis à medida que a Guerra Fria ia arrefecendo. Entre 1970 e 1990, a ajuda total não militar às ditaduras cresceu de 4 bilhões de dólares para 38 bilhões de dólares.[106] Até aquele ano, tais fluxos equivaliam a 8% do PIB na autocracia mediana. A respeitabilidade política ajudava a manter o fluxo da ajuda. Em 1989, o Banco Mundial se comprometeu a

---

[99] *Ibid.*, 231.

[100] *Ibid.*, 232.

[101] Polgreen, "Ghana's Unlikely Democrat Finds Vindication in Vote".

[102] Handley, "Ghana", 232.

[103] Huntington, *The Third Wave*, 91-92.

[104] Avalon Project, "Inaugural Address of Jimmy Carter".

[105] Hancock, *Human Rights and US Foreign Policy*, 47.

[106] Calculado a partir dos números do Banco Mundial como a soma da ajuda oficial líquida recebida mais a ajuda oficial líquida para o desenvolvimento exterior recebida.

considerar potenciais "barreiras políticas ao desenvolvimento econômico" ao rever seus programas na África.[107] No final dos anos 1990, "quase 78% das condições impostas pelas instituições financeiras internacionais em acordos de empréstimo tinham como parâmetros reformas legais e a promoção do 'Estado de direito'".[108] Uma dessas instituições, o Banco Europeu para Reconstrução e o Desenvolvimento, criado em 1991, especificou no primeiro artigo de sua carta que só operaria em países "que aplicam princípios de democracia pluripartidária e pluralismo".[109] Pesquisas mostram que de meados dos anos 1990 em diante – mas não antes disso – ditadores que organizaram eleições pluripartidárias para o Executivo receberam mais ajuda *per capita* do que aqueles que não o fizeram.[110] Outro estudo concluiu que os países denunciados por abusos pela Comissão de Direitos Humanos da ONU sofreram uma queda nos fluxos de ajuda do Banco Mundial.[111]

As associações regionais também começaram a insistir na boa governança. Em 1989, a Comunidade Econômica Europeia, predecessora da União Europeia, acrescentou uma cláusula sobre direitos humanos à Convenção de Lomé, que regulamenta seu comércio com países em desenvolvimento. Para aderir à União Europeia, os Estados pós-comunistas tiveram de concordar com a democracia e a proteção dos direitos humanos. O compromisso com a democracia também se tornou um critério para a adesão à OTAN. Mais a oeste, a Organização dos Estados Americanos (OEA) se comprometeu, em 1991, a preservar a democracia em seus membros. E a Organização da Unidade Africana, depois renomeada União Africana (UA), concordou, em 2000, em suspender qualquer Estado cujo governo mudasse de maneira inconstitucional.[112]

---

[107] Handley, "Ghana", 233.

[108] Varol, "Stealth Authoritarianism", 1728.

[109] Documentação básica do EBRD, "Agreement Establishing the European Bank for Reconstruction and Development".

[110] Geddes, Wright e Frantz, *How Dictatorships Work*, 139.

[111] Lebovic e Voeten, "The Cost of Shame".

[112] Legler e Tieku, "What Difference Can a Path Make?", 470.

O novo foco nos direitos humanos e na democracia teve algum sucesso. Quando o presidente da Guatemala, Jorge Serrano, dissolveu o Parlamento e a Suprema Corte em 1993, os Estados Unidos, o Japão e a UE suspenderam toda a ajuda não humanitária, e a OEA começou a discutir um embargo comercial.[113] Os militares rapidamente forçaram a queda de Serrano. Em 1994, o presidente Bill Clinton enviou tropas americanas sob autorização da ONU para depor o ditador do Haiti, Raoul Cédras.[114] Quando um general rebelde tentou substituir o presidente paraguaio Juan Carlos Wasmosy em 1996, a pressão rápida da OEA, dos Estados Unidos e da UE ajudou Wasmosy a prevalecer.[115] Em 2009, quando os militares de Honduras depuseram o presidente Manuel Zelaya, a OEA suspendeu o país.[116] Da mesma forma, a UA suspendeu dez dos quatorze países africanos onde ocorreram golpes de Estado entre 2000 e 2014, muitas vezes também impondo sanções.[117] Quase todos voltaram rapidamente ao governo civil.

Tais embargos e intervenções nem sempre são bem-sucedidos, e os líderes ocidentais têm sido pouco consistentes em sua proteção aos direitos humanos. Ainda assim, os cálculos mudaram. A violência e o comportamento antidemocrático tendem a ser mais dispendiosos do que antes. Nesse novo ambiente, alguns ditadores acabam fazendo a transição para uma democracia genuína. Rawlings, por exemplo, acabou por sair do poder em conformidade com os limites de seu mandato. Outros, em vez disso, buscaram a salvação na ditadura do *spin*.

E a primeira linha de defesa deles, como já vimos, é a desinformação. Já nos anos 1970, o romeno Nicolae Ceaușescu saudou com alegria a campanha do presidente estadunidense Jimmy Carter, contando aos seus assessores: "Se ele quer direitos humanos, então vamos dar a ele direitos humanos". Os agentes romenos foram então instruídos para que

---

[113] Halperin e Lomasney, "Guaranteeing Democracy", 137.

[114] *Ibid.*, 136-37.

[115] *Ibid.*, 137.

[116] Landau, "Abusive Constitutionalism", 251-54.

[117] Legler e Tieku, "What Difference Can a Path Make?", 475; Nathan, *A Survey of Mediation in African Coups*, 10.

plantassem nos círculos de Carter a ideia de que os romenos gozavam de mais liberdade religiosa do que outros no mundo comunista.[118]

Uma segunda opção é imitar a democracia, mas torcer suas regras. As organizações internacionais podem reagir a atrocidades visíveis e fraudes flagrantes, mas têm mais dificuldade com infrações mais sutis.[119] Quando a OEA é confrontada com provas de fraude eleitoral, segundo escrevem dois analistas, se torna "uma questão de grau... Quão grave é a fraude, e uma eleição limpa teria resultado diferente?".[120] A UA, outros dois concluem, demonstrou uma "incapacidade de lidar com o retrocesso autoritário".[121] Um pouco de simulação pode alcançar grandes resultados.

A GUERRA FRIA E SUA REPERCUSSÃO

Recapitulando, o coquetel da modernização veio emergindo ao longo do tempo. Seus elementos interagem. E ele opera em dois níveis: dentro dos países e internacionalmente. Dentro dos países, o crescimento de uma economia pós-industrial aumenta a participação de pessoas com educação superior, empregos criativos e segurança de renda básica. Tais pessoas tendem a ser mais individualistas, tolerantes e ansiosas por participar da vida pública.[122] Elas também

---

[118] Pacepa, *Red Horizons*, 220.

[119] Varol, "Stealth Authoritarianism", 1727.

[120] Arceneaux e Pion-Berlin, "Issues, Threats and Institutions", 16.

[121] Legler e Tieku, "What Difference Can a Path Make?", 475.

[122] Dentro das democracias, muitos culpam elementos do coquetel da modernização pelo aumento da desigualdade econômica e da polarização política nas últimas décadas. As divisões de classe se intensificaram entre os profissionais criativos altamente qualificados e os demais trabalhadores industriais e burocráticos, que se veem ameaçados pela terceirização e pela automação. Veja, por exemplo, Boix, *Democratic Capitalism at the Crossroads*. Os populistas nas democracias exploram as ansiedades das classes ameaçadas, atacando publicamente a elite educada da mesma forma como os ditadores do *spin* fazem (ver Guriev e Papaioannou, "Political Economy of Populism"). Mais uma vez, nosso objetivo não é debater se essas tendências são desejáveis ou indesejáveis por si sós. Na verdade, acreditamos que a modernização pós-industrial aumenta as chances de transição da ditadura do

possuem maiores habilidades organizacionais e de comunicação. Embora relativamente pequeno no início, esse grupo é vital para a economia da inovação e se expande com o tempo. Os regimes autoritários precisam acomodar suas exigências ou aceitar um desenvolvimento mais lento.

À medida que esse processo se espalha para mais países, ele reestrutura o cenário global. As sociedades se tornam ligadas por complexos fluxos econômicos e pela mídia global. Movimentos internacionais se formam em torno dos valores progressistas promovidos pela modernização. "Efeitos bumerangue" e o vaivém do *feedback* transferem informações e pressões no sentido de mudança em todos os níveis. Por exemplo, notícias contrabandeadas para fora de autocracias acabam sendo transmitidas de volta para elas por cima da cabeça dos censores.[123] Os abusos dos ditadores provocam acusações por juízes em democracias distantes. As cortes e os tribunais internacionais penalizam os próprios governos que os criaram. Histórias que ricocheteiam ao redor do globo provocam apelos a intervenções internacionais – mesmo contra homens-fortes em Estados menos desenvolvidos que podem parecer candidatos ruins a ter uma democracia liberal. Os movimentos de oposição aprendem a alistar membros da diáspora em todo o mundo, atraindo a atenção global.[124]

O que acontece então depende do quanto um governante abusivo é sensível à pressão ocidental. O contexto militar é importante, mas o comércio internacional e as finanças também são. Os ditadores que dependem dos mercados ocidentais ou que devem bilhões aos bancos ocidentais são vulneráveis – tal como Salinas, no México de 1994. Aqueles que dependem da ajuda estrangeira – como Rawlings em Gana – podem ser desviados do medo para o *spin*, ou até para mais longe.

---

medo para a ditadura do *spin* ou para a democracia *e também* exacerba as divisões sociais dentro das ditaduras do *spin* e das democracias.

[123] Sosin, "Censorship and Dissent".

[124] Por exemplo, o movimento malaio "Bersih" para eleições limpas em 2007-2008 utilizou o Facebook e o Google Groups para organizar comícios em 85 cidades de 35 países (Johns e Cheong, "Feeling the Chill").

Um acontecimento importante – o fim da Guerra Fria – tanto exemplificou quanto, mais tarde, catalisou os efeitos do coquetel. O colapso soviético teve causas complexas. Ele com toda certeza *não se seguiu* a uma revolução pós-industrial; enquanto o Ocidente estava fabricando seus primeiros telefones celulares, as fábricas russas ainda cuspiam tratores completamente ultrapassados. Mas a difusão do ensino superior estava gradualmente mudando a cultura. Em 1990, a proporção de adultos com um diploma universitário na Rússia era maior do que a do Reino Unido ou da Alemanha. Na Bulgária, era mais alta do que na França.[125] Os valores estavam evoluindo. Na Rússia, em 1990, 90% dos pesquisados disseram aprovar o movimento pelos direitos humanos, a mesma porcentagem que nos Estados Unidos. Noventa por cento dos russos disseram que seu governo "deveria se tornar muito mais aberto ao público".[126]

Os líderes comunistas enfrentaram essas mudanças em um momento de fraqueza internacional. Para dar suporte a seu padrão de vida, eles haviam contraído empréstimos imprudentes dos bancos ocidentais, o que os empurrou para a beira da inadimplência. No final dos anos 1980, a crise econômica, a agitação das dissidências e as pressões dos líderes ocidentais a respeito de direitos humanos estavam inflamando as tensões dentro dos sistemas políticos mais rígidos. As respostas de Gorbachev combinaram conclusões políticas equivocadas, concepções econômicas erradas e uma dose de valores progressistas do próprio líder. Sua rejeição da violência política – e sua negação de responsabilidade quando ela aconteceu – se dava em parte por moralidade pessoal e em parte por uma clássica estratégia de *spin*. A *Glasnost* – ou seja, a liberalização da mídia por parte de Gorbachev – tinha a intenção de ser parcial, diminuindo a pressão ao mesmo tempo que suscitava um *feedback* que seria útil para ele. Mas a crise era severa demais, e a

---

[125] Ver Barro e Lee, "A New Data Set". Referimo-nos à proporção com o ensino superior completo entre aqueles com 15 anos ou mais. As taxas em 1990 eram: 13% na Rússia, 9% no Reino Unido, 8% na Alemanha, 8% na Bulgária e 6% na França.

[126] Pesquisa Mundial de Valores, análise online, www.worldvaluessurvey.org/WVSOnline.jsp.

abordagem de Gorbachev inconsistente demais para que a manipulação pudesse salvar o regime.

A extinção soviética acelerou a tendência global no sentido de políticas menos abertamente violentas. Presos em uma batalha existencial, os líderes ocidentais apoiavam homens-fortes cruéis desde que eles estivessem "do lado certo". Moscou, por sua vez, apoiava regimes comunistas brutais. Mas isso mudou com o colapso do império da URSS. À medida que a ajuda soviética aos Estados-clientes secava, o Ocidente ganhava mais espaço de manobra para condicionar sua assistência a uma melhor governança. O Muro de Berlim caiu justamente quando o movimento pelos direitos humanos no Ocidente estava ganhando velocidade.

Essa pode parecer uma visão cor-de-rosa da história recente. Mas é claro que o papel do Ocidente nem sempre veio sendo benigno. Os interesses nacionais às vezes ficam escondidos atrás dos apelos humanitários, e exigências de que Estados autoritários passem por reformas muitas vezes envolvem uma boa dose de hipocrisia e preocupação com a imagem.[127] A maneira como essas tendências vieram se desenvolvendo não foi nada suave. Ainda assim, o surgimento de um movimento global pela liberdade política, com apoio significativo nos países mais ricos e uma crescente infraestrutura legal que se dedica a sustentá-la, realmente mudou as coisas. Em comparação com épocas anteriores, é mais difícil para os ditadores continuar como antes.

Apesar do impulso em direção à adoção do *spin*, algumas ditaduras do medo sobrevivem. Seus líderes procuram preservar o velho modelo e provar que estamos todos errados. Entre eles estão a Arábia Saudita, o Egito, o Irã e a Coreia do Norte. A China é um caso revelador. Em alguns aspectos, ela se assemelha à União Soviética no final dos anos 1980. Como a URSS de então, ela ainda é hiperindustrializada, com 40% do PIB na indústria e na construção, em comparação com uma média de 23% nos países de alta renda. Mas, também como na União Soviética sob Brezhnev, o ensino superior tem aumentado, atingindo

---

[127] Alguns notórios ditadores do medo continuam a receber grandes quantidades de ajuda do Ocidente. O Egito em 2019, sob o comando do general Sisi, recebeu 1,47 bilhões de dólares em ajuda dos EUA (USAID, "Foreign Aid Explorer").

7% da população com 15 anos ou mais em 2019.[128] Isso ainda está abaixo dos 13% registrados pela Rússia em 1990, mas próximo ao de alguns outros Estados do bloco oriental.

A obsessão de Xi Jinping desde que tomou o poder tem sido evitar o destino que teve Gorbachev. E a China difere de formas importantes da falecida União Soviética. Ao passo que Brezhnev presidiu sob uma estagnação desmoralizante, décadas de crescimento explosivo impulsionaram o apoio da liderança de Pequim. Até agora, há pouca evidência de que possa haver alguma ampla mudança cultural na China comparável àquela da União Soviética sob Gorbachev.[129] Quando questionados acerca do que prefeririam se tivessem de escolher entre liberdade e segurança, 93% dos chineses entrevistados em 2018 optaram pela segurança. Isso excede em muito a média mundial (70%), e não chega perto dos níveis dos países pós-industriais, como a Austrália (47%) e a Alemanha (53%).[130] A luta econômica continua para muitos, e uns poucos inclusive substituíram a autoexpressão por valores de sobrevivência. A China não está em crise econômica e não depende de bancos ocidentais ou de empréstimos de governos. A vantagem econômica ocidental é compensada pela própria vantagem da China sobre o Ocidente. Em resumo, qualquer efeito que o coquetel da modernização tenha tido sobre a China ainda se mostra fraco.

Ao não enfrentar fortes pressões internas nem externas para renunciar à repressão violenta, os governantes da China não se veem motivados – ainda – a desistir da ditadura do medo. Em vez disso, eles se propuseram a melhorá-la. Na última década, houve uma rápida inovação nas tecnologias de vigilância. Novas ferramentas permitem que Pequim rastreie dissidentes, tanto online quanto em carne e osso.

---

[128] Com base no Escritório Nacional de Estatísticas da China, *Anuário Estatístico da China 2020*, Tabelas 2.14 e 2.9 (http://www.stats.gov.cn/tjsj/ndsj/2020/indexeh.htm). Na pesquisa nacional por amostragem de 2019, 63.739 de 908.609 pessoas com 15 anos ou mais completaram estudos de graduação.

[129] Aron, *Roads to the Temple*.

[130] Pesquisa Mundial de Valores, 7ª Onda, "Online Data Analysis". O valor para Hong Kong foi de 76% – mais perto da média mundial.

Os policiais de Xi combinam esses métodos com os tradicionais, prendendo um grande número de membros de minorias étnicas, ativistas pela democracia em Hong Kong e advogados de direitos humanos na parte continental do país, entre outros. Enquanto experimentam seletivamente alguns elementos próprios do *spin*, eles continuam comprometidos com a intimidação.

E o que as próximas décadas reservam para tais regimes do medo atualizados? E como se sairão os especialistas do *spin*? Voltamo-nos a essas questões no capítulo final.

8
O FUTURO DO *SPIN*

A ASCENSÃO DA DITADURA DO *SPIN* é um dos fenômenos políticos mais marcantes dos últimos cinquenta anos. Mas será que ela vai durar? Será que os regimes que governam hoje em Singapura, Rússia, Hungria e Cazaquistão podem sobreviver até meados do século XXI? Será que as autocracias violentas que ainda permanecem passarão do terror à enganação? Ou, ao contrário, os ditadores do *spin* caminharão para trás, rumo a formas mais sangrentas e abertas de tirania?

Retomando a argumentação do capítulo anterior, consideramos aqui o que ela implica para o futuro de diferentes tipos de regimes políticos. Exploramos como a abordagem do Ocidente ante seus rivais autoritários mudou no final do século XX e como ela precisa mudar novamente. Sugerimos alguns princípios que poderiam orientar a política em uma era do *spin*. Alguns deles fazem sentido na lida com qualquer tipo de ditadura, enquanto outros são mais específicos para essa forma mais nova.

Se nosso entendimento estiver correto, o equilíbrio entre autocracias nos próximos anos dependerá da possibilidade de a modernização e a globalização continuarem. Se isso acontecer, os ditadores enfrentarão uma pressão crescente para substituir a repressão violenta pelo *spin*. Alguns podem cair por força de revoltas populares. Entretanto, se o coquetel da modernização enfraquecer ou mesmo se reverter, as democracias poderão recuar e as autocracias poderão se tornar mais abertamente repressivas.

O que acontecerá com as ditaduras do *spin* vai depender em parte de como elas apareceram. Como vimos, elas surgem de duas maneiras. Alguns governantes são levados ao *spin* pela modernização de suas próprias sociedades. Em Singapura e na Rússia, pelo menos um em cada quatro adultos hoje tem diploma universitário e muitos têm trabalhos criativos.[1] Nesses lugares, fatores internos fazem com que os ditadores substituam o terror pela enganação. Já outros mudam devido à pressão vinda do exterior. Na Tanzânia, a comunidade com educação superior é minúscula. Dois terços da força de trabalho permanecem na agricultura.[2] E, ainda assim, líderes recentes agiram de maneira democrática, levando a mídia a aumentar sua popularidade, enquanto usaram – pelo menos até recentemente – menos métodos de coerção.[3] Tal comedimento visa agradar governos e doadores ocidentais, dos quais o país depende. Em 2009, a ajuda externa representou 70% dos gastos do governo central.[4] Consideremos esses dois caminhos – e os tipos de ditadura do *spin* –, um por vez.

UM *SPIN* PARA CIMA

No primeiro tipo, a força motriz é a modernização doméstica. À medida que o estrato dos bem-informados se expande, se torna caro cooptar e difícil censurar. Seus membros forjam vínculos com redes

---

[1] Em 2010, a proporção de cidadãos de 15 anos ou mais com diplomas de bacharelado era de 25% na Rússia e 30% em Singapura (quinto e segundo níveis mais altos do mundo, respectivamente) (Barro e Lee, "A New Data Set"). Nas últimas estimativas de Richard Florida em 2015, a "classe criativa" representava 47% da força de trabalho em Singapura e 39% na Rússia (terceiro e décimo nono no mundo, respectivamente) (Florida, Mellander e King, *The Global Creativity Index*, 2015).

[2] Dados do Banco Mundial para 2020, https://data.worldbank.org/indicator/SL.AGR.EMPL.ZS?localizações=TZ.

[3] A repressão se tornou um pouco mais evidente sob o regime do presidente John Magufuli, no poder de 2015 a 2021 (Human Rights Watch, *Tanzania*).

[4] Banco Mundial, "Net ODA Received".

globais de direitos humanos e governos estrangeiros. Ao mesmo tempo, sua importância econômica cresce. Tudo isso torna mais difícil negar a esses bem-informados uma opinião política. A princípio, os ditadores do *spin* só imitam a democracia. Mas, no fim das contas, alguns precisarão aceitá-la de verdade.

Lee Kuan Yew viu essa lógica. Já em 2000, ele questionava quanto tempo seu trabalho poderia durar. "Será que o sistema político que meus colegas e eu desenvolvemos funcionará mais ou menos inalterado por mais outra geração?", perguntou ele em suas memórias:

> Eu duvido. A tecnologia e a globalização estão mudando a maneira como as pessoas trabalham e vivem. Os singapurianos terão novos estilos de trabalho e estilos de vida. Como um centro internacional de uma economia baseada no conhecimento na era da tecnologia da informação, estaremos cada vez mais expostos a influências externas.

Para sobreviver, seus sucessores teriam de "responder às mudanças nas necessidades e aspirações de um povo mais instruído e ao seu desejo de maior participação nas decisões que moldam suas vidas".[5]

Os herdeiros de Lee têm conseguido manter a tampa do regime no lugar, pelo menos até agora. Mas, na vizinha Malásia, a ditadura do *spin* pareceu recentemente ter cruzado a ponte rumo a uma democracia em sua infância. Sob o primeiro-ministro Mahathir Mohamad (1981-2003) e seus sucessores, Abdullah Ahmad Badawi (2003-2009) e Najib Razak (2009-2018), os líderes manipularam seu caminho por meio de eleições. No entanto, enquanto o faziam, o país estava se modernizando. Entre 1980 e 2018, a renda *per capita* aumentou de menos de 6 mil dólares para mais de 25 mil dólares. A proporção de estudantes que saíram das escolas rumo à faculdade aumentou de 4% para 45%.[6] O emprego na indústria, depois de atingir um pico em 1997, caiu assim

---

[5] Lee, *From Third World to First*, 157.

[6] PIB *per capita* em dólares de 2011, do banco de dados do Maddison Project 2020 (ver Bolt *et al.*, *Rebasing "Maddison"*). Taxas brutas de matrícula no ensino superior, do Banco Mundial, https://data.worldbank.org/indicator/SE.TER.ENRR?locations=MY.

que começou a transição pós-industrial. Em 2019, a penetração da internet, com 84%, era maior do que na França.[7]

Durante anos, o partido governante UMNO cooptou a elite com sucesso. Mas a partir do final dos anos 1990, o movimento Reformasi de jovens malaios educados começou a agitar o cenário por uma reforma política.[8] Nas eleições de 2008 – em parte devido ao crescente acesso à internet, que na época apresentava uma "vibrante blogosfera de oposição" e veículos de notícias independentes – a coalizão do UMNO perdeu sua maioria parlamentar de dois terços, bem como o controle de cinco das treze assembleias estaduais.[9] Por fim, em uma reviravolta impressionante, a oposição venceu as eleições de 2018, pondo fim a um monopólio de seis décadas do UMNO no poder.[10] A história não acabou: em meio à crise do coronavírus de 2020, os políticos da velha guarda ensaiaram um retorno.[11] Mas seu domínio é mais tênue do que antes.

Outros ditadores do *spin* também enfrentaram desafios à medida que seus países iam se desenvolvendo. Na Rússia, os anos 2000 assistiram a progressos notáveis. O salário médio subiu de menos de 4 mil dólares por ano em 2000 para mais de 15 mil dólares em 2011. A propriedade de computadores pessoais aumentou de 6% para 75% dos lares, e telefones celulares se tornaram onipresentes.[12] Os valores também se modernizaram em alguns aspectos-chave. A proporção de russos que pensavam que ter um sistema político democrático era

---

[7] Dados do Banco Mundial, https://data.worldbank.org/indicator/SL.IND.EMPL.ZS?end=2020&locations=MY&start=1991; https://data.worldbank.org/indicator/IT.NET.USER.ZS?locations=MY.

[8] Beng, "Malaysia's Reformasi Movement"; Slater, "Malaysia's Modernization Tsunami".

[9] Miner, "The Unintended Consequences of Internet Diffusion".

[10] Rogin, "In Malaysia, a Victory for Democracy". A Polity V, por exemplo, codificou a Malásia como uma democracia em 2018, com uma pontuação de 7 na Polity2, saindo dos 5 de 2017.

[11] Paddock, "Democracy Fades in Malaysia".

[12] Salário em rublos segundo os dados de Rosstat, convertido em dólares em paridade de poder de compra usando o fator de conversão PPP do Banco Mundial. Rosstat, *Rossia v tsifrakh 2020*, 134; Rosstat, *Rossia v tsifrakh 2013*, 143.

"muito bom" ou "bom" cresceu de 46% em 1999 para 67% em 2011.[13] Essa mudança atingiu um clímax nas manifestações de 2011-2012, nas quais multidões massivas protestaram contra fraudes eleitorais.

Uma forma óbvia de um ditador resistir é congelar – ou mesmo reverter – a modernização. Essa foi a resposta de Putin depois de 2011.[14] Ele deixou seus aliados estriparem as iniciativas de alta tecnologia conseguidas no governo Medvedev (2008-2012), enquanto afugentou os investimentos ocidentais e provocou sanções com ataques militares contra a Ucrânia. Os russos enfrentaram anos de estagnação econômica e de aperto nos controles políticos.

No entanto, na ausência de desastres naturais ou provocados pelo homem, é difícil reverter a modernização. Não é fácil apagar a educação, e a demanda por essa modernização não simplesmente desaparece porque um governante assim o quer. Em todo o mundo, a matrícula nas faculdades tem crescido consistentemente tanto nas democracias quanto nas ditaduras, subindo de 10% para 39% dos que saem da escola desde 1970.[15] A transição pós-industrial também é difícil de reverter. Apesar das promessas dos populistas, reviver indústrias obsoletas em uma economia moderna é virtualmente impossível.

Na verdade, congelar o processo de modernização pode desencadear exatamente o tipo de crise política que os ditadores temem. O paradoxo é o de que, enquanto o desenvolvimento ameaça os ditadores, o crescimento econômico os ajuda a sobreviver.[16] Travar o desenvolvimento geralmente significa cortar o crescimento, o que – em todas as formas de organização política – corrói a popularidade do líder.[17] Quando isso acontece, os ditadores precisam então usar de mais repressão. No entanto, a inadequação da repressão em uma sociedade modernizada é justamente o que os levou a uma ditadura do *spin* em primeiro lugar.

---

[13] Pesquisa Mundial de Valores e Estudo de Valores Europeus, www.worldvaluessurvey.org/WVSOnline.jsp.

[14] Ver Treisman, "Introduction".

[15] Dados do Banco Mundial.

[16] Treisman, "Economic Development and Democracy".

[17] Guriev e Treisman, "The Popularity of Authoritarian Leaders".

Não sabemos de nenhum antídoto para o coquetel da modernização. Escolher a estagnação é uma atitude desesperada. Pode ajudar por um tempo, mas não para sempre.

Na Rússia, apesar da reviravolta reacionária de Putin, aspectos da modernização continuaram. A taxa de matrículas universitárias aumentou ainda mais, de 76% em 2012 para 85% em 2018.[18] A penetração da internet se aprofundou, e o emprego de caráter criativo aumentou.[19] A proporção de entrevistados favoráveis a um sistema político democrático permaneceu tão alta em 2017 – último ano estudado pela Pesquisa Mundial de Valores – quanto em 2011.

Também na vizinha Belarus, a recente modernização desestabilizou o que parecia uma ditadura do medo relativamente segura. Em 2018, 87% dos graduados do ensino médio estavam frequentando a faculdade – uma taxa mais alta do que a do Reino Unido ou da Alemanha.[20] Uma indústria de alta tecnologia de grande sucesso exportou produtos no valor de 15 bilhões de dólares em 2019, o equivalente a quase um quarto do PIB.[21] Entre 2011 e 2017, a proporção de entrevistados que achavam que ter um sistema democrático era "muito bom" cresceu de 33% para 45%.[22] Assim como na Rússia nove anos antes, os bielorrussos saíram às ruas em 2020 para protestar contra uma eleição fraudulenta.

Além das tendências de longo prazo, crises de curto prazo – econômicas, militares ou sanitárias – podem influenciar a dinâmica política. Elas servem como uma desculpa para que os ditadores assumam poderes de

---

[18] Dados do Banco Mundial.

[19] Dados do Banco Mundial, https://data.worldbank.org/indicator/IT.NET.USER.ZS?locations=RU; Florida, Mellander e Stolarick, *Creativity and Prosperity*; Florida, Mellander e King, *The Global Creativity Index*, 2015.

[20] Dados do Banco Mundial, https://data.worldbank.org/indicator/SE.TER.ENRR?locations=BY.

[21] Ver Kozlov, "Belarus Emerges as Europe's Leading High Tech Hub". Dados do PIB retirados de taxas de câmbio do Mercado do FMI, World Economic Outlook Database, https://www.imf.org/en/Publications/WEO/weo-database/2020/October.

[22] Pesquisa Mundial de Valores, dados online, http://www.worldvaluessurvey.org/WVSOnline.jsp.

emergência e visem a bodes expiatórios. As dificuldades podem reavivar valores associados à luta pela sobrevivência. Mas as crises também podem sobrecarregar as técnicas de manipulação do líder, levando seus índices de aprovação para o buraco. Nesses momentos, a única opção – além da rendição – pode ser recuar para uma repressão mais aberta, esperando que isso choque a todos e os leve à submissão. O sucesso disso depende do quão fortes e engenhosos os bem-informados se tornaram.

As crises globais também distraem os governos ocidentais. Durante 2020, 38 países usaram a pandemia do coronavírus como pretexto para assediar a mídia de oposição, e 158 restringiram as manifestações.[23] No futuro, as mudanças climáticas podem reviver a ditadura violenta se ela vier a causar perturbações ambientais e econômicas ou migração em massa. No entanto, ao mesmo tempo, as crises expõem a incompetência dos líderes. Apesar das restrições impostas pelo novo coronavírus, protestos irromperam em pelo menos 90 países em 2020, forçando o Quirguistão a repetir uma eleição fraudulenta e a Nigéria a dissolver uma força policial abusiva.[24]

Mesmo em tempos normais, vastas reservas de petróleo são algo que mudam essa equação. Os Estados petroleiros podem usar as receitas minerais para apaziguar ou controlar o público, enquanto evitam a modernização social.[25] Monarquias do Golfo Pérsico, como a Arábia Saudita e o Kuwait, alcançaram algumas das maiores rendas do mundo sem construir indústrias de manufatura, sem empoderar as mulheres e sem enfraquecer significativamente as autoridades religiosas. Com uma sociedade em grande parte inalterada pelo crescimento da renda, as pressões por democracia permaneceram fracas. No entanto, alguns regimes do Golfo, temendo o fim do petróleo, tentaram recentemente se modernizar e se diversificar. A matrícula nas faculdades saltou para 71% dos alunos que deixaram a escola na Arábia Saudita em 2019 e 55% no Kuwait.[26] Em ambos, atualmente, mais mulheres estão estudando do que homens. A penetração da internet na região é a mais alta

---

[23] *Economist*, "No Vaccine for Cruelty".

[24] *Ibid.*

[25] Ross, *The Oil Curse*.

[26] Dados do Banco Mundial.

do mundo, com 100% online no Bahrein, Kuwait e Qatar.²⁷ O tempo revelará se esse tipo de modernização social "dirigida" pode coexistir – como seus líderes esperam – com um controle político contínuo baseado no medo. Esperamos ou uma mudança do medo para o *spin* ou uma intensificação da demanda por políticas mais abertas.

A riqueza petrolífera e a crise econômica se combinam no caso mais recente de recuos autoritários. A Venezuela tem enormes reservas de hidrocarbonetos, mas importa quase todos os outros bens. Logo após a morte de Hugo Chávez em 2013, o preço do petróleo caiu. Isso deixou seu sucessor, Nicolás Maduro, para lidar com a diminuição das receitas, a escassez paralisante e um legado de má gestão econômica. Ele saiu do *spin* para uma ditadura do medo mais tradicional.²⁸ Os esforços da oposição para forçá-lo a sair com ondas de protesto provocaram uma violência crescente por parte da polícia, do exército e dos paramilitares.²⁹ O fato de isso ter funcionado durante oito anos sugere a relativa fraqueza do estrato de bem-informados da Venezuela. Como nos Estados do Golfo, a modernização tinha sido superficial. Em 2010, menos de 3% dos adultos na Venezuela tinham um diploma universitário, pouco mais do que em 1980. A economia daquele país – ainda centrada no petróleo – está longe de ser pós-industrial.³⁰

Em resumo, o desenvolvimento pós-industrial dentro das ditaduras tende a aumentar o custo da repressão violenta. Aqueles que antes dependiam do terror acabam mudando para a manipulação. Aqueles que já manipulavam às vezes são empurrados para uma democracia genuína. O momento dessas transições é imprevisível, e pode haver

---

[27] Dados do Banco Mundial.

[28] Corrales, "Authoritarian Survival".

[29] Anistia Internacional, "Venezuela 2019".

[30] Dito isso, a oposição mais bem-educada teve de fato a experiência de quatro décadas de competição partidária democrática – ainda que cada vez mais corrupta – na qual se apoiar (entre 1958 e 1998), bem como uma tradição de mídia competitiva, grande parte dela contra o regime. E a oposição chegou perto em várias ocasiões de derrotar primeiro Chávez e depois Maduro, mobilizando com sucesso as manifestações de centenas de milhares de manifestantes (por exemplo, ver Berwick, "Back to the Streets").

contratempos. Não há um limiar mágico de desenvolvimento no qual a ditadura desapareça em uma nuvem de fumaça. Mas, à medida que as pressões se acumulam, as chances de mudança aumentam.[31]

INFLUÊNCIAS EXTERNAS

Mas e quanto aos líderes não democráticos em países menos modernos? Para eles, o ímpeto para se reinventarem vem de fora. Quando Lee Kuan Yew se virou pela primeira vez para as estratégias do *spin*, Singapura ainda era bastante pobre. Tendo derrotado os comunistas da ilha, Lee enfrentou pouca pressão por parte de um público que lhe era deferente. Suas principais preocupações eram o investimento e o prestígio internacionais.

A modernização subsequente às vezes bloqueia a escolha inicial. Depois que a economia de Singapura decolou, a repressão ostensiva teria alienado empresários e investidores. Mas outras ditaduras do *spin* permanecem menos desenvolvidas. Mais uma vez, pense na Tanzânia. Lá, os anos de *spin* desde a década de 1990 não viram um aumento notável no ensino superior e nenhuma transição pós-industrial. Nesses casos, se os ditadores reverterão ao medo ou não é algo que depende principalmente do contexto global.

E isso pode mudar. Ao contrário da modernização, que nunca se reverteu por muito tempo no mundo inteiro, a integração internacional e o apoio à democracia têm visto grandes oscilações. Na década de 1930, o comércio mundial implodiu em meio a um surto de tarifas competitivas. De 1929 a 1935, o comércio mundial de bens caiu de 23% para 11% do PIB.[32] O investimento estrangeiro secou quando os países começaram, sofregamente, a deixar o padrão ouro. Politicamente, muitas democracias raquíticas se tornaram fascistas.

Será que estamos à beira de outra "desglobalização"? Alguns temem que isso já tenha começado. Os políticos populistas atacam as importações e a imigração, culpando-as pela má sorte dos trabalhadores não

---

[31] As reformas também são mais prováveis de acontecer em meio a sucessões de liderança e durante ondas regionais ou globais de mudanças políticas; ver Treisman, "Income, Democracy, and Leader Turnover".

[32] Fouquin e Hugot, "Two Centuries of Bilateral Trade and Gravity Data".

qualificados. Nos Estados Unidos, o presidente Trump abandonou os acordos comerciais e impôs tarifas tanto a adversários como a China quanto a parceiros como a Europa. Se essa "desglobalização" desfizer os laços econômicos entre países ricos e pobres, muitos ditadores terão menos incentivo para agir democraticamente.

Mas isso ainda não aconteceu. O mundo de hoje difere do dos anos 1930. Por um lado, o PIB global é mais de quinze vezes maior, e a dependência das exportações é duas vezes maior.[33] Em 2019, o comércio mundial de bens correspondia a 44% do PIB.[34] A Grande Depressão, que desencadeou protecionismo, foi muito mais brutal do que a crise financeira global de 2008 ou o choque da covid em 2020: a produção dos Estados Unidos contraiu então 32% – em comparação com 4% em 2007-2009 e 10% em 2020.[35] Mesmo quando a produção caiu em 2020, os mercados financeiros subiram, impulsionados por enormes injeções de liquidez.[36] A globalização econômica pode se reverter no futuro, mas isso está longe de ser claro no momento.

---

[33] O banco de dados Maddison 2020 (ver Bolt *et al.*, *Rebasing "Maddison"*) fornece um PIB mundial total em 1920 de 4 trilhões de dólares internacionais a preços de 2011, 7 trilhões em 1940 e 114 trilhões em 2018. Fouquin e Hugot ("Two Centuries of Bilateral Trade and Gravity Data") colocam o comércio mundial de mercadorias em 49% do PIB em 2014, comparado a 23% em 1929.

[34] Dados do Banco Mundial, https://data.worldbank.org/indicator/TG.VAL.TOTL.GD.ZS. As previsões da OMC no início de 2021 apontavam para uma queda de 9,2% no comércio mundial de mercadorias em 2020, juntamente com uma queda de 4,8% no PIB global, antes de uma recuperação em 2021. Isto implicaria uma queda no comércio mundial de mercadorias de 44% para 42% do PIB em 2020 (Organização Mundial do Comércio, "Trade Shows Signs of Rebound").

[35] Wheelock ("Comparing the COVID-19 Recession with the Great Depression") observa que "em seu ponto baixo no primeiro trimestre de 1933, o PIB real foi apenas 68% de seu pico de 1929". (Os números do PIB não foram calculados até 1947.) Dados do Federal Reserve Bank de St. Louis (https://fred.stlouisfed.org/series/GDPC1) mostram uma queda de um PIB anual ajustado sazonalmente de 19,3 trilhões de dólares no quarto trimestre de 2019 para 17,3 trilhões de dólares no segundo trimestre de 2020, correspondente a 10%. A mesma fonte mostra uma queda de 15,8 trilhões de dólares no quarto trimestre de 2007 para 15,1 trilhões no segundo trimestre de 2009, correspondente a cerca de 4%.

[36] O índice de ações "All-World" do *Financial Times* em 47 países superou seu pico anterior, em setembro de 2020, e continuou a subir.

Embora o comércio não tenha entrado em colapso, os Estados autoritários se tornaram menos dependentes financeiramente. Isso poderia protegê-los de pressões políticas. Na não democracia mediana, a ajuda e assistência ao desenvolvimento caiu de 8% do PIB em 1990 para 2% em 2017.[37] Os mais ricos acumularam reservas para superar crises de curta duração. Em Singapura, na Rússia e na Arábia Saudita, entre outros, as reservas de ouro e de moeda excedem agora 25% do PIB. A redução da dependência foi bastante deliberada. Os ditadores às vezes "desglobalizam" precisamente para proteger seus regimes. Quando o Ocidente sancionou Putin por invadir a Crimeia, ele acrescentou sua própria proibição de importação de alimentos da UE e ordenou às elites que trouxessem para casa bens investidos no exterior.[38] Ainda assim, a "des-offshorização" (ou seja, o retorno do dinheiro investido fora do país) tem seus limites. E o corte dos laços financeiros reduz a própria vantagem de um ditador sobre as elites ocidentais.

O investimento e a ajuda dos chineses também têm refreado a influência ocidental. Considerando apenas 2010-2019, o estoque de investimento estrangeiro direto (IED) de Pequim em todo o mundo cresceu de 317 bilhões de dólares para 2,1 trilhões. Isso ainda está muito abaixo dos 7,7 trilhões de dólares do IED em ações nos Estados Unidos naquele ano.[39] Mas os empréstimos globais concedidos pela China – totalizando 1,5 trilhão de dólares em créditos a mais de 150 países – agora superam em muito os dos Estados Unidos. De fato, os empréstimos da China excedem os de "todos os governos credores da OCDE juntos".[40]

Com o apoio de Pequim, os autocratas têm menos necessidade de fingir. Considere a Etiópia. Para agradar aos doadores ocidentais, o líder daquele país, Meles Zenawi, um ex-guerrilheiro marxista, acalmou sua retórica revolucionária depois de tomar o poder em 1991. No entanto, em 2014, a China havia emprestado ao país 12,3 bilhões de dólares – uma soma equivalente à metade de seu PIB médio anual. Menos

---

[37] Dados do Banco Mundial.

[38] Hille, "Russian Tax Law Aims to Coax Businesses Back Home".

[39] Estatísticas UNCTAD.

[40] Horn, Reinhart e Trebesch, "How Much Money Does the World Owe China".

preocupado em parecer democrático, o regime reivindicou 99,6% das cadeiras nas eleições parlamentares de 2010. Em 2015, suas forças de segurança reprimiram brutalmente um movimento de protesto, matando 700 pessoas e prendendo 23 mil. Não é um exemplo isolado. Os cientistas políticos Steve Hess e Richard Aidoo descobriram que os países financiados relativamente mais pela China e menos pelo Ocidente usam uma repressão política mais dura.[41] Na Tanzânia, o presidente John Magufuli intensificou o assédio a jornalistas e ativistas à medida que o dinheiro de Pequim entrava.[42] Ele fez questão de agradecer à China por fornecer ajuda sem pedir nada em troca.[43]

Como vimos no capítulo 7, os laços econômicos por si só raramente fazem com que os ditadores mudem de abordagem. Mas eles podem ser poderosos quando combinados com a mídia internacional, as campanhas de direitos humanos e a pressão política ocidental. Alguns temem que esses outros elementos do coquetel da modernização estejam se enfraquecendo. No Ocidente, a mídia tradicional vem passando por dificuldades à medida que as plataformas de internet roubam seus anunciantes e o público se fragmenta. Se isso fizer com que as elites ocidentais fiquem menos bem-informadas a respeito dos regimes repressivos, os ditadores serão beneficiados.

Mas, mais uma vez, isso não parece estar acontecendo. Na verdade, em comparação com as poucas redes globais de TV e serviços de teleconferência dos anos 1980, a mídia de hoje transborda com detalhes sobre sociedades autoritárias. E isso se deve precisamente à intensa concorrência, às novas tecnologias e à fragmentação do mercado, que estão minando os antigos modelos de mídia. Escritórios estrangeiros caros estão dando lugar a redes de correspondentes locais, *freelancers* e "jornalistas cidadãos" com as câmeras de seus celulares.[44] *Hackers* desvendam os segredos das altas finanças e da diplomacia, revelando tudo, desde telegramas de embaixadores até esquemas fiscais de bilionários.

---

[41] Hess e Aidoo, "Democratic Backsliding in Sub-Saharan Africa".

[42] *Economist*, "Another Critic of President John Magufuli Is Silenced".

[43] *Economist*, "China Is Thinking Twice".

[44] Sambrook, *Are Foreign Correspondents Redundant?*, 20-21.

Grupos de direitos humanos criam "pseudorredações" e despacham seus assim chamados "bombeiros" para a cobertura de desastres.[45] Investigadores de ONGs desvelam abusos ambientais (a Global Witness), corrupção (a Transparência Internacional, o Projeto de Relatórios de Crimes Organizados e Corrupção) e lavagem de dinheiro (o Consórcio Internacional de Jornalistas Investigativos). Até mesmo operações de espionagem, assassinatos por encomenda, movimentos militares e milícias radicais de direita são expostos por órgãos de investigação como o Bellingcat. Há duas décadas, somente os principais serviços de espionagem do mundo tinham o tipo de informação que qualquer pessoa hoje pode obter com um *smartphone*.[46]

A principal necessidade de hoje não é ter mais e mais informação. É, em primeiro lugar, a verificação e a interpretação dessa informação, e, em segundo lugar, o foco.[47] As primeiras continuam sendo tarefa para a mídia tradicional. As grandes empresas, com marcas a defender, têm incentivos para checar os relatos. Se as pessoas continuarem a comprar o *New York Times* e assistirem à CNN, não será porque eles trazem todas as notícias em primeira mão, mas porque suas reportagens são confiáveis. A segunda tarefa é mais complicada. Os políticos respondem às notícias com base na possibilidade de seus eleitores as terem visto. Ao atingirem grandes audiências, as velhas redes criavam pressão sobre os governos. Mas a fragmentação e a diversidade das notícias de hoje protegem as autoridades. No Ocidente, a função de focalizar a atenção passou das elites da mídia para os algoritmos que agora decidem o que vai viralizar.

Aqui o movimento pelos direitos humanos poderia desempenhar um papel cada vez maior. Ativistas sempre procuraram mobilizar a opinião pública e desencadear ações governamentais. Desde os anos 1980, as ONGs vêm se tornando sofisticadas influenciadoras, recrutando celebridades para aumentar a conscientização e arrecadar dinheiro. Já em 1985, 40% da população mundial se sintonizou para assistir ao show Live Aid.[48]

---

[45] Cooper, "When Lines between NGO and News Organization Blur".

[46] Sambrook, *Are Foreign Correspondents Redundant?*, 27.

[47] Powers, "Hello World".

[48] Jones, "Live Aid 1985".

Atualmente, as redes sociais conseguem direcionar atenção para atrocidades que estão mais distantes. Vídeos virais divulgaram os crimes do senhor da guerra ugandense Joseph Kony e exigiram o resgate das escolares nigerianas sequestradas pelo grupo terrorista islâmico Boko Haram.[49]

Além de mobilizar a opinião ocidental, grupos de direitos humanos como a Anistia Internacional podem influenciar os autocratas, como vimos no capítulo anterior. Os ditadores agora sabem que estão sendo vigiados. E isso vai continuar. A Anistia Internacional e a Human Rights Watch aumentaram drasticamente seu financiamento, seu pessoal, sua presença global e seus relatórios. A doação total dos Estados Unidos a instituições de caridade para assuntos internacionais – categoria que inclui direitos humanos internacionais, desenvolvimento, ajuda, paz e segurança, programas de intercâmbio e política externa – cresceu de 2,7 bilhões de dólares em 2000 para 29 bilhões em 2019.[50]

O ingrediente final do coquetel da modernização é a ordem mundial liberal. Muitos a veem como também ameaçada. Para o acadêmico de Princeton John Ikenberry, ela "já está em colapso".[51] Especialistas jurídicos declaram que a "era dos direitos humanos" acabou, pelo menos por enquanto.[52] É fácil compartilhar desse pessimismo. Em apenas alguns anos, o presidente Trump retirou os Estados Unidos de tratados ou negociações sobre controle de armas (o acordo nuclear iraniano, o Tratado de Céus Abertos), mudança climática (o Acordo de Paris) e comércio (o NAFTA, mais tarde substituído, e o Acordo de Associação Transpacífico). Sob seu comando, os Estados Unidos saíram do Conselho de Direitos Humanos da ONU, da UNESCO e da Organização Mundial da Saúde e minaram o órgão de recurso da Organização Mundial do Comércio. Os populistas de outros países também rejeitam a cooperação internacional.

---

[49] Taylor, "Was #Kony2012 a Failure?"; Holpuch, "Stolen Daughters".

[50] Números fornecidos pelo *Giving USA*, https://blog.candid.org/post/charitable-giving-in-2019-up-4-2-percent-giving-usa-finds/; Lewin, "Gifts to Charity in US".

[51] Ikenberry, "The Next Liberal Order". Ainda assim, Ikenberry ainda a vê como potencialmente recuperável.

[52] Wuerth, "International Law in the Post-Human Rights Era".

À medida que a ordem liberal se enfraquece, alguns enxergam um potencial rival à democracia liberal no autoritarismo tecnocrático da China.[53] Diz-se atualmente que o "Consenso de Washington" dos anos 1990, que tinha raízes no livre mercado, enfrenta a concorrência de um "Consenso de Pequim".[54] De acordo com o escritor e especialista asiático Joshua Kurlantzick, o modelo de governança da China representa "o mais sério desafio ao capitalismo democrático desde a ascensão do comunismo e do fascismo nos anos 1920 e início dos anos 1930".[55]

Mas também nesse caso, embora os perigos sejam reais, parece haver um certo alarmismo prematuro. Apesar de Trump, o sistema de direito internacional e de aplicação da lei não entrou em colapso. A ONU acompanha a situação de vinte e dois tratados fundamentais de direitos humanos, incluindo as convenções contra o genocídio e a tortura. Até 2010, a média dos países havia ratificado onze deles. Até 2020, havia ratificado mais dois. Nesses dez anos, nenhum país se retirou de um único tratado de direitos humanos da ONU.[56] E o monitoramento do cumprimento por parte da ONU aumentou. Desde 2008, cada Estado teve seu registro de direitos humanos verificado duas vezes nas chamadas "Revisões Periódicas Universais".[57] Essas revisões

---

[53] Kato, "A Conversation with Francis Fukuyama". Fukuyama chamou a China de "o mais importante desafiante da noção de fim da história" que ele apresentou em 1989. Ele duvidava de que o modelo da China pudesse se mostrar sustentável, dadas as pressões sociais da modernização. Mas se conseguisse fazer isso, ele constituiria "uma verdadeira alternativa à democracia liberal".

[54] Halper, *The Beijing Consensus*.

[55] Kurlantzick, "Why the 'China Model' Isn't Going Away".

[56] Veja a Tabela OS8.1, baseada nos dados do tratado da ONU, em https://treaties.un.org/. Jana von Stein examina um conjunto mais amplo de instrumentos relacionados aos direitos humanos em "Exploring the Universe of UN Human Rights Agreements". Ela conseguiu observar uma dinâmica semelhante. As Filipinas se retiraram do Estatuto de Roma que estabelece o Tribunal Penal Internacional em 2011 (a ONU classifica isso em "Assuntos Penais" em vez de "Direitos Humanos"). Entre os órgãos de direitos humanos não pertencentes à ONU, a Venezuela se retirou da Convenção Americana de Direitos Humanos em 2013 e da Carta da OEA em 2017 (Comissão Interamericana de Direitos Humanos, *Relatório Anual 2019*, 489).

[57] Alston e Mégret, Introduction, 2.

são às vezes criticadas como "inócuas", mas na verdade provocaram mudanças como a abolição da pena de morte em Fiji e proteções para ativistas na Costa do Marfim. A parcela do orçamento da ONU dedicada aos direitos humanos quintuplicou desde 1992.[58]

Em um acontecimento dramático, todos os membros da ONU concordaram em 2005 que têm a "responsabilidade de proteger" as pessoas contra as atrocidades, onde quer que elas ocorram. Esse princípio tem sido invocado para justificar várias intervenções diplomáticas e militares. Algumas são vistas como bem-sucedidas (o esforço para deter a violência étnica após as eleições de 2007 no Quênia) e outras menos (a intervenção ocidental na Líbia em 2011). Mas a doutrina continua sendo uma ameaça aos ditadores que contemplam apelar para a brutalidade, assim como a asserção cada vez mais frequente de tribunais de jurisdição universal – ou seja, aqueles com o direito de processar crimes cometidos em qualquer parte do mundo. Tais processos dispararam. Entre 2008 e 2017, 815 processos de jurisdição universal começaram no mundo todo, em comparação com 503 na década anterior e 342 na década precedente.[59] Esses mesmos anos recentes assistiram ao uso inovador de sanções de caráter pessoal – incluindo o congelamento de bens e a proibição de viagens – a fim de coibir os abusadores dos direitos humanos no exterior. A Lei Magnitsky, nos Estados Unidos, foi pioneira nesse sentido, ao punir oficiais russos pela morte na prisão do advogado Sergei Magnitsky. Seguindo o exemplo dos Estados Unidos, o Canadá, o Reino Unido e a União Europeia aprovaram suas próprias "leis Magnitsky". Apesar das falas e ações iliberais de alguns líderes populistas, a infraestrutura do direito internacional relativo a direitos humanos não está em colapso; ela está em crescimento.

Isso não surpreende, já que proteger as vítimas é algo popular. Em 2018, grandes maiorias em diversos países – de 58% na Bélgica a 90% na Sérvia – consideraram importantes as proteções legais dos direitos humanos. Mesmo na Arábia Saudita, 61% concordaram.[60] As pesquisas

---

[58] Hegarty e Fridlund, "Taking Stock".

[59] Langer e Eason, "The Quiet Expansion of Universal Jurisdiction", 785.

[60] Ipsos, *Human Rights in 2018*.

de opinião pública dão ainda um forte apoio às Nações Unidas. Entre as quatorze democracias desenvolvidas em 2020, uma grande maioria em todas elas considerou a ONU de maneira favorável, exceto no Japão. Mesmo nos Estados Unidos após três anos da presidência Trump, 62% foram favoráveis – 14 pontos percentuais *a mais* do que em 2007.[61] A cooperação internacional também é mais popular do que o unilateralismo. O Pew Center perguntou aos entrevistados se seu país deveria "levar em conta os interesses de outros países, mesmo que isso signifique fazer concessões", ou se deveria, em vez disso, "seguir seus próprios interesses mesmo quando outros países discordam fortemente". Em 12 dos 14 países consultados – quase todos, exceto Austrália e Japão – uma maioria optou pelas concessões. O maior apoio foi no Reino Unido (69%) e na Alemanha (65%). Mas, mesmo nos Estados Unidos, os entrevistados escolheram a cooperação em vez do interesse próprio por 58% a 39%.[62]

Quanto ao tecno-autoritarismo ao estilo Pequim, nem mesmo os chineses parecem convencidos dele. Entre os chineses entrevistados em 2018, 90% disseram que ter um sistema político democrático era "muito bom" ou "bom" – mais que a média mundial de 84%.[63] Mas apenas 41% disseram o mesmo de "ter um líder forte que não precisa se preocupar com o Parlamento ou as eleições" – uma definição do autoritarismo em poucas palavras – e apenas 37% viram mérito em "indicar especialistas, e não o governo, para tomar decisões de acordo com o que acham ser melhor para o país" – uma descrição de tecnocracia. O apoio chinês para cada uma dessas descrições ficou abaixo da média mundial.[64]

---

[61] Bell *et al.*, *International Cooperation Welcomed*.

[62] *Ibid*.

[63] Pesquisa Mundial de Valores, análise online, 25 de março de 2021, https://www.worldvaluessurvey.org/WVSOnline.jsp.

[64] Os respondentes chineses podem ser influenciados pelo que pensam que *as autoridades querem* que eles digam. Mas o que seria isso não fica completamente claro. Por um lado, as autoridades às vezes chamam seu sistema de "democracia socialista" ou "democracia do povo". Por outro lado, eles o distinguem nitidamente das democracias de estilo ocidental. Xi, cujo apelido popular é Xi Da Da, ou

Em outros lugares, o entusiasmo pela abordagem da China é pouco expressivo. Mesmo quando Pequim enterrou centenas de bilhões de dólares em sua iniciativa "Um Cinturão, Uma Rota" (ou "A Nova Rota da Seda") e promoveu sua marca com 548 Institutos Confúcio ao redor do mundo, conquistou poucos fãs.[65] Entre dez países ocidentais, mais o Japão e a Coreia do Sul, a visão *desfavorável* da China aumentou de 36% dos entrevistados em meados dos anos 2000 para 73% em 2020.[66] Isso pode refletir uma rivalidade. Mas, mesmo na África, uma grande receptora de ajuda e investimentos chineses, poucos parecem ser conquistados pela abordagem de Pequim. Em 2019-2020, a rede de pesquisas independente Afrobarômetro perguntou aos entrevistados de 18 países africanos qual outro Estado oferecia o melhor modelo para seu próprio desenvolvimento. Pluralidades em 14 dos 18 países indicaram os Estados Unidos. Somente em três – Botsuana, Mali e Burquina Fasso – uma proporção maior de entrevistados favoreceu a China.[67] Perguntados sobre o que os jovens deveriam aprender como língua estrangeira, 71% disseram inglês. Somente 2% disseram chinês.[68]

Nosso argumento não é o de que tudo é lindo e maravilhoso em um mundo de direitos humanos, ou que os líderes ocidentais os protegem consistentemente. Muitas elites da política externa se aferram a uma versão cínica da *Realpolitik*. A "Guerra ao Terror" pós-2001 de

---

"Grande Xi", é promovido pelos ideólogos do Partido Comunista como um "líder forte", e não há eleições populares para os principais líderes (Reuters, "No Cult of Personality").

[65] Jakhar, "Confucius Institutes".

[66] Silver, Devlin e Huang, *Unfavorable Views of China*.

[67] Appiah-Nyamekye Sanny e Selormey, "Africans Regard China's Influence". Estados Unidos e China empataram na Tunísia.

[68] Veja que esse voto de confiança no modelo estadunidense veio mesmo depois de quatro anos de difamação brutal de Trump do continente africano. A última onda da Pesquisa Mundial de Valores incluiu apenas quatro países da África Subsaariana – Etiópia, Quênia, Nigéria e Zimbábue –, mas os entrevistados de lá também pareciam não estar impressionados pela tecnocracia autoritária. Entre os quatro países, a porcentagem mediana que considera o governo democrático como "muito bom" ou "bom" foi de 89%. Em contraste, a participação mediana dizendo o mesmo de governar por um "líder forte" foi de 48% e de governar por "especialistas" de 63%.

Washington motivou abusos extremos – do *waterboarding* e "rendição" de suspeitos até detenções por tempo indefinido em Guantánamo. Diversos ditadores, de Islam Karimov do Uzbequistão até o egípcio Abdel Al-Sisi, aprenderam que podiam cometer atrocidades livremente se embrulhassem suas atitudes como "contraterrorismo".[69] Nosso objetivo aqui é mostrar que os ditadores facínoras enfrentam resistência maior do que antes, vinda de uma rede internacional ramificada de ativistas e advogados, apoiada pela opinião pública global. E, apesar da retórica dos populistas, nenhum outro modelo – incluindo o da China – tem atualmente nem mesmo um arremedo do apelo global da democracia liberal.[70]

Assim como no caso da globalização econômica, a ordem mundial liberal pode entrar em colapso no futuro. No entanto, apesar dos contínuos desafios até agora, isso ainda não aconteceu. De modo mais geral, vemos poucos sinais de que o coquetel da modernização estaria no fim. Ele vem percorrendo um caminho poderoso. De fato, a recente explosão do antiglobalismo é, em grande parte, uma reação às mudanças notáveis das últimas três décadas. À medida que os países se tornaram pós-industriais, educados e ligados internacionalmente, seus governantes tiveram de se adaptar – ou, pelo menos, fingir fazê-lo. Em meio à terceira onda da democracia, as normas liberais se espalharam pelo mundo.

A força dessa modernização avassaladora foi o que acabou levando os perdedores a se unirem.[71] O populismo nativista de hoje – tanto no Ocidente quanto no Oriente – une o ressentimento econômico e os

---

[69] Standish, "Where the War on Terror Lives Forever".

[70] Seria a noção de Estado de desenvolvimento monopartidário uma alternativa popular? A pesquisa sobre isso é escassa. Mas a Afrobarometer pergunta aos entrevistados com o que eles concordam mais: (a) "Os partidos políticos criam divisão e confusão; portanto, é desnecessário ter muitos partidos políticos [neste país]" ou (b) "Muitos partidos políticos são necessários para garantir que [os cidadãos deste país] tenham escolhas reais em quem os governa". Em apenas 2 dos 18 países africanos, a maioria pensou que ter muitos partidos políticos era desnecessário em 2019-2020 (M'Cormack-Hale e Dome, "Support for Elections Weakens among Africans"). Poucos aparentemente preferem um único partido à competição democrática.

[71] Norris e Inglehart, *Cultural Backlash*.

valores obsoletos daqueles prejudicados pela transição pós-industrial. Trabalhadores e outros de regiões industriais moribundas; proprietários de fábricas e minas poluidoras; agricultores e trabalhadores rurais; velhos iliberais, desorientados pelas mudanças de valores – todos eles se unem em uma coalizão poderosa, mas que vai encolhendo gradualmente. Essa coalizão fornece apoio a populistas em democracias avançadas e a ditadores do *spin* em autocracias semimodernizadas. Em vez de compensar e reintegrar os perdedores econômicos, tais líderes os exploram. Se eles o farão dentro de restrições democráticas ou não é algo que depende principalmente da força dos *vencedores* da era pós-industrial – ou seja, nosso estrato de bem-informados.

Países que foram prematuramente varridos e empurrados para a frente pela terceira onda democrática têm escorregado de volta ladeira abaixo nos últimos anos. Portanto, observadores têm expressado certo alarme ante tais recuos. Mas, por mais preocupante que isso seja, vemos isso como o refluxo de uma onda, e não como uma mudança na correnteza. Depois de dois passos para a frente vem um passo para trás.

DIAGNOSTICANDO A AMEAÇA

As autocracias de hoje representam novos desafios para as democracias do Ocidente. Para lidar com esses desafios, precisamos primeiro entender esses novos regimes. Recordemos as principais características dos ditadores do *spin* e os comportamentos internacionais que eles desencadeiam.

Ao contrário dos adversários do Ocidente durante a Guerra Fria, os ditadores do *spin* não têm uma ideologia real. Reconhecendo o apelo da democracia junto a seus cidadãos, eles fingem abraçá-la.[72] Muitos

---

[72] Alguns tentam distinguir sua versão da democracia daquela versão praticada no Ocidente. Viktor Orbán, por exemplo, endossa a "democracia iliberal". Mas, nisso, ele está em desacordo com a maioria dos húngaros. Na verdade, a maioria de grandes grupos de cidadãos de seu país favorecem especificamente as liberdades das democracias liberais – desde a liberdade religiosa (70%), liberdade de imprensa (76%) e liberdade na internet (77%) à igualdade de gênero (85%), liberdade de expressão (87%) e igualdade perante a lei (95%). Esses números vêm da pesquisa

caem ao tentar isso, e mesmo aqueles que não caem acabam muitas vezes desmoralizados. Por mais paradoxal que possa parecer, a hipocrisia de tais governantes pode enfraquecer a fé não tanto neles, mas na própria democracia. Quando ditadores afirmam estar construindo o comunismo – ou o ba'athismo ou o mobutuísmo – seus oponentes podem acreditar que um governo popular seria uma alternativa melhor. Mas, quando o próprio titular se diz um "democrata", é fácil pensar que a democracia é sempre uma farsa.

No exterior, os ditadores do *spin* usam propaganda para difundir o cinismo e a divisão. Se o público ocidental começar a duvidar da democracia e a desconfiar de seus líderes, então esses líderes terão menos probabilidade de partir em cruzadas democráticas pelo mundo. Se a interferência russa influenciou as eleições de 2016 nos Estados Unidos é algo que continua a ser debatido. Mas apenas a percepção de que isso poderia ter acontecido já lança uma sombra sobre a eleição, e essa suspeita voltou a atenção americana para dentro de seu país. Além de prejudicar a confiança dos estadunidenses em seu sistema, os *trolls* de mídia social russos conseguiram levar uma mensagem para os telespectadores da Rússia: o estilo democrático dos Estados Unidos leva à polarização e ao conflito.[73]

Uma segunda tática-chave é explorar a corrupção. Em casa, os ditadores do *spin* compram suas elites de forma escamoteada. Como vimos, fazem o mesmo no exterior. Mas, junto com a desinformação, eles também exportam imoralidade. Têm dois motivos para fazer isso. Primeiro, eles procuram enfraquecer os governos ocidentais e bloquear ações hostis. Recrutam ajudantes ocidentais para fornecer inteligência e fazer *lobby* lá fora pelos seus interesses. Além de espiões – que sempre existiram – eles cultivam amigos nos escalões mais baixos da vida política e corporativa do Ocidente. Tais relacionamentos geram recompensas concretas e criam oportunidades para chantagem. Ao mesmo tempo, esse tráfico de influência que os autocratas financiam

---

Pew Global Attitudes 2020 (Pew Research Center, *Attitudes towards Democratic Rights and Institutions*).

[73] Nem todos são assim tão ambiciosos na tentativa de desacreditar o liberalismo ocidental. Lee Kuan Yew, por exemplo, apenas insistia que os "valores asiáticos" se encaixavam melhor na vida de seus cidadãos.

prejudica a reputação do Ocidente. Afinal, quando ele é descoberto, isso traz descrédito às elites ocidentais.[74] Isso aponta para o segundo motivo dos ditadores: moldar a opinião pública em seus próprios países. Ao alimentar a corrupção no Ocidente – e às vezes vazar detalhes dessa corrupção – os ditadores do *spin* normalizam suas próprias táticas inescrupulosas. Quando relatos de negociatas em seus próprios governos vêm à tona, os defensores dos ditadores podem argumentar que o tráfico de influência é algo universal. Ou seja, suas operações escusas no exterior ajudam a vaciná-los contra escândalos dentro de casa.

Focados em poder pessoal e no interesse próprio, os ditadores de hoje têm dificuldade em formar alianças sólidas. Stálin forjou um bloco estável com base em uma ideologia de que todos compartilhavam. Os atuais autocratas podem colaborar uns com os outros em projetos específicos, mas sua lealdade se realinha à medida que surgem novas oportunidades. Por exemplo, Putin e Erdoğan já se alternaram tantas vezes entre ser amigos e inimigos que é difícil contabilizar. Chávez abraçou Castro e outros esquerdistas latinos, mas, quando os carregamentos venezuelanos de petróleo decaíram após a morte do comandante, Cuba não demorou a tentar melhorar suas relações com Washington.[75]

Em vez de se unirem para se opor ao Ocidente, os ditadores do *spin* se infiltram nas alianças e instituições ocidentais. Como vimos no capítulo 6, eles fingem compartilhar dos objetivos ocidentais apenas para criar obstáculos a eles de maneira dissimulada. Uma vez dentro, eles jogam areia nas engrenagens e redirecionam tais entidades contra seus inimigos. Por mais que desacreditem a democracia liberal ao imitá-la, eles abraçam o internacionalismo liberal a fim de explorá-lo.

Como já vimos, Orbán, da Hungria, ajuda a decidir políticas da OTAN, da OCDE e da União Europeia. Erdoğan também é membro

---

[74] Zelikow *et al.*, "The Rise of Strategic Corruption". Como escrevem Javier Corrales e Michael Penfold, o venezuelano Chávez "exportou uma forma particular de corrupção" para toda a América Latina. "Disfarçada como investimento em serviços sociais, essa ajuda na verdade consistia em grande parte em financiamento não rastreável para campanhas políticas, para movimentos sociais sem crédito, para acordos comerciais e para patrocínio político por funcionários estatais" (*Dragon in the Tropics*, 108).

[75] *Economist*, "Why the US and Cuba Are Cosying Up".

dos dois primeiros órgãos, e Putin ainda se junta a ambos no Conselho da Europa. Além disso, ditadores africanos se unem aos ingleses nas cúpulas da Commonwealth, a comunidade das nações historicamente ligadas ao governo britânico. Nas Nações Unidas, torturadores têm cadeiras em órgãos de direitos humanos.[76] Venezuela, Rússia e Qatar foram membros fundadores da chamada Comunidade das Democracias, o que levou ao descrédito desse grupo desde o primeiro momento. É claro que tais táticas não são novas. Desde o início, a União Soviética e a China exploraram suas posições na ONU, e ditadores africanos sempre participaram da Commonwealth. Mas os autoritários de hoje trabalham sistematicamente no intuito de controlar cada vez mais as alavancas que movem a ordem mundial liberal.

Em suma, os desafios são vários. Os ditadores do *spin* não estão determinados a dominar o mundo. Eles não são ideológicos, são oportunistas, e não se coordenam entre si. Ainda usam a força militar às vezes, confiscando territórios próximos de suas fronteiras, intervindo em conflitos ou encenando provocações, geralmente para melhorar sua imagem em casa. Mais frequentemente, eles atacam o Ocidente por dentro das redes das elites econômicas e políticas. Para se protegerem, trabalham para minar a confiança na democracia liberal, enfraquecer as alianças e instituições do Ocidente e corromper e explorar seus líderes.

COMO RESPONDER A ISSO?

Desde a Segunda Guerra Mundial, duas abordagens têm dominado a política ocidental em relação aos ditadores. Na Guerra Fria, a principal ameaça vinha dos Estados comunistas e das forças guerrilheiras. Esses dois entes procuravam conquistar território e disseminar sua ideologia, subvertendo sociedades livres. Por certo, a coesão do movimento comunista internacional foi muitas vezes considerada de maneira exagerada. Mas o perigo desse movimento era real.

A principal resposta ocidental foi a contenção. Na visão de George Kennan, isso significava o repúdio "paciente e em longo prazo, porém

---

[76] Vreeland, "Corrupting International Organizations".

firme e vigilante" dos desafios propostos pelos soviéticos.[77] Essa estratégia funcionou na maior parte. Afinal, a Europa Ocidental recuperou sua confiança e seu dinamismo econômico nos anos 1950. E, por fim, o "novo pensamento" de Gorbachev[78] conduziu a então União Soviética ao esquecimento. Mas a forma como essa contenção foi implementada por parte dos outros países também teve custos. Para combater Moscou, o Ocidente se aliou a ditadores anticomunistas e extremistas, deixando de lado seu compromisso com a democracia e os direitos humanos. Os Estados Unidos, por exemplo, armaram os jihadistas do Afeganistão, contra os quais teriam de lutar em situações futuras. O país também travou – e perdeu – uma guerra desmoralizante no Vietnã, que foi alimentada tanto por sentimentos anticoloniais quanto pela ambição soviética.

E então, depois de 1991, quando a luta global contra o comunismo terminou, a política ocidental mudou. O principal objetivo se tornou o desenvolvimento econômico e a integração de Estados autoritários ao Ocidente. Em essência, a ideia era catalisar o coquetel da modernização. Os formuladores de políticas esperavam que o desenvolvimento das economias daquelas ditaduras criasse, dentro delas, uma demanda por reformas políticas. A modernização as tornaria mais democráticas e cooperativas. Para ajudar no processo, os governos ocidentais e as instituições internacionais começaram a pressionar os ditadores para permitir mais liberdade, condicionando sua ajuda a reformas políticas e enviando equipes de assessores para ajudar a organizar eleições, criar partidos e apoiar a sociedade civil.[79]

Essa abordagem é, hoje, frequentemente criticada como ingênua demais. Só que ela, na verdade, teve um sucesso considerável. Nas duas

---

[77] George F. Kennan, "X, the Sources of Soviet Conduct", *Foreign Affairs* 25, no. 4 (July 1947): 566-82.

[78] [Nota do tradutor] O "novo pensamento" de Gorbachev (ou Gorbachov) consistia em diversas abordagens novas que o então líder acreditava que a Rússia deveria implementar com relação à sua política interna (como a *perestroika*), à política externa e à influência nos países então alinhados à União Soviética.

[79] É claro que apoiar o desenvolvimento democrático não foi sempre a única motivação ocidental dominante. Os interesses econômicos e estratégicos de curto prazo continuavam a ser importantes.

primeiras décadas pós-Guerra Fria, observou-se um enorme progresso econômico e político. Entre 1990 e 2010, a renda *per capita* global cresceu 60%. As guerras entre Estados fizeram menos vítimas do que em qualquer outro período de vinte anos, desde a Segunda Guerra Mundial.[80] O número de democracias eleitorais aumentou de 29 para 53, e o de democracias liberais de 28 para 45.[81] Na verdade, foi quando os Estados ocidentais foram além da assistência ao desenvolvimento e à integração, e usaram a força militar para promover mudanças de regime, que os maiores problemas surgiram. As invasões do Afeganistão e do Iraque, ao mesmo tempo que derrubavam ditaduras viciosas, levaram a longas guerras com enormes custos em vidas, em dinheiro e na reputação internacional dos Estados Unidos.

Embora apoiar o desenvolvimento e a integração fizesse sentido, a implementação dessa abordagem era problemática, assim como acontecia no caso da contenção. Em primeiro lugar, o Ocidente dificilmente era consistente em seus compromissos. Os líderes privilegiavam alguns países e desprezavam outros, por razões que tinham a ver com a política interna. Continuaram a apoiar seus ditadores favoritos, fingindo acreditar em suas promessas de reforma. A França permaneceu leal a alguns velhos amigos desagradáveis na África, como Denis Sassou Nguesso, do Congo, e Idriss Déby, do Chade, enquanto a Grã-Bretanha e os Estados Unidos foram brandos nos abusos dos direitos humanos de clientes como o Yoweri Museveni, de Uganda.[82]

Em segundo lugar, mesmo quando agiam com sinceridade, os governos e instituições ocidentais não estavam preparados. Era muito fácil para os autoritários oportunistas brincar com eles. A OTAN e a UE tinham crescido a partir de clubes de países ocidentais com os mesmos ideais, que tomavam decisões baseadas no consenso, com poucos mecanismos para impor sanções aos membros que quebrassem

---

[80] PIB *per capita* retirado do banco de dados do Projeto Maddison 2020 (ver Bolt et al., *Rebasing "Maddison"*). Os dados sobre mortes relacionadas a batalhas em conflitos de cunho estatal são do PRIO (ver Roser, "War and Peace").

[81] De acordo com as classificações V-DEM.

[82] Farge, "Echoes of 'Francafrique' Haunt Central African Democracy"; Burnett, "Uganda".

regras – especialmente se eles habilmente fingissem segui-las. As organizações multilaterais ocidentais assumiram ideais compartilhados e confiança mútua, e careciam de ferramentas para dissuadir ou punir comportamentos cada vez mais indesejados.

Ao mesmo tempo, os líderes ocidentais não previam como aquela nova integração afetaria *suas próprias sociedades*. Eles pensavam que as autocracias atuais e antigas poderiam ser assimiladas sem mudar o Ocidente. Mas essa integração é um processo de mão dupla. Os ganhos com o comércio com a China após sua entrada na OMC em 2001 foram consideráveis. No entanto, a concorrência chinesa também criou perdedores, mudando o cenário político dos Estados ocidentais de maneiras com as quais seus líderes não conseguiram lidar. E esses líderes também não previram como a corrupção do Oriente se mesclaria com seu próprio lixo caseiro. À medida que liberavam os fluxos de capital, desregulamentavam os negócios e abriam o comércio com seus antigos adversários, os governos ocidentais pouco fizeram para se proteger contra o refluxo. Sob as novas instituições reformadas, muitas das antigas redes permaneceram ativas – e ligadas às do Ocidente. Uma maior abertura deveria ter sido acompanhada também por uma limpeza interna, no intuito de expulsar os exploradores do sigilo bancário, dos paraísos fiscais, das redes de inteligência e do crime organizado. Mas isso não aconteceu – pelo menos não de imediato, e não em escala suficiente. Uma maior integração tornou o Oriente mais parecido com o Ocidente, mas também fez com que o Ocidente se parecesse mais com o Oriente.

Essa história deveria servir para informar melhor as políticas de hoje. Nem a contenção, nem o tipo declarado de integração e desenvolvimento – as abordagens tentadas no passado – se encaixam perfeitamente nos desafios atuais. Elementos de contenção militar ainda são necessários para impedir agressões oportunistas em torno das fronteiras da Rússia e da China. Mas o Ocidente não pode conter a China indefinidamente, com sua população massiva, sua proficiência tecnológica e seu PIB ultrapassando o dos Estados Unidos. Em médio prazo, não há alternativa para integrar a ela e a outros rivais – e tudo bem, porque o coquetel da modernização de fato funciona. Mas o Ocidente precisa elaborar uma versão mais inteligente da integração.

Como seria isso? Sugerimos uma abordagem que chamaremos de *envolvimento contencioso* (do inglês "*adversarial engagement*"). Isso significa que o Ocidente deveria continuar a se envolver. Mas não deve esperar que a integração destitua automaticamente os ditadores de poder e os torne cooperativos. Ao contrário, o Ocidente deve usar a vantagem de um mundo interconectado para defender seus interesses e incitar as ditaduras rumo a um governo livre. A contrapartida a se atentar aqui é a de que os ditadores estarão fazendo o mesmo no sentido contrário. Eles tentarão usar a interdependência para fazer prevalecer seus próprios interesses e enfraquecer a democracia. E os líderes ocidentais precisam ser melhores nesse jogo do que eles.

Alguns acreditam, ao contrário, que o melhor caminho seria simplesmente se desvincular dos países autoritários. Defendem a proteção dos mercados, limitando drasticamente a imigração e se concentrando nas tarefas domésticas. Mas, na verdade, o isolamento não é algo viável. Goste-se disso ou não, o mundo se tornará mais interligado nas próximas décadas. Mesmo que a globalização da economia fique estagnada, os avanços tecnológicos, as ameaças ambientais e os patógenos mortais cruzarão as fronteiras. O Ocidente pode escolher entre liderar nessas questões globais ou ser liderado por outros.

Então, como ter sucesso nesse envolvimento contencioso? Lidar com ditaduras é difícil, e não vamos fingir aqui ter respostas perfeitas. Mas pensar a partir da perspectiva do medo e do *spin* sugere alguns princípios que poderiam ajudar a orientar a busca de estratégias.

A primeira é *estar mais atento*. Nos últimos trinta anos, os ditadores do *spin* passaram despercebidos nessa história de imitar a democracia. O Ocidente foi lento em reconhecer sua abordagem e esteve disposto demais a acreditar naqueles autocratas que afirmavam estar no caminho de um governo livre. Os Estados ocidentais precisam fazer um melhor trabalho de rastreamento dos muitos elos – muitas vezes escondidos – que ligam seus países ao mundo autoritário. Como vimos, os ditadores lavam dinheiro, roubam segredos industriais, corrompem políticos, invadem os computadores dos Estados e plantam propaganda nas redes sociais do Ocidente. Naturalmente, os governos tentam detectar e impedir essas atividades. Só que escândalos continuam revelando falhas enormes nesse processo.

Portanto, ao nos envolvermos, precisamos continuar atentos. Isso significa investir mais em monitoramento financeiro, contra-espionagem e cibersegurança.[83] Também significa compartilhar informações e coordenar respostas, tanto em esferas aparentemente distintas como entre aliados democráticos. Só que um monitoramento eficaz requer gestos suaves. Há dois perigos: primeiro, de que o Ocidente não reaja adequadamente às ameaças políticas; segundo, de que reaja em demasia. Exigências de relatórios que se mostrem onerosas demais levam ao descumprimento e sobrecarregam os agentes do Estado com papelada supérflua. O desafio é criar sistemas discretos, porém poderosos, que respeitem a privacidade.

Redes ágeis de investigadores estatais são vitais. Mas os governos ocidentais também precisam se envolver com o setor privado. Grupos como a Bellingcat e o Consórcio Internacional de Jornalistas Investigativos têm mostrado o quanto se pode extrair de informações de fontes abertas e de vazamentos. O *crowdsourcing* e o aprendizado de máquinas poderiam melhorar a compreensão ocidental dos eventos em andamento no mundo. E as empresas de tecnologia de ponta – tanto as grandes quanto as pequenas – precisam fazer parte dessa mistura. Tanto os governos ocidentais quanto as grandes empresas de tecnologia compartilham o objetivo de preservar e aprofundar a democracia liberal. No entanto, ambos raramente cooperaram nesse sentido. Deixando de lado as discordâncias, eles precisam criar parcerias que utilizem o poder de fogo técnico do Vale do Silício contra os ditadores.

O segundo princípio é *acolher a modernização – mesmo em nossos adversários*. O desenvolvimento econômico e social continua sendo a melhor esperança para transformar as autocracias primeiro em regimes menos violentos e, finalmente, em democracia genuína. Ao mesmo tempo, a integração global – se bem gerida – aprisiona os ditadores em uma teia de relações e incentivos externos. Portanto, embora sanções econômicas possam ser necessárias às vezes, elas devem ser bem localizadas e bem específicas, direcionadas a indivíduos e empresas. Não devem ter como objetivo impedir a modernização ou isolar países inteiros dos mercados mundiais.

---

[83] Galeotti, "Trump Was Right".

É claro, o coquetel funciona lenta e desigualmente. Nem sempre vamos gostar de como as ditaduras modernizadas se comportam. A integração da China no comércio mundial coincidiu com um aumento de sua assertividade. Isso fez com que alguns questionassem, por exemplo, se era sábio admitir a China na Organização Mundial do Comércio.[84] Mas se uma China em desenvolvimento parece ser um problema, uma China bloqueada do desenvolvimento seria um problema maior. Um ditador incapaz de satisfazer sua população com exportações e crescimento tem um incentivo mais forte para recorrer à violência, tanto no país como no exterior.

Um terceiro princípio é *colocar nossa própria casa em ordem*. As ditaduras do *spin* exploram as falhas das democracias e tentam criar novas vulnerabilidades. Portanto, uma defesa-chave é construir resiliência. Economicamente, isso significa examinar continuamente as cadeias de abastecimento e as relações comerciais, identificando monopólios emergentes e gargalos que podem ser usados como arma ou chantagem. As decisões antitruste têm de ser ágeis e atentas aos fatores políticos globais, bem como às condições de mercado. Embora isso seja caro, o Ocidente precisa construir redundância em sua infraestrutura e garantir a existência de múltiplas empresas concorrentes em setores estratégicos, mesmo que tais setores sejam monopólios naturais. Tudo isso exigirá a cooperação das empresas.

Para derrotar as ditaduras, também será necessário que o Ocidente pare de capacitar os ditadores. Sem a ajuda de exércitos de advogados, banqueiros, lobistas e outros membros da elite ocidental, os autocratas teriam mais dificuldade em explorar o Ocidente. As medidas para tornar sem efeito esses capacitadores precisam ser sofisticadas. Elas devem distinguir as negociatas corruptas, que fortalecem os ditadores, dos contatos benéficos que gradualmente os empurram rumo à democracia. Mas a infraestrutura de tráfico de influência do Ocidente pode e deve ser podada. Empresas de fachada anônimas devem ser proibidas – tanto dentro dos países, por leis, quanto internacionalmente, por uma convenção da ONU. As democracias ocidentais deveriam fortalecer

---

[84] Donnan, "US Says China WTO Membership Was a Mistake".

sua autoridade para perseguir a corrupção em todo o mundo (com legislação como a Lei sobre Práticas de Corrupção no Exterior dos Estados Unidos e a Convenção Antissuborno da OCDE) e efetivá-las de maneira mais enérgica.[85] Elas deveriam aumentar as recompensas aos denunciantes que expuserem fraudes bancárias graves e ampliar o alcance extraterritorial das leis antifraude.

Nessa mesma linha, é hora de acabar com a prática de *lobby* pago em nome de governos autoritários. Quando empresas ocidentais e antigos altos funcionários recebem dinheiro para promover os interesses dos violadores dos direitos humanos, isso mancha a reputação não só deles mesmos, mas de seus países. Precisamos deixar claro que uma ampla margem de manobra para a expressão de opiniões não convencionais e para contatos mesmo com figuras odiosas é essencial para a democracia liberal. A integração inteligente exige a troca de ideias em todos os níveis. Mas contratos para defender ditadores ou seus associados não servem a nenhum interesse legítimo. Os Estados têm embaixadas para comunicar suas posições.

A reputação do Ocidente também sofre quando suas empresas vendem tecnologia a ditadores que são então usadas para controlar cidadãos. Empresas europeias venderam equipamentos de vigilância ao Azerbaijão, Egito, Cazaquistão, Arábia Saudita, Etiópia, Síria e Líbia.[86] O setor tecnológico privado de Israel forneceu software espião aos ditadores do Bahrein, Azerbaijão, Uzbequistão, Cazaquistão, Etiópia, Sudão do Sul, Uganda, Equador e Emirados Árabes Unidos, entre outros países.[87] Naturalmente, se o Ocidente se retirar, as empresas chinesas e outras preencherão a lacuna. Mas o prejuízo para a reputação do Ocidente ao fazer tais vendas supera o benefício comercial limitado. De modo mais geral, o Ocidente precisa investigar a fundo as práticas atuais das empresas que fornecem segurança e serviços jurídicos aos ditadores do mundo e discutir o que é e o que não é apropriado.

---

[85] OCDE, *OECD Convention on Combating Bribery*; Brewster e Dryden, "Building Multilateral Anticorruption Enforcement", 221, 239; OECD Working Group on Bribery, *2018 Enforcement*.

[86] Godfrey e Youngs, "Toward a New EU Democracy Strategy".

[87] Shezaf e Jacobson, "Revealed: Israel's Cyber-Spy Industry Helps World Dictators".

As associações legais talvez queiram desencorajar seus membros a ajudar governantes abusivos a perseguir dissidentes e jornalistas por meio de processos frívolos nos tribunais ocidentais.

Mais importante de tudo, o Ocidente precisa colocar sua *política interna* em ordem, reparando as instituições governamentais e restaurando a confiança nelas. A polarização política atingiu níveis extremos em alguns países, criando oportunidades que os ditadores exploram. Alguns veem nisso um perigo para a democracia, enfraquecendo o apego que os cidadãos mantêm a ela. Isso nos parece um pouco exagerado. Os cidadãos ocidentais parecem mais desiludidos com os atuais governantes do que com a democracia em si. Na rodada 2017-2020 da Pesquisa Mundial de Valores e do Estudo de Valores Europeus, por exemplo, 93% dos entrevistados no típico país da Europa Ocidental e América do Norte disseram que ter um sistema político democrático era "muito bom" ou "bom" – uma porcentagem maior do que em qualquer uma das quatro rodadas anteriores (1995-1999, 2000-2004, 2005-2009 e 2010-2014).[88] No entanto, embora o ideal da democracia liberal permaneça robusto, a confiança de que os governos a estejam respeitando na prática é mais fraca. Quando instados a classificar como seu país estava sendo governado democraticamente em uma escala de 1 ("não democrático") a 10 ("completamente democrático"), apenas 58% dos entrevistados estadunidenses e 61% dos italianos escolheram um número na metade superior da escala.

Sob o presidente Trump, a imagem da democracia americana foi atingida não apenas em casa, mas em todo o mundo. Em 2018, o Pew Center perguntou aos entrevistados de 25 países se eles achavam que "o governo dos Estados Unidos respeita a liberdade pessoal do seu povo". Em 40% dos países – incluindo França, Alemanha e Reino Unido – uma maioria disse "não" (quando o instituto fez essa mesma pergunta em 2008, essa resposta não aconteceu em nenhum dos 23 países então incluídos). O Pew Center também às vezes pergunta aos entrevistados se eles gostam ou não das "ideias americanas a respeito

---

[88] Para uma análise online dos dados dessas duas pesquisas, ver https://www.worldvaluessurvey.org/ WVSOnline.jsp

de democracia". A participação de países onde a maioria gostava do conceito estadunidense caiu de 58% em 2002 para 35% em 2017.[89]

Tudo isso sugere não uma rejeição à democracia, mas sim o aumento das dúvidas sobre o compromisso que o Ocidente tem com ela – e, em particular, os Estados Unidos. A presidência de Trump colocou em forte evidência os pontos fracos da política dos Estados Unidos. Como se fosse um *hacker* contratado para detectar falhas em um sistema de segurança, ele expôs vazios e lacunas despercebidos sob administrações mais éticas. Essas falhas estão relacionadas a divulgação financeira, nepotismo, conflitos de interesse, pressão imprópria sobre tribunais, sobre funcionários públicos e sobre oficiais encarregados de aplicar a lei, declaração de emergência de cunho político, má alocação de fundos orçamentários, uso corrupto de perdões e poderes de guerra. Mesmo antes de Trump, as eleições americanas eram notórias pelo uso extremo do *gerrymandering*, a supressão de eleitores e o dinheiro de origens escusas.[90] Como já observado, ações iliberais na chamada "Guerra ao Terror" – as detenções por tempo indefinido na prisão de Guantánamo e os "métodos de interrogatório avançado" – enfraqueceram a autoridade moral dos Estados Unidos em todo o mundo. Outras políticas – da invasão do Iraque para remover "armas de destruição em massa" que se mostraram inexistentes até os programas secretos de vigilância em massa da ANS – permitem que ditadores do *spin* pintem os governos ocidentais como hipócritas.

E não para por aí. Recentes fracassos econômicos minaram ainda mais a fé na liderança ocidental. O notável desempenho da economia chinesa deu a alguns a impressão de que o autoritarismo acelera o crescimento. Na verdade, os economistas acreditam no contrário: se um país passa da autocracia para a democracia, algumas pesquisas recentes sugerem que sua taxa de crescimento tende a aumentar em cerca de 1 ponto percentual ao ano.[91] Em cada década dos anos 1950

---

[89] Nossos números aqui vêm das seguintes fontes: Pew Research Center, *What the World Thinks in 2002*; Wike *et al.*, *Trump's International Ratings Remain Low*; Pew Research Center, *Global Economic Gloom*; Wike *et al.*, *US Image Suffers*.

[90] Olmsted, "Watergate Led to Sweeping Reforms".

[91] Papaioannou e Sirounis, "Democratisation and Growth"; Acemoglu *et al.*, "Democracy Does Cause Growth".

aos 1990, as democracias cresceram mais rapidamente em média do que os Estados autoritários.[92] No entanto, nos anos 2000, os Estados autoritários superaram as democracias. Eles foram menos afetados pelo estouro da "bolha pontocom" em 2001-2002, pela crise financeira global em 2009 e pela crise da dívida da Zona do Euro em 2011-2012 – todas desencadeadas por falhas regulatórias ou políticas ocidentais. As ditaduras ainda produzem apenas uma fração do PIB mundial. Mas sua participação está aumentando.[93]

Reconstruir a confiança na integridade, na competência e no liberalismo dos governos democráticos é a forma mais segura de combater a propaganda autoritária. A grande virtude da democracia é sua capacidade de admitir e corrigir erros. "Se quisermos cumprir essa promessa que é nossa", disse o presidente estadunidense Harry Truman em 1948, "devemos corrigir as imperfeições remanescentes em nossa democracia".[94] Depois de Watergate, o Congresso dos Estados Unidos aprovou uma infinidade de leis para abordar as falhas que o escândalo revelou. Quando Trump deixou o cargo, muitos pediram um novo pacote de reformas comparável àquele.[95] Medidas semelhantes são necessárias em outros países ocidentais para atacar a corrupção e reavivar a fé em seus líderes.

---

[92] Veja a Tabela OS8.2. Usamos os dados da Penn World Tables 9.1 para calcular taxas médias de crescimento anual do PIB *per capita* em cada década para as democracias (Estados com Polity2 ≥ 6) e Estados autoritários (Polity2 < 6). O forte desempenho relativo das democracias naquelas décadas é impressionante, pois elas tendem a ser mais desenvolvidas economicamente do que as autocracias, e os países mais ricos geralmente crescem mais lentamente do que os países pobres.

[93] Em paridade de poder de compra, os Estados autoritários (aqueles com Polity2 < 6) produziram 18% do PIB mundial em 2000, 28% em 2007 e 33% em 2017 (Penn World Tables 9.1, usando parâmetros rgdpo).

[94] Citado em McFaul, *Advancing Democracy Abroad*, 149.

[95] Tornar o sistema estadunidense mais justo e competitivo ajudará a restaurar a reputação global dos Estados Unidos. Mas não agradará aos adeptos populistas de Trump. Concentrados nas áreas rurais e no sul, eles são os principais beneficiários das atuais desproporções, dos esforços de *gerrymandering* e da supressão de votos. O dinheiro de origens escusas que mencionamos tem financiado as campanhas da direita republicana. O fortalecimento da democracia nos EUA enfraquecerá essa base populista.

Se os ditadores do *spin* procuram enfraquecer as alianças ocidentais e as organizações internacionais, nosso quarto princípio orientador é *defender e reformar as instituições da ordem mundial liberal*. A UE e a OTAN devem evitar ser chantageadas por líderes como Orbán e Erdoğan. As regras que funcionavam quando esses órgãos eram pequenos clubes precisam ser adaptadas aos membros admitidos mais recentemente. A OTAN também deve mudar de um órgão focado quase que inteiramente em ameaças militares – embora elas permaneçam – para um que defenda seus componentes contra todo o espectro de ataques que os ditadores de hoje favoreçem. O artigo 5º do Tratado do Atlântico Norte poderia ser emendado ou interpretado para incluir a defesa coletiva contra a ciberinterferência nas eleições de qualquer país membro. Os membros poderiam definir ações específicas que todos tomariam em resposta à invasão de seções eleitorais ou a grandes ofensivas de desinformação. A UE também precisa desenvolver e aplicar controles mais rigorosos sobre corrupção e tráfico de influência.

Além disso, há as organizações multilaterais com membros globais. Os governos ocidentais devem impedir que elas sejam cooptadas ou abusadas. Por exemplo, eles devem impedir que os autocratas utilizem a Interpol para assediar seus oponentes. Na ONU, as democracias liberais do mundo devem defender a aplicação da lei dos direitos humanos. A maioria dos Estados ainda pode favorecer a proteção dos agressores. A China e a Rússia têm procurado construir tal coalizão, com algum sucesso: o ministro chinês das Relações Exteriores, Wang Yi, afirmou em 2021 que oitenta países no Conselho de Direitos Humanos da ONU haviam expressado solidariedade a Pequim sobre Xinjiang, um número espantoso, se verdadeiro.[96] Ainda assim, se elas trabalharem juntas – e solicitarem ajuda de instituições regionais como a Organização dos Estados Americanos, a União Europeia e a União Africana –, as democracias liberais genuínas poderão ser capazes de livrar os órgãos de direitos humanos de seus piores violadores.

Isso aponta para nosso quinto e último princípio: *apoiar a democracia de maneira democrática*. Há pouca evidência de que as intervenções

---

[96] Ministério das Relações Exteriores da República Popular da China, "Wang Yi".

militares para difundir a democracia funcionam – e o Ocidente, portanto, deveria evitá-las.[97] Em vez disso, deveria usar práticas democráticas para promover o governo popular em todo o mundo. Várias práticas são fundamentais: apelar para a opinião pública, forjar coalizões, identificar e desenvolver áreas nas quais há acordo e aceitar derrotas periódicas sem se retirar.

A promoção da democracia pela força não é apenas autodestrutiva. É algo que negligencia o recurso-chave que seus adeptos poderiam empregar: a opinião pública mundial. Afinal, a grande maioria das pessoas em todo o mundo já acredita na democracia. Como vimos no capítulo 1, entre 83 países pesquisados em 2017-2020, 84% dos entrevistados em média pensavam que ter um governo democrático era "muito bom" ou "bom". Não houve país cuja maioria não favorecesse a democracia. O apelo global da democracia é uma arma que o Ocidente deveria usar. Deve confrontar os ditadores com essa clara evidência de que seus cidadãos querem um governo popular.

Uma atividade-chave nas democracias é forjar coalizões. Os países livres do mundo deveriam, então, forjar uma para apoiar a liberdade. Atualmente, muitos países têm seus próprios programas de promoção da democracia, às vezes combinados com outros sobre direitos humanos, governança ou desenvolvimento econômico. Juntos, eles criam um labirinto de burocracias com atribuições sobrepostas. Por exemplo, algumas agências ainda associadas à Guerra Fria misturam o apoio ao governo livre com um histórico de interesses militares ou missões partidárias.

É hora de fundar uma aliança de democracias liberais para defender a democracia. Uma coalizão unida e internacional, que se governe por procedimentos democráticos, teria maior autoridade moral do que qualquer Estado individual.[98] Ditadores podem acusar qualquer

---

[97] McFaul, *Advancing Democracy Abroad*, 156-60.

[98] Essencialmente, essa foi a ideia por detrás do estabelecimento da Comunidade das Democracias que foi formada há vinte anos com base na Declaração de Varsóvia. Mas, com baixo financiamento, permaneceu em sua maioria simbólica. E a lista de signatários inclui Estados autoritários como Azerbaijão, Egito, Rússia e Venezuela, o que diminui sua capacidade de agir de forma crível como um promotor da democracia (https://community-democracies.org/app/uploads/2016/10/2000-Warsaw-Declaration-ENG.

programa de qualquer país em particular de ser um Cavalo de Troia que teria o intuito de promover interferência estratégica. Mas tentar uma argumentação assim contra uma coalizão global, formada por uma ampla base de democracias liberais, seria bem mais difícil.[99] Além de ter autoridade moral muito maior, uma aliança de democracias, apoiada por analistas independentes e em coordenação com organizações globais de direitos humanos, seria mais eficaz do que uma miríade de agências operando separadamente. Ela poderia coordenar esforços, reunir recursos, decidir sobre posições comuns e dividir tarefas concretas.

Reduzindo a redundância, tal coalizão poderia estabelecer programas globais a respeito de todos os elementos-chave – desde a construção de partidos, administração e monitoramento de eleições, direitos humanos e mídia independente até o Estado de direito e uma tecnologia da informação que apoie a democracia. Ela poderia elaborar normas para governar a observação eleitoral, codificá-las e estabelecer um sistema de credenciamento que exporia os monitores-zumbis. Poderia negociar uma convenção internacional sobre transparência no financiamento político, estabelecendo normas para a divulgação de fontes de contribuições de campanha. Poderia estabelecer programas de intercâmbio para jovens, policiais, juízes e outras pessoas entre Estados membros e não membros para difundir o conhecimento sobre as democracias modernas e contrariar a propaganda relativizante dos ditadores do *spin*. Ao mesmo tempo, tal fórum multilateral poderia coordenar com ONGs e jornalistas a fim de documentar fraudes eleitorais, monitorar

---

pdf). Nas últimas duas décadas, vários especialistas em política externa propuseram diferentes versões desse agrupamento de democracias (por exemplo, Daalder e Lindsay, "Democracies of the World, Unite"; Ikenberry e Slaughter, "Democracies Must Work in Concert") – uma ideia que parece ter apoio bipartidário nos Estados Unidos, embora também tenha críticos (Miller e Sokolsky, "An 'Alliance of Democracies' Sounds Good"). Ikenberry ("The Next Liberal Order", 140) propõe a formação de um "D10, uma espécie de comitê de direção das dez principais democracias do mundo". Sugerimos uma coalizão mais ampla de democracias liberais estabelecidas para reduzir a percepção de domínio dos Estados Unidos.

[99] Um ponto-chave nisso é que tal aliança deve necessariamente incluir apenas democracias liberais genuínas, e não ditaduras do *spin* que fingem ser democráticas.

os direitos humanos em todo o mundo, informar rapidamente sobre abusos e manter registros de presos políticos e torturadores.

Naturalmente, as ditaduras tentariam dividir e conquistar, virando as democracias umas contra as outras, explorando interesses particulares e filiações culturais. Para resistir a isso, uma coalizão de democracias deveria se concentrar em suas áreas onde há acordo, colocando os pontos de disputa em segundo plano. A compreensão do que é democracia e as prioridades de cada política variam de país para país. Isso poderia servir como base para a divisão de tarefas. Ainda assim, os desacordos podem ameaçar a coesão, especialmente porque uma aliança de democracias também precisaria abordar as práticas de seus membros. Portanto, os procedimentos internos têm de ser não apenas democráticos, mas criados para privilegiar os pontos de acordo e reduzir os conflitos.

Finalmente, assim como no próprio governo democrático, os membros teriam de estar prontos para tolerar derrotas periódicas. Esse tem sido um problema para os Estados Unidos ao longo dos anos. Desde o início, o apoio dos Estados Unidos à democracia global vem combinando uma fulgurante retórica com uma relutância em se comprometer. De Woodrow Wilson a George W. Bush, muitos presidentes propuseram tornar o mundo "seguro para a democracia" e espalhar uma "revolução democrática global", mas ao mesmo tempo se recusaram a aderir à Liga das Nações, hesitando por quase quarenta anos antes de ratificar a Convenção sobre o Genocídio e se recusando a se vincular ao Tribunal Penal Internacional.[100] Mais recentemente, os Estados Unidos saíram do Conselho de Direitos Humanos da ONU. Um aspecto-chave da democracia é aceitar perdas. Chegou a hora de aposentar o excepcionalismo e o unilateralismo dos Estados Unidos – pelo menos no que tange à luta pela democracia.

UMA IDEIA PODEROSA

O Ocidente hoje enfrenta um desafio complicado. Nas guerras mundiais do século XX e na Guerra Fria, os inimigos da liberdade

---

[100] Chayes, "How American Treaty Behavior Threatens National Security".

não usavam disfarces. Suas túnicas militares, seus discursos apaixonados e suas execuções públicas deixavam poucas dúvidas sobre sua verdadeira natureza. As linhas divisórias geopolíticas eram traçadas em preto e branco.

Hoje, o mapa se encontra principalmente em tons de cinza. Exceto para alguns homens-fortes, como Kim Jong-Un e Bashar al-Assad, que se fazem de claros vilões, a maioria é mais difícil de ser categorizada. Eles se misturam e corroem a sociedade internacional a partir de dentro. Os observadores ocidentais não sabem como descrever esses novos autocratas. Ou eles os igualam aos antigos – rotulando Putin como um czar, ou Chávez como outro Castro – ou eles até endossam seu teatro democrático, como alguns que aceitam a boa-fé de Orbán. Na verdade, esses líderes não são nem tiranos clássicos do século XX, nem membros desobedientes do clube ocidental. Eles são algo mais – algo que tentamos caracterizar neste livro.

Muitos hoje temem que os Estados ocidentais se tornem mais parecidos com os regimes *deles* – ou seja, que nossas democracias se afundem no *spin*. Alguns políticos oportunistas tentam exatamente isso. Eles forjam ligações com a parcela do público dos pouco sofisticados e dos infelizes por meio da televisão e das mídias sociais, enquanto cooptam ajudantes na elite. Tais políticos desestabilizaram algumas democracias frágeis da terceira onda e mesmo algumas mais estabelecidas – como a da Venezuela –, onde a classe bem-educada era pequena e corrompida. Mas não há necessidade alguma de exagerar o perigo. É mais provável que o recuo que a democracia sofre hoje termine em um Bolsonaro apelando ao *spin* do que na carnificina de um Pinochet. Embora o primeiro seja preocupante, o segundo é claramente pior. As duas primeiras "inversões de ondas" produziram Hitler e Franco, Mobutu e Idi Amin. A terceira nos deu Correa e Erdoğan.

Em sociedades mais desenvolvidas e altamente instruídas, o que impede os aspirantes a ditadores do *spin*, conforme nós argumentamos, é a resistência das redes de advogados, juízes, funcionários públicos, jornalistas, ativistas e políticos da oposição. Esses líderes até sobrevivem por um tempo, atenuando seu tom e erodindo a reputação de seu país. Mas, até agora, todos eles perderam eleições para continuar no cargo e partiram para enfrentar possíveis processos por corrupção. Esse foi o resultado para Silvio Berlusconi e Donald Trump. Mas ninguém tem certeza de que esse será sempre o caso. Se for, o crédito do sucesso deverá ir menos para as instituições em si do que para aqueles que as defendem.

Internacionalmente, as sociedades ocidentais estão agora ligadas às ditaduras do mundo por múltiplos capilares. Não existe uma maneira segura de sair do sistema global. Um objetivo melhor é tornar esse sistema mais saudável e garantir que ele funcione no interesse do Ocidente, de acordo com as regras sugeridas neste capítulo. Essa é uma corrida que pode ser ganha. Os ditadores do *spin* gostariam que seus cidadãos confiassem neles e desconfiassem do Ocidente. Eles prosperam em um mundo de cinismo e relativismo. Mas o Ocidente tem algo que eles não têm, uma ideia poderosa em torno da qual pode se unir: a ideia de democracia liberal.

Essa ideia – embora alguns hoje a vejam como maculada – é, na verdade, a arma mais forte do Ocidente. Reforçar o compromisso com ela é uma boa política tanto internamente quanto no exterior, razão pela qual os autocratas sempre se mostram tão ansiosos a se opor a ela. De fato, a preocupação de que o Ocidente possa revigorar sua democracia e dar um exemplo ainda mais forte é o que move os ditadores tanto do medo quanto do *spin* que hoje existem. Ambos levantarão obstáculos. Mas a única maneira de derrotar uma ideia é com uma ideia melhor, e eles não a têm. O fato de que os ditadores do *spin* fingem ser democratas prova que eles não têm nenhuma visão a oferecer. Eles só conseguirão nos atrasar e nos desencorajar por um tempo – se nós deixarmos.

REFERÊNCIAS

ABC News. "Putin: Russian Opposition Provoked Summer Police Violence." February 26, 2020. https://abcnews.go.com/International/wireStory/putin-russian-opposition-provoked-summer-police-violence-69224868.

Abjorensen, Norman. *Historical Dictionary of Democracy*. Lanham, MD: Rowman and Littlefield, 2019.

Abrahamian, Ervand. *Tortured Confessions: Prisons and Public Recantations in Modern Iran*. Berkeley: University of California Press, 1999.

Acemoglu, Daron. "We Are the Last Defense against Trump." *Foreign Policy*, January 18, 2017. https://foreignpolicy.com/2017/01/18/we-are-the-last-defense-against-trump-institutions/.

Acemoglu, Daron, Simon Johnson, James A. Robinson, and Pierre Yared. "Income and Democracy." *American Economic Review* 98, no. 3 (2008): 808-42.

Acemoglu, Daron, Suresh Naidu, Pascual Restrepo, and James A. Robinson. "Democracy Does Cause Growth." *Journal of Political Economy* 127, no. 1 (2019): 47-100.

Acemoglu, Daron, and James Robinson. *Economic Origins of Dictatorship and Democracy*. Cambridge: Cambridge University Press, 2006.

———. *Why Nations Fail: The Origins of Power, Prosperity, and Poverty*. New York: Crown, 2012.

Adams, L. L., and A. Rustemova. "Mass Spectacle and Styles of Governmentality." *Europe-Asia Studies* 61, no. 7 (September 2009): 1249-76.

Adena, Maja, Ruben Enikolopov, Maria Petrova, Veronica Santarosa, and Ekaterina Zhuravskaya. "Radio and the Rise of the Nazis in Prewar Germany." *Quarterly Journal of Economics* 130, no. 4 (November 2015): 1885-1939.

Agence France Presse. "G8 Summit Cost Russia 400 Million Dollars: Official." July 14, 2006. https://advance.lexis.com/api/document?collection=news&id=urn:contentItem:4KDH-3NG0-TWMD-626S-00000-00&context=1516831.

Aitken, Jonathan. *Nazarbayev and the Making of Kazakhstan*. New York: Continuum, 2009.

Al Jazeera. "The Listening Post." https://www.aljazeera.com/program/the-listening-post/.

———. "Saudi Arabia's Purge: A Quest for Media Control?" November 19, 2017. https://www.youtube.com/watch?v=mi-74WdFYa0.

Alesina, Alberto, and Nicola Fuchs-Schündeln. "Goodbye Lenin (or Not?): The Effect of Communism on People's Preferences." *American Economic Review* 97, no. 4 (2007): 1507-28.

Allison, Graham, Robert D. Blackwill, and Ali Wyne. *Lee Kuan Yew: The Grand Master's Insights on China, the United States, and the World*. Cambridge, MA: Belfer Center Studies in International Security, MIT Press, 2013.

Almoina, José. *Una Satrapía en el Caribe*. Santo Domingo: Letra Gráfica Breve, 2007.

Alonso, Paul. "The Impact of Media Spectacle on Peruvian Politics: The Case of Jaime Bayly's *El Francotirador*." *Journal of Iberian and Latin American Studies* 21, no. 3 (2015): 165-86.

Alpert, Lukas I., and Leos Rousek. "Vladimir Putin: Decision to Annex Crimea Based on Secret Polling." *Wall Street Journal*, April 10, 2014. https://www.wsj.com/articles/vladimir-putin-decision-to-annex-crimea-based-on-secret-polling-1397133677.

Alston, Philip, and Frédéric Mégret. Introduction to *The United Nations and Human Rights: A Critical Appraisal*, edited by Philip Alston and Frédéric Mégret, 1-38. New York: Oxford University Press, 2020.

American Institute of Physics. "The Opening Paragraphs of Sakharov's Reflections on Progress, Peaceful Coexistence & Intellectual Freedom." https://history.aip.org/exhibits/sakharov/reflections.html.

[Anistia Internacional] Amnesty International. "Get Involved." https://www.amnesty.org/en/get-involved/join/.

———. *Indonesia: An Amnesty International Report*. New York: Amnesty International, 1977. https://www.amnesty.org/en/wp-content/uploads/2021/06/asa210221977en.pdf.

———. *Annual Report 1988*. London: Amnesty International, 1988.

———. *Singapore J B Jeyaretnam: The Use of Defamation Suits for Political Purposes*. October 15, 1997. https://www.amnesty.org/en/wp-content/uploads/2021/06/asa360041997en.pdf.

———. *Russian Federation: What Justice for Chechnya's Disappeared?* New York: Amnesty International, 2007. https://www.amnesty.org/en/wp-content/uploads/2021/07/eur46026 2007en.pdf.

———. *Report 2012: The State of the World's Human Rights*. New York: Amnesty International, 2012.

———. *"Changing the Soup but Not the Medicine?" Abolishing Re-Education through Labour in China*. New York: Amnesty International, 2013. https://www.amnesty.at/media/1206/amnesty-international-changing-the-soup.pdf.

———. *Singapore: Free 16-Year-Old Prisoner of Conscience Amos Yee*. New York: Amnesty International, 2015. https://www.amnesty.org/en/wp-content/uploads/2021/05/ASA362014 2015ENGLISH.pdf.

———. *Report 2015/16: The State of the World's Human Rights*. New York: Amnesty International, 2016.

———. "Venezuela 2019." https://www.amnesty.org/en/countries/americas/venezuela/report-venezuela/.

Anderson, Emma. "Putin Accuses the West of 'Double Standards' on Catalonia and Kosovo." *Politico*, October 19, 2017. https://www.politico.eu/article/vladimir-putin-catalonia-accuses-eu-of-double-standards-on-catalonia-and-kosovo/.

Anderson, Jon Lee. "The Revolutionary: The President of Venezuela Has a Vision, and Washington Has a Headache." *New Yorker*, September 10, 2001. https://www.newyorker.com/magazine/2001/09/10/the-revolutionary.

———. "Postscript: Hugo Chávez, 1954-2013." *New Yorker*, March 5, 2013. https://www.newyorker.com/news/news-desk/postscript-hugo-chvez-1954-2013.

Andrew, Christopher, and Vasili Mitrokhin. *The Sword and the Shield: The Mitrokhin Archive and the Secret History of the KGB*. New York: Basic Books, 1999.

Andrews, Sally. "'Soft' Repression: The Struggle for Democracy in Singapore." *The Diplomat*, February 6, 2015. https://thediplomat.com/2015/02/soft-repression-the-struggle-for-democracy-in-singapore/.

Appiah-Nyamekye Sanny, Josephine, and Edem Selormey. "Africans Regard China's Influence as Significant and Positive, but Slipping." *Afrobarometer Dispatch*, No. 407, November 17, 2020. https://afrobarometer.org/sites/default/files/publications/Dispatches/ad407-chinas_perceived_influence_in_africa_decreases-afrobarometer_dispatch-14nov20.pdf.

Applebaum, Anne. *Gulag: A History*. New York: Doubleday, 2003.

———. *Iron Curtain: The Crushing of Eastern Europe, 1944-1956*. New York: Doubleday, 2012.

Arbatova, Nadezhda. "Italy, Russia's Voice in Europe?" Paris: IFRI, 2011. https://www.ifri.org/sites/default/files/atoms/files/ifrirussieitaliearbatovaengsept2011.pdf.

Arceneaux, Craig, and David Pion-Berlin. "Issues, Threats and Institutions: Explaining OAS Responses to Democratic Dilemmas in Latin America." *Latin American Politics and Society* 49, no. 2 (2007): 1-31.

Arefyev, V., and Z. Mieczkowski. "International Tourism in the Soviet Union in the Era of Glasnost and Perestroyka." *Journal of Travel Research* 29, no. 4 (1991): 2-6.

[Aristóteles] Aristotle. *The Politics and the Constitution of Athens*. Edited by Stephen Everson. New York: Cambridge University Press, 1996. [Edição brasileira: *Política*]

Aron, Raymond. "The Future of Secular Religions." In *The Dawn of Universal History*, edited by Yair Renier and translated by Barbara Bray, with an introduction by Tony Judt, 177-201. New York: Basic Books, 1944.

Aron, Leon. *Roads to the Temple: Truth, Memory, Ideas, and Ideals in the Making of the Russian Revolution, 1987-1991*. New Haven: Yale University Press, 2012.

Arsu, Sebnem, and Sabrina Tavernise. "Turkish Media Group Is Fined $2.5 Billion." *New York Times*, September 9, 2009. https://www.nytimes.com/2009/09/10/world/europe/10istanbul.html.

Arutunyan, Anna. *The Putin Mystique: Inside Russia's Power Cult*. Northampton: Interlink Publishing, 2014.

Ash, Timothy Garton. "Europe Must Stop This Disgrace: Victor Orbán Is Dismantling Democracy." *Guardian*, June 20, 2019. https://www.theguardian.com/commentisfree/2019/jun/20/viktor-orban-democracy-hungary-eu-funding.

Asiedu, Elizabeth, and Donald Lien. "Democracy, Foreign Direct Investment, and Natural Resources." *Journal of International Economics* 84, no. 1 (2011): 99-111.

Askarbekov, Yerlan. "What Kazakhstan Really Thought of Borat." BBC, October 28, 2016. http://www.bbc.com/culture/story/20161028-what-kazakhstan-really-thought-of-borat.

Aslund, Anders. *Russia's Interference in the US Judiciary*. Washington, DC: Atlantic Council, 2018.

Associated Press. "Belafonte: Bush 'Greatest Terrorist in the World.'" January 8, 2006. https://www.nbcnews.com/id/wbna10767465#.Xz_21MhKg2w.

———. "Kevin Spacey Visits Hugo Chávez." September 25, 2007. https://www.cbsnews.com/news/kevin-spacey-visits-hugo-chavez/.

———. "Shirtless Images of Obama Cause Stir Online." December 23, 2008. https://www.denverpost.com/2008/12/23/shirtless-images-of-obama-cause-stir-online/.

———. "Russian Crackdown on Protesters Seen as Intimidation Tactic." September 2, 2019. https://apnews.com/article/4ba50a8a75664b91aeb6caa522e112d2.

Association for Diplomatic Studies & Training. "Trouble in Chiapas: The Zapatista Revolt." May 13, 2016. https://adst.org/2016/05/trouble-chiapas-zapatista-revolt/.

Atkins, William. *The Politics of Southeast Asia's New Media*. London: Routledge, 2013.

Avalon Project. "Inaugural Address of Jimmy Carter." Yale Law School. https://avalon.law.yale.edu/20th_century/carter.asp.

Avenarius, Tomas. "'Manipulieren, aber geschickt'; Wie Demokratie 'gelenkt' wird." *Süddeutsche Zeitung*, December 2, 2003.

Babiracki, Patryk. "Imperial Heresies: Polish Students in the Soviet Union, 1948-1957." *Ab Imperio* 2007, no. 4 (2007): 199-236.

Baird, Jay W. "Goebbels, Horst Wessel, and the Myth of Resurrection and Return." *Journal of Contemporary History* 17, no. 4 (October 1982): 633-50.

Baker, Peter, and Susan Glasser. *Kremlin Rising: Vladimir Putin's Russia and the End of Revolution.* New York: Simon and Schuster, 2005.

Ball, James, and Paul Hamilos. "Ecuador's President Used Millions of Dollars of Public Funds to Censor Critical Online Videos." *Buzzfeed*, September 24, 2015. https://www.buzzfeednews.com/article/jamesball/ecuadors-president-used-millions-of-dollars-of-public-funds.

Bankier, David. *Germans and the Final Solution: Public Opinion under Nazism.* New York: Oxford University Press, 1996.

Barnes, Taylor. "Brazilian Advisers Spin Elections in Venezuela and Beyond." *Public Radio International*, October 4, 2012. https://www.pri.org/stories/2012-10-04/brazilian-advisers-spin-elections-venezuela-and-beyond.

Barnett, Neil. *Tito (Life and Times).* London: Haus Publishing, 2006.

Barone, Guglielmo, Francesco D'Acunto, and Gaia Narciso. "Telecracy: Testing for Channels of Persuasion." *American Economic Journal: Economic Policy* 7, no. 2 (May 2015): 30-60.

Barr, Michael D. *Singapore: A Modern History.* London: I. B. Tauris, 2018.

Barrera, Alberto. "Interview Alberto Barrera." *PBS Frontline*, November 19, 2008. https://www.pbs.org/wgbh/pages/frontline/hugochavez/interviews/barrera.html.

Barro, Robert, and Jong-Wha Lee. "A New Data Set of Educational Attainment in the World, 1950-2010." *Journal of Development Economics* 104 (2013): 184-98.

Barry, Colin M., K. Chad Clay, and Michael E. Flynn. "Avoiding the Spotlight: Human Rights Shaming and Foreign Direct Investment." *International Studies Quarterly* 57, no. 3 (September 2013): 532-44.

Barry, Ellen. "Russian Lawmakers Aim at Foreign Cars, Films and Schooling in Patriotic Purge." *New York Times*, January 13, 2013. https://www.nytimes.com/2013/01/13/world/europe/russian-lawmakers-move-to-purge-foreign-influences.html.

———. "Economist Who Fled Russia Cites Peril in Politically Charged Inquiry." *New York Times*, May 31, 2013. https://www.nytimes.com/2013/06/01/world/europe/economist-sergei-guriev-doesnt-plan-return-to-russia-soon.html.

Battles, Matthew. *Library: An Unquiet History.* New York: W. W. Norton, 2004.

Batty, David. "Vladimir Putin's Chief Spokesman Admits Greek Urn Find Was Staged." *Guardian*, October 5, 2011. https://www.theguardian.com/world/2011/oct/06/vladimir-putin-spokesman-urns-staged.

Bauer, Raymond Augustine, Alex Inkeles, and Clyde Kluckhohn. *How the Soviet System Works.* Cambridge, MA: Harvard University Press, 1956.

Bautista, María Angélica, Felipe González, Luis R. Martínez, Pablo Muñoz, and Mounu Prem. "Chile's Missing Students: Dictatorship, Higher Education and Social Mobility." IE-PUC Working Paper, no. 542, 2020.

Bayer, Lili. "Israeli Intelligence Firm Targeted NGOs during Hungary's Election Campaign." *Politico*, July 6, 2018. https://www.politico.eu/article/viktor-orban--israeli-intelligence-firm-targeted-ngos-during-hungarys-election-campaign-george-soros/.

BBC. "Ukraine's 'Censorship Killing'." February 14, 2001. http://news.bbc.co.uk/2/hi/europe/1169896.stm.

———. "Turkmen Drivers Face Unusual Test." August 2, 2004. http://news.bbc.co.uk/2/hi/asia-pacific/3528746.stm.

———. "Putin Deplores Collapse of USSR." April 25, 2005. http://news.bbc.co.uk/2/hi/4480745.stm.

———. "Russian TV Sees G8 Summit as Recognition of Success of Putin Presidency." *BBC Monitoring of the Former Soviet Union*, July 17, 2006.

———. "Hugo Chávez: Memorable Moments." March 6, 2013. https://www.bbc.com/news/world-latin-america-20712033.

———. "Pavlovsky: Realnost otomstit Kremlyu i bez oppozitsii." December 31, 2014. https://www.bbc.com/russian/russia/2014/12/141231_pavlovsky_putin_interview.

———. "Putin Reveals Secrets of Russia's Crimea Takeover Plot." March 9, 2015. https://www.bbc.com/news/world-europe-31796226.

———. "Anger as German Ex-chancellor Schroeder Heads Up Rosneft Board." September 29, 2017. https://www.bbc.com/news/world-europe-41447603.

———. "Jamal Khashoggi: All You Need to Know about Saudi Journalist's Death." July 2, 2019. https://www.bbc.com/news/world-europe-45812399.

BBC Summary of World Broadcasts. "Thailand's Thaksin, Singapore's Lee Kuan Yew Hail Close Bilateral Relations." December 16, 2003.

Beauchamp, Zack. "It Happened There: How Democracy Died in Hungary." *Vox.com*, September 13, 2018. https://www.vox.com/policy-and-politics/2018/9/13/17823488/hungary-democracy-authoritarianism-trump.

Beggs, Alex. "Pumped-Up Presidents: The Most Athletic Presidents of All Time." *Vanity Fair*, September 12, 2012. https://www.vanityfair.com/news/2012/09/most-athletic-presidents-of-all-time.

Bell, James, Jacob Poushter, Moira Fagan, Nicholas Kent, and J. J. Moncus. *International Cooperation Welcomed across 14 Advanced Economies*. Washington, DC: Pew Research Center, September 21, 2020. https://www.pewresearch.org/global/2020/09/21/international-cooperation-welcomed-across-14-advanced-economies/pg_2020-09-21_un-multilateralism_2-01/.

Beng, Ooi Kee, "Malaysia's Reformasi Movement Lives Up To Its Name." Heinrich Böll Stiftung, June 1, 2018. https://www.boell.de/en/2018/06/01/malaysias-reformasi-movement-lives-its-name.

Bengio, Ofra. *Saddam's Word: Political Discourse in Iraq*. New York: Oxford University Press on Demand, 2002.

Benner, Katie, Mark Mazzetti, Ben Hubbard, and Mike Isaac. "Saudis' Image Makers: A Troll Army and a Twitter Insider." *New York Times*, October 20, 2018. https://www.nytimes.com/2018/10/20/us/politics/saudi-image-campaign-twitter.html.

Bennett, Philip, and Moisés Naím. "21st-Century Censorship." *Columbia Journalism Review* 53, no. 1 (2015). https://archives.cjr.org/cover_story/21st_century_censorship.php.

Bennhold, Alison, and Michael Schwirtz. "Navalny, Awake and Alert, Plans to Return to Russia, German Official Says." *New York Times*, September 14, 2020. https://www.nytimes.com/2020/09/14/world/europe/navalny-novichok.html.

Bentin, Sebastián Calderón. "The Politics of Illusion: The Collapse of the Fujimori Regime in Peru." *Theatre Survey* 59, no. 1 (January 2018): 84-107.

Berg, Jerome S. *Broadcasting on the Short Waves, 1945 to Today*. Jefferson, NC: McFarland, 2008.

Berger, Miriam. "Saudi Arabia Listed Feminism, Atheism, and Homosexuality as Forms of Extremism. Then They (Sort of) Took It Back." *Washington Post*, November 12, 2019. https:// www.washingtonpost.com/world/2019/11/12/feminism-homosexuality-atheism-are-forms-extremism-according-saudi-arabia/.

Berwick, Angus. "Back to the Streets: Venezuelan Protests against Maduro Draw New Crowd." Reuters, January 24, 2019. https://www.reuters.com/article/us-venezuela-politics-protesters/back-to-the-streets-venezuelan-protests-against-maduro-draw-new-crowd-idUSKCN1PI391.

Besley, Timothy, and Andrea Prat. "Handcuffs for the Grabbing Hand? Media Capture and Government Accountability." *American Economic Review* 96, no. 3 (2006): 720-36.

Bevis, Teresa. *International Students in American Colleges and Universities: A History*. New York: Springer, 2007.

Biblioteka Pervogo Prezidenta Respubliki Kazahkstana. "Mir o Nursultane Nazarbayeve [The World on Nursultan Nazarbayev]." https://presidentlibrary.kz/ru/world-about-elbasy.

Birnbaum, Michael. "New Blogger Law Puts New Restrictions on Internet Freedoms." *Washington Post*, July 31, 2014. https://www.washingtonpost.com/world/russian-blogger-law-puts-new-restrictions-on-internet-freedoms/2014/07/31/42a-05924-a931-459f-acd2-6d08598c375b_story.html.

Blair, Graeme, Alexander Coppock, and Margaret Moor. "When to Worry about Sensitivity Bias: A Social Reference Theory and Evidence from 30 Years of List Experiments." *American Political Science Review* 114, no. 4 (2020): 1297-1315.

Blanchard, Ben, and Tom Miles. "China Tries to Spin Positive Message to Counter Criticism of Xinjiang Policies." October 1, 2018. https://www.reuters.com/article/us-china-xinjiang/china-mounts-publicity-campaign-to-counter-criticism-on-xinjiang-idUSKCN1MC0I6.

Blanke, Richard. *Orphans of Versailles: The Germans in Western Poland, 1918-1939.* Lexington: University Press of Kentucky, 2014.

Blankstein, George. *Péron's Argentina.* Chicago: University of Chicago Press, 1953.

Blanton, Shannon Lindsey, and Robert G. Blanton. "What Attracts Foreign Investors? An Examination of Human Rights and Foreign Direct Investment." *Journal of Politics* 69, no. 1 (2007): 143-55.

Blaydes, Lisa. *Elections and Distributive Politics in Mubarak's Egypt.* New York: Cambridge University Press, 2010.

Blumenthal, Sidney. *The Permanent Campaign.* New York: Touchstone Books, 1982.

Boas, Taylor C. "Television and Neopopulism in Latin America: Media Effects in Brazil and Peru." *Latin American Research Review* 40, no. 2 (2005): 27-49.

Bodó, Béla. "Paramilitary Violence in Hungary after the First World War." *East European Quarterly* 38, no. 2 (Summer 2004): 129-72.

Boesche, Roger. *Theories of Tyranny from Plato to Arendt.* University Park: Penn State University Press, 1995.

Bogardus, Kevin. "Venezuela Head Polishes Image with Oil Dollars." Center for Public Integrity, September 22, 2004. https://publicintegrity.org/environment/venezuela-head-polishes-image-with-oil-dollars/.

Boix, Carles. *Democratic Capitalism at the Crossroads: Technological Change and the Future of Politics.* Princeton: Princeton University Press, 2019.

Boix, Carles, and Milan Svolik. "The Foundations of Limited Authoritarian Government: Institutions, Commitment, and Power-Sharing in Dictatorships." *Journal of Politics* 75, no. 2 (2013): 300-316.

Bolat, Aigerim. "Distinguished Fellow Lee Kuan Yew Awarded by President of the Republic of Kazakhstan." National University of Singapore. https://lkyspp.nus.edu.sg/news/distinguished-fellow-lee-kuan-yew-awarded-highest-honour-by--president-nursultan-a-nazarbayev-of-the-republic-of-kazakhstan/.

Boletskaya, Kseniya. "Google nachal udalyat iz poiska zapreshchennie v Rossii sayty." *Vedomosti*, February 6, 2019. https://www.vedomosti.ru/technology/articles/2019/02/06/793499-google.

Bolotnaya Square Case. "Anastasia Rybachenko." https://bolotnoedelo.info/en/activists/3814/anastasia-rybachenko.

Bolt, Jutta, Robert Inklaar, Herman de Jong, and Jan Luiten van Zanden. *Rebasing "Maddison": The Shape of Long-Run Economic Development.* Working Paper 10, Maddison Project, 2018.

Bondarenko, Lyubov. "Stolichnie Gayd-Parky Umerli, ne Uspev Roditsya." *Moskovsky Komsomolets*, June 23, 2016. https://www.mk.ru/moscow/2016/06/23/stolichnye-gaydparki-umerli-ne-uspev-roditsya.html.

Bonsaver, Guido. *Censorship and Literature in Fascist Italy*. Toronto: University of Toronto Press, 2007.

Bowen, Sally, and Jane Holligan. *The Imperfect Spy: The Many Worlds of Vladimiro Montesinos*. Lima: Peisa, 2003.

Boyer, Dominic. "Censorship as a Vocation: The Institutions, Practices, and Cultural Logic of Media Control in the German Democratic Republic." *Comparative Studies in Society and History* 45, no. 3 (July 2003): 511-45.

Bradshaw, Samantha, and Philip N. Howard. "The Global Organization of Social Media Disinformation Campaigns." *Journal of International Affairs* 71, no. 1.5 (2018): 23-32.

Bratton, Michael, and Eldred Masunungure. "Zimbabwe's Long Agony." *Journal of Democracy* 19, no. 4 (October 2008): 41-55.

Brewster, Rachel, and Christine Dryden. "Building Multilateral Anticorruption Enforcement: Analogies between International Trade & Anti-Bribery Law." *Virginia Journal of International Law* 57, no. 2 (Spring 2017): 221-62.

Brewster, Thomas. "Manhole Covers That Spy? Saudi Surveillance Cities Are Being Built with American and British Tech." *Forbes*, December 4, 2018. https://www.forbes.com/sites/thomasbrewster/2018/12/04/manhole-covers-that-spy-meet-the-westerners-helping-saudis-build-surveillance-cities/?sh=590f1cd5eb13.

Brice, Arthur. "Venezuela Opens New Probe against TV Station." CNN, June 16, 2009. https://www.cnn.com/2009/WORLD/americas/06/16/venezuela.broadcaster/index.html.

Browder, Bill. *Red Notice: A True Story of High Finance, Murder, and One Man's Fight for Justice*. New York: Simon and Schuster, 2015.

Brownlee, Jason. *Authoritarianism in an Age of Democratization*. New York: Cambridge University Press, 2007.

Bueno de Mesquita, Bruce, Alastair Smith, Randolph M. Siverson, and James D. Morrow. *The Logic of Political Survival*. Cambridge, MA: MIT Press, 2003.

Bunce, Valerie J., and Sharon L. Wolchik. *Defeating Authoritarian Leaders in Postcommunist Countries*. New York: Cambridge University Press, 2011.

Burnett, Maria. "Uganda: Museveni's 10,000 Days in Power." *Human Rights Watch*, June 18, 2013. https://www.hrw.org/news/2013/06/18/uganda-musevenis-10000-days-power.

Byman, Daniel, Peter Chalk, Bruce Hoffman, William Rosenau, and David Brannan. *Trends in Outside Support for Insurgent Movements*. Santa Monica, CA: Rand Corporation, 2001.

Calderón, Fernando Herrera, and Adela Cedillo, eds. *Challenging Authoritarianism in Mexico: Revolutionary Struggles and the Dirty War, 1964-1982*. New York: Routledge, 2012.

Calic, Marie-Janine. *Tito: Der ewige Partisan*. Munich: C. H. Beck, 2020.

Campbell, Duncan. "Chávez Makes a Monkey of Bush." *Guardian*, February 3, 2007. www.guardian.co.uk/world/2007/feb/03/venezuela.usa.

Cantoni, Davide, Yuyu Chen, David Y. Yang, Noam Yuchtman, and Y. Jane Zhang. "Curriculum and Ideology." *Journal of Political Economy* 125, no. 2 (2017): 338-92.

Cao, Xun, Brian Greenhill, and Aseem Prakash. "Where Is the Tipping Point? Bilateral Trade and the Diffusion of Human Rights." *British Journal of Political Science* 43, no. 1 (2013): 133-56.

Carrión, Julio F. "Public Opinion, Market Reforms, and Democracy in Fujimori's Peru." In *The Fujimori Legacy: The Rise of Electoral Authoritarianism in Peru*, edited by Julio F. Carrión, 126-49. University Park: Penn State University Press, 2006.

Carroll, Rory. "Government by TV: Chávez Sets 8-Hour Record." *Guardian*, September 25, 2007. https://www.theguardian.com/media/2007/sep/25/venezuela.television.

———. "Chávez Furious as OAS Rights Watchdog Accuses Him of Endangering Democracy." *Guardian*, February 25, 2010. https://www.theguardian.com/world/2010/feb/25/oas-report-chavez-human-rights.

———. *Comandante: Hugo Chávez's Venezuela*. New York: Penguin, 2013.

Carter, Erin, and Brett Carter. "Propaganda in Autocracies." Unpublished book manuscript, University of Southern California.

Carvalho, A. A. de, and A. M. Cardoso. "Press Censorship in Spain & Portugal." *Index on Censorship* 1, no. 2 (1972): 53-64.

Carver, Richard. *Where Silence Rules: The Suppression of Dissent in Malawi*. New York: Human Rights Watch, 1990.

Casa, Kate. "Sacramento Protesters Shut Down Mexican Consulate." United Press International, January 10, 1994. https://www.upi.com/Archives/1994/01/10/Sacramento-protesters-shut-down-Mexican-Consulate/2937758178000/.

Cash, Nathaniel C. "Peru Chief Orders New Mass Arrests." *New York Times*, April 8, 1992. https://www.nytimes.com/1992/04/08/world/peru-chief-orders-new-mass-arrests.html?pagewanted=all&src=pm.

Cassiday, Julie A., and Emily D. Johnson. "Putin, Putiniana and the Question of a Post-Soviet Cult of Personality." *Slavonic and East European Review* 88, no. 4 (October 2010): 681-707.

Castle, Stephen. "Berlusconi Causes New EU Rift with Chechnya Remarks." *Independent*, November 8, 2003. https://www.independent.co.uk/news/world/europe/berlusconi-causes-new-eu-rift-with-chechnya-remarks-77283.html.

Castro, Jonathan. "Venta de Línea Editorial de Canal 4TV en Tiempos de Crousillat-Montesinos." *La Républica*, May 2, 2011. https://larepublica.pe/politica/537828-venta-de-linea-editorial-de-canal-4tv-en-tiempos-de-crousillat-montesinos/.

Cazorla-Sánchez, Antonio. *Franco: The Biography of the Myth*. New York: Routledge, 2013.

Central Asia Report. "Oppositionists Claim Government behind Rape Charge against Journalist." *Central Asia Report* 2, no. 42 (November 7, 2002). https://www.rferl.org/a/1342278.html.

Central Intelligence Agency (CIA). "Political Murders in Cuba—Batista Era Compared with Castro Regime." January 21, 1963. https://www.cia.gov/readingroom/docs/CIA-RDP79 T00429A000300030015-8.pdf.

———. "Zaire: President Mobutu's Visit." July 28, 1983. Central Intelligence Agency Directorate of Intelligence. https://www.cia.gov/readingroom/docs/CIA-RDP85T00287R000402030001-4.pdf.

———. "Yugoslavia: PLO Ties and Terrorism." March 3, 1986. https://www.cia.gov/readingroom/docs/CIA-RDP86T01017R000403500001-8.pdf.

Chacon, Guillermo Amaro, and John Carey. "Counting Political Prisoners in Venezuela." *Latin America Goes Global*, March 23, 2017. https://theglobalamericans.org/2017/03/political-imprisonment-venezuela/.

Chamberlain, Lesley. *Lenin's Private War: The Voyage of the Philosophy Steamer and the Exile of the Intelligentsia*. New York: Macmillan, 2007.

Champion, Marc. "Call the Prime Minister a Turkey, Get Sued." *Wall Street Journal*, June 7, 2011. https://www.wsj.com/articles/SB10001424052702304563104576357411896226774.

Chandler, Robert. Introduction to *Life and Fate*, by Vasily Grossman. New York: NYRB Classics, 2012.

Chayes, Antonia. "How American Treaty Behavior Threatens National Security." *International Security* 33, no. 1 (2008): 45-81. http://www.jstor.org/stable/40207101.

Cheeseman, Nic, and Jonathan Fisher. *Authoritarian Africa: Repression, Resistance, and the Power of Ideas*. New York: Oxford University Press, 2019.

Cheeseman, Nic, and Brian Klaas. *How to Rig an Election*. New Haven: Yale University Press, 2018. Chen, Jidong, and Yiqing Xu. "Information Manipulation and Reform in Authoritarian Regimes." *Political Science Research and Methods* 5, no. 1 (2017): 163-78.

Cheremukhin, Anton, Mikhail Golosov, Sergei Guriev, and Aleh Tsyvinski. "The Industrialization and Economic Development of Russia through the Lens of a Neoclassical Growth Model." *Review of Economic Studies* 84, no. 2 (2017): 613-49.

Chilton, Adam, and Eric Posner. "Why Countries Sign Bilateral Labor Agreements." *Journal of Legal Studies* 47, no. S1 (2018): 45-88.

Chilton, Adam, Eric Posner, and Bartek Woda. "Bilateral Labor Agreements Dataset." Cambridge, MA: Harvard Dataverse, V1, 2017. https://dataverse.harvard.edu/dataset.xhtml?persistentId=doi:10.7910/DVN/14YF9K.

Chin, Josh, and Clément Bürge. "Twelve Days in Xinjiang: How China's Surveillance State Overwhelms Daily Life." *Wall Street Journal*, December 19, 2017. https://www.wsj.com/articles/twelve-days-in-xinjiang-how-chinas-surveillance-state-overwhelms-daily-life-1513700355.

ChinaFile. "Rule by Fear." February 18, 2016. https://www.chinafile.com/conversation/rule-fear.

China Investment Corporation. "International Advisory Council." http://www.china-inv.cn/chinainven/Governance/InternationalAdvisoryCouncil.shtml.

China Statistics Press. "China Statistical Yearbook 2019." 2019. http://www.stats.gov.cn/tjsj/ndsj/2019/indexeh.htm.

Chiozza, Giacomo, and Hein E. Goemans. "International Conflict and the Tenure of Leaders: Is War Still Ex Post Inefficient?" *American Journal of Political Science* 48, no. 3 (2004): 604-19.

Chwe, Michael Suk-Young. *Rational Ritual: Culture, Coordination, and Common Knowledge*. Princeton: Princeton University Press, 2013.

Cialdini, Robert B. *Influence: Science and Practice*. New York: Harper Collins, 1993.

CIS-EMO.net. "Aleksei Kochetkov." http://www.cis-emo.net/ru/sotrudniky/aleksey-kochetkov.

———. "Monitoring Missions' Participants." https://www.cis-emo.net/en/category/monitoring-missions-participants.

Clinton, William J. "Statement on the Death of Former President Julius Nyerere of Tanzania." American Presidency Project, October 14, 1999. https://www.presidency.ucsb.edu/documents/statement-the-death-former-president-julius-nyerere-tanzania.

Cmiel, Kenneth. "The Recent History of Human Rights." *American Historical Review* 109, no. 1 (2004): 117-35.

CNN. "Cuba Cracks Down on Illegal Emigration." July 26, 1999. https://www.cnn.com/WORLD/americas/9907/26/cuba.smugglers/.

Cochrane, Lauren. "Obama Merchandising Madness: Where Will It End?" *Guardian*, March 27, 2012. https://www.theguardian.com/world/shortcuts/2012/mar/27/obama-merchandising-madness.

Cockburn, Harry. "Hollywood Star Meets Hungary Prime Minister Viktor Orbán and Gets Guided Tour of Budapest." *Independent*, November 29, 2018. https://www.independent.co.uk/news/world/europe/chuck-norris-viktor-orban-hungary--meeting-guided-tour-budapest-facebook-video-watch-a8658771.html.

Coetzee, J. M. "Emerging from Censorship." *Salmagundi* 100 (Fall 1993): 36-50.

[Comissão Islâmica de Direitos Humanos] Islamic Human Rights Commission. "IHRC's UPR Report on Saudi Arabia." May 25, 2018. https://www.ihrc.org.uk/activities/ihrc-at-un/18145-ihrcs-upr-report-on-saudi-arabia/.

Committee to Protect Journalists. "Anna Politkovskaya." https://cpj.org/data/people/anna-politkovskaya/.

———. "Attacks on the Press 2006: Venezuela." February 5, 2007. https://cpj.org/2007/02/attacks-on-the-press-2006-venezuela/.

———. "Journalists Attacked in China since 1992." https://cpj.org/asia/china/.

———. "1396 Journalists Killed." https://cpj.org/data/killed/?status=Killed&motiveConfirmed%5B%5D=Confirmed&type%5B%5D=Journalist&start_year=1992&end_year=2020&group_by=year.

Conaghan, Catherine M. *Fujimori's Peru: Deception in the Public Sphere*. Pittsburgh: University of Pittsburgh Press, 2005.

———. "Ecuador: Correa's Plebiscitary Presidency." *Journal of Democracy* 19, no. 2 (2008): 46-60.

Conaghan, Catherine, and Carlos De la Torre. "The Permanent Campaign of Rafael Correa: Making Ecuador's Plebiscitary Presidency." *International Journal of Press/Politics* 13, no. 3 (July 2008): 267-84.

Conquest, Robert. *The Great Terror: A Reassessment*. Oxford: Oxford University Press, 2008.

Constable, Pamela, and Arturo Valenzuela. *A Nation of Enemies: Chile under Pinochet*. New York: W.W. Norton, 1993.

Cooley, Alexander. "Authoritarianism Goes Global: Countering Democratic Norms." *Journal of Democracy* 26, no. 3 (2015): 49-63.

Coolidge, Frederick L., and Daniel L. Segal. "Is Kim Jong-Il Like Saddam Hussein and Adolf Hitler? A Personality Disorder Evaluation." *Behavioral Sciences of Terrorism and Political Aggression* 1, no. 3 (2009): 195-202.

Coonan, Clifford. "Democracy Not for China, Says Xi Jinping." *Irish Times*, April 2, 2014. https://www.irishtimes.com/news/world/asia-pacific/democracy-not-for-china-says-xi-jinping-1.1747853.

Cooper, Glenda. "When Lines between NGO and News Organization Blur." *Nieman Journalism Lab* 21, no. 410 (2009): 515-28.

Coppedge, Michael, John Gerring, Carl Henrik Knutsen, Staffan I. Lindberg, Jan Teorell, David Altman, Michael Bernhard, *et al.* "V-Dem Codebook V.10," Varieties of Democracy (V-Dem) Project, 2020. https://www.v-dem.net/media/filer_public/28/14/28140582-43d6-4940-948f-a2df84a31893/v-dem_codebook_v10.pdf.

Corporate Europe Observatory. *Spin Doctors to the Autocrats: How European PR Firms Whitewash Repressive Regimes*. Brussels: Corporate Europe Observatory, 2015. https:// corporateeurope.org/sites/default/files/20150120_spindoctors_mr.pdf.

Corrales, Javier. "Hugo Boss." *Foreign Policy*, February 19, 2006. https://foreignpolicy.com/2006/02/19/hugo-boss/.

———. *Electoral Irregularities: A Typology Based on Venezuela under Chavismo*. Amherst, MA: Amherst College, February 6, 2018. https://www.amherst.edu/system/files/media/Corr ales%2520Venezuelan%2520Electoral%2520Irregularities%2520Feb%25206%25202018_0.pdf.

———. "Authoritarian Survival: Why Maduro Hasn't Fallen." *Journal of Democracy* 31, no. 3 (2020): 39-53.

Corrales, Javier, and Michael Penfold. *Dragon in the Tropics: Hugo Chávez and the Political Economy of Revolution in Venezuela*. Washington, DC: Brookings Institution Press, 2011.

Cox, Gary W. "Authoritarian Elections and Leadership Succession, 1975-2004." Unpublished manuscript, University of California-San Diego, 2009.

Crabtree, Charles, Holger L. Kern, and David A. Siegel. "Cults of Personality, Preference Falsification, and the Dictator's Dilemma." *Journal of Theoretical Politics* 32, no. 3 (July 2020): 409-34.

Croke, Kevin, Guy Grossman, Horacio Larreguy, and John Marshall. "Deliberate Disengagement: How Education Can Decrease Political Participation in Electoral Authoritarian Regimes." *American Political Science Review* 110, no. 3 (2016): 579-600.

Crutsinger, Martin. "US Economy Shrank 3.5% in 2020 after Growing 4% Last Quarter." AP, January 28, 2021. https://apnews.com/article/us-economy-shrink-in-2020-b59f9be06dcf1d a924f64afde2ce094c.

Daalder, Ivo, and James Lindsay. "Democracies of the World, Unite." *Public Policy Research* 14, no. 1 (2007): 47-58.

Da Corte, María Lilibeth. "Miquilena: 'No valió la pena sacar a Chávez del camino del golpismo.'" *Opinión y Noticias*. http://www.opinionynoticias.com/entrevistas/58-politica/838-miquilena-qno-valio-la-pena-sacar-a-chavez-del-camino-del-golpismoq.

Dahlum, Sirianne, and Tore Wig. "Chaos on Campus: Universities and Mass Political Protest." *Comparative Political Studies* 54, no. 1 (2021): 3-32.

Daily Beast. "Shirtless Presidents: Barack Obama, Ronald Reagan & More." July 13, 2017. https://www.thedailybeast.com/shirtless-presidents-barack-obama-ronald-reagan-and-more.

Daniel, Frank Jack. "Chávez-Funded Telesur Flourishes in Honduras Coup." Reuters, July 14, 2009. https://www.reuters.com/article/idUSN13209584.

Daniel, Patrick. "Lange Pays Tribute to PM Lee." *Straits Times*, November 7, 1988. https://eresources.nlb.gov.sg/newspapers/Digitised/Article/straitstimes19881107-1.2.6?ST=1&AT=filter&K=Lee%20Kuan%20Yew%20statesman&KA=Lee%20Kuan%20Yew%20statesman&DF=&DT=&Display=0&AO=false&NPT=&L=&CTA=&NID=straitstimes&CT=&WC=&YR=1988&QT=-lee,kuan,yew,statesman&oref=article.

Daniszewski, John, and Bob Drogin. "Legacy of Guile, Greed, and Graft." *Los Angeles Times*, May 17, 1997. https://www.latimes.com/archives/la-xpm-1997-05-17-mn-59597-story.html.s.

Davidoff, Victor. "Duma Masks Internet Crackdown by Citing 'iPhone Pedophiles'." *Moscow Times*, July 5, 2014. https://www.themoscowtimes.com/2014/07/05/duma-masks-internet-crackdown-by-citing-iphone-pedophiles-a37053.

Davidson, Basil. *Black Star: A View of the Life And Times of Kwame Nkrumah*. New York: Praeger, 1975.

Davies, Guy. "President Xi Jinping Vows Chinese Separatists Will Be 'Smashed to Pieces' as US-Themed Protests Begin in Hong Kong." ABC News, October 14, 2019. https://abcnews.go.com/International/president-xi-jinping-vows-chinese-separatists-smashed-pieces/story?id=66260007.

Davies, Joseph E. *Mission to Moscow*. New York: Simon and Schuster, 1941.

Davies, Sarah. *Popular Opinion in Stalin's Russia: Terror, Propaganda and Dissent, 1934-1941*. Cambridge: Cambridge University Press, 1997.

Davis, Rebecca. "China Bars Access to Nearly a Quarter of Foreign News Websites." *Variety*, October 24, 2019. https://variety.com/2019/digital/news/china-foreign-news-websites-censorship-1203381682/.

Dawson, Andrew, and Martin Innes. *The Internet Research Agency in Europe: 2014-2016*. Cardiff: Crime & Security Research Institute, Cardiff University, 2019. https://www.protagon.gr/wp-content/uploads/2019/05/TheInternetResearchAgencyInEurope2014-2016.pdf.

Day, Michael. "Silvio Berlusconi Caught Out Trying to Stifle Media." *Independent*, March 18, 2010. https://www.independent.co.uk/news/world/europe/silvio-berlusconi-caught-out-trying-to-stifle-media-1923147.html.

deHahn, Patrick. "More than 1 Million Muslims Are Detained in China—but How Did We Get That Number?" *Quartz*, July 4, 2019. https://qz.com/1599393/how-researchers-estimate-1-million-uyghurs-are-detained-in-xinjiang/.

De la Torre, Carlos, and Andrés Ortiz Lemos. "Populist Polarization and the Slow Death of Democracy in Ecuador." *Democratization* 23, no. 2 (2016): 221-41.

Dempsey, Judy. "Gazprom Courts Prodi as Pipeline Chief." *New York Times*, April 28, 2008. https://www.nytimes.com/2008/04/28/business/worldbusiness/28iht-gazprom.4.12404427.html.

Denyer, Simon. "In Reversal, Cambridge University Press Restores Articles after China Censorship Row." *Washington Post*, August 21, 2017. https://www.washingtonpost.com/news/worldviews/wp/2017/08/21/cambridge-university-press-faces-backlash-after-bowing-to-china-censorship-pressure/.

Derfler, Leslie. *Political Resurrection in the Twentieth Century: The Fall and Rise of Political Leaders*. New York: Springer, 2012.

Diamond, Larry, and Marc F. Plattner. *Liberation Technology: Social Media and the Struggle for Democracy*, A Journal of Democracy Book. Baltimore: Johns Hopkins University Press, 2012.

Diéguez, Diego. "Spain's Golden Silence." *Index on Censorship* 2, no. 1 (March 1973): 91-100.

Diekmann, Kai. "Hungary's Prime Minister Says Accepting Syrian Refugees 'Also Means Importing Terrorism, Criminalism, Anti-Semitism and Homophobia.'"

Business Insider, February 24, 2016. https://www.businessinsider.com/viktor-orban-interview-refugee-migrant-hungary-2016-2.

Dikötter, Frank. *The Tragedy of Liberation: A History of the Chinese Revolution, 1945-1957*. London: Bloomsbury Publishing, 2015.

———. *How to Be a Dictator: The Cult of Personality in the Twentieth Century*. London: Bloomsbury Publishing, 2019.

Dimitrov, Martin K. "What the Party Wanted to Know: Citizen Complaints as a 'Barometer of Public Opinion' in Communist Bulgaria." *East European Politics and Societies* 28, no. 2 (2014): 271-95.

———. "The Case of the Soviet Union during the Brezhnev Era." *Russian History* 41, no. 3 (2014): 329-53.

Dimitrov, Martin K., and Joseph Sassoon. "State Security, Information, and Repression: A Comparison of Communist Bulgaria and Ba'thist Iraq." *Journal of Cold War Studies* 16, no. 2 (2014): 3-31.

Di Tella, Rafael, and Ignacio Franceschelli. "Government Advertising and Media Coverage of Corruption Scandals." *American Economic Journal: Applied Economics* 3, no. 4 (October 2011): 119-51.

Dobbs, Michael. "Soviet Censorship Dead but Showing Signs of Life." *Washington Post*, August 2, 1990. https://www.washingtonpost.com/archive/politics/1990/08/02/soviet-censorship-dead-but-showing-signs-of-life/debedb49-f44f-42b0-a335-b076a-64c911d/.

Dobson, William J. *The Dictator's Learning Curve: Inside the Global Battle for Democracy*. New York: Random House, 2012.

Donnan, Shawn. "US Says China WTO Membership Was a Mistake." *Financial Times*, January 19, 2018. https://www.ft.com/content/edb346ec-fd3a-11e7-9b-32-d7d59aace167.

Doob, Leonard W. "Goebbels' Principles of Propaganda." *Public Opinion Quarterly* 14, no. 3 (Fall 1950): 419-42.

Dougherty, Jill. "How the Media Became One of Putin's Most Powerful Weapons." *Atlantic*, April 21, 2015. https://www.theatlantic.com/international/archive/2015/04/how-the-media-became-putins-most-powerful-weapon/391062/.

Dowty, Alan. *Closed Borders: The Contemporary Assault on Freedom of Movement*. New Haven: Yale University Press, 1989.

Dragu, Tiberiu, and Yonatan Lupu. "Does Technology Undermine Authoritarian Governments?" Unpublished manuscript, New York University, 2017.

———. "Digital Authoritarianism and the Future of Human Rights." Unpublished manuscript, New York University, 2020.

Dragu, Tiberiu, and Adam Przeworski. "Preventive Repression: Two Types of Moral Hazard." *American Political Science Review* 113, no. 1 (2019): 77-87.

Drysdale, John. "A Chat with Maggie: The Iron Lady Looks East." *Straits Times*, March 31, 1985. Dukalskis, Alexander. *Making the World Safe for Dictatorship*. New York: Oxford University Press, 2020.

Dunai, Marton. "Hungarian Teachers Say New School Curriculum Pushes Nationalist Ideology." Reuters, February 4, 2020. https://www.reuters.com/article/us-hungary-politics-teachers-protests/hungarian-teachers-say-new-school-curriculum-pushes-nationalist-ideology-idUSKBN1ZY28Y.

Dunn, Will. "How Chinese Censorship Became a Global Export." *New Statesman*, October 21, 2019. https://www.newstatesman.com/world/asia/2019/10/how-chinese-censorship-became-global-export.

Durante, Ruben, and Brian Knight. "Partisan Control, Media Bias, and Viewer Responses: Evidence from Berlusconi's Italy." *Journal of the European Economic Association* 10, no. 3 (2012): 451-81.

Dyomkin, Denis, and Guy Falconbridge. "Russia Medvedev Proposes Presidential Term of 6 Years." Reuters, November 5, 2008. https://www.reuters.com/article/us-russia-medvedev-president/russia-medvedev-proposes-presidential-term-of-6-years-idUSTRE4A46TB20081105.

Ebner, Michael R. *Ordinary Violence in Mussolini's Italy*. Cambridge: Cambridge University Press, 2010.

EBRD. "Agreement Establishing the European Bank for Reconstruction and Development." http://www.ebrd.com/documents/comms-and-bis/pdf-basic-documents-of-ebrd-2013-agreement.pdf.Eckel, Mike, and Carl Schreck. "FBI Silent on Lab Results in Kremlin Foe's Suspected Poisoning." Radio Free Europe Radio Liberty, October 26, 2018. https://www.rferl.org/a/fbi-silent-on-lab-results-in-kremlin-foes-suspected-poisoning/29564152.html.

Economist. "J. B. Jeyaretnam: Joshua 'Ben' Jeyaretnam, an Opposition Politician in Singapore, Died on September 30th, Aged 82." October 9, 2008. https://www.economist.com/obituary/2008/10/09/jb-jeyaretnam.

———. "The Media and the Mouth." March 3, 2012. https://www.economist.com/the-americas/2012/03/03/the-media-and-the-mouth.

———. "What Is the Streisand Effect?" April 16, 2013. https://www.economist.com/the-economist-explains/2013/04/15/what-is-the-streisand-effect.

———. "Rogue States: Cross-Border Policing Can Be Political." November 16, 2013. https:// www.economist.com/international/2013/11/16/rogue-states.

———. "Why the US and Cuba Are Cosying Up." May 29, 2015. https://www.economist.com/the-economist-explains/2015/05/29/why-the-united-states-and-cuba-are-cosying-up.

———. "The EU Is Tolerating—and Enabling—Authoritarian Kleptocracy in Hungary." April 5, 2018. https://www.economist.com/europe/2018/04/05/the-eu-is-tolerating-and-enabling-authoritarian-kleptocracy-in-hungary.

———. "The People of Kazakhstan Wonder Who Their Next President Will Be." April 11, 2019. https://www.economist.com/asia/2019/04/11/the-people-of-kazakhstan-wonder-who-their-next-president-will-be.

———. "China Is Thinking Twice about Lending to Africa." June 29, 2019. https://www.economist.com/middle-east-and-africa/2019/06/29/china-is-thinking-twice-about-lending-to-africa.

———. "Another Critic of President John Magufuli Is Silenced." August 1, 2019. https://www.economist.com/middle-east-and-africa/2019/08/01/another-critic-of--president-john-magufuli-is-silenced.

———. "How Viktor Orbán Hollowed Out Hungary's Democracy." August 20, 2019. https:// www.economist.com/briefing/2019/08/29/how-viktor-Orbán-hollowed-out-hungarys-democracy.

———. "AMLO's War against the Intelligentsia." September 24, 2020. https://www.economist.com/the-americas/2020/09/24/amlos-war-against-the-intelligentsia.

———. "No Vaccine for Cruelty: The Pandemic Has Eroded Democracy and Respect for Human Rights." October 17, 2020, 50-52. https://www.economist.com/international/2020/10/17/the-pandemic-has-eroded-democracy-and-respect-for-human-rights.

Edmond, Chris. "Information Manipulation, Coordination, and Regime Change." *Review of Economic Studies* 80 (2013): 1422-58.

Edwards, Jorge. "Books in Chile: How the Censorship of Books Has Evolved since 1973." *Index on Censorship* 13, no. 2 (April 1984): 20-22.

EFE Newswire. "Liberales califican de 'non gratos' a observadores CEELA en campaña Nicaragua." October 10, 2008. https://advance.lexis.com/api/document?-collection=news&id=urn:contentItem:4TN4-WWW0-TXNM-40SB-00000-00&-context=1516831.

———. "Ortega dice que observadores que vigilarán comicios son los más idóneos." November 9, 2008. https://advance.lexis.com/api/document?collection=news&id=urn:contentItem:4TWB-6TH0-TXNM-40GV-00000-00&context=1516831.

Egorov, Boris. "Why Soviet Children Were Prepared for War Better than Anybody Else." *Russia Beyond the Headlines*, June 26, 2019. https://www.rbth.com/history/330570-soviet-children-were-prepared-war.

Egorov, Georgy, and Konstantin Sonin. "Dictators and Their Viziers: Endogenizing the Loyalty-Competence Trade-Off." *Journal of the European Economic Association* 9, no. 5 (2011): 903-30.

———. "Elections in Nondemocracies." *Economic Journal* 131, no. 636 (2021): 1682-1716.

Elder, Miriam. "Putin's Fabled Tiger Encounter Was PR Stunt, Say Environmentalists." *Guardian*, March 15, 2012. https://www.theguardian.com/world/2012/mar/15/putin-tiger-pr-stunt.

Elliott, Michael, Zoher Abdoolcarim, and Simon Elegant. "Lee Kuan Yew Reflects." *Time*, December 5, 2005. http://content.time.com/time/subscriber/article/0,33009,1137705-1,00.html.

Ellul, Jacques. *Propaganda: The Formation of Men's Attitudes*. New York: Knopf, 1965.

Emmerson, Donald K. "Singapore and the 'Asian Values' Debate." *Journal of Democracy* 6, no. 4 (1995): 95-105.

Enikolopov, Ruben, Alexey Makarin, and Maria Petrova. "Social Media and Protest Participation: Evidence from Russia." *Econometrica* 88, no. 4 (2020): 1479-1514.

Enikolopov, Ruben, Maria Petrova, and Ekaterina Zhuravskaya. "Media and Political Persuasion: Evidence from Russia." *American Economic Review* 101, no. 7 (December 2011): 3253-85.

Epstein, Helen C. "The US Turns a Blind Eye to Uganda's Assault on Democracy." *Nation*, July 20, 2018. https://www.thenation.com/article/archive/us-turns-blind-eye-ugandas-assault-democracy/.

Erlanger, Steven. "Turkish Aggression Is NATO's Elephant in the Room." *New York Times*, August 3, 2020. https://www.nytimes.com/2020/08/03/world/europe/turkey-nato.html.

ERR. "KAPO Declassifies Savisaar Files." December 21, 2010. https://news.err.ee/98700/kapo-declassifies-savisaar-files.

Europa.eu. "Hungary." July 2, 2020. https://europa.eu/european-union/about-eu/countries/member-countries/hungary_en.

European Travel Commission. *South-East Asian Outbound Travel Market*. Brussels: ETC, 2019. https://etc-corporate.org/uploads/2019/09/SOUTH_EAST_ASIAN_OUTBOUND_TRAVEL_MARKET_REPORT_SHORT.pdf.

Fagen, Patricia Weiss. "Repression and State Security." In *Fear at the Edge: State Terror and Resistance in Latin America*, edited by Juan E. Corradi and Patricia Weiss Fagen, 39-71. Berkeley: University of California Press, 1992.

Faiola, Anthony. "Army Played 'A Key Role' in Departure of Fujimori." *Washington Post*, September 18, 2000. https://www.washingtonpost.com/archive/politics/2000/09/18/army-played-a-key-role-in-departure-of-fujimori/a19e190c-87c-1-4b64-aee8-666e9fe655e5/.

Fair Trials. "Patricia Poleo." April 5, 2018. https://www.fairtrials.org/case-study/patricia-poleo. Falasca-Zamponi, Simonetta. *Fascist Spectacle: The Aesthetics of Power in Mussolini's Italy*. Berkeley: University of California Press, 1997.

Farge, Emma. "Echoes of 'Francafrique' Haunt Central African Democracy." Reuters, November 12, 2015. https://www.reuters.com/article/us-africa-france/echoes-of-francafrique-haunt-central-african-democracy-idUSKCN0T02LD20151112.

Fariss, Christopher J., and Geoff Dancy. "Measuring the Impact of Human Rights: Conceptual and Methodological Debates." *Annual Review of Law and Social Science* 13 (2017): 273-94.

Fayet, Jean-Francois. "1919." In *The Oxford Handbook of the History of Communism*, edited by Stephen A. Smith, 109-24. New York: Oxford University Press, 2014.

FBIS Daily Report. "Saddam Speech Marks Revolution's 22nd Anniversary." Baghdad Domestic Service in Arabic. Translation by the Foreign Broadcast Information Service. FBIS-NES-90-137, July 17, 1990.

Fedorova, Inna. "Dressing Like a Dictator: Stalin's Distinctive Military Chic." *Russia Beyond*, August 20, 2014. https://www.rbth.com/arts/2014/08/19/dressing_like_a_dictator_stalins_distinctive_military_chic_39137.html.

Feldman, Stanley, and Karen Stenner. "Perceived Threat and Authoritarianism." *Political Psychology* 18, no. 4 (1997): 741-70.

Fernandez, Warren. "GE2020: PAP Returns to Power with 83 Seats, but Loses Sengkang and Aljunied GRCs in Hard-Fought Covid-19 Election." *Straits Times*, July 11, 2020. https://www.straitstimes.com/politics/ge2020-pap-returns-to-power-with-83-seats-but-loses-sengkang-and-aljunied-grcs-in-hard.

Feron, James. "Burton Elicits Tips from Tito for Film." *New York Times*, October 4, 1971. https://www.nytimes.com/1971/10/04/archives/burton-elicits-tips-from-tito-for-film.html.

Feuer, Alan. "Federal Prosecutors Investigate Weinstein's Ties to Israeli Firm." *New York Times*, September 6, 2018. https://www.nytimes.com/2018/09/06/nyregion/harvey-weinstein-israel-black-cube.html.

Filatova, Irina, and Mikhail Bushuev. "Sanctioned Putin Ally Vladimir Yakunin Granted German Visa." DW.com, August 21, 2018. https://www.dw.com/en/sanctioned-putin-ally-vladimir-yakunin-granted-german-visa/a-45162025.

Fisher, Lucy, and George Greenwood. "Tory Peers Told to Come Clean about Russia Links." *Times* (London), October 24, 2018. https://www.thetimes.co.uk/article/tory-peers-told-to-come-clean-about-russia-links-gskcs3tw9.

Florian, Victor, Mario Mikulincer, and Gilad Hirschberger. "An Existentialist View on Mortality Salience Effects: Personal Hardiness, Death-Thought Accessibility, and Cultural Worldview Defense." *British Journal of Social Psychology* 40, no. 3 (September 2001): 437-53.

Florida, Richard. *The Rise of the Creative Class Revisited*. New York: Basic Books, 2011.

Florida, Richard, Charlotta Mellander, and Karen King. *The Global Creativity Index, 2015*. Toronto: Martin Prosperity Institute, University of Toronto's Rotman School of Management, 2015. https://budstars.com/martinprosperity/Global-Creativity-Index-2015.pdf.

Florida, Richard, Charlotta Mellander, and Kevin Stolarick. *Creativity and Prosperity: The Global Creativity Index*. Toronto: Martin Prosperity Institute, University of Toronto's Rotman School of Management, 2011. https://tspace.library.utoronto.ca/bitstream/1807/80125/1/Florida%20et%20al_2011_Creativity%20and%20Prosperity.pdf.

Foer, Franklin. "The Talented Mr. Chávez." *Atlantic*, May 2006. https://www.theatlantic.com/magazine/archive/2006/05/the-talented-mr-ch-vez/304809/.

Folch-Serra, Mireya. "Propaganda in Franco's Time." *Bulletin of Spanish Studies* 89, no. 7-8 (2012): 227-40.

FOM. "'Penta' Poll No. 43." October 28-29, 2000. http://sophist.hse.ru/.

———. "Vladimir Putin: Otsenki raboty, otnoshenie." *Fom.ru*, November 20, 2020. https://fom.ru/Politika/10946.

Forbes. "Profile Lorinc Meszaros." https://www.forbes.com /profile/lorinc-meszaros/#61ffc24d4868.

Forero, Juan. "Venezuela's New Campaign." *New York Times*, September 30, 2004.

Foucault, Michel. *Discipline and Punish*. New York: Pantheon Books, 1977.

Fouquin, Michel, and Jules Hugot. "Two Centuries of Bilateral Trade and Gravity Data: 1827-2014." CEPII Working Paper, no. 2016-14, May 2016. http://www.cepii.fr/cepii/en/bdd_modele/presentation.asp?id=32.

Frajman, Eduardo. "Broadcasting Populist Leadership: Hugo Chávez and Aló Presidente." *Journal of Latin American Studies* 46, no. 3 (August 2014): 501-26.

Franco, Francisco. [Discurso de fim de ano ao povo espanhol] "End of Year Address to the Spanish People." December 31, 1955. http://www.generalisimofranco.com/Discursos/mensajes/00008.htm.

Frantz, Erica, Andrea Kendall-Taylor, and Joseph Wright. *Digital Repression in Autocracies*. VDEM Working Paper, 2020. https://www.v-dem.net/media/filer_public/18/d8/18d8fc9b-3ff3-44d6-a328-799dc0132043/digital-repression17mar.pdf.

Freedom House. *Freedom in the World 2021*. https://freedomhouse.org/country/singapore/freedom-world/2021.

French, Howard. "Anatomy of an Autocracy: Mobutu's 32-Year Reign." *New York Times*, May 17, 1997. https://partners.nytimes.com/library/world/africa/051797zaire-mobutu.html.

Friedman, Alan. "Silvio Berlusconi and Vladimir Putin: The Odd Couple." *Financial Times*, October 2, 2015. https://www.ft.com/content/2d2a9afe-6829-11e5-97d0-1456a776a4f5.

Fritzsche, Peter A. *Hitler's First Hundred Days: When Germans Embraced the Third Reich*. New York: Basic Books, 2020.

Frontline. "Interview: Teodoro Petkoff." PBS.org, February 25, 2008. https://www.pbs.org/wgbh/pages/frontline/hugochavez/interviews/petkoff.html.

Frye, Timothy. *Weak Strongman: How We Get Russia Wrong and How to Get It Right*. Princeton: Princeton University Press, 2021.

Frye, Timothy, *et al.* "Is Putin's Popularity Real?" *Post-Soviet Affairs* 33, no. 1 (2017): 1-15.

Fukuyama, Francis. *The Great Disruption: Human Nature and the Reconstitution of Social Order.* New York: The Free Press, 1999.

———. *Political Order and Political Decay: From the Industrial Revolution to the Globalization of Democracy.* New York: Macmillan, 2014.

Gabuev, Alexander. "Lee Kuan Yew and Russia: Role Model for Hire?" Carnegie Moscow Center, March 27, 2015. https://carnegie.ru/commentary/59512.

Gaidar, Yegor. *Collapse of an Empire: Lessons for Modern Russia.* Washington, DC: Brookings Institution Press, 2010.

Gaillard, Philippe. "Jeune Afrique: Censorship Sweepstakes." *Index on Censorship* 1 (1979): 55-56.

Gall, Carlotta. "Turkey Gets Shipment of Russian Missile System, Defying US." *New York Times*, July 12, 2019. https://www.nytimes.com/2019/07/12/world/europe/turkey-russia-missiles.html.

Galeotti, Mark. "Trump Was Right: NATO Is Obsolete." *Foreign Policy* 20 (2017). https://foreignpolicy.com/2017/07/20/trump-nato-hybrid-warfare-hybrid-defense-russia-putin/.

Gallego, Sonia. "Hugo Chávez Collects A-List Friendships." ABC News, October 30, 2008.https://abcnews.go.com/International/story?id=6147631&page=1.

Galor, Oded. *Unified Growth Theory.* Princeton: Princeton University Press, 2011.

Gambino, Lauren. "Roger Stone Sentenced to 40 Months in Prison despite Request for New Trial." *Guardian*, February 20, 2020. https://www.theguardian.com/us-news/2020/feb/20/roger-stone-sentence-judge-refuses-new-trial-request.

Gambrell, Jon. "Report: Iran TV Airs 355 Coerced Confessions over Decade." Associated Press, June 25, 2020. https://abcnews.go.com/International/wireStory/report-iran-tv-airs-355-coerced-confessions-decade-71442899.

Gandhi, Jennifer. *Political Institutions under Dictatorship.* New York: Cambridge University Press, 2008.

Gandhi, Jennifer, and Ellen Lust-Okar. "Elections under Authoritarianism." *Annual Review of Political Science* 12, no. 1 (2009): 403-22.

García, Jaime L. "Los Periódicos Venezolanos, sin Papel." *Elmundo.es*, December 12, 2007. https://www.elmundo.es/elmundo/2007/12/12/internacional/1197427483.html.

Gardels, Nathan. "The Sage of Singapore: Remembering Lee Kuan Yew through His Own Words." *Noema*, March 23, 2015. https://www.noemamag.com/the-sage-of-singapore-remembering-lee-kuan-yew-through-his-own-words/

Gardner, Andrew. "From Astana to Brussels, via Eurasia." *Politico*, November 24, 2014. https://www.politico.eu/article/from-astana-to-brussels-via-eurasia/.

Garmazhapova, Aleksandra. "Gde zhivut trolli: I kto ikh kormit." *Novaya Gazeta*, September 7, 2013. https://novayagazeta.ru/articles/2013/09/07/56253-gde-zhivut-trolli-i-kto-ih-kormit. Gatehouse, Gabriel. "Marine Le Pen: Who's Funding France's Far Right?" BBC News, April 3,2017. https://www.bbc.com/news/world-europe-39478066.

Gatov, Vasily. "Research the Revenge: What We're Getting Wrong about Russia Today." *Open Democracy*, August 15, 2018. https://www.opendemocracy.net/en/odr/what-we-are-getting-wrong-about-russia-today/.

Gaytan, Victoria. "Who Are the Council of Electoral Specialists of Latin America (CEELA)?" *Theglobalamericans.org*, October 17, 2017. https://theglobalamericans.org/2017/10/council-electoral-specialists-latin-america-ceela/.

Gebrekidan, Selam, Matt Apuzzo, and Benjamin Novak. "The Money Farmers: How Oligarchs and Populists Milk the E.U. for Millions." *New York Times*, November 3, 2019. https://www.nytimes.com/2019/11/03/world/europe/eu-farm-subsidy-hungary.html.

Geddes, Barbara. "Why Parties and Elections in Authoritarian Regimes?" Paper presented at the Annual Meeting of the American Political Science Association, 2005.

Geddes, Barbara, Joseph Wright, and Erica Frantz. "Autocratic Breakdown and Regime Transitions: A New Data Set." *Perspectives on Politics* 12, no. 2 (2014): 313-31.

———. *How Dictatorships Work: Power, Personalization, and Collapse*. New York: Cambridge University Press, 2018.

Geddes, Barbara, and John Zaller. "Sources of Popular Support for Authoritarian Regimes." *American Journal of Political Science* (1989): 319-47.

Gehlbach, Scott. "A Formal Model of Exit and Voice." *Rationality and Society* 18, no. 4 (2006): 395-418.

———. "Reflections on Putin and the Media." *Post-Soviet Affairs* 26, no. 1 (2010): 77-87.

Gehlbach, Scott, and Alberto Simpser. "Electoral Manipulation as Bureaucratic Control." *Ameri-can Journal of Political Science* 59, no. 1 (2015): 212-24.

Gehlbach, Scott, and Konstantin Sonin. "Government Control of the Media." *Journal of Public Economics* 118 (2014): 163-71.

Gehlbach, Scott, Konstantin Sonin, and Milan W. Svolik. "Formal Models of Nondemocratic Politics." *Annual Review of Political Science* 19 (2016): 565-84.

George, Cherian. "Consolidating Authoritarian Rule: Calibrated Coercion in Singapore." *Pacific Review* 20, no. 2 (2007): 127-45.

———. *Singapore, Incomplete: Reflections on a First World Nation's Arrested Political Development*. Singapore: Ethos Books, 2017.

———. "Journalism and Authoritarian Resilience." In *The Handbook of Journalism Studies*, edited by Karin Wahl-Jorgensen and Thomas Haznitsch, 538-54. Milton Park: Routledge, 2019.

George, Cherian, and Sonny Liew. *Red Lines: Political Cartoons and the Struggle against Censorship*. Cambridge, MA: MIT Press, 2021.

Gerden, Eugene. "Can Russia Reengage the West through Public Relations?" *PRWeek*, November 1, 2016. https://www.prweek.com/article/1414179/russia-reengage-west-public-relations.

Germino, Dante L. *The Italian Fascist Party in Power: A Study in Totalitarian Rule*. Minneapolis: University of Minnesota Press, 1959.

Getty, John Archibald. "State and Society under Stalin: Constitutions and Elections in the 1930s." *Slavic Review* 50, no. 1 (Spring 1991): 18-35.

Gilboa, Eytan. "The CNN Effect: The Search for a Communication Theory of International Relations." *Political Communication* 22, no. 1 (2005): 27-44.

Ginsburg, Tom, and Alberto Simpser. Introduction to *Constitutions in Authoritarian Regimes*, edited by Tom Ginsburg and Alberto Simpser. New York: Cambridge University Press, 2013. Glaeser, Edward L., Giacomo A. M. Ponzetto, and Andrei Shleifer. "Why Does Democracy Need Education?" *Journal of Economic Growth* 12, no. 2 (2007): 77-99.

Glasser, Susan B. "Putin's Cult of Personality: From Portraits to Toothpicks, Russian Leader Captures the Day." *Wall Street Journal (Europe)*, March 16, 2003.

Godfrey, Ken, and Richard Youngs. "Toward a New EU Democracy Strategy." *Carnegie Europe*, September 17, 2019. https://carnegieeurope.eu/2019/09/17/toward-new-eu-democracy-strategy-pub-79844.

Goebbels, Joseph. "Der Rundfunk als achte Großmacht." *Signale der neuen Zeit. 25 ausgewählte Reden von Dr. Joseph Goebbels*. Munich: Zentralverlag der NSDAP, 1938. Translated at https://research.calvin.edu/german-propaganda-archive/goeb56.htm.

Gokoluk, Selcuk. "Turkey Arrests Pro-Kurdish Party Leader." Reuters, December 18, 2007. https://www.reuters.com/article/us-turkey-kurdish-arrest-idUSL1873279620071218.

Golden, Arthur. "Maoist Rebels Now Are Worst Offenders, Peru Rights Group Says." *San Diego Union-Tribune*, October 19, 1991.

Golden, Tim. "Old Scores; Left Behind, Mexico's Indians Fight the Future." *New York Times*, January 9, 1994. https://www.nytimes.com/1994/01/09/weekinreview/old-scores-left-behind-mexico-s-indians-fight-the-future.html?searchResultPosition=10.

Goldman, Wendy. "Stalinist Terror and Democracy: The 1937 Union Campaign." *American Historical Review* 110, no. 5 (December 2005): 1427-53.

Golovchenko, Yevgeniy, Cody Buntain, Gregory Eady, Megan A. Brown, and Joshua A. Tucker. "Cross-Platform State Propaganda: Russian Trolls on Twitter and YouTube during the 2016 US Presidential Election." *International Journal of Press/Politics* 25, no. 3 (2020): 357-89.

Gorbachev, Mikhail. *Memoirs*. New York: Doubleday, 1996.

Gordon, Michael. "NATO Backs Defense Plan for Turkey." *New York Times*, December 4, 2012. https://www.nytimes.com/2012/12/05/world/middleeast/nato-backs-defensive-missiles-for-turkey.html?_r=0.

Gorriti, Gustavo. "Living Dangerously: Issues of Peruvian Press Freedom." *Journal of International Affairs* 47, no. 1 (Summer 1993): 223-41.

Gorsuch, Anne E. *All This Is Your World: Soviet Tourism at Home and Abroad after Stalin.* New York: Oxford University Press, 2011.

Goscilo, Helena. "Russia's Ultimate Celebrity." In *Putin as Celebrity and Cultural Icon*, edited by Helena Goscilo, 6-36. New York: Routledge, 2013.

Gould-Davies, Nigel. "Putin and the Belarusian Question." *Moscow Times*, September 2, 2020. https://www.themoscowtimes.com/2020/09/02/russia-and-the-belarusian-question-a71318.

Gowing, Nik. "Real-Time Television Coverage of Armed Conflicts and Diplomatic Crises: Does It Pressure or Distort Foreign Policy Decisions?" Joan Shorenstein Barone Center on the Press, Politics and Public Policy, John F. Kennedy School of Government, Harvard University, 1994.

Granma. "Canciller venezolano auguro ingreso a Consejo de Seguridad." June 22, 2006. http:// www.granma.cu/granmad/2006/06/22/interna/artic08.html.

Grassegger, Hannes. "The Unbelievable Story of the Plot against George Soros." *Buzzfeed*, January 20, 2019. https://www.buzzfeednews.com/article /hnsgrassegger/george-soros-conspiracy-finkelstein-birnbaum-orban-netanyahu.

[A Grande Enciclopédia Soviética] *The Great Soviet Encyclopedia*. 3rd ed. Edited by A. M. Prokhorov. New York: Macmillan, 1970. Green, Chris. "Jack Straw Criticised for Accepting Part-time Job Paid for by Kazakhstan." *Independent*, February 19, 2015. https://www.independent.co.uk/news/world/politics/jack-straw-criticised--accepting-part-time-job-paid-kazakhstan-10057426.html.

Green, W. John. *A History of Political Murder in Latin America: Killing the Messengers of Change.* Albany: State University of New York Press, 2015.

Greenberg, Jeff, Tom Pyszczynski, and Sheldon Solomon. "Terror Management Theory of Self-esteem and Cultural Worldviews: Empirical Assessments and Conceptual Refinements." *Advances in Experimental Social Psychology* 29 (1997): 61-141.

Greene, Samuel A., and Graeme B. Robertson. *Putin v. the People: The Perilous Politics of a Divided Russia.* New Haven: Yale University Press, 2019.

Greenwood, George, Emanuele Midolo, Sean O'Neill, and Lucy Fisher. "Conservative Party Ministers Bankrolled by Donors Linked to Russia." *Times* (London), July 23, 2020. https://www.thetimes.co.uk/edition/news/conservative-party-ministers-bankrolled-by-donors-linked-to-russia=2-h5mjhwpx?wgu-270525_54264_16063301342446_843a63bd6c&wgexpiry=1614106134&utm_source=planit&utm_medium=affiliate&utm_content=22278.

Guardian. "The Personality Cult of Turkmenbashi." December 21, 2006. https:// www.theguardian.com/world/2006/dec/21/1.

———. "Recep Tayyip Erdoğan Dismisses Turkey Protesters as Vandals." June 9, 2013. https:// www.theguardian.com/world/2013/jun/09/recep-tayyip-erdogan-turkey-protesters-looters-vandals.

———. "Saudi Blogger Receives First 50 Lashes of Sentence for 'Insulting Islam.'" January 10, 2015. https://www.theguardian.com/world/2015/jan/09/saudi-blogger-first-lashes-raif-badawi.

Guerra, Lillian. *Visions of Power in Cuba: Revolution, Redemption, and Resistance, 1959-1971*. Chapel Hill: University of North Carolina Press, 2012.

Guillermoprieto, Alma. "Letter from Managua." *New Yorker*, March 26, 1990, 83-93.

Gunther, R., J. R. Montero, and J. I. Wert. "The Media and Politics in Spain." In *Democracy and the Media: A Comparative Perspective*, edited by R. Gunther and A. Mughan, 28-84. Cambridge: Cambridge University Press, 2000.

Guriev, Sergei, Nikita Melnikov, and Ekaterina Zhuravskaya. "3G Internet and Confidence in Government." June 30, 2019. https://ssrn.com/abstract=3456747 or http://dx.doi.org/10.2139/ssrn.3456747.

Guriev, Sergei, and Elias Papaioannou. "The Political Economy of Populism." *Journal of Economic Literature*. Forthcoming.

Guriev, Sergei, and Daniel Treisman. "Informational Autocrats." *Journal of Economic Perspectives* 33, no. 4 (2019): 100-127.

———. "The Popularity of Authoritarian Leaders: A Cross-national Investigation." *World Politics* 72, no. 4 (October 2020): 601-38.

———. "A Theory of Informational Autocracy." *Journal of Public Economics* 186 (2020): 104-58.

Gurri, Martin. *The Revolt of the Public and the Crisis of Authority in the New Millennium*. 2nd ed. San Francisco: Stripe Press, 2018.

Gusman, Mikhail. "Alexander Lukashenka: My Elections Were Falsified." *Izvestia*, August 26, 2009. https://iz.ru/news/352332.

Gwertzman, Bernard. "Beria Is Ignored in Soviet Volume." *New York Times*, January 31, 1971. https://www.nytimes.com/1971/01/31/archives/beria-is-ignored-in-soviet-volume-latest-encyclopedia-tome-drops.html.

Haaretz. "Report: Israeli Company Sold Surveillance Equipment to Iran." December 22, 2011. https://www.haaretz.com/1.5222231.

———. "Israel's Black Cube Campaigned against Liberal NGOs before Hungary's Election, Politico Says." July 7, 2018. https://www.haaretz.com/israel-news/report-israeli-firm-helped-discredit-ngos-ahead-of-hungarian-election-1.6246634.

Hafner-Burton, Emilie M., Susan D. Hyde, and Ryan S. Jablonski. "When Do Governments Resort to Election Violence?" *British Journal of Political Science* 44, no. 1 (2014): 149-79.

Hajizade, Ali. "ANALYSIS: Unveiling Iranian Pro-government Trolls and Cyber-Warriors." *Al-Arabiya*, January 17, 2018. https://english.alarabiya.net/en/perspective/features/2018/01/17/ANALYSIS-Unveiling-Iranian-pro-government-trolls-and-cyber-warriors.

Hakim, Danny. "Once Celebrated in Russia, Programmer Pavel Durov Chooses Exile." *New York Times*, December 2, 2014. https://www.nytimes.com/2014/12/03/technology/once-celebrated-in-russia-programmer-pavel-durov-chooses-exile.html.

Halper, Stefan. *The Beijing Consensus: Legitimizing Authoritarianism in Our Time*. New York: Basic Books, 2012.

Halperin, Morton H., and Kristen Lomasney. "Guaranteeing Democracy: A Review of the Record." *Journal of Democracy* 9, no. 2 (1998): 134-47.

Hamburger Fremdenblatt. No. 78, March 20, 1934 (evening edition). Quoted in Fritz Morstein Marx, "Propaganda and Dictatorship." *ANNALS of the American Academy of Political and Social Science* 179, no. 1 (1935): 211-18.

Hancock, Jan. *Human Rights and US Foreign Policy*. New York: Routledge, 2007.

Handley, Antoinette. "Ghana: Democratic Transition, Presidential Power, and the World Bank." In *Transitions to Democracy: A Comparative Perspective*, edited by Kathryn Stoner and Michael McFaul, 221-43. Baltimore: Johns Hopkins University Press, 2013.

Harding, Luke. "Vladimir Putin Hugs Polar Bear on Arctic Trip." *Guardian*, April 29, 2010. https://www.theguardian.com/world/2010/apr/29/vladimir-putin-polar-bear-arctic.

———. *Mafia State: How One Reporter Became an Enemy of the Brutal New Russia*. New York: Random House, 2011.

Harms, Philipp, and Heinrich W. Ursprung. "Do Civil and Political Repression Really Boost Foreign Direct Investments?" *Economic inquiry* 40, no. 4 (2002): 651-63.

Harnecker, Marta. "Hugo Chávez Frías: Un hombre, un pueblo." August 15, 2002. http://www.angelfire.com/nb/17m/Chavez/hombrepueblo.html#cap02.

Hauser, Christine. "From Putin's Hands: A Russian Passport for Steven Seagal." *New York Times*, November 25, 2016. https://www.nytimes.com/2016/11/25/world/europe/steven-seagal-russian-passport-putin.html.

Hegarty, Aoife, and Hans Fridlund. "Taking Stock - the Universal Periodic Review's Achievements and Opportunities." *Open Democracy*, August 11, 2016. https://www.opendemocracy.net/en/openglobalrights-openpage/taking-stock-universal-periodic--reviews-achievements-an/.

Heilbrunn, John R. "Equatorial Guinea and Togo: What Price Repression?" In *Worst of the Worst: Dealing with Repressive and Rogue Nations*, edited by Robert I. Rotberg, 223-49. Washington, DC: Brookings Institution Press, 2007.

Heller, Mikhail, and Aleksandr Nekrich. *Utopia in Power: The History of the Soviet Union from 1917 to the Present*. Manila: Summit Books, 1988.

Hellmeier, Sebastian, and Nils B. Weidmann. "Pulling the Strings? The Strategic Use of Pro-Government Mobilization in Authoritarian Regimes." *Comparative Political Studies* 53, no. 1 (2020): 71-108.

Henck, Nick. *Subcommander Marcos: The Man and the Mask*. Durham: Duke University Press, 2007.

Herczeg, Márk. "A köztévének egy német viccoldal álhírével sikerült bemutatnia, hogy Németország iszlamizálódik." *444*, May 20, 2018. https://444.hu/2018/05/20/a-koztevenek-egy-nemet-viccoldal-alhirevel-sikerult-bemutatnia-hogy-nemetorszag-iszlamizalodik.

Hermet, Guy. "State-Controlled Elections: A Framework." In *Elections without Choice*, edited by Guy Hermet, 1-18. London: Palgrave Macmillan, 1978.

Hess, Steve, and Richard Aidoo. "Democratic Backsliding in Sub-Saharan Africa and the Role of China's Development Assistance." *Commonwealth & Comparative Politics* 57, no. 4 (2019): 421-44.

Hille, Kathrin. "Russian Tax Law Aims to Coax Businesses Back Home." *Financial Times*, November 18, 2014. https://www.ft.com/content/1906b1d2-6f43-11e4-b-50f-00144feabdc0.

Hirschman, Albert O. *Exit, Voice, and Loyalty: Responses to Decline in Firms, Organizations, and States*. Cambridge, MA: Harvard University Press, 1970.

Hobsbawm, Eric. *The Age of Extremes: A History of the World, 1914-1991*. New York: Vintage, 1994. Hodges, Gabrielle Ashford. *Franco: A Concise Biography*. New York: Macmillan, 2002.

Hodos, George H. *Show Trials: Stalinist Purges in Eastern Europe, 1948-1954*. New York: Praeger, 1987.

Hollander, Paul. *From Benito Mussolini to Hugo Chávez*. Cambridge: Cambridge University Press, 2016.

Hollyer, James R., B. Peter Rosendorff, and James Raymond Vreeland. *Transparency, Democracy, and Autocracy: Economic Transparency and Political (In)Stability*. New York: Cambridge University Press, 2018.

Holpuch, Amanda. "Stolen Daughters: What Happened after #BringBackOurGirls?" *Guardian*, October 22, 2018. https://www.theguardian.com/tv-and-radio/2018/oct/22/bring-back-our-girls-documentary-stolen-daughters-kidnapped-boko-haram.

Holquist, Peter. "State Violence as Technique: The Logic of Violence in Soviet Totalitarianism." In *Stalinism: The Essential Readings*, edited by David L. Hoffman, 129-56. Malden, MA: Blackwell, 2003.

Hong Kong Watch. [Banco de Dados de Prisioneiros Políticos] *Political Prisoners Database*. September 10, 2020. https://www.hongkong watch.org/political-prisoners-database.

Hopkins, Valerie. "Orban Seeks Sweeping Changes to Hungary's Electoral Law." *Financial Times*, November 11, 2020. https://www.ft.com/content/7d8aa8d8-d07e-42f7-8fcc-e723b8c979e9.

———. "Hungary's Fidesz Finalizes EPP Divorce." *Financial Times*, March 18, 2021. https://www.ft.com/content/a10a928c-c9e8-4429-adfe-fd216d85df0e.

Horn, Sebastian, Carmen M. Reinhart, and Christoph Trebesch. "How Much Money Does the World Owe China." *Harvard Business Review* 26 (2020). https://hbr.org/2020/02/how-much-money-does-the-world-owe-china.

Hornsby, Robert. "The Enemy Within? The Komsomol and Foreign Youth inside the Post-Stalin Soviet Union, 1957-1985." *Past & Present* 232, no. 1 (2016): 237-78.

Huang, Haifeng. "Propaganda as Signaling." *Comparative Politics* 47, no. 4 (July 2015): 419-44.

———. "The Pathology of Hard Propaganda." *Journal of Politics* 80, no. 3 (2018): 1034-38. Huang, Zheping. "Your Five-Minute Summary of Xi Jinping's Three-Hour Communist Party Congress Speech." *Quartz*, October 18, 2017. https://qz.com/1105337/chinas-19th-party-congress-your-five-minute-summary-of-xi-jinpings-three-hour-speech/.

Hubbard, Ben. "MBS: The Rise of a Saudi Prince." *New York Times*, March 21, 2020. https://www.nytimes.com/2020/03/21/world/middleeast/mohammed-bin-salman-saudi-arabia.html.

———. *MBS: The Rise to Power of Mohammed bin Salman*. New York: Tim Duggan Books, 2020. Human Rights Watch. "Singapore: End Efforts to Silence Opposition." October 17, 2008.https://www.hrw.org/news/2008/10/17/singapore-end-efforts-silence-opposition.

———. "Venezuela: End Harassment of TV Station." October 19, 2011. https://www.hrw.org/news/2011/10/19/venezuela-end-harassment-tv-station.

———. *Tightening the Grip: Concentration and Abuse of Power in Chávez's Venezuela*. July 17, 2012. https://www.hrw.org/report/2012/07/17/tightening-grip/concentration-and-abuse-power-chavezs-venezuela.

———. "World Report 2014: Iran." January 2014. https://www.hrw.org/world-report/2014/country-chapters/iran#.

———. "Egypt: Rab'a Killings Likely Crimes against Humanity." August 12, 2014. https://www.hrw.org/news/2014/08/12/egypt-raba-killings-likely-crimes-against-humanity.

———. *"Kill the Chicken to Scare the Monkeys": Suppression of Free Expression and Assembly in Singapore*. December 12, 2017. https://www.hrw.org/report/2017/12/12/kill-chicken-scare-monkeys/suppression-free-expression-and-assembly-singapore.

———. "Egypt: Al-Sisi Should End Rights Abuses." April 10, 2018. https://www.hrw.org/news/2018/04/10/egypt-al-sisi-should-end-rights-abuses.

———. "Saudi Arabia: Mass Execution of 37 Men." April 24, 2019. https://www.hrw.org/news/2019/04/24/saudi-arabia-mass-execution-37-men.

Humans Right Whatch. *Tanzania: Climate of Fear*. October 28, 2019. https://www.hrw.org/news/2019/10/28/tanzania-climate-fear-censorship-repression-mounts#.

Hungary Today. "Hungary Prepared to Host 'Just About Any' Sporting Event, Says Govt." August 7, 2019. https://hungarytoday.hu/hungary-prepared-host-any-sporting-event-govt/.

Hunt, Katie, and Cy Xu. "China 'Employs 2 Million to Police Internet.'" *CNN.com*, October 7, 2013. https://www.cnn.com/2013/10/07/world/asia/china-internet-monitors/index.html.

Huntington, Samuel P. *The Third Wave: Democratization in the Late Twentieth Century*. Norman: University of Oklahoma Press, 1993.

Hutchcroft, Paul. "Reflections on a Reverse Image: South Korea under Park Chung Hee and the Philippines under Ferdinand Marcos." In *The Park Chung Hee Era*, edited by Byung-Kook Kim and Ezra F. Vogel, 543-72. Cambridge, MA: Harvard University Press, 2011.

Hvg.hu. "Német vicclap álhíréről „tudósítva" számolt be a köztévé, micsoda állapotok uralkod-naknyugaton." May 21, 2018. https://hvg.hu/kultura/20180521_Nemet_vicclap_alhirerol_tudositva_szamolt_be_a_kozteve_micsoda_allapotok_uralkodnak_nyugaton.

Hyde, Susan D. *The Pseudo-Democrat's Dilemma: Why Election Observation Became an International Norm*. Ithaca, NY: Cornell University Press, 2011.

Hyde, Susan D., and Nikolay Marinov. "Which Elections Can Be Lost?" *Political Analysis* 20, no. 2 (2012): 191-210. http://www.jstor.org/stable/23260172.

Hyden, Goran, and Colin Leys. "Elections and Politics in Single-Party Systems: The Case of Kenya and Tanzania." *British Journal of Political Science* 2, no. 4 (October 1972): 389-420.

Ibrahim, Zuraidah, and Lydia Lim. "Lee Kuan Yew: This Is Who I Am." *Straits Times*, September 14, 2003. https://www.straitstimes.com/singapore/lee-kuan-yew-this-is-who-i-am.

Ibrahim, Zuraidah, and Andrea Ong. "Remembering Lee Kuan Yew: A Life Devoted Entirely to Singapore." *Straits Times*, March 24, 2015. https://www.straitstimes.com/singapore/remembering-lee-kuan-yew-a-life-devoted-entirely-to-singapore.

Ikenberry, John, and Anne-Marie Slaughter. "Democracies Must Work in Concert." *Financial Times*, July 10, 2008.

Ikenberry, G. John. "The Next Liberal Order." *Foreign Affairs* 99, no. 4 (July/August 2020): 133-42.

Ilko, Sergey. "Na vybori v Ukraine opredelen smotryashchy ot Kremlya?" *Unian.net*, February 23, 2012. https://www.unian.net/politics/612744-na-vyiboryi-v-ukraine-opredelen-smotryaschiy-ot-kremlya.html.

IMDB. "Running Wild with Bear Grylls: President Barack Obama." December 17, 2015. https:// www.imdb.com/title/tt5006362/.

Inglehart, Ronald, and Christian Welzel. *Modernization, Cultural Change, and Democracy: The Human Development Sequence*. New York: Cambridge University Press, 2005.

Inter-American Commission on Human Rights. *Annual Report 2019*. 2019. http://www.oas.org/en/iachr/docs/annual/2019/docs/IA2019cap4BVE-en.pdf.

International Commission of Jurists. *Pakistan: Human Rights after Martial Law, Report of a Mission*. Geneva: International Commission of Jurists, April 1, 1987. https://www.icj.org/pakistan-human-rights-after-martial-law-report-of-a-mission/.

Interpol. *About Notices*. https://www.interpol.int/en/How-we-work/Notices/About-Notices.

Inter Press Service. "Peru: U.S./Canadian Press Group Protests Killings." *IPS-Inter Press Service*, December 5, 1991.

Ipsos. *Human Rights in 2018: A Global Advisor Survey*. https://www.ipsos.com/sites/default/files/ct/news/documents/2018-07/human-rights-in-2018-ipsos-global-advisor.pdf.

Iqbal, Sajid, Zoheb Hossain, and Shubh Mathur. "Reconciliation and Truth in Kashmir: A Case Study." *Race & Class* 56, no. 2 (October 2014): 51-65.

Iriye, Akira, and Petra Goedde. "Introduction: Human Rights as History." In *The Human Rights Revolution: An International History*, edited by Akira Iriye, Petra Goedde, and William I. Hitchcock, 3-24. Oxford: Oxford University Press, 2012.

Isakhan, Benjamin. "Read All about It: The Free Press, the Public Sphere and Democracy in Iraq." *Bulletin of the Royal Institute for Inter-Faith Studies* 8, no. 1-2 (2006): 119-53.

Jakhar, Pratik. "Confucius Institutes: The Growth of China's Controversial Cultural Branch." BBC.com, September 7, 2019. https://www.bbc.com/news/world-asia-china-49511231.

James, Ian. "Absent but Omnipresent, Chávez a Powerful Symbol." *Seattle Times*, January 25, 2013. https://www.seattletimes.com/nation-world/absent-but-omnipresent-chavez-a-powerful-symbol/.

Jensen, Nathan. "Political Risk, Democratic Institutions, and Foreign Direct Investment." *Journal of Politics* 70, no. 4 (2008): 1040-52.

Jessen, Ralph, and Hedwig Richter. "Non-Competitive Elections in Twentieth Century Dictatorships: Some Questions and General Considerations." In *Voting for Hitler and Stalin: Elections under 20th Century Dictatorships*, edited by Ralph Jessen and Hedwig Richter, 9-36. Frankfurt: Campus Verlag, 2011.

Ji, Fengyuan. *Linguistic Engineering: Language and Politics in Mao's China*. Honolulu: University of Hawaii Press, 2004.

Jiang, Steven. "Trial by Media? Confessions Go Prime Time in China." CNN, January 26, 2016. https://www.cnn.com/2016/01/26/asia/china-television-confessions/index.html.

Jiménez, Raúl, and Manuel Hidalgo. "Forensic Analysis of Venezuelan Elections during the Chávez Presidency." *PloS one* 9, no. 6 (2014). doi.org/10.1371/journal.pone.0100884.

Johns, Amelia, and Nikki Cheong. "Feeling the Chill: Bersih 2.0, State Censorship, and 'Networked Affect' on Malaysian Social Media 2012-2018." *Social Media + Society*. April 2019. doi:10.1177/2056305118821801.

Johnson, David T., and Franklin E. Zimring. *The Next Frontier: National Development, Political Change, and the Death Penalty in Asia*. New York: Oxford University Press, 2009.

Johnson, Ian. "Who Killed More: Hitler, Stalin, or Mao?" *NYR Daily*, February 5, 2018. https:// www.nybooks.com/daily/2018/02/05/who-killed-more-hitler-stalin-or-mao/.

Jones, Derek. *Censorship: A World Encyclopedia*. New York: Routledge, 2001.

Jones, Graham. "Live Aid 1985: A Day of Magic." CNN, July 6, 2005. http://edition.cnn.com/2005/SHOWBIZ/Music/07/01/liveaid.memories/index.html.

Jones, Matthew. "Creating Malaysia: Singapore Security, the Borneo Territories, and the Contours of British Policy, 1961-63." *Journal of Imperial and Commonwealth History* 28, no. 2 (2000): 85-109.

Judt, Tony. *Postwar: A History of Europe since 1945*. London: Penguin Group, 2005.

Kalathil, Shanthi, and Taylor C. Boas. *The Internet and State Control in Authoritarian Regimes: China, Cuba, and the Counterrevolution*. Washington, DC: Carnegie Endowment for International Peace, 2001.

Kalinin, Kirill. "A Study of Social Desirability Bias in the Russian Presidential Elections, 2012." Working paper, presented at the 2014 APSA Annual Meeting, 2014.

———. "Exploring Putin's Post-Crimean Supermajority." SSRN 2658829 (2015).

Kampfner, John. *Freedom for Sale: Why the World Is Trading Democracy for Security*. New York: Basic Books, 2010.

Kato, Yoshikazu. "A Conversation with Francis Fukuyama." Asia Global Institute, Hong Kong, March 25, 2019. https://www.asiaglobalinstitute.hku.hk/news-post/a-conversation-with-francis-fukuyama.

Katsakioris, Constantin. "Creating a Socialist Intelligentsia." *Cahiers d'études africaines* 226 (2017): 259-88. doi.org/10.4000/etudesafricaines.20664.

Kay, Vee. "Kazakhstan President Lauds Lee Kuan Yew's Contribution in New Book." *Inside Recent*, February 5, 2018. https://www.insiderecent.com/kazakhstan-president-lauds-lee-kuan-yews-contribution-new-book-241.html.

Kazinform. "V ramkakh III Astaninskogo ekonomicheskogo foruma Glava gosudarstva Nursultan Nazarbayev provel ryad dvustoronnikh vstrech." July 1, 2010. https://www.inform.kz/ru/v-ramkah-iii-astaninskogo-ekonomicheskogo-foruma-glava-gosudarstva-nursultan-nazarbaev-provel-ryad-dvustoronnih-vstrech_a2283043.

Kazinform. "Kazakh Capital to Host 12th Astana Economic Forum on May 16-17, 2019." April 19, 2019. https://www.inform.kz/en/kazakh-capital-to-host-12th-astana-economic-forum-on-may-16-17-2019_a3518948.

Keck, Margaret E., and Kathryn Sikkink. *Activists beyond Borders: Advocacy Networks in International Politics*. Ithaca: Cornell University Press, 2014.

Kellam, Marisa, and Elizabeth Stein. "Trump's War on the News Media Is Serious; Just Look at Latin America." *Washington Post*, February 16, 2017. https://www.washingtonpost.com/news/monkey-cage/wp/2017/02/16/trumps-war-on-the-news-media-is-serious-just-look-at-latin-america/.

Kendall-Taylor, Andrea, and Erica Frantz. "Mimicking Democracy to Prolong Autocracies." *Washington Quarterly* 37, no. 4 (2015): 71-84.

Kendall-Taylor, Andrea, Erica Frantz, and Joseph Wright. "The Digital Dictators: How Technology Strengthens Autocracy." *Foreign Affairs* 99, no. 2 (March/April 2020): 103-15.

Kenyon, Paul. *Dictatorland: The Men Who Stole Africa*. London: Head of Zeus Ltd., 2018.

Kerr, Sarah. "Fujimori's Plot: An Interview with Gustavo Gorriti." *New York Review of Books*, June 25, 1992. https://www.nybooks.com/articles/1992/06/25/fujimoris-plot-an-interview-with-gustavo-gorriti/.

Kershaw, Ian. "War and Political Violence in Twentieth-Century Europe." *Contemporary European History* (2005): 107-23.

———. *To Hell and Back: Europe 1914-1949*. New York: Penguin, 2015.

Khashoggi, Jamal. "Saudi Arabia's Crown Prince Already Controlled the Nation's Media. Now He's Squeezing It Even Further." *Washington Post*, February 7, 2018. https://www.washingtonpost.com/news/global-opinions/wp/2018/02/07/saudi-arabias-crown-prince-already-controlled-the-nations-media-now-hes-squeezing-it-even-further/.

Khrushchev, Nikita. *Memoirs of Nikita Khrushchev*. Vol. 3, *Statesman, 1953-1964*. University Park: Pennsylvania State University Press, 2004.

Kim, Dong Choon. "Forgotten War, Forgotten Massacres - the Korean War (1950-1953) as Licensed Mass Killings." *Journal of Genocide Research* 6, no. 4 (2004): 523-44.

Kim, Hun Joon. "Why Do States Adopt Truth Commissions after Transition?" *Social Science Quarterly* 100, no. 5 (2019): 1485-1502.

Kim, Jinyoung. "Economic Analysis of Foreign Education and Students Abroad." *Journal of Development Economics* 56, no. 2 (1998): 337-65.

King, Gary, Jennifer Pan, and Margaret E. Roberts. "How Censorship in China Allows Government Criticism but Silences Collective Expression." *American Political Science Review* 107, no. 2 (2013): 326-43.

———. "How the Chinese Government Fabricates Social Media Posts for Strategic Distraction, Not Engaged Argument." *American Political Science Review* 111, no. 3 (2017): 484-501. doi:10.1017/S0003055417000144.

Kington, Tom. "Silvio Berlusconi Faces Inquiry over Bid to Block 'Hostile' TV Show." *Guardian*, March 15, 2010. https://www.theguardian.com/world/2010/mar/16/silvio-berlusconi-magistrates-phone-tap.

Kirilenko, Anastasia, and Daisy Sindelar. "Sleeping Tiger, Hidden Agenda?" Radio Free Europe Radio Liberty, March 15, 2012. https://www.rferl.org/a/putin_tiger_scam/24516781.html.

Klasa, Adrienne, Valerie Hopkins, Guy Chazan, Henry Foy, and Miles Johnson. "Russia's Long Arm Reaches to the Right in Europe." *Financial Times*, May 22, 2019. https://www.ft.com/content/48c4bfa6-7ca2-11e9-81d2-f785092ab560.

Klemperer, Victor. *I Shall Bear Witness: The Diaries of Victor Klemperer, 1933-41*. London: Weidenfeld & Nicolson, 1998.

———. *Language of the Third Reich: LTI: Lingua Tertii Imperii*. London: A&C Black, 2006.

Klishin, Ilya. "How Putin Is Bankrupting the Russian Opposition." *Moscow Times*, October 30, 2019. https://www.themoscowtimes.com/2019/10/30/how-putin-is-bankrupting-the-russian-opposition-a67971.

Knight, Brian, and Ana Tribin. *Opposition Media, State Censorship, and Political Accountability: Evidence from Chávez's Venezuela*. NBER Working Paper No. w25916. National Bureau of Economic Research, 2019.

Koestler, Arthur. *Darkness at Noon*. New York: Macmillan, 1940.

———. *The Invisible Writing*. New York: Random House, 2011.

Kommersant. "Vladimir Putin zayavil o neobkhodimosti zashchity ot 'destruktivnykh sil' v internete." January 30, 2018. https://www.kommersant.ru/doc/3534406.

Konan, Venance. "In Ivory Coast, Democrat to Dictator." *New York Times*, April 7, 2011. https:// www.nytimes.com/2011/04/08/opinion/08konan.html.

Koon, Tracy. *Believe, Obey, Fight: Political Socialization of Youth in Fascist Italy, 1922-1943*. Chapel Hill: University of North Carolina Press, 1985.

Kopel, David. "Argentina's Free Press Is in Grave Danger: Book Review of 'Tiempos turbulentos.'" *Washington Post*, February 9, 2015. https://www.washingtonpost.com/news/volokh-conspiracy/wp/2015/02/09/argentinas-free-press-is-in-grave-danger-book-review-of-tiempos-turbulentos/.

Kott, Jan. "Controlling the Writing on the Wall." *New York Review of Books*, August 17, 1978.

Kozlov, Petr. "V Kremle izuchayut amerikanskie tekhnologii v kontekste vyborov v Dumu v2016 godu." *Vedomosti*, March 10, 2015. https://www.vedomosti.ru/newspaper/articles/2015/03/10/elektoralnoe-importozameschenie.

Kozlov, Vladimir. "Belarus Emerges as Europe's Leading High Tech Hub." BNE Intellinews, February 18, 2020. https://intellinews.com/belarus-emerges-as-europe-s-leading-high-tech-hub-175911/.

Kramer, Andrew E. "Italians Win Yukos Units, but Gazprom Is to Benefit." *New York Times*, April 5, 2007. https://www.nytimes.com/2007/04/05/business/worldbusiness/05yukos.html.

Krastev, Ivan. "New Threats to Freedom: Democracy's 'Doubles.'" *Journal of Democracy* 17, no. 2 (2006): 52-62.

———. *Eksperimentalnaya rodina: Razgovor s Glebom Pavlovskym*. Moscow: Evropa, 2018.

Krastev, Nikola. "In the Heart of New York, Russia's 'Soft Power' Arm Gaining Momentum." Radio Free Europe Radio Liberty, February 15, 2009. https://www.rferl.org/a/In_The_Heart_Of_New_York_Russias_Soft_Power_Arm_Gaining_Momentum/1493429.html.

Krauss, Clifford. "U.S. Cuts Aid to Zaire, Setting Off a Policy Debate." November 4, 1990. https://www.nytimes.com/1990/11/04/world/us-cuts-aid-to-zaire-setting-off-a-policy-debate.html.

Krauze, Enrique. "The Shah of Venezuela." *New Republic* 240, no. 5 (March 31, 2009): 29-38. https://newrepublic.com/article/61787/the-shah-venezuela.

Kravtsova, Yekaterina. "Former 'Provocateur' Blames Police for Bolotnaya Clashes." *Moscow Times*, March 21, 2013. https://www.themoscowtimes.com/2013/03/21/former-provocateur-blames-police-for-bolotnaya-clashes-a22584.

Kricheli, Ruth, Yair Livne, and Beatriz Magaloni. "Taking to the Streets: Theory and Evidence on Protests under Authoritarianism." Unpublished paper, Stanford University, 2011.

Kucera, Joshua. "No One Rigs an Election Quite like Kazakhstan." *Atlantic*, April 5, 2011. https:// www.theatlantic.com/international/archive/2011/04/no-one-rigs--an-election-quite-like-kazakhstan/236817/.

Kudaibergenova, Diana T. "Compartmentalized Ideology: Presidential Addresses and Legitimation in Kazakhstan." In *Theorizing Central Asian Politics: The State, Ideology and Power*, edited by Rico Isaacs and Alessandro Frigerio, 145-66. London: Palgrave Macmillan, 2019.

Kung, James Kai-Sing, and Shuo Chen. "The Tragedy of the Nomenklatura: Career Incentives and Political Radicalism during China's Great Leap Famine." *American Political Science Review* 105, no. 1 (2011): 27-45.

Kuran, Timur. "Now out of Never: The Element of Surprise in the East European Revolution of 1989." *World Politics* (1991): 7-48.

Kurlantzick, Joshua. "Why the 'China Model' Isn't Going Away." *Atlantic*, March 21, 2013. https://www.theatlantic.com/china/archive/2013/03/why-the-china-model-isnt-going-away/274237/.

L. L. "Stalinism in the Post-Stalin Regime: 'The Ministry of Truth' without 'Big Brother.'" *World Today* 10, no. 7 (July 1954): 300-309.

Lamb, David. *The Africans*. New York: Random House, 1987.

———. "Burmese Leader Ne Win." *Washington Post*, December 6, 2002. https://www.washingtonpost.com/archive/local/2002/12/06/burmese-leader-ne-win/e7be-1659-d203-44cc-bf54-d05a18048ccc/.

Landau, David. "Abusive Constitutionalism." *UC Davis Law Review* 47 (2013): 189-260.

Landau, Mark J., Sheldon Solomon, Jeff Greenberg, Florette Cohen, Tom Pyszczynski, Jamie Arndt, Claude H. Miller, Daniel M. Ogilvie, and Alison Cook. "Deliver Us from Evil: The Effects of Mortality Salience and Reminders of 9/11 on Support for President George W. Bush." *Personality and Social Psychology Bulletin* 30, no. 9 (September 2004): 1136-50.

Lane, Charles. "The 'Self-Coup' That Rocked Peru." *Newsweek*, April 19, 1992. https://www.newsweek.com/self-coup-rocked-peru-197280.

Langer, Máximo, and Mackenzie Eason. "The Quiet Expansion of Universal Jurisdiction." *European Journal of International Law* 30, no. 3 (August 2019): 779-817. https://doi.org/10.1093/ejil/chz050.

Latinobarómetro. *Informe Latinobarómetro 2011*. http://www.infoamerica.org/primera/lb_2011.pdf.

Lauría, Carlos. "Confrontation, Repression in Correa's Ecuador." *CPJ.org*, September 1, 2011. https://cpj.org/reports/2011/09/confrontation-repression-correa-ecuador.php.

Law, David S., and Mila Versteeg. "The Declining Influence of the United States Constitution." *NYU Law Review* 87 (2012): 762-858.

———. "Constitutional Variation among Strains of Authoritarianism." In *Constitutions in Authoritarian Regimes*, edited by Tom Ginsburg and Alberto Simpser, 165-95. Cambridge: Cambridge University Press, 2013.

Lebovic, James, and Erik Voeten. "The Cost of Shame: International Organizations and Foreign Aid in the Punishing of Human Rights Violators." *Journal of Peace Research* 46, no. 1 (2009): 79-97.

Lee, Kuan Yew. "Address by Mr. Lee Kuan Yew, Senior Minister of Singapore, to the Kazakhstan Supreme Soviet on 20 September 1991." September 20, 1991. https://www.nas.gov.sg/archivesonline/data/pdfdoc/lky19910920.pdf.

———. *The Singapore Story*. Singapore: Marshall Cavendish Editions, 1998.

———. *From Third World to First: The Singapore Story: 1965-2000*. Singapore: Marshall Cavendish Editions, 2000.

Lees, Lorraine M. *Keeping Tito Afloat: The United States, Yugoslavia, and the Cold War, 1945-1960*. Pittsburgh: Pennsylvania State University Press, 1997.

Leese, Daniel. *Mao Cult: Rhetoric and Ritual in China's Cultural Revolution*. Cambridge: Cambridge University Press, 2011.

Legler, Thomas, and Thomas Kwasi Tieku. "What Difference Can a Path Make? Regional Democracy Promotion Regimes in the Americas and Africa." *Democratization* 17, no. 3 (2010): 465-91.

Lehoucq, Fabrice. "Electoral Fraud: Causes, Types, and Consequences." *Annual Review of Political Science* 6 (2003): 233-56.

Lemon, Edward. "Weaponizing Interpol." *Journal of Democracy* 30, no. 2 (2019): 15-29.

Lendvai, Paul. *Orbán: Hungary's Strongman*. New York: Oxford University Press, 2018.

Lenta.ru. "Moldavia gotova osvobodit vtorogo rossiiskogo nablyudatelya." July 19, 2005. https:// lenta.ru/news/2005/07/19/deportation/.

Lerner, Samuel. *Informe Final de la Comisión de la Verdad y Reconciliación, Anexo 3: Compendio Estadístico*. Lima, Peru: Gobierno del Perú, 2013. http://www.cverdad.org.pe/ifinal/pdf/AESTADISTICO/ANEXO%20ESTAD%CDSTICO(PARA%20CD).pdf.

Levada Center. "Indikatory." https://www.levada.ru/indikatory/.

———. *Obshchestvennoe mnenie 2019*. Moscow: Levada Center, 2019.

———. "Aleksei Navalny: Otnoshenie i otravlenie." October 2, 2020. https://www.levada.ru/2020/10/02/aleksej-navalnyj-otnoshenie-i-otravlenie/.

———. "Kharakter i struktura massovoy trevozhnosti v Rossii." April 21, 2021. https://www.levada.ru/2021/04/21/harakter-i-struktura-massovoj-trevozhnosti-v-rossii/.

Levitsky, Steven, and Lucan A. Way. "International Linkage and Democratization." *Journal of Democracy* 16, no. 3 (2005): 20-34.

———. *Competitive Authoritarianism: Hybrid Regimes after the Cold War*. New York: Cambridge University Press, 2010.

Lewin, Tamar. "Gifts to Charity in US Topped $203 Billion in 2000, Study Says." *New York Times*, May 24, 2001. https://www.nytimes.com/2001/05/24/us/gifts-to-charity-in-us-topped-203-billion-in-2000-study-says.html.

Lewis, David. "Blogging Zhanaozen: Hegemonic Discourse and Authoritarian Resilience in Kazakhstan." *Central Asian Survey* 35, no. 3 (April 2016): 421-38.

Li, Quan, and Adam Resnick. "Reversal of Fortunes: Democratic Institutions and Foreign Direct Investment Inflows to Developing Countries." *International Organization* 57, no. 1 (2003): 175-211.

Liak, Teng Kiat. "Concern, Warmth... a Touch of Eloquence." *Straits Times*, October 10, 1985. https://eresources.nlb.gov.sg/newspapers/Digitised/Article/straitstimes19851010-1.2.22.8?ST=1&AT=filter&K=Lee%20Kuan%20Yew%20Reagan&KA=Lee%20Kuan%20Yew%20Reagan&DF=&DT=&Display=0&AO=-false&NPT=&L=&CTA=&NID=straitstimes&CT=&WC=&YR=1985&QT=-lee,kuan,yew,reagan&oref=article.

Liang, Chi Shad. *Burma's Foreign Relations: Neutralism in Theory and Practice*. Westport, CT: Praeger, 1990.

Light, Matthew A. "What Does It Mean to Control Migration? Soviet Mobility Policies in Comparative Perspective." *Law & Social Inquiry* 37, no. 2 (2012): 395-429.

Lillis, Joanna. *Dark Shadows: Inside the Secret World of Kazakhstan*. London: I. B. Tauris, 2019.

Lipman, Maria, Anna Kachkaeva, and Michael Poyker. "Media in Russia: Between Modernization and Monopoly." In *The New Autocracy: Information, Politics, and Policy in Putin's Russia*, edited by Daniel Treisman, 159-90. Washington, DC: Brookings Institution Press, 2018.

Lipton, Eric. "Feud in Kazakh President's Family Spills into U.S." *New York Times*, May 30, 2011. https://www.nytimes.com/2011/05/30/world/asia/30kazakhstan.html?pagewanted=all.

Little, Andrew T. "Fraud and Monitoring in Non-competitive Elections." *Political Science Research and Methods* 3, no. 1 (2015): 1-21.

———. "Propaganda and Credulity." *Games and Economic Behavior* 102 (2017): 224-32. Lockwood, Nick. "How the Soviet Union Transformed Terrorism." *Atlantic*, December 23, 2011.https://www.theatlantic.com/international/archive/2011/12/how-the-soviet-union-transformed-terrorism/250433/.

Long, Gideon. "Living in Fear: Censorship under Pinochet." Journalism Is Not a Crime, June 18, 2015. https://journalismisnotacrime.com/en/news/90/.

Long, William. "Journalism: Ruling against Editor in Peru Shows Obstacles to Free Press." *LA Times*, April 10, 1993. https://www.latimes.com/archives/la-xpm-1993-04-10-mn-21336-story.html.

Loong, Lee Hsien. "PM Lee Hsien Loong at the Debate on the Motion of Thanks to the President." September 2, 2020, Singapore Prime Minister's Office. https://www.pmo.gov.sg/Newsroom/PM-Lee-Speech-at-the-debate-on-the-motion-of--thanks-to-the-president-Sep-2020.

López Hurtado, Pablo. "Rafael Céspedes: 'Nosotros pactamos con Irene Sáez.'" *La Razón*, 2015. https://www.larazon.net/2015/12/rafael-cespedes-nosotros-pactamos-con-irene-saez/.

Lorentzen, Peter. "China's Strategic Censorship." *American Journal of Political Science* 58, no. 2 (2014): 402-14.

Loudis, Jessica. "The Art of Escaping Censorship." *New Republic*, December 13, 2017. https:// newrepublic.com/article/146241/art-escaping-censorship.

Loushnikova, Ekaterina. "Comrade Stalin's Secret Prison." *Open Democracy*, January 13, 2015. https://www.opendemocracy.net/en/odr/comrade-stalins-secret-prison/.

Lucas, Christopher, Richard A. Nielsen, Margaret E. Roberts, Brandon M. Stewart, Alex Storer, and Dustin Tingley. "Computer-Assisted Text Analysis for Comparative Politics." *Political Analysis* 23, no. 2 (2015): 254-77.

Ludwig, Arnold M. *King of the Mountain: The Nature of Political Leadership*. Lexington: University Press of Kentucky, 2002.

Luhn, Alec. "Vladimir Putin Declares All Russian Military Deaths State Secrets." *Guardian*, May 28, 2015. https://www.theguardian.com/world/2015/may/28/vladimir-putin-declares-all-russian-military-deaths-state-secrets.

Luxmoore, Matthew. "Putin Mania: Russian Personality Cult Obsessed with Powerful President." *Al Jazeera America*, January 24, 2016. http://america.aljazeera.com/articles/2016/1/24/putin-personality-cult-russians-obsessed.html.

———. "Google Censors Search Results after Russian Government Threat, Reports Say." Radio Free Europe Radio Liberty, February 7, 2019. https://www.rferl.org/a/google-censors-search-results-after-russian-government-threat-reports-say/29757686.html.

Lyons, Eugene. *Stalin, Czar of All the Russias*. Philadelphia: J. B. Lippincott, 1940.

Ma, Damien, and Neil Thomas. "In Xi We Trust: How Propaganda Might Be Working in the New Era." *Macro Polo*, September 12, 2018. https://macropolo.org/analysis/in-xi-we-trust/.

MacFarquhar, Neil, and Ivan Nechepurenko. "Aleksei Navalny, Viable Putin Rival, Is Barred from a Presidential Run." *New York Times*, February 8, 2017. https://www.nytimes.com/2017/02/08/world/europe/russia-aleksei-navalny-putin.html.

[Maquiavel] Machiavelli, Niccolò. "The Prince." In *The Prince and Other Political Writings*, edited by Bruce Penman. New York: Everyman. (Edição brasileira: *O príncipe*)

Mackey, Danielle. "All the President's Trolls." *Rest of World*, June 16, 2020. https://restofworld.org/2020/ecuador-president-twitter-trolls/.

Magaloni, Beatriz. *Voting for Autocracy: Hegemonic Party Survival and Its Demise in Mexico*. New York: Cambridge University Press, 2006.

Maksymiuk, Jan. "Belarus: Lukashenka Eyes Union with Ukraine." Radio Free Europe Radio Liberty, November 24, 2006. http://www.rferl.org/content/article/1072956.html.

Malaysiakini. "Najib, Umno Sue Mkini over Readers' Comments." June 2, 2014. https://www.malaysiakini.com/news/264611.

Malesky, Edmund, and Paul Schuler. "Nodding or Needling: Analyzing Delegate Responsiveness in an Authoritarian Parliament." *American Political Science Review* 104, no. 3 (2010): 482-502.

Malkin, Elisabeth. "50 Years after a Student Massacre, Mexico Reflects on Democracy." *New York Times*, October 1, 2018. https://www.nytimes.com/2018/10/01/world/americas/mexico-tlatelolco-massacre.html.

Man, Chung. "Who Wants to Watch CCTV's Xinwen Lianbo Program?" *Ejinsight*, August 28, 2018. https://www.ejinsight.com/eji/article/id/1929046/20180828-who--wants-to-watch-cctvs-xinwen-lianbo-program.

Mander, Benedict. "Advertisers Feel Squeeze from Chávez." *Financial Times*, March 23, 2008. https://www.ft.com/content/21562624-f916-11dc-bcf3-000077b07658.

———. "Venezuelan Private Media Fear Fresh Assault." *Financial Times*, June 19, 2009. https://www.ft.com/content/4915a606-5cea-11de-9d42-00144feabdc0.

Manning, Molly Guptill. *When Books Went to War: The Stories That Helped Us Win World War I*. Boston: Houghton Mifflin Harcourt, 2014.

Manyika, James, Susan Lund, Jacques Bughin, Jonathan Woetzel, Kalin Stamenov, and Dhruv Dhingra. "Digital Globalization: The New Era of Global Flows." San Francisco, CA: McKinsey Global Institute, 2016. https://www.mckinsey.com/business-functions/mckinsey-digital/our-insights/digital-globalization-the-new-era-of-global-flows#.

Mao, Zedong. "Remarks at the Small Group Meeting of the Central Party Work Conference." In *Database for the History of Contemporary Chinese Political Movements*, edited by Song Yongyi. Cambridge, MA: Fairbank Center for Chinese Studies, Harvard University, 1964.

Marcano, Cristina, and Alberto Barrera Tyszka. *Hugo Chávez*. New York: Random House, 2007.

Máriás, Leonárd, *et al. Centralised Media System: Soft Censorship 2018*. Mérték Media Monitor, December 2009.

Markham, James M. "Germany's Trafficking in People." *New York Times*, July 29, 1984. https://www.nytimes.com/1984/07/29/world/germanys-trafficking-in-people.html.

Markoff, John. *Waves of Democracy: Social Movements and Political Change*. New York: Routledge, 1996.

Markowicz, Karol. "Hollywood's Chávez-Cheering Stars and Venezuela's Victims." *New York Post*, June 5, 2016. https://nypost.com/2016/06/05/hollywoods-chavez-cheering-stars-venezuelas-victms/.

Márquez, Xavier. "A Model of Cults of Personality." Paper presented at American Political Science Association Annual Meeting, 2013. https://ssrn.com/abstract=2301392.

———. "Two Models of Political Leader Cults: Propaganda and Ritual." *Politics, Religion & Ideology* 19, no. 3 (2018): 265-84.

Marshall, P. David. *Celebrity and Power: Fame in Contemporary Culture*. Minneapolis: University of Minnesota Press, 2014.

Marthoz, Jean-Paul. "Venezuela's Foreign Policy: A Mirage Based on a Curse." Norwegian Peacebuilding Resource Center, November 2014. https://www.files.ethz.ch/isn/186054/5a c5220191adf69475fb57f9e303479c.pdf.

Martin, Paul. "Chávez, the Organization of American States, and Democracy in International Law." *Alberta Law Review* 46, no. 4 (2008): 933-55.

Martínez-Torres, María Elena. "Civil Society, the Internet, and the Zapatistas." *Peace Review* 13, no. 3 (2001): 347-55.

Mauzy, Diane K., and Robert Stephen Milne. *Singapore Politics under the People's Action Party*. London: Psychology Press, 2002.

Mayr, Walter. "European Politicians Shill for Kazakh Autocrat." *Spiegel Online International*, March 13, 2013. https://www.spiegel.de/international/europe/european-social-democrats-lobby-for-kazakhstan-autocrat-a-888428.html.

Maza, Cristina. "Here's Where Paul Manafort Did Business with Corrupt Dictators." *Newsweek*, August 7, 2018. https://www.newsweek.com/heres-where-paul-manafort-did-business-corrupt-dictators-1061470.

Mazower, Mark. "Violence and the State in the Twentieth Century." *American Historical Review* 107, no. 4 (2002): 1158-78.

McClintock, Cynthia. "Peru's Fujimori: A Caudillo Derails Democracy." *Current History* 92, no. 572 (1993): 112-19.

McCormick, Ty. "Is the US Military Propping Up Uganda's 'Elected' Autocrat?" *Foreign Policy*, February 18, 2016. https://foreignpolicy.com/2016/02/18/is-the-us--military-propping-up-ugandas-elected-autocrat-museveni-elections/.

McFaul, Michael. *Advancing Democracy Abroad: Why We Should and How We Can.* Lanham, MD: Rowman and Littlefield, 2009.

McMillan, John, and Pablo Zoido. "How to Subvert Democracy: Montesinos in Peru." *Journal of Economic Perspectives* 18, no. 4 (Fall 2004): 69-92.

M'Cormack-Hale, Fredline, and Mavis Zupork Dome. "Support for Elections Weakens among Africans; Many See Them as Ineffective in Holding Leaders Accountable." Afrobarometer Dispatch No. 425, February 9, 2021. https://afrobarometer.org /sites/default/files/publications/Dispatches/ad425-support_for_elections_weakens_in_africa-afrobarometer_dispatch-7feb21.pdf.

McPhail, Thomas L. *Global Communication: Theories, Stakeholders, and Trends.* Hoboken, NJ: Wiley-Blackwell, 2014.

Meduza. "What Putin Reads." July 16, 2020. https://meduza.io/en/feature/2020/07/17/what-putin-reads.

Melnikov, Nikita, "Censorship, Propaganda, and Political Popularity: Evidence from Russia." February 8, 2019. Mimeo, Princeton. https://ssrn.com/abstract=3276926 or http://dx.doi.org/10.2139/ssrn.3276926.

[Memorial, Relatório Anual] Memorial Human Rights Center. *Annual Report, 2013-14.* Moscow: Memorial Human Rights Center. https://memohrc.org/sites/all/themes/memo/templates/pdf.php?pdf=/sites/default/files/2013-2014-eng-b.pdf.

———. *Spisok lits, preznannykh politicheskimi zaklyuchennymi.* Moscow: Memorial Human Rights Center, August 16, 2021. https://memohrc.org/ru/bulletins/spisok-lic-priznannyh-politicheskimi-zaklyuchyonnymi-pravozashchitnym-centrom-memorial-5.

Mendick, Robert. "Tony Blair Gives Kazakhstan's Autocratic President Tips on How to Defend a Massacre." *Telegraph*, August 24, 2014. https://www.telegraph.co.uk/news/politics/tony-blair/11052965/Tony-Blair-gives-Kazakhstans-autocratic-president-tips-on-how-to-defend-a-massacre.html.

Meng, Anne. *Constraining Dictatorship: From Personalized Rule to Institutionalized Regimes.* New York: Cambridge University Press, 2020.

Meng, Xin, Nancy Qian, and Pierre Yared. "The Institutional Causes of Famine in China, 1959-61." *Review of Economic Studies* 82, no. 4 (2015): 1568-1611.

Menzel, Jiří. *Moja Hrvatska*. HTV. August 18, 2011.

Merl, Stephan. "Elections in the Soviet Union, 1937-1989: A View into a Paternalistic World from Below." In *Voting for Hitler and Stalin. Elections under 20th Century Dictatorships*, edited by Ralph Jessen and Hedwig Richter, 276-308. Frankfurt: Campus Verlag, 2011.

Metz, Helen Chapin. *Egypt: A Country Study*. Washington, DC: Federal Research Division of the Library of Congress, 1990.

Meusburger, Peter, and Heike Jöns. *Transformations in Hungary: Essays in Economy and Society*. Berlin: Springer Science & Business Media, 2012.

Mieczkowski, Z. "Foreign Tourism in the USSR: A Preliminary Investigation." *Geographical Survey* 3 (1974): 99-122.

Miller, Aaron D., and Richard Sokolsky. "An 'Alliance of Democracies' Sounds Good. It Won't Solve the World's Problems." *Washington Post*, August 13, 2020. https://www.washingtonpost.com/outlook/2020/08/13/biden-pompeo-trump-democracy/.

Miller, Judith. "Sudan Publicly Hangs an Old Opposition Leader." *New York Times*, January 19, 1985. https://www.nytimes.com/1985/01/19/world/sudan-publicly-hangs-an-old-opposition-leader.html.

Miller, Michael K., and Margaret E. Peters. "Restraining the Huddled Masses: Migration Policy and Autocratic Survival." *British Journal of Political Science* 50, no. 2 (2018): 1-31.

Milner, Helen V., and Bumba Mukherjee. "Democratization and Economic Globalization." *Annual Review of Political Science* 12 (2009): 163-81.

Mineev, Aleksandr. "'Krasnaya metka' dlya Interpola." *Novaya Gazeta,* December 13, 2013. https://novayagazeta.ru/articles/2013/12/13/57636-171-krasnaya-metka-187-dlya-interpola.

Miner, Luke. "The Unintended Consequences of Internet Diffusion: Evidence from Malaysia." *Journal of Public Economics* 132 (2015): 66-78.

Ministry of Foreign Affairs of the People's Republic of China, "Wang Yi: The Times of Arbitrary Interference in China's Internal Affairs by Fabricating Stories and Lies Are Long Gone." March 23, 2021. https://www.fmprc.gov.cn/mfa_eng/zxxx_662805/t1863431.shtml.

Mlechin, Leonid. *Yuri Andropov: Poslednaya nadezhda rezhima*. Moscow: Centrpoligraph, 2008.

Mokyr, Joel. "The Rise and Fall of the Factory System: Technology, Firms, and Households since the Industrial Revolution." *Carnegie-Rochester Conference Series on Public Policy* 55, no. 1(2001): 1-45.

Montesquieu, Charles de. *The Spirit of the Laws*. Translated and edited by Anne M. Cohler, Basia Carolyn Miller, and Harold Samuel Stone. New York: Cambridge University Press, (1748) 1989.

Morgenbesser, Lee. *Behind the Façade: Elections under Authoritarianism in Southeast Asia*. Albany: State University of New York Press, 2016.

———. "The Autocratic Mandate: Elections, Legitimacy and Regime Stability in Singapore." *Pacific Review* 30, no. 2 (2017): 205-31.

———. "The Menu of Autocratic Innovation." *Democratization* 27, no. 6 (2020): 1053-72.

———. *The Rise of Sophisticated Authoritarianism in Southeast Asia*. New York: Cambridge University Press, 2020.

Morozov, Evgeny. *The Net Delusion: The Dark Side of Internet Freedom*. New York: Public Affairs, 2011.

Moscow Times. "Russia Passes Dual Citizenship Law, Hoping to Add 10M Citizens." April 17, 2010. https://www.themoscowtimes.com/2020/04/17/russia-passes-dual-citizenship-law-hoping-to-add-10m-citizens-a70036.

———. "Yakunin in Estonia Deal." December 22, 2010. https://www.themoscowtimes.com/2010/12/22/yakunin-in-estonia-deal-a3961.

———. "Opposition Meeting Point Likened to Concentration Camp (Photo)." April 14, 2013. https://www.themoscowtimes.com/2013/04/14/opposition-meeting-point-likened-to-concentration-camp-photo-a23269.

———. "Kremlin 'Aiming for 70% Victory' in 2018 Presidential Election." December 26, 2016. https://www.themoscowtimes.com/2016/12/26/the-kremlin-wants-70-turnout-on-presidential-elections-in-2018-a56641.

———. "Russian Protest Fines Surge Fivefold Since 2012 - Study." July 2, 2019. https://www.themoscowtimes.com/2019/07/02/russian-protest-fines-surge-fivefold-study-a66239.

———. "Russia Freezes Bank Accounts Linked to Opposition Politician Navalny Following Raids." August 8, 2019. https://www.themoscowtimes.com/2019/08/08/russia-freezes-bank-accounts-linked-to-opposition-politician-navalny-following-raids-a66765.

Mozur, Paul. "Live from America's Capital, a TV Station Run by China's Communist Party." *New York Times*, February 28, 2019. https://www.nytimes.com/2019/02/28/business/cctv-china-usa-propaganda.html.

Mudde, Cas. "The 2014 Hungarian Parliamentary Elections, or, How to Craft a Constitutional Majority." *Washington Post*, April 14, 2014. https://www.washingtonpost.com/news/monkey-cage/wp/2014/04/14/the-2014-hungarian-parliamentary-elections-or-how-to-craft-a-constitutional-majority/.

Mukand, Sharun W., and Dani Rodrik. "The Political Economy of Liberal Democracy." *Economic Journal* 130, no. 627 (2020): 765-92.

Müller, Dominique, and Janine Häsler. "Liking or Sharing Defamatory Facebook Posts Can Be Unlawful." Lexology.com, April 7, 2020. https://www.lexology.com/library/detail.aspx?g=6e4845ad-af67-47aa-8b27-edbc721e0c0a.

Murphy, Kevin M., and Andrei Shleifer. "Persuasion in Politics." *American Economic Review* 94, no. 2 (2004): 435-39.

Mussolini, Benito. "The Political and Social Doctrine of Fascism." *International Conciliation* 306 (1935). Quoted in Fritz Morstein Marx, "Propaganda and Dictatorship." *ANNALS of the American Academy of Political and Social Science* 179, no. 1 (1935): 211-18.

Mutler, Alison. "Pro-Orbán Media Moguls Who Destroyed Hungary's Media Now Targeting European Outlets." *Coda*, June 28, 2019. https://www.codastory.com/disinformation/Orbán-media-moguls-targeting-european-outlets/.

MVD Rossii. "Sostav Obshchestvennogo soveta pri MVD Rossii sozyva 2011-2013 g." https:// xn--n1ag.xn--b1aew.xn--p1ai/Sostav_Obshhestvennogo_soveta/Sostav_2011_2013.

Mydans, Seth. "Death of Pol Pot; Pol Pot, Brutal Dictator Who Forced Cambodians to Killing Fields, Dies at 73." *New York Times*, April 17, 1998. https://www.nytimes.com/1998/04/17/world/death-pol-pot-pol-pot-brutal-dictator-who-forced-cambodians-killing-fields-dies.html.

———. "Lee Kuan Yew, Founding Father and First Premier of Singapore, Dies at 91." *New York Times*, March 23, 2015. https://www.nytimes.com/2015/03/23/world/asia/lee-kuan-yew-founding-father-and-first-premier-of-singapore-dies-at-91.html.

Myers, Steven Lee. "How China Uses Forced Confessions as Propaganda Tool." *New York Times*, April 11, 2018. https://www.nytimes.com/2018/04/11/world/asia/china-forced-confessions-propaganda.html.

Myerson, Roger B. "The Autocrat's Credibility Problem and Foundations of the Constitutional State." *American Political Science Review* 102, no. 1 (2008): 125-39.

Nardelli, Alberto. "Revealed: The Explosive Secret Recording That Shows How Russia Tried to Funnel Millions to the 'European Trump.'" *BuzzFeed News*, July 10, 2019. https://www.buzzfeednews.com/article/albertonardelli/salvini-russia-oil--deal-secret-recording.

Natanson, George. "Duvalier, Terror Rule Haiti, Island of Fear: 'President-for-Life' and His Private Army Bogeymen Exact Hard Vengeance on Foes." *Los Angeles Times*, January 12, 1966, 17.

Nathan, Laurie. *A Survey of Mediation in African Coups*. African Peacebuilding Network Working Paper No. 15. Brooklyn, NY: Social Science Research Council. https://s3.amazonaws.com/ssrc-cdn1/crmuploads/new_publication_3/a-survey-of-mediation-in-african-coups.pdf.

National Archives of Singapore. "Speech by DPM Lee Hsien Loong at the Asian Launch of Channel News Asia at the Raffles Ballroom." Singapore: Media Division, Ministry of Information and the Arts, September 28, 2000. https://www.nas.gov.sg/archivesonline/data/pdfdoc/2000092803.htm.

National Commission on the Disappearance of Persons. *Nunca Más (Never Again)*. Buenos Aires: Editorial Universitaria de Buenos Aires, 1984. http://www.desaparecidos.org/nuncamas/web/english/library/nevagain/nevagain_001.htm.

National Security Archive. "Inside Argentina's Killing Machine: U.S. Intelligence Documents Record Gruesome Human Rights Crimes of 1976-1983." May 30, 2019. https://nsarchive.gwu.edu/briefing-book/southern-cone/2019-05-30/inside--argentinas-killing-machine-us-intelligence-documents-record-gruesome-human-rights-crimes-1976.

Nazarbayev, Nursultan. *The Kazakhstan Way*. Translated by Jan Butler. London: Stacey International, 2008.

NBC News. "Belafonte: Bush 'Greatest Terrorist in the World.'" January 8, 2006. https://www.nbcnews.com/id/wbna10767465#.Xz_21MhKg2w.

Nechepurenko, Ivan. "Five Who Killed Boris Nemtsov, Putin Foe, Sentenced in Russia." *New York Times*, July 13, 2017. https://www.nytimes.com/2017/07/13/world/europe/boris-nemtsov-putin-russia.html.

New York Times. "Full Text of Clinton's Speech on China Trade Bill." March 9, 2000. https:// movies2.nytimes.com/library/world/asia/030900clinton-china-text.html.

———. "Excerpts from an Interview with Lee Kuan Yew." August 29, 2007. https://www.nytimes.com/2007/08/29/world/asia/29iht-lee-excerpts.html.

———. "Foreign Government Contributions to Nine Think Tanks." September 7, 2014. https:// www.nytimes .com /interactive /2014 /09 /07 /us /politics /foreign government-contributions-to-nine-think-tanks.html.

Ng, Irene. "Lee Kuan Yew: Behind the No-Nonsense Demeanour, a Heart That Beat for Singapore." *Straits Times*, April 7, 2015. https://www.straitstimes.com/opinion/lee-kuan-yew-behind-the-no-nonsense-demeanour-a-heart-that-beat-for-singapore.

Nguyen-Okwo, Leslie. "Hitler Had a Salute, Mao Had a Dance." *OZY*, December 11, 2016. https://www.ozy.com/true-and-stories/hitler-had-a-salute-mao-had-a-dance/74076/.

Nicolaevsky, Boris. *Power and the Soviet Elite*. New York: Praeger, 1965.

Nikolakakis, Michalis. "The Colonels on the Beach: Tourism Policy during the Greek Military Dictatorship (1967-1974)." *Journal of Modern Greek Studies* 35, no. 2 (2017): 425-50.

Noktara.de. "Essen benennt sich wegen Ramadan in Fasten um." May 19, 2018. https://noktara.de/essen-wird-zu-fasten/.

Nolan, Rachel. "The Realest Reality Show in the World." *New York Times*, May 4, 2012. https://www.nytimes.com/2012/05/06/magazine/hugo-chavezs-totally-bizarre-talk-show.html.

Noman, Omar. "Pakistan and General Zia: Era and Legacy." *Third World Quarterly* 11, no. 1 (1989): 28-54. http://www.jstor.org/stable/3992219.

Norris, Pippa, and Ronald Inglehart. "Silencing Dissent: The Impact of Restrictive Media Environments on Regime Support." Paper presented at the Midwest Political Science Association 66th Annual Meeting, Chicago, April 3-6, 2008. https://www.cpsa-acsp.ca/papers-2008/Norris.pdf.

———. *Cultural Backlash: Trump, Brexit, and Authoritarian Populism*. New York: Cambridge University Press, 2019.

North, Douglass C., and Barry R. Weingast. "Constitutions and Commitment: The Evolution of Institutions Governing Public Choice in Seventeenth-Century England." *Journal of Economic History* 49, no. 4 (1989): 803-32.

NTV. "Odin den iz zhizni Putina." https://www.youtube.com/watch?v=DLmgl-D560-k.

Nugent, Paul. "Nkrumah and Rawlings: Political Lives in Parallel?" *Transactions of the Historical Society of Ghana* 12 (2009): 35-56.

Nyst, Carly, and Nick Monaco. *State-Sponsored Trolling: How Governments Are Deploying Disinformation as Part of Broader Digital Harassment Campaigns*. Institute for the Future, 2018. http://www.iftf.org/statesponsoredtrolling.

O'Grady, Mary Anastasia. "Winning Hearts and Minds inside the Beltway." *Wall Street Journal*, April 9, 2004. https://www.wsj.com/articles/SB108147181581878647.

O'Rourke, Tim. "Chronicle Covers: When a Shirtless JFK Caused a Stir at the Beach." *San Francisco Chronicle*, August 20, 2016. https://www.sfchronicle.com/chronicle_vault/article/Chronicle-Covers-When-a-shirtless-JFK-caused-a-9170798.php.

OECD. *OECD Convention on Combating Bribery of Foreign Public Officials in International Business Transactions*. 1997. http://www.oecd.org/corruption/oecdantibriberyconvention.htm.

OECD Stat. "Outbound Tourism." https://stats.oecd.org/Index .aspx?DataSetCode=TOURISM_OUTBOUND.

OECD Working Group on Bribery. *2018 Enforcement of the Antibribery Convention*. December 2019. http://www.oecd.org/corruption/anti-bribery/OECD-Anti-Bribery-Convention-Enforcement-Data-2019.pdf.

Office of the Federal Commissioner for the Stasi Records (BStU). *Stasi Note on Meeting with KGB Officials*. November 13, 1969, History and Public Policy Program Digital Archive, 88-110. https://digitalarchive.wilsoncenter.org/document/115714.

Ognjenović, Gorana. Introduction to *Titoism, Self-Determination, Nationalism, Cultural Memory: Volume Two, Tito's Yugoslavia, Stories Untold*. Edited by Gorana Ognjenović and Jasna Jozelić, 1-7. New York: Springer, 2016.

Ognjenović, Gorana, Nataša Mataušić, and Jasna Jozelić. "Yugoslavia's Authentic Socialism as a Pursuit of 'Absolute Modernity.'" In *Titoism, Self-Determination, Nationalism, Cultural Memory: Volume Two, Tito's Yugoslavia, Stories Untold*, edited by Gorana Ognjenović and Jasna Jozelić, 9-36. New York: Springer, 2016.

Ola Salem, Abdullah Alaoudh. "Mohammed bin Salman's Fake Anti-Extremist Campaign." *Foreign Policy*, June 13, 2019. https://foreignpolicy.com/2019/06/13/mohammed-bin-salmans-fake-anti-extremist-campaign/.

Olmsted, Kathryn. "Watergate Led to Sweeping Reforms. Here's What We'll Need after Trump." *Washington Post*, November 15, 2019. https://www.washingtonpost.com/outlook/2019/11/15/watergate-led-sweeping-reforms-heres-what-well-need-after-trump/?arc404=true.

Omelicheva, Mariya Y. "Authoritarian Legitimation: Assessing Discourses of Legitimacy in Kazakhstan and Uzbekistan." *Central Asian Survey* 35, no. 4 (October 2016): 481-500.

Ortiz-Ospina, Esteban, and Diana Beltekian. "Trade and Globalization." Our World in Data, October 2018. https://ourworldindata.org/trade-and-globalization. Using data from Michel Fouquin and Jules Hugot. "Two Centuries of Bilateral Trade and Gravity Data: 1827-2014." CEPII Research Center, May 2016. http://www.cepii.fr/pdf_pub/wp/2016/wp2016-14.pdf.

Orwell, George. *1984*. London: Secker and Warburg, 1949.

Osiel, Mark. *Mass Atrocity, Ordinary Evil, and Hannah Arendt: Criminal Consciousness in Argentina's Dirty War*. New Haven: Yale University Press, 2001.

Ottaway, Marina. "Reluctant Missionaries." *Foreign Policy*, November 17, 2009. https://foreignpolicy.com/2009/11/17/reluctant-missionaries/.

Overy, Richard. *The Dictators: Hitler's Germany and Stalin's Russia*. New York: W. W. Norton, 2004.

Pacepa, Ion Mihai. *Red Horizons: Chronicles of a Communist Spy Chief*. Washington, DC: Gateway Books, 1987.

Pack, Sasha. *Tourism and Dictatorship: Europe's Peaceful Invasion of Franco's Spain*. New York: Springer, 2006.

Paddock, Richard C. "Democracy Fades in Malaysia as Old Order Returns to Power." *New York Times*, May 22, 2020. https://www.nytimes.com/2020/05/22/world/asia/malaysia-politics-najib.html.

Padgett, Tim. "Red Alert: Venezuelans Fleeing Their Regime Say Interpol Notices Derail Asylum." *WLRN*, April 29, 2019. https://www.wlrn.org/show/latin-america-report/2019-04-29/red-alert-venezuelans-fleeing-their-regime-say-interpol-notices-derail-asylum.

Painter, James. "The Boom in Counter-hegemonic News Channels: A Case Study of Telesur." Research paper presented to the Reuters Institute for the Study of Journalism, Oxford University, February 2007.

El País. "Chávez conquista a Robbins." June 9, 2008. https://elpais.com/cultura/2008/06/09/actualidad/1212962409_850215.html.

———. "Maradona rompe una lanza por la reelección indefinida de Chávez." January 29, 2009. https://elpais.com/internacional/2009/01/29/actualidad/1233183606_850215.html.

Panja, Tariq, and Kevin Draper. "US Says FIFA Officials Were Bribed to Award World Cups to Russia and Qatar." *New York Times*, April 6, 2020. https://www.nytimes.com/2020/04/06/sports/soccer/qatar-and-russia-bribery-world-cup-fifa.html.

Pantoja, Ary. "CEELA fue creado por Chávez." *El Nuevo Diario*, June 19, 2008. https://www.elnuevodiario.com.ni/politica/19160-ceela-fue-creado-chavez/.

Papaioannou, Elias, and Gregorios Siourounis. "Democratisation and Growth." *Economic Journal* 118, no. 532 (2008): 1520-51.

Parodi, Emilio. "Italian Prosecutors Probe Allegations of League Oil Deal: Sources." Reuters, July 11, 2019. https://www.reuters.com/article/us-italy-salvini-russia/italian-prosecutors-probe-allegations-of-league-oil-deal-sources-idUSKCN1U61JI.

Pearson, Tamara. "Venezuela: 'Only Ecuadorans Can Neutralise Coup Attempt.'" *Venezuelanalysis*, September 30, 2010. https://venezuelanalysis.com/news/5680.

Peh, Shing Huei. *Tall Order: The Goh Chok Tong Story (Volume 1)*. Singapore: World Scientific Publishing Company, 2018.

Pereira, Anthony W. *Political (In)justice: Authoritarianism and the Rule of Law in Brazil, Chile, and Argentina*. Pittsburgh: University of Pittsburgh Press, 2005.

Perović, Jeronim. "The Tito-Stalin Split: A Reassessment in Light of New Evidence." *Journal of Cold War Studies* 9, no. 2 (Spring 2007): 32-63.

Perraton, Hilary. "Foreign Students in the Twentieth Century: A Comparative Study of Patterns and Policies in Britain, France, Russia and the United States." *Policy Reviews in Higher Education* 1 no. 2 (2017): 161-86.

Pettersson, Therése, Stina Högbladh, and Magnus Öberg. "Organized Violence, 1989-2018 and Peace Agreements." *Journal of Peace Research* 56, no. 4 (2019): 589-603.

Pew Research Center. *What the World Thinks in 2002: Chapter 4: Global Publics View the United States*. Washington, DC: Pew Research Center, December 4, 2002. https://www.pewresearch.org/global/2002/12/04/chapter-4-global-publics-view-the-united-states/.

———. *Global Unease with Major World Powers*. Washington, DC: Pew Research Center, June 27, 2007. https://www.pewresearch.org/global/2007/06/27/global-unease-with-major-world-powers/.

———. *Global Economic Gloom - China and India Notable Exceptions*. Washington, DC: Pew Research Center, June 12, 2008. https://www.pewresearch.org/global/2008/06/12/chapter-7-which-governments-respect-the-rights-of-their-people/.

———. *Attitudes towards Democratic Rights and Institutions*. February 27, 2020. https://www.pewresearch.org/global/2020/02/27/attitudes-toward-democratic-rights-and-institutions/.

———. *US Image Plummets Internationally as Most Say Country Has Handled Coronavirus Badly*. September 15, 2020. https://www.pewresearch.org/global/2020/09/15/us-image-plummets-internationally-as-most-say-country-has-handled-coronavirus-badly/.

Pfaff, William. *The Bullet's Song: Romantic Violence and Utopia*. New York: Simon and Schuster, 2004.

Pi-Sunyer, Oriol. "Tourism in Catalonia." In *Tourism in Spain: Critical Issues*, edited by Michael Barke, John Towner, and Michael T. Newton, 231-64. Wallingford: CAB International, 1996. Pike, Francis. *Empires at War: A Short History of Modern Asia since World War II*. London: Bloomsbury Publishing, 2011.

Pinchot, Gifford, and Elizabeth Pinchot. *The End of Bureaucracy and the Rise of the Intelligent Organization*. San Francisco: Berrett-Koehler, 1993.

Pingel-Schliemann, Sandra. *Zersetzen: Strategie einer Diktatur*. Berlin: Robert Havemann Gesellschaft, 2002.

Pinker, Steven. *The Better Angels of Our Nature*. New York: Penguin, 2011.

———. *Enlightenment Now: The Case for Reason, Science, Humanism, and Progress*. New York: Viking, 2018.

Pinto, António Costa. "Fascism, Corporatism and the Crafting of Authoritarian Institutions in Inter-war European Dictatorships." In *Rethinking Fascism and Dictatorship in Europe*, edited by António Costa Pinto and Aristotle Kallis, 87-117. London: Palgrave Macmillan, 2014.

Pivarnyik, Balázs. "László Kövér Is Heard Justifying Gerrymandering on Leaked Recording." *Budapest Beacon*, February 6, 2018. https://budapestbeacon.com/laszlo-kover-heard-attempting-justify-gerrymandering-leaked-recording/.

Plamper, Jan. "Abolishing Ambiguity: Soviet Censorship Practices in the 1930s." *Russian Review* 60, no. 4 (October 2001): 526-44.

Podeh, Elie. *The Politics of National Celebrations in the Arab Middle East*. New York: Cambridge University Press, 2011.

Podrez, Maksim, and Maria Prikhodina. "Znak pochtenia, znak otchayania." *rbc.ru*, April 17, 2014. https://www.rbc.ru/magazine/2014/05/56bc7e719a794701b-81d2b8a.

Polgreen, Lydia. "Ghana's Unlikely Democrat Finds Vindication in Vote." *New York Times*, January 10, 2019. http://www.nytimes.com/2009/01/10/world/africa/10rawlings.html?pagewanted=all&_r=0.

Pomerantsev, Peter. *This Is Not Propaganda: Adventures in the War Against Reality*. New York: Public Affairs, 2019.

Pompeo, Michael R. "On Transparency and Foreign Funding of US Think Tanks." Washington, DC: U.S. State Department, October 13, 2020. https://2017-2021.state.gov/on-transparency-and-foreign-funding-of-u-s-think-tanks/index.html.

Pop-Eleches, Grigore, and Joshua A. Tucker. *Communism's Shadow: Historical Legacies and Contemporary Political Attitudes*. Princeton: Princeton University Press, 2017.

Popov, Genarii. "What Kind of Minister Was Shchelokov?" *Militsiya*, December 2000.

Popovic, Srdja, and Matthew Miller. *Blueprint for Revolution: How to Use Rice Pudding, Lego Men, and Other Nonviolent Techniques to Galvanize Communities, Overthrow Dictators, or Simply Change the World.* New York: Spiegel & Grau, 2015.

Potapova, Elizaveta, and Stefan Trines. "Education in the Russian Federation." *World Education News + Reviews*, June 6, 2017. https://wenr.wes.org/2017/06/education-in-the-russian-federation.

Potter, Mark. "Cuba Cracks Down on Illegal Emigration." CNN, July 26, 1999, http://www.cnn.com/WORLD/americas/9907/26/cuba.smugglers/.

Power, Jonathan. *Amnesty International: The Human Rights Story.* New York: McGraw-Hill, 1981.

———. *Like Water on Stone: The Story of Amnesty International.* Boston: Northeastern University Press, 2001.

Powers, William. "Hello World." *National Journal* 33, no. 26 (2001): 2082.

Pregelj, Vladimir. "The Jackson-Vanik Amendment: A Survey." Congressional Research Service Report for Congress. Washington, DC: Library of Congress, 2005.

President of Russia. "Interview with the German Newspaper *Suddeutsche Zeitung*." October 10, 2006. http://en.kremlin.ru/events/president/transcripts/23834.

———. "Seliger 2012 National Youth Education Forum." July 31, 2012. http://en.kremlin.ru/events/president/news/16104.

———. "Meeting of the Valdai International Discussion Club." September 19, 2013. http://en.kremlin.ru/events/president/news/19243.

———. "Russia Today TV Channel Starts Broadcasting in Argentina." October 9, 2014. http://en.kremlin.ru/events/president/news/46762.

Preston, Paul. *Franco: A Biography.* New York: Basic Books, 2003.

———. *The Spanish Holocaust: Inquisition and Extermination in Twentieth-Century Spain.* New York: W. W. Norton, 2012.

Prior, Markus. "The Immensely Inflated News Audience: Assessing Bias in Self-Reported News Exposure." *Public Opinion Quarterly* 73, no. 1 (Spring 2009): 130-43.

Pruce, Joel R. *The Mass Appeal of Human Rights.* New York: Springer, 2018.

Rachman, Gideon. "Lunch with the FT: Lee Hsien Loong Singapore's PM Talks about Japanese Aggression, Ukraine's Revolution and Why Nanny States Are Not All Bad." *Financial Times*, April 11, 2014. https://www.ft.com/content/4511f092-bf2c-11e3-8683-00144feabdc0.

———. "Chinese Censorship Is Spreading Beyond Its Borders." *Financial Times*, October 14, 2019. https://www.ft.com/content/cda1efbc-ee5a-11e9-ad1e-4367d8281195.

Rahimi, Babak. "Cyberdissent: The Internet in Revolutionary Iran." *Middle East Review of International Affairs* 7, no. 3 (2003): 101-15.

Rajah, Jothie. *Authoritarian Rule of Law: Legislation, Discourse and Legitimacy in Singapore*. New York: Cambridge University Press, 2012.

Rajak, Svetozar. "The Cold War in the Balkans, 1945-1956." In *The Cambridge History of the Cold War*, edited by Melvyn P. Leffler and Odd Arne Westad, 198-220. Cambridge: Cambridge University Press, 2010.

Ramírez, Erika. "Barack Obama: 10 Best Songs about the President." *Billboard*, November 7, 2012. https://www.billboard.com/articles/list/1516380/barack-obama-10-best-songs-about-the-president.

Rappeport, Alan. "Saudi Crown Prince Calls Khashoggi's Death 'Heinous'." *New York Times*, October 25, 2018. https://www.nytimes.com/2018/10/25/world/middleeast/saudi-arabia-jamal-khashoggi-turkey.html.

Rauschning, Hermann. *Hitler Speaks: A Series of Political Conversations with Adolf Hitler on His Real Aims*. London: Kessinger Publishing, 1939.

———. *The Voice of Destruction*. Gretna: Pelican Publishing, 1940.

Rawnsley, Adam. "How Manafort's Work for the 'Torturer's Lobby' Came Back to Haunt Him." *Daily Beast*, February 25, 2019. https://www.thedailybeast.com/how-manaforts-work-for-the-torturers-lobby-came-back-to-haunt-him.

RBC. "Lidery oppozitsii B. Nemtsov i E. Limonov vyshli na svobodu." *rbc.ru*, January 15, 2011. https://www.rbc.ru/politics/15/01/2011/5703e24f9a79473c0df191b8.

———. "Kreml otsenil novuyu metodiku oprosa VTsIOMa o doverii Putinu." *rbc.ru*, May 31, 2019. https://www.rbc.ru/politics/31/05/2019/5cf0edf29a79479a20bbc0ea.

Reardon, Juan. "Latin America's TeleSUR Now Available to U.S. Viewers." *Venezuelanalysis.com*, August 4, 2011. https://venezuelanalysis.com/news/6405.

Reider, Bruce J. "External Support to Insurgencies." *Small Wars Journal* 10, no. 10 (2014): 1-18.

Rein, Lisa. "Federal Offices Are Still Waiting to Hang Trump's Picture." *Washington Post*, September 11, 2017. https://www.washingtonpost.com/politics/after-nine-months-federal-offices-are-still-waiting-to-hang-trumps-picture/2017/09/11/b36025c0-94b5-11e7-aace-04b862b2b3f3_story.html.

Rejali, Darius. *Torture and Democracy*. Princeton: Princeton University Press, 2007.

Reporters Without Borders. "Hungary: Orbán Allies Acquire Regional Press Monopoly." https://rsf.org/en/news/hungary-Orbán-allies-acquire-regional-press-monopoly.

Republic of Singapore. *Political Donations Act 2000*. June 23, 2000. https://sso.agc.gov.sg/Acts-Supp/20-2000/Published/20011231?DocDate=20000620.

Reuter, Ora John, and Graeme B. Robertson. "Subnational Appointments in Authoritarian Regimes: Evidence from Russian Gubernatorial Appointments." *Journal of Politics* 74, no. 4 (2012): 1023-37.

Reuters. "I'm the World's Only True Democrat, Says Putin." June 4, 2007. https://www.reuters.com/article/us-russia-putin-democracy/im-the-worlds-only-true-democrat-says-putin-idUSL0454405820070604.

———. "Sean Penn Joins Chávez on Campaign in Venezuela." August 25, 2012. https://www.reuters.com/article/entertainment-us-venezuela-election-penn/sean-penn-joins-chavez-on-campaign-in-venezuela-idUSBRE87503H20120806.

———. "Factbox: Hugo Chávez's Record in Venezuelan Elections." October 7, 2012. https://www.reuters.com/article/us-venezuela-election-ballots/factbox-hugo-chavezs-record-in-venezuelan-elections-idUSBRE89702320121008.

———. "Illegal Immigration Clearly Linked with Terror Threat: Hungary PM." July 25, 2015. https://www.reuters.com/article/us-europe-migrants-hungary/illegal-migration-clearly-linked-with-terror-threat-hungary-pm-idUSKCN0PZ08F2015072.

———. "No Cult of Personality around Xi, Says Top China Party Academic." November 6, 2017. https://www.reuters.com/article/us-china-politics-xi/no-cult-of-personality-around-xi-says-top-china-party-academic-idUSKBN1D61DD.

———. "Singapore PM Files Defamation Suit against Blogger Who Shared Article on Facebook." December 5, 2018. https://www.reuters.com/article/us-singapore-politics-malaysia-scandal/singapore-pm-files-defamation-suit-against-blogger-who-shared-article-on-facebook-idUSKBN1O414L.

———. "How Sisi's Egypt Hands Out Justice." July 31, 2019. https://www.reuters.com/investigates/special-report/egypt-executions/.

RIA Novosti. "Aleksei Kochetkov nameren podat isk protiv MVD Moldavii." July 18, 2005. https://ria.ru/20050718/40925555.html.

Richardson, Christopher. "North Korea's Kim Dynasty: The Making of a Personality Cult." *Guardian*, February 16, 2015. https://www.theguardian.com/world/2015/feb/16/north-korea-kim-jong-il-birthday.

Richter, Monika L. "RT: A Low-Grade Platform for Useful Idiots," Atlantic Council, October 18, 2017. https://www.atlanticcouncil.org/blogs/ukrainealert/rt-a-low-grade-platform-for-useful-idiots/.

Roberts, Margaret E. *Censored: Distraction and Diversion inside China's Great Firewall*. Princeton: Princeton University Press, 2018.

———. "Resilience to Online Censorship." *Annual Review of Political Science* 23, no. 3 (2020): 401-19.

Roberts, Walter R. "Tito: Personal Reflections." *American Diplomacy*, February 2014. http://americandiplomacy.web.unc.edu/2014/02/tito-personal-reflections/.

Rodan, Garry. "The Internet and Political Control in Singapore." *Political Science Quarterly* 113, no. 1 (Spring 1998): 63-89.

———. "Singapore in 1997: Living with the Neighbors." *Asian Survey* 38, no. 2 (1998): 177-82.

———. *Singapore "Exceptionalism"? Authoritarian Rule and State Transformation*. Working Paper No. 131. Perth: Murdoch University, 2006. https://

researchrepository.murdoch.edu.au/id/eprint/16148/1/Singapore_Exceptionalism_Authoritarian_Rule_and_State_Transformation.pdf.

———. "Goh's Consensus Politics of Authoritarian Rule." In *Impressions of the Goh Chok Tong Years in Singapore*, edited by Bridget Welsh, James Chin, Arun Mahizhan and Tan Tarn How, 61-70. Singapore: Singapore University Press, 2009.

———. *Participation without Democracy: Containing Conflict in Southeast Asia*. Ithaca: Cornell University Press, 2018.

Rodrigo, Javier. "'Our Fatherland Was Full of Weeds': Violence during the Spanish Civil War and the Franco Dictatorship." In *If You Tolerate This... The Spanish Civil War in the Age of Total Wars*, edited by Martin Baumeister and Stefanie Schüller-Springorum, 135-53. New York: Campus, 2008.

Roessler, Philip G. "Donor-Induced Democratization and the Privatization of State Violence in Kenya and Rwanda." *Comparative Politics* (2005): 207-27.

Rogin, Josh. "In Malaysia, a Victory for Democracy - and an Opportunity for the US." *Washington Post*, June 7, 2018. https://www.washingtonpost.com/opinions/global-opinions/in-malaysia-a-victory-for-democracy--and-an-opportunity-for-the-us/2018/06/07/b365a928-6a8e-11e8-bea7-c8eb28bc52b1_story.html.

Rogoff, Kenneth, and Anne Sibert. "Elections and Macroeconomic Policy Cycles." *Review of Economic Studies* 55, no. 1 (1988): 1-16.

Rogov, Kirill, and Maxim Ananyev. "Public Opinion and Russian Politics." In *The New Autocracy: Information, Politics, and Policy in Putin's Russia*, edited by Daniel Treisman, 191-216. Washington, DC: Brookings Institution Press, 2018.

Rohac, Dalibor. "A European Compromise Not Worth Making." *AEIdeas*, December 11, 2020. https://www.aei.org/foreign-and-defense-policy/a-european-compromise-not-worth-making/.

Roman, David. "How Hugo Chávez Helped Inspire Spain's Far-Left Podemos Movement." *Wall Street Journal*, February 6, 2015. https://www.wsj.com/articles/how-venezuelas-chavez-lives-on-in-spain-1425000737.

Romero, Simon. "Ecuador Leader Confounds Supporters and Detractors." *New York Times*, October 10, 2010. https://www.nytimes.com/2010/10/10/world/americas/10ecuador.html.

Romero, Simon, and Emily Schmall. "Battle between Argentine Media Empire and President Heats Up over Law." *New York Times*, November 30, 2012. https://www.nytimes.com/2012/12/01/world/americas/media-law-ratchets-up-battle-between-kirchner-and-clarin-in-argentina.html.

Ron, James. "Varying Methods of State Violence." *International Organization* 51, no. 2 (1997): 275-300.

Roniger, Luis, Leonardo Senkman, Saúl Sosnowski, and Mario Sznajder. *Exile, Diaspora, and Return: Changing Cultural Landscapes in Argentina, Chile, Paraguay, and Uruguay*. New York: Oxford University Press, 2018.

Rosenbaum, Lorrin P., and Judith Kossy. "Indonesia's Political Prisoners." *Worldview* 19, no. 10 (1976): 36-40.

Rosenblum, Peter. "Prison Conditions in Zaire." Washington, DC: Human Rights Watch, 1994.

Roser, Max. "War and Peace." *OurWorldInData.org*, 2016. https://ourworldindata.org/war-and-peace.

Ross, Jenna. "Which Countries Are the Biggest Boost or Drag on the EU Budget?" *Visualcapitalist.com*, September 20, 2019. https://www.visualcapitalist.com/which-countries-are-the-biggest-boost-or-drag-on-the-eu-budget/.

Ross, Michael L. *The Oil Curse: How Petroleum Wealth Shapes the Development of Nations*. Princeton: Princeton University Press, 2013.

Rosstat. *Rossia v tsifrakh 2013*. Moscow: Rosstat, 2013.

———. *Rossia v tsifrakh 2020*. Moscow: Rosstat, 2020.

Roth, Andrew. "Independent News Station, Feeling Kremlin's Wrath, Asks 'Why?'" *New York Times*, February 10, 2014.

———. "Russian State Watchdog Adds Navalny Network to Terrorism Database." *Guardian*, April 30, 2021. https://www.theguardian.com/world/2021/apr/30/russian-state-watchdog-adds-navalny-network-to-terrorism-database.

Rothenberg, Daniel, and Baltasar Garzón. "'Let Justice Judge': An Interview with Judge Baltasar Garzón and Analysis of His Ideas." *Human Rights Quarterly* 24, no. 4 (2002): 924-73.

Roucek, Joseph. "Yemen in Geopolitics." *Contemporary Review* 202 (December 1, 1962): 310-17.

Rozenas, Arturas, and Denis Stukal. "How Autocrats Manipulate Economic News: Evidence from Russia's State-Controlled Television." *Journal of Politics* 81, no. 3 (2019): 982-96.

Rozhdestvensky, Ilya, Mikhail Rubin, and Roman Badanin. "Chef i povar: Rassledovanie o tom, kak Rossia vmeshivaetsya v vybory v dvadsati stranakh." *proekt.media*, April 11, 2019. https:// www.proekt.media/investigation/prigozhin-polittekhnologi/.

RT. "Putin Talks NSA, Syria, Iran, Drones in RT Interview (FULL VIDEO)." June 12, 2013. https://www.rt.com/news/putin-rt-interview-full-577/.

Rubenstein, Joshua. "Introduction: Andrei Sakharov, the KGB, and the Legacy of a Soviet Dissident." In *The KGB File of Andrei Sakharov*, edited by Joshua Rubenstein and Alexander Gribanov, 1-85. New Haven: Yale University Press, 2008.

Rudnitsky, Jake, and Ilya Arkhipov. "Russia Turns Trampled Grass into Weapon against Opponents." Bloomberg News, September 12, 2019. https://www.bloomberg.com/news/articles/2019-09-12/russia-turns-trampled-grass-into-weapon-against-opponents.

Ruiz, Claudio. "Ecuador: Copyright as a Weapon for Censorship." *Derechosdigitales.org*, October 21, 2014. https://www.derechosdigitales.org /8125/ecuador-copyright-weapon-censorship/.

Rundlett, Ashlea, and Milan W. Svolik. "Deliver the Vote! Micromotives and Macrobehavior in Electoral Fraud." *American Political Science Review* 110, no. 1 (2016): 180-97.

Russmus.net. "Takogo kak Putin." http://russmus.net/song/1396.

Rusyaeva, Polina, and Elizaveta Surganova. "Mediakompaniu Kovalchuka i Mordashova otsenili v 150 mlrd. rub." *RBC.ru*, March 31, 2016. https://www.rbc.ru/technology_and_media/31/03/2016/56fcf20c9a7947dd35dbd00f.

Rutenberg, Jim. "Larry King, the Russian Media and a Partisan Landscape." *New York Times*, September 19, 2016. https://www.nytimes.com/2016/09/19/business/media/moscow-joins-the-partisan-media-landscape-with-familiar-american-faces.html.

Sadr, Shadi. "Documenting the Perpetrators amongst the People." *Open Democracy*, May 19, 2015. https://www.opendemocracy.net/en/opensecurity/documenting-perpetrators-amongst-people/.

Safire, William. "Essay: The Dictator Speaks." *New York Times*, February 15, 1999. https://www.nytimes.com/1999/02/15/opinion/essay-the-dictator-speaks.html.

Sakr, Naomi. "Frontiers of Freedom: Diverse Responses to Satellite Television in the Middle East and North Africa." *The Public* 6, no. 11 (1999): 93-106.

Salem, Harriet, and Graham Stack. "Streetfighting Men: Is Ukraine's Government Bankrolling a Secret Army of Adidas-Clad Thugs?" *Foreign Policy*, February 6, 2014. https://foreignpolicy.com/2014/02/06/streetfighting-men/.

Sambrook, Richard. *Are Foreign Correspondents Redundant?* Oxford: Reuters Institute for the Study of Journalism, 2010.

Samuels, Brett. "Trump Ramps Up Rhetoric on Media, Calls Press 'Enemy of the People.'" *The Hill*, April 5, 2019. https://thehill.com/homenews/administration/437610-trump-calls-press-the-enemy-of-the-people.

Sánchez, Leonel. "San Diego Rally Backs Mexican Indian Revolt." *San Diego Union-Tribune*, January 7, 1994. https://advance.lexis.com/api/document?collection=news&id=urn:content Item:4P7G-PXY0-TWDC-M4RX-00000-00&context=1516831.

Sanger, David, and Katie Benner. "U.S. Accuses North Korea of Plot to Hurt Economy as Spy Is Charged in Sony Hack." *New York Times*, September 6, 2018. https://www.nytimes.com/2018/09/06/us/politics/north-korea-sony-hack-wannacry-indictment.html.

Sanovich, Sergey, Denis Stukal, and Joshua A. Tucker. "Turning the Virtual Tables: Government Strategies for Addressing Online Opposition with an Application to Russia." *Comparative Politics* 50, no. 3 (2018): 435-54.

Sassoon, Joseph. *Saddam Hussein's Ba'th Party: Inside an Authoritarian Regime*. Cambridge: Cambridge University Press, 2012.

Sauer, Pjotr. "'End of an Era': Russia Adds Navalny Political Network to 'Terrorist and Extremist' List." *Moscow Times*, April 30, 2021. https://www.themoscowtimes.com/2021/04/30/end-of-an-era-russia-adds-navalny-political-network-to-terrorist-and-extremist-list-a73796.

Saunders, David. "Xi Jinping's Threats of 'Crushed Bodies and Shattered Bones' Are an Echo of Another Violent Past." *Hong Kong Free Press*, October 20, 2019. https://hongkongfp.com/2019/10/20/xi-jinpings-threats-crushed-bodies-shattered-bones-echo-another-violent-past/.

Scammell, Michael. "Pride and Poetry." *New Republic*, 2012. https://newrepublic.com/article/103341/joseph-brodsky-russian-literature-lev-loseff.

Schatz, Edward. "Transnational Image Making and Soft Authoritarian Kazakhstan." *Slavic Review* 67, no. 1 (Spring 2008): 50-62.

———. "The Soft Authoritarian Tool Kit: Agenda-Setting Power in Kazakhstan and Kyrgyzstan." *Comparative Politics* 41, no. 2 (January 2009): 203-22.

Schedler, Andreas. "The Menu of Manipulation." *Journal of Democracy* 13, no. 2 (2002): 36-50.

———. *The Politics of Uncertainty: Sustaining and Subverting Electoral Authoritarianism*. Oxford: Oxford University Press, 2013.

Schmidt, Gregory D. "Peru." In *Public Opinion and Polling around the World: A Historical Encyclopedia*. Vol. 1., edited by John Gray Geer, 683-88. Santa Barbara: ABC-Clio, 2004.

Schmitt, Carl. *Crisis of Parliamentary Democracy*. Berlin: Duncker and Humblot, 1923.

Schmitter, Philippe C. "The Impact and Meaning of 'Non-Competitive, Non-Free and Insignificant' Elections in Authoritarian Portugal, 1933-74." In *Elections without Choice*, edited by Guy Hermet, 145-68. London: Palgrave Macmillan, 1978.

Schudel, Matt. "Arthur Finkelstein, Quietly Influential GOP Campaign Mastermind, Dies at72." *Washington Post*, August 19, 2017. https://www.washingtonpost.com/local/obituaries/arthur-finkelstein-shadowy-campaign-mastermind-and-gop-operative-dies-at-72/2017/08/19/0bd638c6-84e8-11e7-902a-2a9f2d808496_story.html.

Searcey, Dionne, and Palko Karasz. "Laurent Gbagbo, Former Ivory Coast Leader, Acquitted of Crimes against Humanity." *New York Times*, January 15, 2019. https://www.nytimes.com/2019/01/15/world/africa/laurent-gbagbo-ivory-coast-icc.html.

Seddon, Max. "'Why Don't They Come and Sit in Jail with Me?'; Lunch with the FT Alexei Navalny." *Financial Times*, November 23, 2019. https://www.ft.com/content/c3adf28c-07d0-11ea-a984-fbbacad9e7dd.

Selb, Peter, and Simon Munzert. "Examining a Most Likely Case for Strong Campaign Effects: Hitler's Speeches and the Rise of the Nazi Party, 1927-1933." *American Political Science Review* 112, no. 4 (November 2018): 1050-66.

Semmens, Kristin. *Seeing Hitler's Germany: Tourism in the Third Reich*. New York: Springer, 2005.

Service, Robert. *Stalin: A Biography*. Cambridge, MA: Harvard University Press, 2005.

Shabad, Theodore. "Soviet Waives Its Exit Tax for Five Leaving for Israel." *New York Times*, March 20, 1973. https://www.nytimes.com/1973/03/20/archives/soviet-waives-its-exit-tax-for-five-leaving-for-israel-visit-by.html.

Shadmehr, Mehdi. "Ideology and the Iranian Revolution." January 27, 2012. https://ssrn.com/abstract=1999826 or http://dx.doi.org/10.2139/ssrn.1999826.

Shafer, Jack. "Hail to the Return of Motherland-Protecting Propaganda!" *Slate*, August 30, 2007. https://slate.com/news-and-politics/2007/08/the-russians-drop-a-propaganda-bomb-with-their-washington-post-ad-supplement.html.

Shanor, Donald R. *Behind the Lines: The Private War against Soviet Censorship*. New York: St. Martin's Press, 1985.

Shapiro, Samuel. *Invisible Latin America*. North Stratford: Ayer Publishing, 1963.

Sharlet, Robert. "Dissent and Repression in the Soviet Union and Eastern Europe: Changing Patterns since Khrushchev." *International Journal* 33, no. 4 (1978): 763-95.

Shezaf, Hagar, and Jonathan Jacobson. "Revealed: Israel's Cyber-Spy Industry Helps World Dictators Hunt Dissidents and Gays." *Haaretz*, October 20, 2018. https://www.haaretz.com/israel-news/.premium.MAGAZINE-israel-s-cyber-spy-industry-aids-dictators-hunt-dissidents-and-gays-1.6573027.

Shih, Victor. "'Nauseating' Displays of Loyalty: Monitoring the Factional Bargain through Ideological Campaigns in China." *Journal of Politics* 70, no. 4 (October 2008): 1177-92.

Shuster, Simon. "Inside Putin's On-Air Machine." *Time*, March 5, 2015. https://time.com/rt-putin/.

Sikkink, Kathryn. *The Justice Cascade: How Human Rights Prosecutions Are Changing World Politics*. New York: W. W. Norton, 2011.

Silver, Laura, Kat Devlin, and Christine Huang. *Unfavorable Views of China Reach Historic Highs in Many Countries: Majorities Say China Has Handled COVID-19 Outbreak Poorly*. Pew Research Center, 2020.

Simon, Joel. *The New Censorship: Inside the Global Battle for Media Freedom*. New York: Columbia University Press, 2014.

Simpser, Alberto. *Why Governments and Parties Manipulate Elections: Theory, Practice, and Implications*. New York: Cambridge University Press, 2013.

Singapore Rebel. "1994-2015: A Chronology of Authoritarian Rule in Singapore." March 21, 2011. http://singaporerebel.blogspot.com/2011/03/1994-2011-chronology-of-authoritarian.html.

Singer, P. W., and Emerson T. Brooking. *Like War: The Weaponization of Social Media.* Boston: Mariner Books, 2018.

Skaaning, Svend-Erik, John Gerring, and Henrikas Bartusevicius. "A Lexical Index of Electoral Democracy." *Comparative Political Studies* 48, no. 12 (2015): 1491-1525.

Skarpelos, George M. "Communication Breakdown: The Chilean State and the Media, 1973-1980." *Berkeley Journal of Sociology* 36 (1991): 137-63.

Skidmore, Monique, and Trevor Wilson. *Dictatorship, Disorder and Decline in Myanmar.* Canberra: ANU Press, 2008.

Slackman, Michael. "Syrian Troops Open Fire on Protesters in Several Cities." *New York Times*, March 25, 2011. https://www.nytimes.com/2011/03/26/world/middleeast/26syria.html.

Slater, Dan. "Malaysia's Modernization Tsunami." *EastAsiaForum*, May 20, 2018. https://www.eastasiaforum.org/2018/05/20/malaysias-modernisation-tsunami/.

Slezkine, Yuri. *The House of Government: A Saga of the Russian Revolution.* Princeton: Princeton University Press, 2017.

Smith, Myles G. "Kazakhstan: CNN Blurs Line between News and Advertising." *Eurasianet*, July 20, 2012. https://eurasianet.org/kazakhstan-cnn-blurs-line-between-news-and-advertising.

Smith, Stephen W. "The Story of Laurent Gbagbo." *London Review of Books* 33, no. 10 (May 2011). https://www.lrb.co.uk/the-paper/v33/n10/stephen-w.-smith/the-story-of-laurent-gbagbo.

Sobolev, Anton. "Dictators in the Spotlight: What They Do When They Cannot Do Business as Usual." PhD diss., University of California, Los Angeles, 2019.

Socor, Vladimir. "Russia-Led Bloc Emerges in OSCE." *Eurasia Daily Monitor* 4, no. 214 (November 16, 2007). https://jamestown.org/program/russia-led-bloc-emerges-in-osce/.

———. "Russia Blocks Consensus at OSCE's Year-End Conference." *Eurasia Daily Monitor* 8, no. 225 (December 12, 2011). https://jamestown.org/program/russia-blocks-consensus-at-osces-year-end-conference/.

Soldatov, Andrei, and Irina Borogan. *The Red Web: The Struggle between Russia's Digital Dictators and the New Online Revolutionaries.* New York: Public Affairs, 2015.

———. *The Compatriots.* New York: Public Affairs, 2019.

Sosin, Gene. "Censorship and Dissent." *Studies in Comparative Communism* 19, no. 2 (Summer 1986): 149-57.

Southwick, Natalie, and John Otis. "Ecuador's U-turn away from Media Repression." *Columbia Journalism Review*, July 12, 2018. https://www.cjr.org/analysis/ecuador-moreno-correa-supercom-press-freedom.php.

Spar, Debora. "Foreign Investment and Human Rights." *Challenge* 42, no. 1 (1999): 55-80.

Specia, Megan. "Saudi Anti-Extremist Force Names Feminists as a Target. Briefly." *New York Times*, November 13, 2019. https://www.nytimes.com/2019/11/13/world/middleeast/saudi-feminism-extremism-video.html.

Spilimbergo, Antonio. "Democracy and Foreign Education." *American Economic Review* 99, no. 1 (2009): 528-43.

Spooner, Mary Helen. *Soldiers in a Narrow Land: The Pinochet Regime in Chile*. Berkeley: University of California Press, 1999.

Standaert, Michael. "Nike and H&M Face Backlash in China over Xinjiang Statements." *Guardian*, March 25, 2021. https://www.theguardian.com/world/2021/mar/25/nike-and-hm-face-backlash-in-china-over-xinjiang-statements.

Standish, Reid. "Where the War on Terror Lives Forever." *Foreign Policy*, September 2, 2016. https://foreignpolicy.com/2016/09/02/war-on-terror-forever-islam-karimov-uzbekistan-legacy-imu-isis-central-asia/.

Stanley, Alessandra. "Julian Assange Starts Talk Show on Russian TV." *New York Times*, April 18, 2012. https://www.nytimes.com/2012/04/18/arts/television/julian-assange-starts-talk-show-on-russian-tv.html.

Stein, Elizabeth A. "The Unraveling of Support for Authoritarianism: The Dynamic Relationship of Media, Elites, and Public Opinion in Brazil, 1972-82." *International Journal of Press/ Politics* 18, no. 1 (2013): 85-107.

Stein, Jana von. "Exploring the Universe of UN Human Rights Agreements." *Journal of Conflict Resolution* 62, no. 4 (April 2018): 871-99. https://doi.org/10.1177/0022002717721395.

Stevens, Colin. "Kazakhstan: A Model of Inter-Ethnic Tolerance and Social Harmony." *EU Reporter*, November 11, 2016. https://www.eureporter.co/featured/2016/11/11/kazakhstan-a-model-of-inter-ethnic-tolerance-and-social-harmony/.

Stone, Martin. *The Agony of Algeria*. New York: Columbia University Press, 1997.

Stoner, Kathryn, and Michael McFaul. "The Soviet Union and Russia." In *Transitions to Democracy: A Comparative Perspective*, edited by Kathryn Stoner and Michael McFaul, 27-61. Baltimore: Johns Hopkins University Press, 2013.

Straits Times. "Midnight Bomb Attack on Gimson." April 29, 1950, p. 1. https://eresources.nlb.gov.sg/newspapers/Digitised/Article/straitstimes19500429-1.2.2.

———. "The Clean-Up: Act Two." September 25, 1956. https://eresources.nlb.gov.sg/newspapers/Digitised/Article/straitstimes19560925-1.2.2.

———. "LBJ Gives Lee Red Carpet Welcome." October 18, 1967, p. 1. https://eresources.nlb.gov.sg/newspapers/Digitised/Article/straitstimes19671018=1-2.2.?ST1=&AT=filter&K-Lee%20 Kuan%20Yew%20Johnson&KA=Lee%20Kuan%20Yew%20Johnson&D-F=&DT=&Display=0&AO=false&NPT=&L=&CTA=&NID=straitstimes&CT=&W-C=&YR=1967&QT=lee,kuan,yew,johnson&oref=article.

———. "Singapore 'A Dazzling Success.'" October 10, 1985, p. 13. https://eresources.nlb.gov.sg/newspapers/Digitised/Article/straitstimes19851010=1-2.22.11.?ST1=&AT=filter&K-Lee%20 Kuan%20Yew%20Reagan&KA=Lee%20Kuan%20Yew%20Reagan&DF=&DT=&Display=0&AO=false&NPT=&L=&CTA=&NID=straitstimes&CT=&WC=&YR=1985&QT=lee,kuan,yew,reagan&oref=article.

Stukal, Denis, Sergey Sanovich, Richard Bonneau, and Joshua A. Tucker. "Detecting Bots on Russian Political Twitter." *Big Data* 5, no. 4 (2017): 310-24.

Sükösd, Miklós. "Democratic Transformation and the Mass Media in Hungary: From Stalinism to Democratic Consolidation." In *Democracy and the Media*, edited by R. Gunther and A. Mughan, 122-64. Cambridge: Cambridge University Press, 2000.

Sullivan, Andy. "U.S. Public-Relations Firm Helps Putin Make His Case to America." Reuters, September 12, 2013. https://www.reuters.com /article/us-syria-crisis-usa-ketchum-idusbre98c00s20130913.

Svolik, Milan. *The Politics of Authoritarian Rule*. New York: Cambridge University Press, 2012.

Szakonyi, David, and Ora John Reuter. "Electoral Manipulation and Regime Support: Survey Evidence from Russia." *World Politics*, 73, no. 2 (2021): 275-314.

Szeidl, Adam, and Ferenc Szucs. "Media Capture through Favor Exchange." *Econometrica*. New Haven: Econometric Society, 2020. https://www.econometricsociety.org/publications/econometrica/2020/08/01/media-capture-through-favor-exchange.

Tai, Qiuqing. "China's Media Censorship: A Dynamic and Diversified Regime." *Journal of East Asian Studies* 14, no. 2 (2014): 185-210.

Talbot, Ian. *Pakistan: A Modern History*. London: Hurst & Company, 2009.

Talley, Ian, and Drew Hinshaw. "U.S. Keeps Sanctions at the Ready Even as Trump Courts Hungarian Leader." *Wall Street Journal*, May 14, 2019. https://www.wsj.com/articles/u-s-keeps-sanctions-at-the-ready-even-as-trump-courts-hungarian-leader-11557867566.

Tan, Kenneth Paul. "The Ideology of Pragmatism: Neo-liberal Globalisation and Political Authoritarianism in Singapore." *Journal of Contemporary Asia* 42, no. 1 (2012): 67-92.

Tan, Netina. "Manipulating Electoral Laws in Singapore." *Electoral Studies* 32, no. 4 (2013): 632-43.

TASS. "'Mertvie dushi' po-amerikanski: Byli li falsifikatsii na vyborakh v SShA." February 13, 2017. https://tass.ru/mezhdunarodnaya-panorama/4018022.

Taussig, Michael T. *Defacement: Public Secrecy and the Labor of the Negative*. Stanford: Stanford University Press, 1999.

Taylor, Adam. "Was #Kony2012 a Failure?" *Washington Post*, December 16, 2014. https://www.washingtonpost.com/news/worldviews/wp/2014/12/16/was-kony-2012-a-failure/.

Taylor, Brian D. *The Code of Putinism*. New York: Oxford University Press, 2018.

Taylor, Kathleen. *Brain Washing: The Science of Thought Control*. New York: Oxford University Press, 2004.

Tchoukarine, Igor. "The Yugoslav Road to International Tourism." In *Yugoslavia's Sunny Side: A History of Tourism in Socialism (1950s-1980s)*, edited by Hannes Grandits and Karin Taylor, 107-38. Budapest: Central European University Press, 2010.

Teele, Dawn Langan. *Forging the Franchise: The Political Origins of the Women's Vote*. Princeton: Princeton University Press, 2018.

Tengri TV. "Nazarbayev vystupil s poslaniem narodu Kazakhstana." October 5, 2018. https://www.youtube.com/watch?v=OqagBfR3LIg.

Than, Krisztina. "Hungary's Government Plans to Tighten Control over Theaters." Reuters, December 6, 2019. https://www.reuters.com/article/us-hungary-orban--culture/hungarys-government-plans-to-tighten-control-over-theaters-idUSKB-N1YA1UC.

Tharoor, Ishaan. "Hungary's Leader Says He's Defending Christian Europe; The Pope Disagrees," *Washington Post*, April 9, 2018. https://www.washingtonpost.com/news/worldviews/wp/2018/04/10/the-popes-challenge-to-orban-and-europes-far-right/.

Thomas, Kurt, Chris Grier, and Vern Paxson. "Adapting Social Spam Infrastructure for Political Censorship." Usenix Association, 2012. https://www.usenix.org/system/files/conference/leet12/leet12-final13_0.pdf.

Thompson, Wayne C. *Nordic, Central, and Southeastern Europe, 2018-2019*. Lanham, MD: Rowman and Littlefield, 2018.

Today Online. "The Evolution of Singapore's Speaker's Corner." October 21, 2016. https://www.todayonline.com/singapore/evolution-spores-speakers-corner.

Tolz, Vera, and Yuri Teper. "Broadcasting Agitainment: A New Media Strategy of Putin's Third Presidency." *Post-Soviet Affairs* 34, no. 4 (2018): 213-27.

Tong, James W. *Revenge of the Forbidden City: The Suppression of the Falun Gong in China, 1999-2005*. Oxford: Oxford University Press, 2009.

Tong, Jingrong. "The Taming of Critical Journalism in China: A Combination of Political, Economic and Technological Forces." *Journalism Studies* 20, no. 1 (2019): 79-96.

Toobin, James. "The Dirty Trickster: Campaign Tips from the Man Who Has Done It All." *New Yorker*, May 23, 2008. https://www.newyorker.com/magazine/2008/06/02/the-dirty-trickster. Toor, Amar. "How Putin's Cronies Seized Control of Russia's Facebook." *Verge*, January 31, 2014. https://www.theverge.com/2014/1/31/5363990/how-putins-cronies-seized-control-over-russias-facebook-pavel-durov-vk.

Toothaker, Christopher. "Last Anti-Chávez TV Station Faces Probe, Shutdown." *San Diego Union Tribune*, May 16, 2009. https://www.sandiegouniontribune.com/sdut-lt-venezuela-anti-chavez-tv-051609-2009may16-story.html.

Toro, Francisco. "Chávez Wasn't Just a Zany Buffoon, He Was an Oppressive Autocrat." *Atlantic*, March 5, 2013. http://www.theatlantic.com/international/archive/2013/03/chavez-wasnt-just-a-zany-buffoon-he-was-an-oppressive-autocrat/273745/.

———. "What Fidel Taught Hugo." *New Republic*, March 5, 2013. https://newrepublic.com/article/112596/hugo-chavez-dead-cuba-defined-him-much-venezuela-did.

Torpey, John. "Leaving: A Comparative View." In *Citizenship and Those Who Leave: The Politics of Emigration and Expatriation*, edited by Nancy L. Green and François Weil, 13-32. Champaign: University of Illinois Press, 2010.

Torres, M. Gabriela. "Bloody Deeds/Hechos Sangrientos: Reading Guatemala's Record of Political Violence in Cadaver Reports." In *When States Kill: Latin America, the US, and Technologies of Terror*, edited by Cecilia Menjívar and Néstor Rodríguez, 143-69. Austin: University of Texas Press, 2005.

Total. "Nazarbayev poruchil pravitelstvu izmenit podkhody v rabote." October 5, 2018. https://total.kz/ru/news/gossektor/nazarbaev_poruchil_pravitelstvu_izmenit_podhodi_v_rabote_date_2018_10_05_11_30_52.

Tran, Mark. "Zimbabwe Election: Mugabe Threatens to Arrest Opposition Leaders." *Guardian*, June 17, 2008. https://www.theguardian.com/world/2008/jun/17/zimbabwe.

Treisman, Daniel. "Income, Democracy, and Leader Turnover." *American Journal of Political Science* 59, no. 4 (2015): 927-42.

———. "Authoritarian Elections as Inoculation." Paper presented at Annual Meeting of the American Political Science Association. Boston, 2018.

———. "Introduction: Rethinking Putin's Political Order." In *The New Autocracy: Information, Politics, and Policy in Putin's Russia*, edited by Daniel Treisman, 1-28. Washington, DC: Brookings Institution Press, 2018.

———. "Is Democracy in Danger? A Quick Look at the Data." Los Angeles: UCLA, 2018. https://www.danieltreisman.org/s/draft-june-7-58s2.pdf.

———. "Economic Development and Democracy: Predispositions and Triggers." *Annual Review of Political Science* 23 (2020): 241-57.

Trevizo, Dolores. *Rural Protest and the Making of Democracy in Mexico, 1968-2000*. University Park: Pennsylvania State University Press, 2011.

TRT World. "Saudi Journalist Saleh al Shehi Dies Shortly after Release from Prison." July 21, 2020. https://www.trtworld.com/magazine/saudi-journalist-saleh-al-shehi-dies-shortly-after-release-from-prison-38291.

Tucker, Joshua A. "Enough! Electoral Fraud, Collective Action Problems, and Post-Communist Colored Revolutions." *Perspectives on Politics* 5, no. 3 (2007): 535-51.

Tucker, Joshua A., Yannis Theocharis, Margaret E. Roberts, and Pablo Barberá. "From Liberation to Turmoil: Social Media and Democracy." *Journal of Democracy* 28, no. 4 (2017): 46-59.

Tyler, Patrick. "New Tapes Appear with Threats by Ukraine's President." *New York Times*, February 19, 2001. https://www.nytimes.com/2001/02/19/world/new-tapes-appear-with-threats-by-ukraine-s-president.html.

Tynan, Deirdre. "Kazakhstan: Top-Notch PR Firms Help Brighten Astana's Image." *Eurasianet*, January 18, 2012. https://eurasianet.org/kazakhstan-top-notch-pr-firms-help-brighten-astanas-image.

Ulfelder, Jay, and Benjamin Valentino. *Assessing Risks of State-Sponsored Mass Killing*. February 1, 2008. http://ssrn.com/abstract=1703426 or http://dx.doi.org/10.2139/ssrn.1703426.

UN Panel of Experts on Accountability in Sri Lanka. *Report of the Secretary-General's Panel of Experts on Accountability in Sri Lanka*. New York: United Nations, 2011. https://www.securitycouncilreport.org/atf/cf/%7B65BFCF9B-6D27-4E9C-8C-D3-CF6E4FF96FF9%7D/POC%20Rep%20on%20Account%20in%20Sri%20Lanka.pdf.

UN World Tourist Organization. *Tourism Highlights, 2017 Edition*. New York: United Nations, https://www.e-unwto.org/doi/pdf/10.18111/9789284419029.

UNCTAD. "Digital Service Delivery Shows Potential for Developing World." March 29, 2019. https://unctad.org/en/pages/newsdetails.aspx?OriginalVersionID=2035.

———. *World Investment Report 2020*. New York: United Nations Publications, 2020. https:// unctad.org/system/files/official-document/wir2020_en.pdf.

UNESCO Institute for Statistics, UIS.Stat Database. http://data.uis.unesco.org.

UNESCO. *Statistics of Students Abroad*, 1962-1968. Paris: UNESCO, 1971.

Urazova, Diana. "Nazarbayev about Lee Kuan Yew: I Considered Him a Good Friend." *Tengrinews*, March 26, 2015. https://en.tengrinews.kz/politics_sub/nazarbayev-about-lee-kuan-yew-i-considered-him-a-good-friend-259541/.

USAID. "Foreign Aid Explorer." https://explorer.usaid.gov/cd/EGY.

U.S. Bureau of Labor Statistics. "Employment by Major Industry Sector." https://www.bls.gov/emp/tables/employment-by-major-industry-sector.htm.

U.S. House of Representatives Permanent Selection Committee on Intelligence. "Exposing Russia's Effort to Sow Discord Online: The Internet Research Agency and Advertisements." https://intelligence.house.gov/social-media-content/.

Vandenbussche, Jerome, Philippe Aghion, and Costas Meghir. "Growth, Distance to Frontier and Composition of Human Capital." *Journal of Economic Growth* 11 (2006): 97-127.

Varol, Ozan O. "Stealth Authoritarianism." *Iowa Law Review* 100 (2014): 1673-1742.

Vázquez-Ger, Ezequiel. "What Can Tens of Millions of Dollars Buy Ecuador in the Empire?" *The Hill*, August 7, 2014. https://thehill.com/blogs/congress-blog/foreign-policy/214541-what-can-tens-of-millions-of-dollars-buy-ecuador-in-the.

Venezuela Analysis. "Venezuelan President Chávez: The OAS Is Like a Corpse That Must Be Buried." March 26, 2010. https://venezuelanalysis.com/news/5220.

Vinokurova, Ekaterina. "To chto na ulitsu vydut desyatki tysyach lyudey, ne ozhidal nikto." *Gazeta.ru*, December 5, 2012. https://www.gazeta.ru/politics/2012/12/04_a_4878785.shtml.

Vladimirov, Leonid. "Glavlit: How the Soviet Censor Works." *Index on Censorship* 1, no. 3-4 (1972): 31-43.

VOA. "VOA, BBC Protest China Broadcast Jamming." February 26, 2013. https://www.voanews.com/a/voa-bbc-jamming-china/1611431.html.

Voigtländer, Nico, and Hans-Joachim Voth. "Nazi Indoctrination and Anti-Semitic Beliefs in Germany." *Proceedings of the National Academy of Sciences* 112, no. 26 (June 2015): 7931-36.

Volchek, Dmitry, and Daisy Sindelar. "One Professional Russian Troll Tells All." Radio Free Europe Radio Liberty, March 25, 2015. https://www.rferl.org/a/how-to-guide-russian-trolling-trolls/26919999.html.

Von Salzen, Claudia. "Wie Gerhard Schröder als Türöffner für Gazprom agiert." *Der Tagesspiegel*, December 20, 2017. https://www.tagesspiegel.de/themen/agenda/pipeline-nord-stream-2-wie-gerhard-schroeder-als-tueroeffner-fuer-gazprom-agiert/20739366.html.

Vreeland, James Raymond. "Corrupting International Organizations." *Annual Review of Political Science* 22 (2019): 205-22.

Waisbord, Silvio. "All-Out Media War: It's Clarín vs. the Kirchners, and Journalism Will Be the Loser." *Columbia Journalism Review* (September/October 2010). https://archives.cjr.org/reports/allout_media_war.php.

Waldman, Simon A. "Turkey, Not Trump, Is the Biggest Threat to NATO Right Now." *Haaretz*, December 1, 2019. https://www.haaretz.com/middle-east-news/.premium-turkey-not-trump-is-the-biggest-threat-to-nato-right-now-1.8201531.

Walker, Sean. "'This Gentleman': Alexei Navalny, the Name Putin Dare Not Speak." *Guardian*, September 3, 2020. https://www.theguardian.com/world/2020/sep/03/this-gentleman-alexei-navalny-the-name-putin-dares-not-speak.

———. "Belarus Axed as Host of Ice Hockey Tournament over 'Security Concerns.'" *Guardian*, January 18, 2021. https://www.theguardian.com/world/2021/jan/18/belarus-axed-as-host-of-ice-hockey-tournament-over-security-concerns.

Wallis, Daniel. "Chávez Turns Up Heat on Globovisión in Venezuela." Reuters, June 15, 2010. https://www.reuters.com/article/us-venezuela-globovision/chavez-turns-up-heat-on-globovision-in-venezuela-idUSTRE65E5M220100615.

Warner, Judith. "A Hot Time in Washington." *New York Times (Opinionator Blog)*, May 14, 2009. https:// opinionator.blogs.nytimes.com/2009/05/14/president/?login=email&auth=login-email.

Wedeen, Lisa. *Ambiguities of Domination: Politics, Rhetoric, and Symbols in Contemporary Syria*. Chicago: University of Chicago Press, 1999.

Weeks, Jessica. "Strongmen and Straw Men: Authoritarian Regimes and the Initiation of International Conflict." *American Political Science Review* 106, no. 2 (2012): 326-47. doi:10.1017/S0003055412000111.

Weisbrot, Mark. "Changes in Latin America: Consequences for Health Development." *International Journal of Health Services* 37, no. 3 (July 2007): 477-500.

Welch, David. *The Third Reich: Politics and Propaganda*. New York: Routledge, 2008.

———. "'Opening Pandora's Box': Propaganda, Power and Persuasion." In *Propaganda, Power and Persuasion: From World War I to Wikileaks*, edited by David Welch, 3-18. London: I. B. Tauris, 2013.

Wells, H. G. "H. G. Wells: 'It Seems to Me That I Am More to the Left than You, Mr. Stalin.'" *New Statesman*, April 18, 2014. https://www.newstatesman.com/politics/2014/04/h-g-wells-it-seems-me-i-am-more-left-you-mr-stalin.

West, Richard. *Tito and the Rise and Fall of Yugoslavia*. London: Faber and Faber, 2012.

Wheelock, David C. "Comparing the COVID-19 Recession with the Great Depression." *Economic Synopses*, no. 39 (2020). https://doi.org/10.20955/es.2020.39.

White, Stephen, Richard Rose, and Ian McAllister. *How Russia Votes*. Chatham, NJ: Chatham House Publishers, 1997.

White House Gift Shop. "Barack Obama Collectibles & Gifts from the White House Gift Shop." https://www.whitehousegiftshop.com/category-s/2382.htm.

Whitman, Alden. "Antonio Salazar: A Quiet Autocrat Who Held Power in Portugal for 40 Years." *New York Times*, July 28, 1970. https://www.nytimes.com/1970/07/28/archives/antonio-salazar-a-quiet-autocrat-who-held-power-in-portugal-for-40.html.

Wiarda, Howard J. *Corporatism and Comparative Politics: The Other Great Ism*. Armonk, NY: M. E. Sharpe, 1996.

Wike, Richard, and Shannon Schumacher. *Democratic Rights Popular Globally but Commitment to Them Not Always Strong*. Washington, DC: Pew Research Center, February 27, 2020. https://www.pewresearch.org/global/2020/02/27/democratic-rights-popular-globally-but-commitment-to-them-not-always-strong/.

Wike, Richard, Laura Silver, and Alexandra Castillo. *Many across the Globe Are Dissatisfied with How Democracy Is Working*. Washington, DC: Pew Research Center, April 29, 2019. https:// www.pewresearch.org/global/2019/04/29/many-across-the-globe-are-dissatisfied-with-how-democracy-is-working/.

Wike, Richard, Bruce Stokes, Jacob Poushter, and Janell Fetterolf. *US Image Suffers as Publics around World Question Trump's Leadership*. Washington, DC: Pew Research Center, June 26, 2017. https://www.pewresearch.org/global/2017/06/26/u-s-image-suffers-as-publics-around-world-question-trumps-leadership/.

Wike, Richard, Bruce Stokes, Jacob Poushter, Laura Silver, Janell Fetterold, and Kat Devlin. *Trump's International Ratings Remain Low, Especially among Key Allies*. Washington, DC: Pew Research Center, October 1, 2018. https://www.pewresearch.org/global/2018/10/01/trumps-international-ratings-remain-low-especially-among-key-allies/.

Williams, Kevin. *International Journalism*. Thousand Oaks, CA: Sage, 2011.

Williams, Martyn. "South Korea Adjusts Some Radio Frequencies to Escape Jamming." *North Korea Tech*, October 2, 2019. https://www.northkoreatech.org/2019/10/02/south-korea-adjusts-some-radio-frequencies-to-escape-jamming/.

Willson, Perry. "The Nation in Uniform? Fascist Italy, 1919-43." *Past & Present*, no. 221 (November 2013): 239-72.

Wilson, Andrew. *Virtual Politics: Faking Democracy in the Post-Soviet World*. New Haven: Yale University Press, 2005.

Winter, Caroline. "Mansudae Art Studio, North Korea's Colossal Monument Factory." Bloomberg, June 6, 2013. https://www.bloomberg.com/news/articles/2013-06-06/mansudae-art-studio-north-koreas-colossal-monument-factory.

Witte, Joan. "Violence in Lenin's Thought and Practice: The Spark and the Conflagration." *Terrorism and Political Violence* 5, no. 3 (1993): 135-203.

Wolf, John Baptiste. *France, 1814-1919: The Rise of a Liberal-Democratic Society*. New York: Harper & Row, 1963.

Wong, Sin-Kiong. "Subversion or Protest? Singapore Chinese Student Movements in the 1950s."*American Journal of Chinese Studies* 11, no. 2 (2004): 181-204.

Wong, Stan Hok-Wui. "Gerrymandering in Electoral Autocracies: Evidence from Hong Kong." *British Journal of Political Science* 49, no. 2 (2019): 579-610.

Wood, David. "The Peruvian Press under Recent Authoritarian Regimes, with Special Reference to the Autogolpe of President Fujimori." *Bulletin of Latin American Research* 19, no. 1 (January 2000): 17-32.

Wootliff, Raoul. "Israelis Arrested for Spying on Romanian Anti-Corruption Czar." *Times of Israel*, April 6, 2016. https://www.timesofisrael.com/israelis-arrested-for-spying-on-romanian-anti-corruption-czar/.

World Bank. "Industry (Including Construction), Value Added (% of GDP)." World Bank Data. https://data.worldbank.org/indicator/NV.IND.TOTL.ZS.

———. "International Tourism, Number of Arrivals." World Bank Data. https://data.worldbank.org/indicator/ST.INT.ARVL.

———. "International Tourism, Number of Departures." World Bank Data. https://data.worldbank.org/indicator/ST.INT.DPRT.

———. "Personal Remittances, Received (Current US$)." World Bank Data. https://data.worldbank.org/indicator/BX.TRF.PWKR.CD.DT.

———. "Labor Force, Total." World Bank Data. June 21, 2020. https://data.worldbank.org/indicator/SL.TLF.TOTL.IN.

World Bank. "Net ODA Received (% of Central Government Expense) - Tanzania." World Bank Data. October 15, 2021. https://data.worldbank.org/indicator/DT.ODA.ODAT.XP.ZS?locations=TZ.

World Trade Organization. "Trade Shows Signs of Rebound from COVID-19, Recovery Still Uncertain." October 6, 2020. https://www.wto.org/english/news_e/pres20_e/pr862_e.htm.

World Values Survey. "Online Data Analysis." http://www.worldvaluessurvey.org/WVSOnline.jsp.

Wright, Joseph, and Abel Escribà-Folch. "Are Dictators Immune to Human Rights Shaming?" IBEI Working Papers 2009/25. October 2009. https://ssrn.com/abstract=1483607 or http://dx.doi.org/10.2139/ssrn.1483607.

Wrong, Michela. *Do Not Disturb: The Story of a Political Murder and an African Regime Gone Bad*. New York: Public Affairs, 2021.

Wuerth, Ingrid. "International Law in the Post-Human Rights Era." *Texas Law Review* 96, no. 2 (December 2017): 279-350.

Wuttke, Alexander, Konstantin Gavras, and Harald Schoen. "Have Europeans Grown Tired of Democracy? New Evidence from Eighteen Consolidated Democracies, 1981-2018." *British Journal of Political Science* (2020): 1-13.

Xu, Xu. "To Repress or to Co-opt? Authoritarian Control in the Age of Digital Surveillance." *American Journal of Political Science* (2020). doi: 10.1111/ajps.12514.

Yee, Chen May. "Malaysia's Ex-Police Chief Admits to Beating Anwar." *Wall Street Journal*, March 1, 1999. https://www.wsj.com/articles/SB920179149246563500.

Yoong, Sean. "Singapore's Lee Has Anwar Opinion." AP, August 17, 2000. https://apnews.com/article/e3ca7e03a64ab4ff41664d3efd4100cb.

Young, Lauren E. "The Psychology of State Repression: Fear and Dissent Decisions in Zimbabwe." *American Political Science Review* 113, no. 1 (February 2019): 140-55.

Yudin, Greg. "In Russia, Opinion Polls Are Being Used to Cover Up a Divided Society." *Open Democracy.org*, July 2, 2020. https://www.opendemocracy.net/en/odr/russia-opinion-polls-referendum/.

Yurchak, Alexei. *Everything Was Forever, until It Was No More: The Last Soviet Generation*. Princeton: Princeton University Press, 2013.

Zakaria, Fareed. *The Future of Freedom: Illiberal Democracy at Home and Abroad*. New York: Norton, 2003.

———. "The New China Scare: Why America Shouldn't Panic about Its Latest Challenger." *Foreign Affairs* 99 (2020): 52-69.

Zambrano, Diego. "The Constitutional Path to Dictatorship in Venezuela." *Lawfare.com*, March 18, 2019. https://www.lawfareblog.com/constitutional-path-dictatorship-venezuela#.

Zamyatina, Tamara. "Speakers' Corners in Moscow Have Not Gained Expected Popularity Yet." *TASS*, October 15, 2013. https://tass.com/opinions/762700.

Zaslavsky, Victor, and Robert J. Brym. "The Functions of Elections in the USSR." *Soviet Studies 30*, no. 3 (July 1978): 362-71.

Zelikow, Philip, Eric Edelman, Kristofer Harrison, and Celeste Ward Gventer. "The Rise of Strategic Corruption." *Foreign Affairs* 99 (2020): 107-20.

Zen_Pickle. "The Craziest Lies of the Hungarian State-Controlled Media - The Top 100 List." *Medium*, January 18, 2019. https://medium.com/@smalltownhigh/the-craziest-lies-of-hungarian-state-controlled-media-the-top-100-list-9d2a82ea6c44.

Zhao, Suisheng. "Xi Jinping's Maoist Revival." *Journal of Democracy* 27, no. 3 (2016): 83-97.

Zhussupova, Dilshat. "Kazakhstan to Present Its First Report to UN on SDG Progress." *Astana Times*, February 2, 2019. https://astanatimes.com/2019/02/kazakhstan-to-present-its-first-report-to-un-on-sdg-progress/.

Zlobin, Nikolai. "Humor as Political Protest." *Demokratizatsiya* 4 (1996): 223-31.

Zloch-Christy, Iliana. *Debt Problems of Eastern Europe*. Cambridge: Cambridge University Press, 1987.

Zygar, Mikhail. *All the Kremlin's Men: Inside the Court of Vladimir Putin*. New York: Public Affairs, 2016.

Este livro foi composto com tipografia Adobe Garamond Pro e impresso em papel Off-White 70 g/m² na Formato Artes Gráficas.